流年碎忆

宁可 著

自　序

年轻时候，有一次被暴雨困在了嘉陵江边的一个小旅店里，淅沥雨声中百无聊赖，忽然发现了一个老人，平静安详地坐在屋檐下，于是忽生遐想——他也许是在参禅悟道，探索自然和人生的真谛吧，于是随他一起坐了很久。

20世纪60年代初，人近中年，住在中央党校，每天傍晚总有一位红光满面的外国老人安详地坐在院外的椅子上，打听之下，知道这是位德国老共产党员，跟随女婿到中国来安度晚年的。于是又生遐想——他静坐在那里，也许是在追忆一些轰轰烈烈的斗争和战友吧。

岁月如梭，一眨眼我也进入老境，也不免坐在那里发呆。一是思考一些想不清的道理，二是回忆过去零碎的人和事。我这一生过得平淡，当然有高兴的时候，有痛苦的时候，有尴尬的时候，也有沮丧的时候。但遇难不死，几十年总算安然活过来了。那时开始知道老年痴呆症，也在朋友间见过几例，心想莫要开始了老年痴呆吧。于是努力加强记忆，避免发病，默写开国十元帅、十大将，五十七上将，一百五十六名中将；默记中国县以上地名1200个，世界地名800个；又默写唐诗名句几百句，如"月黑杀人夜，风高放火天"和"魂来枫林青，魂去关山黑"之类，也都达了标。再去医院进行智力测验，效果尚可，老年痴呆症的担心就放了下来。当然，没过几天，这些强记硬背的人名地名诗句也就忘去了一半以上。

记忆力自忖测量平平，我就想法要增强一点记忆力。我从来不以记忆力强自诩，"文化大革命"中，革命师生提审外调，不断被交代过去的人和经历的事，我尽力回答，有时也有遗忘，他们不信："你记忆力那么好，一定是故意隐瞒！"我百词莫解，终是扣上了一顶记忆好的帽子。

我经历过伟大的时代，也经历过巨大的风浪，但我只是一只在湍流中挣扎的小虫子，个人经历无足述，说了没人听，写了没人看。"文化大革命"初歇，一些老朋友重新聚会，我起了个建议，每人把在"文化大革命"中哭笑不得的片断经历写下，大家凑在一起。此言一出，大家都很赞成，但话说完了，人也散了，此事就没有了下文，连倡议者本人也没有写出一个字来。大家不写，其原因可能一是那些经历过于心酸心痛，不忍卒忆，二是"文化大革命"初歇，拨乱反正，大家各自忙活，顾不上写，三十年过去，不过是挂了一空号而已。

人总想有点动作的，20世纪80年代初，我在疗养院治病，没有多少事可干，忽然想起可以写写家史，于是开始写"我的父亲母亲"。懒于动笔，只是录音，长有两个多小时，录完了下边该录我自己的了，可是一想，实在没什么可写的，兴趣缺失，终于将五盒录音带放置了三十年。

20世纪90年代初，我写了一篇20世纪60年代初黎澍同志如何领着我们三个年青教师编写史学概论教材的经历，放在一本教材的后记里（后被出版社改为序言）。心想，那是追忆黎澍同志的，又不是专写我自己，于是倒心安理得。

由此发兴再写几篇《我的读书生活》，准备把从小读过的书一一梳理一遍。第一篇是《读书七痼癖》，送去之后编辑大感兴趣，宣布将要连载，孰料第二篇送去，不是他们想象的什么名著阅读心得或有什么读书感悟，只是一篇平平淡淡琐事的叙述，我的同龄人大多没有看过或缺失印象，而青年人毫不知情。既乏读者，又缺兜销，他们就不再发了。我那读书生活写了几篇，也就停止了，原稿压了箱底。

不久，重庆南开中学老同学聚会，有感于当年活泼有理想的同学逐一凋萎，又想写片段回忆南开中学的文字：《画叶集》——重庆南开中学杂忆，断断续续写了十年，只想写完了把它给余留的旧同学看看，没有想到要发表，终于没有写完，一是同学群像还少了印象深刻的十几位，一是在南开中学酷爱读书，计划写四段：文学少年、海军狂、天文迷、武侠热，但都没有成篇。

原来想写小时候的回忆，但个人经历实不足道，改为《记忆中的城市》，从南京一直到贵阳，再往下写洛阳、重庆，已经难乎为继了。

从报上时见回忆母校的文章，又多有某名校建校多少年纪念，邀请校友回校参加庆典的广告。我心想，从小随父母播迁，到处转学，哪有什么母校，继而一想，那些不都是我的母校。于是写了《我的十五个母校》，从南京鼓楼幼稚园一直到北京大学，居然达十五个之多。写完之后不久，就遗失了一半，遗失掉的那些学校，在我的《记忆中的城市》也有记载，于是选取其中多出的两篇列入。

上了北大，那是我人生的转折点，生活的丰富，思想的转变，自不待言。可是我写来实在平实，不敢附骥于有名的何兆武先生的《上学记》之后，也无法与白化文先生和乐黛云女士的书比肩，更不敢奢望于周作人和张中行先生关于北大的回忆，只是应报刊之约，写了几篇纪念北大建校110周年的应景文章，聊备一格而已。

前年又发异想。我很好吃，虽然没有遍尝天下名菜，饮食大都中下等水平，但也几乎走遍全国，吃过不少难以忘记的东西，于是又想写点《耄耋记吃》，留下一点回忆，也还没有成篇。关于"文化大革命"的回忆，压了三十多年，近来也开始口述录音，但也只是开始，赶一赶时髦，名之为《文革回忆》。

我的妻子刘淮（原名刘宁）从1945年相识，相交，相爱，相知，相守，垂五十余年，2000年她患白血病逝去。十三年来，我对她的怀念竟不能着一字，只好仿效前人的无字碑，留下一片空白了。

经过近五十年，我的回忆文字逐渐积累了二三十万字，心中总想这会有人看么？我不是什么名人，没有什么丰功伟绩，也没有参与机要，可以留下什么内幕秘辛，也没有富于哲理的随想沉思，更没有一支生花妙笔，只是凡人琐事。原来写下来只供以后回忆用，也可以在亲朋好友之间传阅一下，增加他们的印象，实在没有提供给读者或者推销给读者的愿望，我总心想那会有人看么。不料搅七念八，居然有出版社要出这部稿子，那我也就恭敬不如从命，不要太矫情了。写的只是记忆，未曾考虑其他文献，文字直白不加修饰，素面朝天而已。

我年老体弱，又因脑梗后遗症，口齿不清，字迹难认，有时连我自己也认不出来。好在我的女儿宁欣能认出我的字迹，河北师范大学的陈丽女士也有能力，由她们先把杂乱不清的手稿或含糊其辞的录音打印出来，再经过我修改校正，终于成了一本书的样子。如果出版了，偶有一二读者光顾这爿蕞尔小店，那就不知他们行的是什么运了。

书中附了一些照片是想与写的内容整合，有些缺失，也就不计了。

目　录

我的父亲母亲　/1

记忆中的城市　/29

我的十五所母校（选录二所）　/106

我的读书生活　/119

画叶集——重庆南开中学杂忆　/158

在北大读书和听课　/241

青少年时所见的几个横死者　/268

从北京到北京——参加工作以后　/272

附　我的女儿　/309

人生八十才开始——献给我的父亲　/318

《卧隐消夏录》卷二《寒食楼菜谱种种》（附补）　/326

后　记　/345

我的父亲母亲

小和、小平、小妹：

我记得你们小的时候在学校里头作文，老师老让你们写你们的家史，你们回来就问我，到底有什么可写的？那个时候老师让你们写的无非就是你们家的爸爸妈妈过去在旧社会里怎么样地受苦受罪，现在来忆苦思甜。关于这方面，确实我们家里没有什么太多可讲的，所以那个时候你们也写不出什么来。我记得，小和大概写了这么一段话：说我爸爸上学的时候，家里头很穷，买不起制服，结果给学校记了过。实际上我们家的家史还是有得可讲的。这个原因就是这样：我们家在旧中国不是属于上层，也不是属于下层，而是属于中层，而且是中层的知识分子。这样一个家庭，当然在旧社会里头也有很多可以回忆的有意义的经历。特别是你们的爷爷奶奶，再加上我跟你们的妈妈，我们这两代大体上经历了从辛亥革命到五四运动以后的新民主主义革命，然后到解放这样一段长的历史过程。到现在也有七十多年了。

我们这个家庭，是这个时代的一个反映，当然不是正面的反映，但也是一个侧面的反映。这个几十年中间的一些重大的事件、重大的变动，在我们家庭的生活中间也往往会要反映出来。所以，讲一讲我们的家史，还是有意义的。那么现在我就开始讲。

你们都知道，我原来姓黎，湖南浏阳人。在湖南姓黎的很多，在浏阳姓黎的看起来是一个大姓。那么，我们的祖宗是怎么来的，这个我不大清楚。我们老家可能还有家谱，但是我没有见到过。那么，南方姓黎的多着呢，是不是跟苗族有关系，就是所谓九黎（这个小和知道）跑到南方去了。是不是我们是这些九黎的后代这就不清楚了。但是总而言之，我家再往前数的情况我都不知道了。

我的爷爷我也没见过，只是听我爸爸说过一些。我们的老家是在浏阳的东南的一个山窝里面，当时湖南人把这种山窝叫做冲，我们老家住的地方叫做枨冲，就是木字边，一个长短的长字，冲就是冲锋的冲。据说这个地方很富，所谓富，无非就是这种封建时期的自然经济。据说我们住的那个地方什么东西都可以自给自足，除了吃的盐以外，剩下的大概全可以自己生产，是一个很闭塞的山冲。在我爷爷在世的时候，我们老家的山上还有老虎，据说有一次我爷爷晚上回家点了一个火把，就遇见一只老虎冲着他来了，结果他吓坏了，拿着火把一挥一舞，居然把老虎吓跑了，他也就回家了。那么，我爷爷在枨冲（大概是租的）有三十担田，这个三十担田的说法是湖南的说法，到底是相当于多少亩呢，我想可能是每年的平均收成三十担稻子吧，可能是这样子。这个在农村里面不算多，所以后来老家土改的时候大概定成了贫农。我爷爷有一个伯父，这个伯父在离枨冲不远的一个镇子叫做普集的开了一个香铺，卖香的。看来可能要富裕一点，但也还是一个小工商业者。我爷爷和我的伯爷爷兄弟两个只有我爸爸这么一个孩子，所以我爸爸就兼祧两家，就算是两家的儿子。也正是因为这样，我的伯爷爷就供我爸爸上学，我爸爸大概是1897年生的，这个时候正是在中日甲午战争和戊戌变法之间。他小时候最早上的是私塾，大概到了他十四岁的时候，也就是辛亥革命的前夕，当时已经废科举、兴学堂了，所以我爸爸上了小学，上的是两年制的高级小学。也就在这个时间，我爸爸结婚了，这个婚姻，当然，是一种封建的包办婚姻，我的这个妈妈比我爸爸要大好几岁，而且因为她岁数比较大，所以跟我父亲结婚的时候，她的肚子里面已经带了一个人家的孩子了。她到我父亲这里来了以后，就生下来了，这就是我的大姐，叫做一先。我父亲后来写诗"十四入小学，有儿呱呱啼"，就是记的这事。我一共有好几个姐姐和哥哥，大姐叫做一先，二姐大概叫做桃先，三姐叫做菊先，还有一个哥哥叫先国，还有一个哥哥叫秋生。秋生跟我不同父也不同母，那是我爸后来在外头，由我这个妈妈跟人家生的。我这些哥哥、姐姐都没有见过，当时排行辈叫做先字辈，所以我姐姐叫做一先、桃先、菊先、先国，我叫做先智，我弟弟叫做先慧，等等，都是先字辈的。我父亲当时的名字叫黎煦章，这是他小时候上学时的学名。他在学校里面的功课大概是不错的，可是，据说他当时的脾气非常之慢，非常疲沓，脾气非常之好，贪玩。据说有一年正月十五玩龙灯，他参加进去玩，一直玩到二月份还没有结束，还在玩，把开学也耽误了。你们都见过爷爷了，他个子不高，瘦瘦的，我想这个跟他小时候营养不良和早婚恐怕有关系。爷爷就是这样一个家庭，当时爷爷的爸爸，伯父对他没有过多的要求，伯父是希望他小学毕业以后就继承他做香铺的买卖。可是这个时候，已经是辛亥革命以后了，我的爸爸当时还有一点志向，想出去继续念书，所以，大概是从人家那里借了两吊钱，就自己一个人跑到长沙读中学去了。爷爷所读的中学是长郡中学，当时的中学是四年制，这个中学很出了一批人才，比方像李立三、肖劲光，好像还有刘少奇都是长郡中学的。在辛亥革命以前的长沙，文风就比较盛，辛亥革命以后长沙的教育事业是不错的。有一些相当好的学校，长郡中学就是一个私立中学，据说也还是不错的。据我爸爸说，他在学校里面好像居然还踢足球，到底是不是他吹牛我就不知道了。总而言之，看起来他在学校里也还算一个优等生，而且是一个积极分子。这个时候湖南经历了好几次的政治动乱，首先是袁世凯。袁世凯称帝的时候，湖南的督军叫做汤乡铭，这个人是一个海军上将，又被称为汤屠夫，是很残暴的。后来，二次革命以后，特别是护国军之役以后，袁世凯垮台了，汤乡铭也跑了，有一个很短的时间，湖南省省政府的主席就是督军叫做刘人爵。这个人是一个国民党，是孙中山的国民党，我爸爸在那个时候已经秘密地参加了国民党，但是由于情况不好，大概也没有多少活动，据说把党证什么的藏在楼顶上的天花板上。刘人爵当了湖南的督军或是省长以后，当然这批国民党就行时了，把我爸爸也弄出来到湖南省政府当了一个秘书,当时据说一个月有六十块还是一百块大洋的薪水,那是相当不错的。浏阳老家的我的爷爷和伯爷爷当然很高兴,觉得儿子做了官了,大有指望,可是我爸爸干了大概没几天就不干了,又去上学了。在这以后,爷爷就成了学生运动的积极分子,也就是"五四"的时候了。大概也就在这个时候,爷爷从长郡中学毕业了,进了湖南法政专门学校,也就是后来的湖南大学。爷爷在五四运动中是很积极的,参加游行了,编报纸了,等等,结识了一大批的大家志同道合的进步革命青年。五四运动以后,当时长沙有一个学生联合会的会报,这个会报就是爷爷编的。后来这个会报改为《湘江评论》,由毛主席接着编下去。爷爷那个时候一边读书还一边参加学生运动。在五四运动以后,北洋政府安在湖南的督军是张敬尧,这个人很残暴,湖南人对他非常反感。最后湖南各界就发起了一个驱张运动,当时具体的做法是一方面联络其他的地方军阀,起来驱张,另一方面是制造舆论。当时驱张运动派了三个组,一个是由毛主席率领到了北京来进行宣传和活动,一组到了上海,还有一组就到了衡阳。为什么到衡阳呢?因为当时另外一个北洋军阀的军官吴佩孚,吴佩孚当时是一个混成旅的旅长,驻在衡阳,吴佩孚是北洋军阀里的直系,张敬尧是北洋军阀里面的皖系,就是段祺瑞那一系。这两系是有矛盾的,所以当时湖南长沙的一些人士就组织了一个请愿团到衡阳去,希望吴佩孚能够支持他们出兵来驱张,我父亲就参加了衡阳的这个团。当时他是这个团里面的庶务,就是总务,也就是说秘书长之类的工作,管事的。这个团里面参加的人有何叔衡、易培基、熊谨汀等人。在衡阳活动了一段时间,最后吴佩孚出于他自身的利益开始行动了。他打的旗号就是要回去。要撤防,从衡阳北上,这样的话他要经过张敬尧的地盘,结果让他的军队一路往北开,就把张敬尧赶跑了。另外,当时另一路就是湘军,湖南的地方军阀赵恒惕这帮人,这批人在湘西,后来也出兵,这样吴佩孚就把军队开到了湖北,长沙被湘军占领了,张敬尧就被赶跑了。这样就成了赵恒惕的天下。在这个时候,为了总结和报告驱张运动的成果,你们的爷爷编了一本书,叫做《蒸阳请愿录》,是把南下找吴佩孚希望他驱张这样一个全过程包括各种文件、日程、活动等编了一本。这部书在当时还是比较有名的。"文化大革命"以后湖南人民出版社把它重印了。我买了一本，可是现在不知道放到哪里去了。这本书还有一张请愿团全体照片，照片里还有你爷爷在里面。爷爷在最后写了个后记，后记现在看起来是很进步的，他说这次驱张虽然成功了，但实际上也是失败了。因为把一个军阀张敬尧赶跑了，结果是又来了一批军阀统治了湖南，还是没有成功，所以他最后的结论就是如果要成功，要改造社会的话，就非要依靠工农群众进行革命不可，这个思想在当时是很进步的。换句话说，这个时候爷爷已经初步接受了当时的共产主义思想。跟爷爷交往的人当时很多都是一些具有初步共产主义思想的知识分子，像毛主席、夏曦、何叔衡这样的人。当时毛主席组织了新民学会，这个你爷爷没有参加，他又组织了船山学社，这个你爷爷是参加了的，你爷爷是船山学会的庶务，也就是总务。1959年我回到长沙去，他还带我去看了看船山学社当时的地方。毛主席住在哪间房子里面，他住在什么地方。还有清水塘湖南省委旧址。这样就到了1921年，1921年党的第一次代表大会在上海和嘉兴举行，中国共产党正式成立了，毛主席从一大回来以后到了湖南，第一批发展的党员就有爷爷，据说他跟爷爷说，你的岁数比较大，好像也比较成熟，你就不用参加CY了，你就直接参加CP好了。CY就是社会主义青年团，CP就是共产党，这样爷爷就参加了CP，他解放初很得意地跟我说：我当年也是个CP分子。"爷爷当时的岁数比较大，所以年轻人叫他黎大哥，他当时大概有二十六七岁或二十七八岁了，介绍他入党的据说是夏曦和毛主席两个人，但这段历史大概后来始终也没有得到证实，但是看起来不会是假的。在共产党的湖南省委成立以后，湖南的革命运动就蓬蓬勃勃地开展了，这个时候军阀也就开始镇压了。湖南的统治者是赵恒惕，省长兼督军，这个人最初标榜的是要联省自治，可后来真面目就暴露出来了，开始进行镇压了，一次比较残酷地镇压就是"黄爱、庞人铨事件"。黄爱、庞人铨这两位是搞工人运动的，当时组织了一个劳工会，这个劳工会最早是受无政府思想的影响，后来就慢慢地转变了，他们两个也参加了社会主义青年团，当时在长沙罢工运动搞得很热闹，也很成功，所以赵恒惕首先就拿劳工会，拿黄爱、庞人铨开刀，把他们两个杀了，而且大肆地搜捕，这样一来，很多人在长沙就呆不住了。黄爱、庞人铨被杀以后，很多人不能露面了，所以我爸爸，就是你们的爷爷出面进行收尸，把尸体砍掉的脑袋缝上，然后出殡、埋葬，组织悼念活动都是爷爷干的。这件事情爷爷过去从来没有跟我说过，直到最近我才听你们的小叔叔告诉我还有这么一回事情。爷爷把这事情办了以后，他也就呆不住了，当时就准备到上海去，据他说，临走的那晚上船的时候，很多人来送行，到最后人都走了，就是毛主席留下来了。毛主席跟他讲，你到上海去以后去接头，到什么什么地方去找陈独秀，接头的口号是什么什么。我爸爸就到了上海，一到上海就被一些劳工会的朋友接了去，这一批人其中有一个叫王光辉的，这人后来被邓中夏骂成是工贼。这帮人还是无政府主义者，接去弄到一起当然没好事了，所以我爸爸也就没有去到陈独秀那里去接头，我估计他大概也是害怕了，糊里八涂的。据他自己说，他的思想那时也很混乱，什么安那其主义（就是无政府主义），什么共产主义，什么三民主义、杜威的实验主义等他什么都有，也不是很坚定，这样的话就被这帮朋友拉走了，没有去接头。结果这个人从长沙到上海就不见了，据说后来毛主席派了罗章农到上海了解我爸爸的情况，了解结果发现原来如此，大概就把他的党籍开除了，或者说就算是他脱党了。到底怎么样，因为这些事情都没有经过详细的查证，所以说不清楚了。总而言之，我爸爸就这么离开了党。那么在上海出路怎么样呢？就决定到南洋群岛去。"五四"以后，中国的青年知识分子有两条去向，一个就是去留法勤工俭学，像邓小平、周总理、陈毅、李富春这批人，去了法国勤工俭学。再一批就是到南洋去，去搞华侨文化，搞教育。我爸爸就选择了到南洋去，在1922年，可能是1922年的春天，他坐船到南洋去了，应聘到华侨学校里面去教书。在轮船上就碰见了你们的奶奶，大概还不是在轮船上，大概是在上海，因为你们奶奶跟另外一个同学也到了上海，准备到南洋去，因为都是湖南人，所以后来就联系上了，路上一路走有个照应，这样在1922年的春天，你们的爷爷奶奶就见面了。爷爷和奶奶见面的第一件值得一提的事情应该是这样的：因为大家都睡在统舱里面，可能是打的地铺，爷爷戴了一副眼镜，不戴时就放在床边上，而奶奶这个人平常就是比较活泼、急性子，在走过去时一脚就把爷爷的眼镜给踩碎了，但爷爷也若无其事一声不吭，奶奶也装做跟没事一样，以后爷爷又配了一副眼镜，这副眼镜从1922年带起，一直戴到1943年被偷走才换掉。

现在回过头再讲一讲奶奶的事情。

奶奶是长沙人，原来是姓胡，奶奶的爸爸是长沙的一个大商人，开了钱庄，还有些铺子，还发票子（当时商号私商是可以发票子的，只要当时的政府批准就可以发票子在市面上用），是一个很富的家庭。奶奶姓胡，叫做胡良桢。奶奶生下来大概就是很活泼、很好动的这么一个人。可是在奶奶生下来没有两年，胡家的铺子就倒闭了，倒闭的原因大概是这样：当时在长沙有很多的帮会，我的大舅舅就是奶奶的大哥哥是一个大少爷，一个公子哥，脾气也很大。有一次，大概是外头的挑夫，给他们挑东西的，进来后等着要钱的时候说了几句不好听的话，我的大舅舅就把一串钱甩出去，甩得稀里哗啦，那当然是很侮辱人的，这个挑夫是个在帮会的，他就到外边组织一帮人一吆喝，说胡家要垮了，赶紧去兑钱，这样，市面上有胡家发的票子的人就全部来抢兑，当然我们知道发票子的准备金比发的票子的数量是要少的，因为票子经常流通，有出去的，有回来的，兑票子平常的准备金有30%～40%或20%～30%甚至百分之几就够了，但是大家都来挤兑的时候就不行了，一下就把铺子挤垮了。据奶奶说，当时她还小，大概可能就是三岁左右，那时据说家里面乱哄哄的，官府也来了，我的外公什么的就穿着官服（补子，大概是捐了一个什么官）出去待客，我的外婆就抱着奶奶非常慌张，可是奶奶那时抱在手里还在玩，拿一个头巾蒙在脸上，然后忽然打开，"吓"那么一叫，让人看见然后又捂上，她还是无忧无虑的，没想到家已经败了。从那以后，我外公的家里就一垮到底，越来越穷。我的大舅舅后来就改变了公子哥的习惯，学了中医，以后是一个大夫。抗战时我到长沙见过他。他是抗战时候死的，我还有一个舅舅，他们叫做宝舅舅，我没见过。据说这个宝舅舅是非常聪明的，聪明极了，可是不务正业，最后就打流，打流就是流落街头，得了一身的病，流落街头，最后死在街上。我还有一个姨，就是奶奶的姐姐，这个姨我也见过，抗战时候在长沙她家里住过。她后来嫁给了国民党政府的一个法官。这个法官也是一个很老朽的法官，没什么了不起的，后来抗战时候也都死掉了。我大舅舅就只有一个独子，这个独子后来也病死了，而他的妻子也改嫁了。还有一个小舅舅的儿子，叫做罗子，比我小那么两三岁，大概胡家男丁就留下这么一个罗子，现在也不知哪儿去了。

　　我母亲小时候比较调皮，比较活泼，我外公是很开通的，小时候我外婆给你奶奶裹脚，裹脚当然是很难受的，你奶奶一裹了脚以后就扭来扭去的，就跑到外公面前去扭，外公比较开明，你奶奶一扭外公就说放了放了，就把她的脚放了，所以她的脚始终没有裹成。可是后来我看是一个所谓的解放脚，就是有裹过的痕迹，但是也不太明显。另外，就是她小时候跟一些小姑娘在外面玩，有一次捡回来很多乌龟蛋，就是王八蛋（大笑），捡回来装在口袋里，回来后大概吃饭，已经到开饭时候了，天很晚了，大人就训她们，她们两个小姑娘坐在一起还没有桌子高，就跪在桌子边凳子上听训，等训完以后就发现所有的乌龟蛋在口袋里都挤碎了，成了汤了。另外，她的脾气也很暴躁，我大姨跟我妈妈，就是你们的奶奶吵起来了，你们奶奶就拿起一把剪刀朝她一扔，一砸，把她的眼角的下面砸坏了，砸了以后，大姨大概又爱面子，又不愿意说，就觉得很疼，自己她也不懂，就拿墨去涂，认为这样比较凉快，没想到这个墨就留着伤口里面了，以至于以后永远在眼睛的下面有一块黑的印记。我在抗战时候到长沙的时候还看到她带着那块乌青的记号，这是我母亲干的。不管我母亲怎样天真、调皮，家总之是慢慢地败落了。这时我母亲上了一个教会小学，在这个教会学校里教她们学宗教，学教义，要做礼拜，我母亲还是很捣乱，领圣餐时，给一片面包和一杯红葡萄酒，说这是耶稣的肉和耶稣的血，这叫圣餐，我母亲就大叫我们今天吃耶稣的肉，喝耶稣的血，大闹一通，以至于受到了训斥。但是，慢慢地日子就越来越不好过了，这时就开始让我的母亲出嫁，我母亲出嫁的年龄大约也是十四岁，或许甚至更小一点，她的丈夫是一个道台的儿子，本来也是一个官宦人家，可是也败落了。这样的话，两个败落的人家，一个败落的商人，一个败落的官僚家庭的子女就很早地结了婚。我母亲的这个丈夫当时参加了反袁世凯的活动，算是革命党，出于什么原因，动机是什么我都不知道了，猜想大概是因为穷想找出路吧。结果就被抓了，被抓以后，很快就在长沙被杀掉了。你想我母亲那个时候只有十几岁，那是很惨的。我母亲的第一个孩子，是因为岁数太小，难产，结果就死了。在她丈夫被杀的时候，肚子里正怀着第二个孩子，那时因为是夏天，杀了以后尸首很快就腐烂了，最后奶奶的婆婆，我们叫她嫉驰，嫉驰带着奶奶去认尸，据说是从一双布鞋认出来的，我母亲丈夫出去以前，脚上穿着新做的一双布鞋，从这双布鞋才认出来的。据说还有这么一件事，我那个嫉驰大哭，就叫他儿子的名字，有一个尸首的腔子里面冒出血来了，这样两相印证就把尸首收回来了。收回来以后，这个家就剩下一老一小，一个婆婆、一个儿媳妇两个人相依为命。不久孩子也生出来了，这就是我的另外一个哥哥，小名叫做武汉秋，大名叫武云杰，这么个遗腹子。我母亲带着我哥哥就这么过，当时家庭的日子很不好过。我这个嫉驰是一个基督教徒，我母亲当时也信教，不过，湖南人信教也就那么回事，他们同时还信乌七八糟的迷信的东西。作为一个知识妇女，我母亲又信基督教，还信菩萨，但不太信，还相信什么梦，要圆梦，看相，还有各种各样的禁忌，挺多的。湖南人是比较迷信的，那么就这样过，据说那时日子很难过。曾经从茶叶庄弄点茶叶来捡茶叶，分包。这个时候，同样的跟我母亲一样的年轻姑娘还有几个，家庭生活都不好，因为上过小学有点文化，大家纷纷地想找工作，谋出路，有一个我后来见过，那是我母亲年轻时候的好朋友，她后来到电话局当了接线员，一直干了几十年。我母亲最早是想学护士，后来终于决定了念师范，毕业了可以教小学，是中师。当时湖南有两个师范，第一师范是男校，就是毛主席上的那个，还有一个是第一女子师范学校，女校，在长沙是有名的，叫做稻田师范。我母亲就考上了这个师范学校，是五年制的。我母亲上这个学校目的也还是师范学校，是公费不要钱的。另外，毕业以后可以当教员养家，这样我母亲就上了稻田师范，我母亲在学校里的功课是中上，好像还是不错的，我看过她学校当时的校刊，登过我母亲写的文章，什么约友人重九赏菊函，文言文的书信，写得很漂亮，但也是一般的，因为她念了很多古文，以后她教我古文教了不少。这样我母亲也就在师范学校了，经过了五四运动，当时也上过街，游过行。不过，她和我父亲不一样，因为她更多的是希望毕业后找工作来维持家计，因为这个家庭只有她一个人能有办法挣钱。所以，到了她毕业以后，也就是1921年，就决定跟她另外一个同学叫做王端淑的一起到南洋去，这样两个女孩子也就是二十多一点，就跑出来了。到了上海，上船，就见到我的父亲，当时，这批旅伴是两男两女，除了两个女的和你爷爷以外，还有一个男的，姓李，这个人是年轻、倜傥，据说是穿一身西装，打一个大红领结，颇有点英俊少年的气派。这位李某对奶奶很有兴趣，相反地，爷爷倒是比较稳重，不动声色，不表示什么，奶奶大概比较欣赏爷爷的气质，结果这个李就失败了，当然后来还是朋友，据说后来李回国以后，到了安徽当了个什么警察局局长，后来也就不明不白地死掉了，情况就不知道了。到了南洋群岛以后，爷爷跟奶奶分开了，因为之前是分别受到聘约，奶奶就在马来亚，现在的马来西亚，在好几个地方呆过，在槟榔屿、怡宝、金宝这些地方教华侨小学。华侨在国外受到压迫歧视，就团结起来开辟和开展事业，对付这些当地的殖民主义者和当地的人，所以华侨在马来西亚的势力是很大的，马来亚的六百万人里面，有三百万是华侨，是中国人，特别是工商业差不多都是华侨在做，一个个城市里，华侨有自己的社区，有自己的学校，有自己的公会，就是一个为华侨办事的机构。当时，奶奶就在这些华侨学校里教书，当时是男女分校，奶奶教的都是女校。女校人很少，我看过一张毕业班的照片，奶奶和毕业生合照，学生手里都拿着毕业文凭，打扮起来那些女孩岁数也不小了，她们念书都比较晚，那个毕业班只有一个校长，就是奶奶，还有两个毕业生，三个人合照。学校规模是很小的。但是华侨比较重教育，另外，南洋地方的待遇也高一些，所以，奶奶那时一个月有六十块大洋左右的收入，她先是当教员，后来又当校长，而且在那里的名声很好，纷纷聘她。她的钱主要的是寄回国养她的婆婆和我的哥哥。这样奶奶在南洋一共呆了六年，从1922年到1928年的年初，或许1927年的年底，她始终是在马来亚。爷爷的情况就不一样了，爷爷这个时候教中学，因为他是专科学校的毕业生，大专的毕业生，教中学。爷爷的活动比较多，而且思想比较进步，所以往往被殖民当局把他驱逐出境，所以他跑来跑去，从这个地方被赶到那个地方，从那个地方被赶到另一个地方，从马来亚、菲律宾最后到了印尼，就是印度尼西亚，在印尼也到处被赶，最后他是在印尼的西里伯斯群岛的望加锡（马加撒），这大概是我爸爸在南洋事业活动的顶点，那里有一份华侨报纸，叫做《锡江商报》，他是《锡江商报》的主编。这个报纸登了很多当时国内的革命的消息，而且也反映了当时华侨的要求和疾苦，也有一些反殖民主义的言论，所以大遭印尼当局的嫉恨，结果有一次借故要把我爸爸扣起来，是当地的华侨社会群起声援，印尼当局就没有得逞，最后是当时华侨组织的乐队，打鼓、吹号，汽车队护送，一大群人像游行一样的把我爸爸接回来了，这是我爸爸很得意的一件事情。后来在1927年我爸爸回到广州，开一个什么会，当时他已是国民党，是左派国民党，开一个华侨的什么会议，去以后印尼当局就吊销了他的护照，不许他回去了，借这个机会把他赶跑，永远驱逐出境。你们的爷爷和奶奶是怎么样谈起恋爱来的，他们都没有说清楚，我也说不清楚了。总而言之，他们很快就好上了。可是好上以后在一起呆的时间很少很少，主要是靠通信。我小时候曾经看过他们的一些信，很有意思，就是那种五四时候的一种文字的风格，比方说，有时候说爷爷的日记，或许是什么滴铃滴铃自行车铃响了，绿衣人，就是邮差送信来了，如何如何如何，颇有些文学趣味的文字。另外，爷爷还给奶奶写了一本册页，就是孔雀东南飞，你们都知道这是南北朝焦仲卿妻的诗，"孔雀东南飞，五里一徘徊"。精心写了一本册子，爷爷的字是写得很好的，爷爷写的字是颜字，颜真卿的字体，写得很工整，很有功力。他这个孔雀东南飞是行书，带点草，精心写的一本，我认为是写得相当不错的。另外，我还记得他还专门抄了一个胡适五四时候写的有名的剧本，叫做《终身大事》，是讲婚姻自由的，大概这个是抄给奶奶看的。总而言之，他们就是靠来回通信通了六年。他们为什么恋爱了六年没有结婚呢？我想是两个原因，一个是因为环境、经济条件各方面都不允许两人呆在一起；另一个问题是爷爷在浏阳老家还有一位夫人，就是还有一个奶奶，我的母亲在这点上认为应该先离了婚才能结婚，不能搞成重婚，所以这样就拖了六年，到了1927年，我们知道1927年"四一二政变"以后，蒋介石控制了局面，我父亲又被印尼驱逐回不去了，他这个时候的思想是倒向于国民党的，也就是说站在蒋介石这一边了。他在南洋立场还不是很明确，回国开会以后，就比较明确了。那时候蒋介石政府成立了，有所谓的华侨事务委员会，我父亲也是这个里头的成员之一，他回国后印尼不让他回去了，他就到了上海暨南大学，就是一个华侨大学去教书，在上海呆着，我母亲这个时候就回来了，我父亲这个时候宣布跟原来的奶奶离婚，在报上登了一个启事。但实际上是在湖南老家，我们奶奶还是我们家的媳妇，住在我们家里，当时我父亲回浏阳看了一下发现，奶奶在他不在的时候，又生了一个儿子，这当时是一条罪状，找到这个理由就离婚了。这样我的父母亲在1928年的一月份在上海结婚了。我是在1928年的12月份出生的。

材料补充：

第一，我在浏阳的老家枨冲，不是在浏阳的西面，而是在浏阳的南面。

第二，我爸爸回来的时间是1928年的年初或者是1927年的下半年。更可能的是1927年的下半年，因为他这中间还回了湖南一趟。

再补充一点是，我爸爸的名字原来是黎煦章，后来在五四运动前后，他改名叫做黎宗烈，字友民。从这个名字你们就可以感受到你们的爷爷这时候的思想是比较进步的，有革命的思想。

你们的奶奶原来叫做胡良桢，后来嫁到武家，丈夫死后，她就改姓夫家的姓，叫做武良桢。后来她上师范时又给自己取了个名字叫做武鼎，这是一个很有气派的名字，说明你们的奶奶很有点男子气的。后来因为我爸爸叫做黎煦章，她又改叫做武元章。所以我的小名叫做小鼎，就是武鼎的鼎，我弟弟的小名叫做小烈，黎宗烈的烈。

还有件事情，是奶奶很得意的事情，就是她在师范毕业时进行教育实习，上课，她预备的教案在下课前的五分钟左右就讲完了，这时候就尴尬了，可是她灵机一动就向学生提了一个问题，这样就把这五分钟打发过去而且效果还蛮不错，得到了好评。这是她很得意的一件事情。奶奶年轻时候的照片你们是见过的，是一个胖胖的，一副现代妇女的样子，很有风度的。你们可以注意到，爷爷的鼻子是薄薄的、高高的鹰钩鼻子，奶奶的鼻子是宽宽的有点扁，所以我的鼻子既有爷爷的特点又有奶奶的特点，是一个宽宽的高鼻子，但是没有什么鹰钩形，这是一个笑话。

现在我把我出生以后，爷爷、奶奶的情况和他们的性格再说一下。

爷爷是一个接受封建文化，所谓的四书五经的知识分子，他小时候在私塾里就是读这些，后来上高小也读这些。五四前后他在新学堂又接受了新的西方的文化知识。爷爷的思想状况是比较复杂的，他从初步接受共产主义思想的知识分子倒退回来，新中国成立前实际上是国民党的思想，国民党的思想是所谓三民主义，实际上就是旧中国的封建思想加西方的资产阶级思想的大杂烩，混在一起的。爷爷的政治思想状况就是这样。至于他的为人总的来说是很好的。他性子比较慢，比较随和，办事情拖拖拉拉，不那么太利索，可在关键的时刻他还是很有决断，很利索的。他的脾气很好，很能够跟人相处，所以大家都觉得他是一个好好先生。他有正义感，也不是滥好人，很顾念朋友的交情。他生活上马马虎虎，物质生活方面的要求不高，你们的奶奶常说你们的爷爷只要有一个肥皂箱子当办公桌也就够了。花钱也是随随便便，没有什么计划。生活条件好他过得去，生活过得差他也能过得去。没有什么牢骚、埋怨，是一个冲淡、谦和的人。说他有些正义感，在关键时候有决断可以从下面这样一些事情看出来。

就是在我小的时候，在我三岁的时候，我们住在南京，当时大概是1930年的样子，他的一个老朋友，比他岁数小得多，叫做袁任远，这个人后来是我们党的一个负责干部，新中国成立后当过湖南省的副省长和青海省委的书记，现在是中央顾问委员会委员，这么一个老同志。曾经在苏区打过仗，后来在六军团，就是王震、肖克的部队里面经过长征到的陕北。袁任远比我爸爸小好几岁，是我爸爸在长沙时的小朋友，当时在白色恐怖十分猖獗的时候，他从湖南到上海去向中央汇报工作，路过南京，我爸爸知道他是个共产党员，而且是一个比较重要的共产党，可我爸爸还把他留下住在我们家里，掩护起来。那时我还见过他，他对我还有印象，新中国成立后他在湖南当副省长时候跟我爸爸还有来往，也曾经问过我，但是我始终没有再去找过他，我爸爸、妈妈当年的同学、同事包括后来成了一些领导干部的，我一概不找，可能这就是我的一点清高吧。我爸爸当时在国民党的华侨事务委员会里面当一个委员，算是国民党的一个官。所以，他可以掩护共产党的人。1935年他在南京国民党中央党部工作，他一个老朋友在一间房里劝他宣誓加入中统，他坚决拒绝，说党内不能搞派系。1943年，我爸爸在河南洛阳当国民党的中央通讯社洛阳分社主任，那时，河南非常苦，你们都知道所谓的水、旱、蝗、汤，就是当时的河南，特别是那年闹旱灾闹得非常厉害，赤地千里，饿殍载道，好多河南人都逃荒了，李准写的小说叫做《黄河奔流去》和冯小刚的电影《1942》就是这个背景。我们在洛阳的那个时候，每到天黄昏，就看天上乌云一样地飞着蝗虫，漫天的蝗虫飞到哪里就把哪里带绿色的植物都吃光，地上则见一群一群的灾民往西边逃。那时五斗麦子就可以买一个灾民的闺女。当时的河南人苦得很，但是国民党封锁消息，始终不让河南闹灾的消息传到全国去，把新闻工具全控制了。当时有一个《大公报》的记者叫做高集（我现在知道叫张高峰）到了河南，并进行了采访。当时国民党的邮电都是要检查的，他写的通讯报道就发不出去，结果也不知道他找的我爸爸，还是我爸爸知道了，总而言之，我爸爸就利用中央社的电台帮他把消息发出去了，那时中央社的消息也要经过国民党的新闻检查所，国民党新闻检查所的所长也是湖南人，跟我父亲好像也是朋友。因为都是国民党系统的，他对中央社的电讯的检查就比较马虎，我爸爸就钻了这个空子。那时候他们的新闻检查所每天晚上十二点钟前收送检的稿子，十二点以后就关门不收了，就得等第二天了，我爸爸就专门等到快关门的时候派妥人把《大公报》记者采访的专稿给送去了。那帮官僚那时已经昏头昏脑，瞌睡拉撒的，看也不看，随手盖了一个章子，表示检查完了。稿子发回来以后，我爸爸就用自己的电台发报到重庆。那时中央社地方单位都配有电台。发了以后，《大公报》就把这个消息登出来了，而且《大公报》还发了一篇社论《看重庆，念中原》。这社论讲的是重庆的达官贵人纸醉金迷，过着非常荒淫奢侈的生活，而中原河南大地一片凄凉，饿殍载道。这样，河南闹灾，人民痛苦的消息传到重庆去了，引起了轩然大波。当时在国民党的中央参政会上，河南省的参议员就提出质问蒋介石为什么封锁消息，为什么不采取措施，搞得蒋介石非常狼狈，狼狈之余就调查这个事情，一查消息怎么传出来的，就查到了那里的中央通讯社，查到我爸爸那里去了。我爸爸那时也有一个挡箭牌，就说这个消息是经过受检的，所以责任就在这个新闻检查所，因为这个事情，新闻检查所的所长就被撤了职，我爸爸也很危险，因为当时蒋介石大怒，要查办，据说还要枪毙，后来我爸爸被中央通讯社的几个老朋友，也就是中央通讯社的社长叫做肖同兹，这个人也是当年湖南劳工会的领导，他想法子打了圆场，事情就掩盖过去了，我爸爸就没事了。

还有一件事情，就是抗战胜利以后，我爸爸在河南开封，当开封的中央通讯社分社的主任。当时，他手下有一个年轻的记者，也是湖南人，姓李。我爸爸是很器重他的，经常说他不错。可是，有一次河南省的省党部召集记者去开会，开会时就宣布在新闻界中间成立记者的反共小组，这个反共小组可以说是特务的外围组织，就是要求大家互相监督，有可疑分子要告密。这位中央社的记者回来就告诉了爸爸他参加了这个反共小组，我爸爸大怒，说你怎么能参加，新闻记者是无冕之王，应该有自己的独立性，你参加进去后岂不是就没有报道的自由了吗？然后就把这个记者开除了，不要了。这个事情就非常有趣了。中央社，这是国民党的御用的新闻机构，我爸爸是这个分社的主任，他实际上是替国民党制造舆论，搞宣传的，可是他却用这样一个理由开除了一个参加反共小组的记者，这说明我爸爸的思想是很矛盾的，他在政治上和国民党搞在一起了，但他在为人上面好像还有些独立的人格，还要讲点正义。中央社那时都被人称为造谣社，因为净胡说八道，特别是在解放战争期间，它的军事报道是一塌糊涂，国民党吃了那么多败仗它从来不正正经经的报道，净说他们在打胜仗。新中国成立后我看见我爸爸写的一份资料，里面写到这段，他说他当时明明知道国民党这些所谓军队来源的消息，所谓打胜仗的消息都是造谣，都是假的，可他们不得不发，所以他在电讯稿的前面加两个字——军息，即军队来的消息，表示不是中央社记者，不是中央社经过自己的渠道去采访来的，而是根据军队发的新闻转述的。他认为加上这个头多少可以让人辨析这个东西是军队来的，不是他们采访的。那么，他新闻报道的真实性问题就可以多少不受影响。这个实际上也是掩耳盗铃的一种做法，这里可见我爸爸当时思想和行动的矛盾。我爸爸这个思想大概是一直贯彻下来。1941年他到河南当中央社洛阳分社的主任，当时洛阳是国民党的一战区司令长官部所在地，国民党的军队有一个做法就是他要笼络新闻界，笼络舆论界替他说好话，掩盖他们的错失，所以像我爸爸这样身份的人去了以后，他们马上送给我爸爸一个第一战区司令部长官少将高级参议的头衔，是个空的，每个月给送几百块钱的车马费，钱倒是不算少。这个办法无非是笼络新闻界来给他说好话，对不利的事情给他遮盖过去。我爸爸坚决不要，辞掉了。我看别的好多当时搞新闻的都有这样的头衔，有些还不止一个，到处拿钱。可我爸爸就不要这些，也不要这个钱，无非就是保持他的一点新闻记者的尊严和自由吧。在国民党的新闻界，特别是在国民党的中央社里面还要保持新闻记者的尊严和自由，这是一件很矛盾的事情，可我爸爸就是这样。

另外，在河南的时候，我爸爸的分社里面原来有一个总编辑，大概是姓史，这人因为有共产党的嫌疑而被捕了。好像我爸爸从来没说过他的坏话，另外也曾经想法去打听消息，去营救，后来这个人放出来了，出来后还到我爸爸这来道谢，我见过。当然他不能在中央社呆了，到别处去了。新中国成立后我从一个什么回忆录里面发现这个人原来真是共产党，那个大公报记者张高峰也是共产党，可我爸爸对他们似乎都就没有什么戒心，替他们办事、发稿子，也没有说过他们什么的坏话。

再一件事情就是1945年抗战胜利以后，大概国民党到沦陷区去接收了，接收大发洋财，搞得乌烟瘴气。我爸爸也是接收，他是从中央社的汉中分社（已经不是洛阳分社了）转道开封去，到河南开封接收敌人同盟社的机构，设立中央社的开封分社。一般的接收大员到沦陷区都是五子登科，什么房子、条子（就是金条）、车子、票子，还有什么女子吧，五子登科，搞得乌烟瘴气，包括中央社这样的单位。后来我到北京来，中央社的北平分社的主任的资格比我爸爸浅得多，他还自己弄了一套很大的私人住宅，还接收一部汽车。可我1946年到开封见到我爸爸时，中央社的开封分社就是接收了日本同盟社的一个小楼，就是街面上的一个两层楼，有那么十几间房子，另外接收了一部电台，机器很大，很笨重的一个电台，剩下什么也没有了。我爸爸也没有自己的房子，就住在中央社机关里面，因为当时我母亲已经死了，他就住在里面，他也没搞到什么东西，而且也没有多少钱。我们那时去上学，从开封经过南京，再到北京，我和同学潘道扬的路费都是我爸爸从当时的商会会长那里借的，所以接收财他也没发多少。在解放战争时，他在开封担任中央社开封分社主任的时候大概名声还可以，当时一些开封新闻界的地下党对我爸爸的印象还是不错的，认为他还有些民主思想。所以，第一次解放开封时，就曾经把一批进步人士撤到了解放区，像河南大学的嵇文甫、赵俪生这些人撤到解放区去了。据说开封的新闻界的一些地下党还找过我爸爸，动员我爸爸一起到解放区去，后来因为我爸爸躲起来了，没有找到，他们才走了。新中国成立后在给我父亲写证明材料时候，开封这些新闻界地下党员写的材料都还是不错的。前几年有一部小说叫做《攻克汴京》，就是写开封解放的情况，写到了解放军攻进开封前后，有一个很活跃的人物就是当时中央社的分社主任，矮矮的个子，瘦瘦的，鹰钩鼻子，架着一副金丝眼镜，是一个很阴险、很顽固、很坏的角色。这个人物的模特就是你们的爷爷，但实际上你们的爷爷既没有被俘虏，大概也没有那么坏，看来是一个编造的想当然的形象。其实不是爷爷的性格，那是一个很矛盾的性格。

　　你们的奶奶是另外一种性格。你们的奶奶的家庭前面已经说了是一个败落的大商人家庭，她自己从贫困中又经过个人的奋斗努力，社会地位才有所上升，所以奶奶的思想是一种比较进取的思想。但她的进取无非就是希望有地位，有钱，有名声。特别是有地位，有名声，她是比较热衷于此的。你们的爷爷从来没有教育过我做什么大官，干什么大事情，从来没有。可你们的奶奶不断地教育我，让我要争气，特别是觉得我爸爸越来越不行了，在国民党里资格虽老，地位越来越下降。总觉得你爷爷不争气，所以老说让我要争一口气，要做出点事情，要出名，要有地位，而且她的幻想也很多，小时候她讲，你长大了，我希望你当一个船长，带着你妈妈（就是她）到全世界去逛，诸如此类。总而言之，希望我争气。她自己原来是小学教员，后来是小学校长，生了我和我弟弟后，到南洋还当了一段时间的小学校长。回国以后做了一段学校和机关的教职员。抗战一起到处逃难，她就什么也不做了，成了家庭妇女。到了洛阳家庭富裕了一些，脾气就越来越急。中原战役，她和中央社的同仁一起逃难，从敌人机枪扫射下爬出逃到汉中，受到很多刺激，脾气越来越急躁，后来有时简直歇斯底里。有一段，在1945年我回到汉中去的时候，她当时实际上已经神经上有了毛病了，整天的唠叨，主要是骂我爸爸，同时也骂我弟弟，没完没了地唠叨，让人真是难受极了。她大概是受了刺激，心比天高，而实际上她自己觉得一切都不如意，丈夫没出息，儿子（我弟弟）也不争气，她唯一的希望就是我，认为我是有出息的，有办法的。但是我又不在她身边，所以她的脾气是坏极了。抗战胜利以后，她跟着我爸爸到了开封就病倒了，得了五六种病，当时也没有什么特效的药，最后拖了几个月，又回归到她原来的基督徒信仰上去，最后神志不清，就死掉了。死的时候她才四十八岁。

从我妈妈年轻的时候情况来看，她该是一个很有志向，很有作为，也很有魄力这么一个女人。一个人在那样困难的情况下闯出来，也上了学，终于能够挣钱养家，后来的婚姻也是比较满意的，跟我爸爸恋爱结婚，感情是非常好的。可是到了后来成了这个样子，这是非常可惜的。她死了以后，她的坟在开封。但是后来这个坟早就平掉了。这个坟的地方现在大概盖了一个工厂或是修了路，早就没有了。

回过头来再简单地说一下我爸爸妈妈的经历。

生了我以后，我妈妈就在上海。现在还保留了一张我在上海时候的照片，大约是五个月、六个月时候的照片，你们可以看到，那时候我是一个很胖的小孩，白胖子。没有多久，我妈妈又怀了我弟弟，这样她就回了长沙。在长沙把我弟弟生下来以后，就放在长沙外婆家里面，那时我外公早已经死了，带着我她又回到了南京，我弟弟大概是两岁多才从长沙接回来。我爸爸这段时间在南京，大概是在国民党华侨事务委员会当个什么委员。到了1931年的春天，我爸爸和我妈妈又再次到南洋群岛去，我爸爸到越南，越南的西贡旁边有个城市叫做堤岸，那是一个华侨城，我爸爸在那里当《安南民报》经理。我妈妈又到了马来亚吉隆坡西边的一个港口叫做巴生，英文名翻译成瑞天咸，在那个地方教书，担任小学校长。1934年，我妈妈带着我和弟弟到了堤岸，不久她又带着弟弟到马来亚教书去了，我留下来。1935年的春天，我爸爸就带着我回国了，我妈妈随后也就回来了。回来后，我爸爸在国民党的中央党部里面当个大概是专员这样的工作，实际上是个闲名义，等待分配工作。我妈妈就在国民党的中央党部的宣传部的一个什么科当了一个办事员、干事这类的职务。没有多久（1935年），我爸爸

1933—1934年，在巴生或吉隆坡母亲、我和弟弟黎先慧

就分配到河南开封去做国民党的报纸的主编，《河南民报》的社长。在那里呆了一年多。然后又回来，还是在中央党部，还是没有一个明确正式的职务。到了抗战的时候，当时国民党搞防空，组织民防，按军队编制，我爸爸大概也参加了，有一个上校的衔，这个实际上是个虚的，后来"文化大革命"就成了一个问题，说我爸爸是国民党的上校，实际上就那么回事。从1937年南京撤退，撤退以前，我爸爸的老朋友，中央通讯社的社长肖同兹，把我爸爸找去，给他帮忙，后来就正式地进了中央社，最早是在中央社的南岳办事处，就是在衡山。南岳办事处当时很重要，因为国民党从南京撤退后，它的陪都是在重庆，可是它的军事政治中心是在武汉，南岳衡山这一带是原来就准备作为国民党的军事委员会的一个基地，设立了南岳行营，在那里很经营了一下。当时在南岳还办过游击干部训练班，像叶剑

1929 年春，与母亲在上海虹口公园，我 5 个月

英他们都在那里讲过课，我爸爸就在这个地方。后来武汉失守，局面有些变化，国民党的军事政治重点就挪到了重庆，南岳的地位就不重要了。所以到 1940 年，中央社的南岳办事处就撤销了。当时我和我妈妈是在贵阳，我爸爸也就到了贵阳，在贵阳的中央通讯社帮忙干了一段时间。到 1941 年，就去洛阳分社。原来中央社的洛阳是个办事处，后来洛阳办事处的专员王少桐因思想"左倾"被撤了，我爸爸去当新设的分社的主任。从 1941 年当到 1944 年。1944 年日本人发动打通大陆交通线的战役，就是打通京汉线、粤汉线一直通到广西、越南去，打通这条大陆交通线。洛阳丢了，我爸爸就狼狈撤退。以后到了陕西的汉中，那里是国民党的汉中行营，原第

五战区司令长官李宗仁在那里当行营主任。于是成立了中央社汉中分社。我妈妈这时候跟我弟弟一度跑到兰州，后来又回到汉中。1945年抗战胜利，我爸爸就参加了接收的行列，到了河南的开封，当了国民党的开封分社的主任。1948年开封解放，我爸爸狼最后从开封撤回，又到了南京，然后又往南撤，最后当了中央社的南宁分社的主任，也就退到广西的最南边去了。解放军解放南宁的时候，我爸爸就留下来听候接管了。当时我爸爸的老朋友原河南教育厅长鲁荡平已经买好了飞机票，让我爸爸一起到台湾去，我爸爸不去，他要留下来，留下来老老实实地办好了接管的手续，办好接管手续以后，当时按照政策是可以留用的，但他也不愿意再干了。当时他的老朋友杨东蓴，是个很有名的民主人士，学者。杨东蓴当时是桂林广西大学校长，让他到广西大学去教书，他也不去。他要回家，于是带着现在这个奶奶还有我弟弟回到了长沙，那时狼狈极了，什么东西都没有了，也没有钱，穷得要死。回到长沙以后，由我的干爹杨秩彝，又叫做杨文冕，也是我爸爸的老朋友，而且是我妈妈读教会小学时候的英语教员，杨秩彝当时是湖南私立衡湘中学的校长，就把我爸爸留在衡湘中学代课，后来就正式任教，教语文。因为是个私立中学，薪水很少，解放初，生活非常苦，住的地方也很差。我爸爸表现积极，在1950年的时候，要求参加学习，就被分到华北革大，到北京来了，我就见到他了，那时他已经50多岁了，现在还有他当时的照片。学习了几个月以后，原来说要把他分到大连去，后来不知怎么没有分，大概看来不行了，经过审查，岁数也大了，所以又回到了他原来的中学。他到了衡湘中学后还是很积极，又去积极参加土改，结果他走出来带着红花，乐队欢送，一群人去土改。实际上就是让他们参观学习，了解了解情况。衡湘中学以后就改成了长沙的十二中，他还留在那里。到1955年，湖南文史馆成立了，他进了文史馆当了一个馆员。当时对他们这些人的安排有好几种，一种就是国民党的原来的军政人员可以进湖南省政府的参事室，进去后的待遇比较高，可以按照十四级或是以上的待遇，可以拿到130块钱一个月，起码是如此。另外，文教界人士就进文

1951年，父亲到华北革大学习，在北京西单银星照相馆

史馆，文史馆就是养老性质了，没有什么级别，就是一月拿六十块钱生活费。你爷爷就选择了文史馆，他说文史馆好一点。因为那个参事室还老要开会，还要搞运动，还要学习，麻烦得很，他也比较清高，觉得他还是应该算文教人员吧，所以就到这里来了。那时候爷爷第三次结婚，有了三个儿子，一家五口，靠六十块钱生活那是很困难的，可是他还是很乐天知命的样子，高高兴兴地，写了很多的诗，歌颂解放，歌颂那个什么。到1959年我到湖南去，那时候正是他当文史馆员当得很起劲的时候，我记得我去了以后他带着我到处转，拜访老朋友，当然他觉得我是他的一个骄傲，他在外面到处说，我在北京教书，他的朋友想当然都认为我是在北京大学教书，而且是北京大学的教授，他们以为教书就是教授，其实当时我在北京师范学院，而且是一个讲师，我就不断地纠正，后来我爸爸也觉得不大好意思，我估计可能是他吹出去的，我说我是讲师，他说实际上你已经是教授了，不过你好像年轻一点，资历差一点，当讲师也不算什么，好像他是在安慰我，而其实他是以我为骄傲的，带着我到处转，我们看过他的很多老朋友，还见到我妈妈的老师，当时已经八十多了。这批老朋友脾气都古里古怪的，有的女扮男装终身未婚，一个专门种花。老人们的生活只关注两件事：第一是做寿，给各种老朋友做寿；第二就是给各种老朋友吊丧。

1962年冬，北京，父亲来京和全家合影

尤其是七八十岁老头就是这么两件事情，也热闹得很。这样的话，一直到"文化大革命"。"文化大革命"中间你们的爷爷也没受很多的罪，文史馆的工资也没有取消，只是被抄了一次家。你们的小叔叔在学校里面，他在衡湘中学读书，打派仗，被对立面抄了一次家，把家里的一件皮袄还有一张老朋友送的老虎皮给抄走了，也没有别的。在"文化大革命"中他很稳重，也没有出什么事情，1968年下半年，因为我的弟弟参加了打派仗，另外，为了什么事情跟我爸爸吵起来了，我爸爸一气大概就犯病了，岁数大了，他是肺气肿，还有尿血，这样的话，到了1969年的1月9号他就去世了。他去世的时候我还是在审干，而且在清理阶级队伍中间，原来在"文化大革命"开始不久时我的工资被扣了，停发工资，后来改按人口每人每月发生活费十五元，到了1968年年底，恢复发工资，宣布我可以多寄，我就多寄了，原来是不许我给家里寄钱，我事先把我的全部存款大约有一二百块钱寄回去，写信告诉父亲说，我可能以后不能往家里寄钱，你们节省点用，到1968年底，通知我可以往老家寄钱了，我就往家里寄了十五块钱。我爸爸很聪明，钱寄去了他一看就说，小鼎大概是解放了，要不然就是快解放了，因为我好久没给他去信了，在这以后不久他就去世了。他现在就埋在长沙城外的一个公墓里头。前年我到长沙去看了一下，还可以。所以我爸爸这个人在变革的时代中，他是左右地摇摆，从封建的、资产阶级的文化的接受者，后来开始接受了共产主义，入了党，可是由于思想比较复杂，政治上不坚定，结果又遇到打击脱离了党，以后在南洋那段他做了些有用的事情，但回国后，他又和蒋介石国民党搞到一起去了，从1927年一直到1949年有二十多年。好在他没有跑掉，解放的时候他留下来了，而且以后就教书。新中国成立以后他生活上是很困难的，比他原来的生活是差得太多了，我去长沙去看了我们原来住的房子，是一间很小的房子，一家五口人都挤在一起，两张床，摆了个小桌子，什么也没有了，房子也很潮，很暗，每年都要在地下撒石灰，气味很坏，但是我父亲还是很乐天知命，情绪很好，很稳定，而且很满意，还写了不少歌颂共产党和社会主义的诗，这些诗我看倒也还是他真情的流露。新中国成立后他倒是安安稳稳地过下来了，一直到"文化大革命"时寿终正寝。就这么一个人。

而且我父亲和我母亲在五四以后的知识分子中间大概是属于很普通的，他们并没有什么独特的操守，也没有很高的才能，但是他们也还是有点思想的，也做了些工作。但是现在回过头来看，我父亲那一段，就是1927年以后那一段，我不能说是干了很多的好事情，但总的来说，他还不是真心实意地属于反动阵营的。他们都死了，记得他们的人也不多了，我父亲的老朋友共产党人现在还活着的就是一个袁任远，还有张国基和熊谨汀了，就是侨联的主席。这三位也都是八十多了。我母亲的老同学、老朋友，新中国成立后我知道还有几个周敦祥、田敦祜，还见过面，但是现在恐怕也都不在了。大部分老同学老朋友跟他们那个时代的大多数人一样，年轻时也轰轰烈烈一番，然后慢慢地落后了，甚至于不好了，新中国成立后又恢复了一个正常的前进的步子，但也就是跟着了，恐怕那个时代的很多青年人也都是这个样子。这批人中的少数出类拔萃的是会被人们永远地记住的，恐怕绝大多数也就像我爸爸、我妈妈这样，慢慢地就会被人忘了，而且以后就再也不会知道有这样的人了，但是他们所做的一些事情，总还是留下了一些痕迹，当然不是直接地，是通过比方像我，我的弟弟，或者像他们的学生，诸如此类，这样地留下来了。可能人类社会就是这样一代一代地不着痕迹地传下去，前面的人死了，被人忘了，但他们的事情、他们的学问、他们的品德和他们的为人，通过他们的事业，通过各种各样的渠道和各种各样的途径，间接地不露痕迹地还是留下来了，我们的社会大概就是这样发展的。更多地还是像我爸爸，像我妈妈这样的一些无声无息地、默默无闻地、普普通通地在那里活动着。

最后关于我的哥哥，简单地说一下。就是我的同母异父的哥哥武云杰，我喊他汉哥哥，汉哥哥小时候在他的祖母嫉弛那里过，在长沙，等我母亲从国外回来以后，就把他接出来了，让他从湖南出来上学，可是我的哥哥对我母亲的再婚是很不满意的，据说有一次洗衣服，就从他口袋里面掏出一张纸条，那上面说，我将来要去学剑仙，学会了以后，我要把黎宗烈给杀了。后来我爸爸把他弄到上海，先让他试着学印刷，他不好好学，留了长头发，想做美术家，他学到高中程度。1937年有一段他在我们家里头，那时候就酝酿把他送到南洋去，1937年的夏天抗日战争爆发以前，他到南洋去了，经过我妈妈的一个老同事的帮助，在新加坡一个学校当了教员。从那以后他一直在南洋，经常有信来，也有照片。他原来在长沙时候有一家姓高的邻居，那家有一个姑娘叫做高彭洁，小名桂英，他们两位是青梅竹马，最早有一种不是正式的婚约，后来我哥哥到南洋后，我妈妈就把高桂英接到我们家来住，我叫她桂姐姐，她比我大多了，当时有十六七岁，上初中，抗日战争逃难，我妈妈就把她带着，后来到了湖南以后，就让她上了兰田国立师范学院的附中。等到我哥哥到1941年从新加坡来信，说在那边已经找到了一个未婚妻，是华侨，还寄了照片来，我看过那个照片，瘦瘦的，还做出一个笑态，显出有一个酒窝，还有一张照片是在钢琴旁边照的，像一个小姐的样子，已经订婚了，这样，我这位桂姐姐倒是很硬气，她说这没什么，他可以丢掉了我，我也可以丢掉他，他们的婚约就算吹了。可是1941年太平洋战争爆发了，日本人从马来西亚的北面登陆，往南打，打到新加坡。当时马来西亚的英国军队大概有十几万人，新加坡号称是一个不沉的堡垒，日本人的军队只有六万人，但是英国人节节败退，最后欺骗华侨，让华侨组织义勇队，到前线去抵抗，就把这批华侨给甩了。日军攻占新加坡，把这批骗来的一无武器、二无给养的华侨义勇队五千多人在柔佛给活埋了。这是抗战胜利以后我父亲向南洋群岛的朋友那里打听消息才知道的。我女儿宁欣于2009年到新加坡大学访问讲学时，我曾让她打听一下她们的这个伯伯的消息，她专门走了不少地方，查阅资料，终于在一个华侨办的纪念馆里看到一个收藏的旧杂志刊载了一些关于这支义勇队消息的文章，是劫后余生的老华侨写的回忆录。

所以我哥哥可以算作一位烈士，是一个不在册的烈士。我这位桂姐姐后来看来不太好，1946年我到南京见到了她，当时她已经打扮得很妖艳，跟一些空军混在一起，我估计在抗战后期，在湖南芷江一带有国民党和美国的空军基地，有大量的空军人员，我估计我这位桂姐姐就是那个时候跟他们这些空军结识的，新中国成立以后，我的弟弟黎先慧打听出来，她已经到了台湾，大概嫁给一个空军，以后的情况就不知道了。

我的其他几个同父异母的哥哥、姐姐，就是一先、桃先、菊先、先国、秋生，这些我都没有见过，只有和秋生通过几次信，他新中国成立后参了军，在部队里当了司务长，是一个少尉还是一个准尉，后来就转业了，转业后到了贵州普晴县的一个林场，在那里工作。他寄给我过他们夫妇和孩子的照片，最近也没有来往了。不知道我哪一个姐姐的儿子，叫做周宇生，也在部队里，后来复员了。他曾经来找过我，还给我照过相。但我始终也没有弄清楚他和我的亲属关系，后来他也投奔我那个秋生哥哥去了。他给我来了一封信，问了我一个问题，他说他在部队里本来是可以搞无线电，搞机要的，后来不让他搞，把他撤下来了，说他家里有历史问题，说他的外公是反革命，我就不知道他的外公是谁，我就含糊其辞地写封信回答了，其实他的外公就是我爸爸，可是我根本就没有搞清楚他们和我的关系，我都没见过面，所以也谈不出来了。只是在我父亲去世的时候，大概他们中的哪一位，是桃先还是菊先这个姐姐拿出来一口棺材，给我父亲用了。前几年给我来了封信，说是她曾经用了一口棺材，希望我把这棺材钱给她，大概六七十块钱，我想了一下没给她回信，因为我父亲非常烦他们，因为他们总以为我父亲在长沙不知道有多好，就跑到长沙带一群人来吃我父亲的，喝我父亲的，搞得我父亲很狼狈，所以我也就不大愿意跟他们多打交道，我就没有回信。因为你给了六七十块棺材钱以后，将来不知道还会有什么事情，也很麻烦。你们的小叔叔也表示招不得，这帮哥哥、姐姐都招不得，所以我就跟他们没有来往。我的家里情况就是这样。

下面该说一下我自己的经历了。

记忆中的城市

(一)南京（1）

我最初有记忆的第一个城市是南京。

就像狄更斯自传体小说《大卫·科波菲尔》里所描写的一样，他的第一个记忆是在暗淡的灯光下，母亲在照顾他，保姆擘果提正拿着一本鳄鱼的书。

在我的记忆里，从后窗望去，蓝天白云，阳光普照，处处绿草如茵，稍远处一列火车正在驶过。后来知道那是民营的江南铁路公司修筑的一小段市内铁路，全路计划修到宣城，但并未完工，到此为止。母亲后来告诉我，我家那时住在成贤街。

此后是在绿树茂盛的大道上黄包车拉我们上坡，那是去上鼓楼幼稚园，教育家陈鹤琴先生所办，学校是什么样子记不起了，还会唱园歌一段："我爱我们的学校，鼓楼幼稚园吔吔吔吔（大概是歌的过门），我们的学校在那里，鼓楼幼稚园。"这是后来母亲告诉我的，她还说我会背唐诗，有客人来，我就拿一本小字典，煞有介事地踩着方步背着手念"少小离家老大回，乡音无改鬓毛衰"（我听了即解为"病毛催"却每每不知何者为"病毛"），"慈母手中线，游子身上衣"……

但南京不是我住的第一个城市，我的第一个城市是出生地上海，母亲告诉我住处是北四川路永安里4号，半岁时母亲把我带到长沙，1931年才到的南京。

南京的最后一个印象是，半夜母亲仓皇起床，电灯半明半暗，是打仗了，日机空袭，那是"一·二八事变"后的一个夜晚。随后，就随母亲和弟弟到了我去的第二个城市曼谷。

(二) 曼谷

曼谷是有记忆以来的第二个城市。

1932年春天，母亲带着我和弟弟去马来西亚的巴生教书，途经泰国（那时叫暹罗）的曼谷，这是有记忆以来的第二个城市。

从上海坐船出国的印象完全没有了，曼谷这个东南亚的大城市是什么样子，完全没有印象，只记得我们住处在中华大旅社，那是一座坐落在街口的两层楼房，气势轩昂，入门要拾级而上。我们大约住在二楼，过道上有一些通风的铁笼子，从缝里可以窥看到楼下人的走动。我曾把一些碎纸从笼子缝里撒下去捣乱。二楼顶上是个天台，上边有一台烘制点心的生产线，我跑到上边去，随手从传送带上拿上几块顶上带有干糖浆小花的点心吃。据母亲说，我最神气的表现是跑到别的旅客房里，搬个小肥皂箱子站上去演讲十九路军抗击日本兵的事。讲得眉飞色舞，那些客人当然都是华侨，纷纷拿出糖果来给我吃，我自然得意非凡。但这段情景是母亲讲的，我记忆中早已抹去了。我有印象的是某个节日，我们坐小船到了水色发黄的湄南河上参观泊在那里的军舰，只记得钻进窄小的过道，对其间打开的水密门还有印象。然后坐在小船上观看放鱼雷，把一条木制的靶船炸得粉身碎骨，水花高扬，随同破木片一起落下。回程时，从一条兜售小吃的小船上买了一块五颜六色的马来糕，吃了几口就想吐，扔到水里了。

然后，就坐着纵贯马来半岛的长途火车去马来西亚了。晚上睡觉，那卧铺是顺着车窗平行摆放的，入睡前我弯腰不知干什么，屁股露出了车窗外，幸好被母亲一手拽回来，才没有掉出车外。

(三) 巴生

今天看到参考消息，美国核航母"尼米兹"正停靠吉隆坡，即将访问香

1933年，在巴生我和弟弟

港云云，不禁勾起我的一段回忆。

吉隆坡不靠海，吉隆坡的港口是巴生（瑞天咸），那是濒临马六甲海峡的一座城市。

其实巴生也不靠海，港口是巴生港，那才是吉隆坡的对外港口。

巴生是我小时候去过的城市，那是1932年到1933年的事了。

那时这是一座静谧的小城，与吉隆坡之间没有铁路，但有汽车相通。

小城很整洁，很多华侨生活在那里，俨然像一座中国城市，没见过商业街，马路不宽，也没有高楼大厦，多是平房。我母亲教书的那所中华女校，是个二层小楼，楼下有一间礼堂兼会议室，一间教室。楼梯间旁边是一个小餐厅，跨出后门就到了一个小小的后院，院里有一棵椰子树，绑有晒衣的铁丝。出了后门,是一条小路,母亲和我晚饭后就在那里散步。常和母亲在一起的是个年轻的女教师,大眼睛,黑黑的皮肤,叫李明珠。后门外草地上有跷跷板,我在那里玩过,还被两个跷跷板挤压手指掉下一块肉,我拿了哭着跑回屋里,母亲给我粘上,后来长好了,至今,右手中指尖肚上留有一圈疤痕(几块少年时留下的疤痕,现今仍在,能一一忆起出处)。

同样也是晚饭后和母亲一起散步走远了,正上一道斜坡,一个印度胖子骑自行车冲下坡来,把我卷倒碾过右肩,成了粉碎性骨折,到医院打绷带吊着,治不好。后来送到乡下一个福建中医那里,留住一星期,每天吃药,洗药水澡,一星期右肩恢复如初,没落下任何后遗症。

从巴生到港口也要坐汽车,母亲的一个女同事张清和在那里教小学,她三十七八岁,抱独身主义,不结婚。她住在海滩上一座吊脚楼(又称干栏式房屋),上楼时可以窥见柱子林立支撑着屋子,可见退潮时,海滩上有许多小动物呼吸的水泡和小洞。上得楼来,涨潮时在楼板下可见回荡的潮水。独身的张清和养了几只鸡,由她撒米粒喂食。那些鸡上去抢,她在那里指挥,叫这个上来,叫那个不许来,那些鸡居然很听她的指挥。

巴生港口不大,我一次去只见到一条小轮船泊在那里,现在估计只有一二百吨重吧。

巴生附近还有一处游玩的地方叫模利海滨,是个沙滩,去玩过。沙滩平缓,上有椰树,蓝天白云,海边上一群女生拉手成圈,冲着海潮进退唱歌,颇富诗意。回来时其他人送来一脸盆捡的小软体动物,我见它们渐渐伸出腹足来,不禁欢呼。

巴生附近还有另一处名胜,那就是马来苏丹的王宫,有一次庆典,去玩过,在那白色屋顶的伊斯兰式建筑下水池里玩水,爬旋转楼梯。再就是入夜生平第一次看放焰火,然后领一包咖喱抓饭,树叶包着里面是黏黏糊糊的黄色咖喱,也是生平第一次吃,但那类抓饭此后再没吃过,算是空前绝后。

吉隆坡也去过几次，住在一所较大的学校里，房子很大，在学校楼前和弟弟的合影至今还在。

在巴生的娱乐生活是看电影，都是无声的，也许是在吉隆坡看的，只是在哪里有一点模糊。看过的记得有一部武侠片，那女侠被困躺在屋子里，机关操纵的天花板上布满尖刀，一点一点压下来，将要碰到身体就结束了。此后，再也没有见到续集，不知下文如何。

巴生中华女校的生活丰富而多彩，但由于我是校长的儿子又极度顽皮，母亲甚感头痛，时不时打我一顿，打了又见我的可怜相，不禁失声抱着我痛哭。其顽皮的劣迹之一是随班听讲时跑出去爬上窗户对着课堂内的老师和同学吐吐沫；其二是好打赤脚，一有机会就脱掉鞋出去乱跑，屡禁不止；其三是混充大人，一见校董过来和母亲在会议室谈话，立刻跑到对街小铺去叫三瓶橘子水，一瓶交校董，一瓶交母亲，一瓶当然就归我享用，也学样坐在桌旁衔着吸管吮吸。母亲无可奈何。但也有表现好的一面，每当学校开什么庆祝会，必定当场表演，出出风头。记得一次站在小凳子上用广东话讲狼来了的故事——"要一格苏门仔，克害牧羊……"。或者用不懂的英语唱歌，再就是："小弟弟不要哭，我来给你稀饭吃，爸爸正在田里作，妈妈还在洗衣服，小弟弟不要哭，我来给你稀饭吃。"我弟弟生性冷静内向木讷，成了我欺负的对象，经常打得他大哭，却又由于母亲的偏爱而无处诉求，引起他性格的扭曲。大概由于生下有一段寄养在别人家过于骄宠，回家又受压抑，导致性格的改变。我的作为，只是火上浇油而已。他可以呆傻到这个程度，每天早餐，照例喝牛奶拌前一天的剩饭，饭后大家都去上课了，十点钟课间休息，只见他仍在饭桌旁伴着那碗浸透了牛奶的稀饭傻呆着一动不动，让人哭笑不得，无可奈何。

说到课间休息，学生们可以吃一点点心。那时从后门放进一个小贩，卖圆筒状冰激凌，我当然买一筒大吃一通，最后一定把脆皮圆筒吃下才算完事。后院的椰子树晒衣的铁丝上爬满了蚂蚁，我拿棍子把它们打下为乐，不料一只蚂蚁掉进眼睛里，刺痛了好几天。

1954年和弟弟黎先慧(北大数学系学生)

  还有一些玩耍就属于中性的了。下午常到对面街上和一些小孩玩看图认画。那画是描述"一二八淞沪抗战"中日两军空战，双方都挂在飞机挂下的悬梯上对打，颇有武侠小说开打之风。还有一幅招贴画是美国飞机师肖特驾机迎击日机，在苏州上空激战的场面。再没有可玩的了，就买一些胶纸贴在手背上用水打湿，把图案留在手背上冒充纹身。路旁时有运菠萝往工厂做罐头的货车经过，我们招招手，押车的工人就扔下一个来，我们就捡去吃，生吃麻口，必须用盐水泡了蘸上才好吃。马来西亚水果很多，但除香蕉、菠萝之外，好像没有再吃过，还有榴莲，一个大果实外边带刺，打开来果肉烂烂的，又有一股大粪的气味，所以不想吃。据说郑和下西洋多显灵异，当地居民求他显示，他拿上一只鞋，拉一泡屎挂在树上，第二天一看，屎鞋变成了水果，那就是榴莲。弟弟很爱吃，我却不敢问津。还有一种水果叫红毛丹，但只听说好像没有见过。

  那时，也见识了马来人的生活，一天只见一个马来人穿着纱笼(丽)，躺在树影下睡觉，像死人一样。过了好久，懒洋洋地爬起来，不知到哪里去了。又过了一会，摘来一串香蕉，剥下几个吃了，又在树影下躺下睡觉，还跟死人一样。小孩子早就失去耐心看下去，各自玩去了。那马来人终于下落不明了。

到了晚上，街上小贩又在叫卖宵夜，我总想跑出去买吃，偶尔也能如愿，那是蛇羹，满满一小碗，勾芡很多，里边有着稠乎乎像鸡丝一样的蛇肉，味道鲜美，还有老鹰肉羹，味道记不得了。

中华女校之旁还有一个男校，母亲去看那里的老师，母亲回来说，有一位吴先生似乎对她有意，临走时送她一本小说，描写一个男女相悦而不能成婚的悲剧，好像在暗示他的心情云云。我当然对此无所感受，只是记起男校老师在三合土场地上打篮球。晚饭吃的炒豆芽，那是盛在盘子里，用刀叉吃的，青菜在那里很珍贵，山东进口的黄芽菜在菜店里只卖四分之一棵，却要5毛钱。

再就是我的顽劣了，只要进了学校的会议室的那一排椅子一定要挨个去坐一遍，以致新换的裤子沾上了不少尘土，那也是不顾母亲的训斥，屡教不改的。

在中华女校待了一年多，随班听课也不知有多少次，到1934年夏初，母亲又带着我和弟弟到新加坡和越南（那时叫安南）西贡的姊妹城市堤岸，与父亲团聚了。

（四）吉隆坡

第四个城市是吉隆坡。那是英属马来西亚的首府，城市什么样子已经没有印象了，只记得我们时常来往于巴生和吉隆坡一所华侨学校之间（大概是坐汽车，行程很短）。那所学校颇具规模，我们常在那里住一个或几个晚上，至今还留存着一张我和弟弟在学校楼前的照片。学校的女老师们很友善，曾记得她送给我一大堆用废了的自来水钢笔，有十几支吧，都残缺不全了，我如获至宝拿去玩了几天——自然什么字也写不出来。

记得晚上去看演出，是一个舞台上一位演员在画架前作画，有人敲门要进来，只此一瞥，别无印象。后来知道黎明晖组织的明月歌舞团那段时间去南洋巡回演出，我猜我看的也许就是那个歌舞剧"小小画家"吧（这个剧本我从没有看过）。

再有就是放电影，那在巴生也看过，似乎有一场是在吉隆坡的，那是胡蝶主演的默片，讲一个大家闺秀和一个革命伟人恋爱，后来革命爆发，伟人指挥冲锋，不幸中弹，壮烈牺牲，恋人独处闺中，不知死讯，委婉动人。当时又听说胡碟一人兼饰二角，演一对孪生姐妹的不同命运，片名《姊妹花》，不知同我看过的这部电影是否有关联。

再有一个吉隆坡的印象是游植物园。园里花木扶疏，小木桥下小河流水潺潺，水底沙石上还有好些游客扔下的闪亮的硬币，在那里也看到一只小象的表演，驯象师可以骑上它的头顶，它则前腿跪下鼻子伸直，好让驯象师爬到它头顶去，上去了后，它立起来，翘起鼻子致意，一切OK。

还有一个印象是游名胜——黑风洞。到了洞口，记得好像没进去。

还有一个印象是去游泳池游泳，我爬在池边的浅水沟上，对着它一口一口吐吐沫，看跳台上的泳者跳水，我胆大包天，趁母亲不注意，也随众登上跳台，顺序跳了下去，不料，一跳就沉底了，不过很快被捞了上来（我一共有两次落水经历，第二次是1935年，掉进一个水塘里）。

（五）新加坡

1934年，母亲带我和弟弟从巴生经新加坡到越南的堤岸，与父亲会聚。坐的是路经新加坡的一条法国邮轮。

对于新加坡只有后来在一张明信片所看到的景象，那是一座花园城市，街道整洁，气氛宁静。唯一的记忆是坐着小汽艇去登上港口旁正停靠的邮轮，那轮船不小，大概有上万吨吧。

法国邮轮理当供应法国美餐，但我只记得吃过一盆煮扁豆，淡而无味。船上餐厅晚餐供应一小瓶葡萄酒，我趁母亲不备，学大人样把它喝了，结果大醉一场，醒来时船已经到了曲折的西贡河，抵达越南的堤岸了。

（六）西贡——堤岸

1934年春，母亲带着我和弟弟乘法国邮轮从新加坡航到西贡旁的一个华人城市——堤岸。

那时，西贡和堤岸还是两个城市，在20世纪30年代的世界地图上这两个城市是分开的。西贡标上一个饼——那是50万人口以上的大城市的标志，堤岸是大圈套小圈，大概指的是三四十万吧，两个城市隔着一条湄公河下游的分岔支流——西贡河。20世纪50年代以后，新闻报道上只见西贡不见了堤岸。越南抗美胜利，西贡改名胡志明市，再加上越南一度反华驱逐大批华人，堤岸这个名称已经消失了。

邮轮溯西贡河而上，在港口码头停靠，父亲也夹在欢迎的人群中，他那时是西贡华侨报纸《安南民报》的经理，《安南民报》是一份国民党办的或具有国民党色彩的报纸。

我们租住的房子是所谓的连栋房（Town House），在一条洁净的不大的柏油马路旁边，很是安静，车辆行人几乎不见。门前一条小路两旁花朵盛开，尤其醒目的是猩红色的大鸡冠花，好像从来开不败似的。

房子两边邻居，一家是越南人，另一边是一家法国人，大概都是中产白领。只见安南大人穿着开衩很高的白色旗袍，下着长裤，却好像没有小孩。法国人有一个五岁大的小孩和我年岁相当，虽然语言不通，但用手势沟通还能玩在一起。他有一辆小自行车，骑着满街乱跑，我很羡慕，后来也缠着大人买了一辆带回国了。

一楼一底的房子进深颇深，用帘子隔成两间，楼下前边是客厅，后边是饭厅，兼放杂物。父亲办的《安南民报》就在边上一摞摞地摆着，我常站在上面学电影里飞机师模样，用乱编的外国话演讲，居然有声有色，也颇流利。一楼背后是一个小天井，厨房厕所都在那里。从一楼最后的楼梯上去，就到了二楼，前边是父母的床，帘子后边的小床由我和弟弟睡。这里最有趣是《良友画报》，只记得有一张彩色漫画，占了整整一页，画着一条大鱼用鱼鳍举着手枪威胁一条小鱼，指着说："要钱要命？"我们觉得很好玩，互相比划了半天，不断喊："要钱要命？"20世纪50年代，我在图书馆工作，购得一批旧的《良友画报》，那幅漫画赫然在焉，前几年，旧《良友画报》重印，我虽没看，想来那幅漫画应当仍然还在吧。

每天上午，父亲去上班，母亲领着我和弟弟在房前小路上走上几圈，然后回来去给我们上课。那时母亲没有工作，我们也没有上学，就在家里补习功课。大约到了十点，中间休息一下，母亲让佣人去买两个叉烧包来给我们吃。包子是新出笼的，热气腾腾，上边没有褶子，像个馒头，顶上点了个红点，大概用以区分不同的馅吧。底部垫了一张蜡纸以免粘上屉布。掰开一看，真是热香四溢，叉烧肉馅子肥瘦有致，甜咸相间，真是美味，一时简直不忍下口。但包子终于给消灭了，我们又继续做功课。一次弟弟算术得了一百分，兴奋得小便失禁流了一地，一时传为笑谈。到了晚上，我们又同父母一起到小路上散步。小房子这回是平房而不是两层楼房，外边花木疏朗，其中夹以绿色的小电灯，极富诗情画意。

有时候父亲也带我去拜访友人，我记得那位友人住一溜平房，屋里颇暗，点着一盏小灯，还有一股奇怪气味——原来他在抽鸦片。第一次去一家茶楼小吃，吃过一碗鱼翅羹，那碗小小的，勾芡很重的汤汁加上酱油作咖啡色，里面有一些像粉条似的东西——那就是鱼翅了。可我没有尝出什么味来，比那叉烧包差远了。

一个星期天，我们去参观动物园，印象最深的是一个大铁笼子，一群猴子在里边奔跑嬉戏，似乎并不以被囚禁为苦。一只领头的猴子最为活跃，它不时抢过游客扔给它内装花生的三角纸袋，戴在头上，像一顶尖顶帽子。其他猴子群起而抢，它却四脚并用腾挪跳跃，跳上跳下，以此为乐，而我们则在旁兴致盎然地观赏，久久不愿离去。

没有多久，我们又再一次欣赏到了猴子。这一次，是看美国名片《金刚》放映，越南华侨叫它马骝王，那几乎是万人空巷。我们也去看了，尤其是那非洲探险队，如何遇上金刚，金刚如何救美，与翼手龙搏斗。后被诱捕运到到美国展览，它终于奋力挣脱镣铐，把它心仪的美人带上纽约帝国大厦顶层藏好，又和来犯的战机搏斗，终于身中多弹，负伤倒下，轰然猝死。1935年回国，与同学小朋友谈起这部电影，对于我称之为"马骝王"，他们异口同声地反对，说那叫"金刚"，也是轰动一时的片子。为了片名，双方争论不休，最后不欢而散。

那时还看了一部无声笑片：两个傻子从乡下到上海谋生，人地生疏，闹出许多笑话。最后到一个工厂做工，陆续闹了更多的笑话。厂主的两个女儿给工人办夜校，识字。他俩大字不识，可是很认真，整天背课文，"读了书，就做工，做了工，再读书"，勤学不辍。一天，工厂失火，厂主两个女儿受困，他俩奋不顾身冲入火海，把两女背了出来。于是，得到两女欢心，终成眷属，皆大欢喜。我和弟弟看了很兴奋，不断念叨"读了书就做工，做了工再读书"。一如"要钱要命"，如是者达数天之久。

在堤岸幸福生活了八个月，母亲带着弟弟回马来西亚教书去了，父亲携我一同回国。宠我又好说话的父亲将小自行车和小汽枪（因价格不菲，母亲没有舍得买）一齐买了下来，坐船回国。

从西贡坐船北上到海防，船名"大利南"号，客货两用，另一艘姊妹船叫"大利华"，是在报上广告里看过的，驾驶舱和客舱在船中间，机器房在下边，前后两头都是货仓。面向汹涌不断冲向船头的海浪，颇有乘长风破万里浪的心态。那船在波浪中一上一下地前进，波浪不断打来盖过船头，而不久船头又扬起继续前进，很是壮丽。父亲晕船，躺在舱里，我却跟没事儿人一般，四处眺望，还随着跑动。后来得知，这是南海风浪最大的七洲洋，古来沉船无数。

路过海防，经过海关，换船行到香港。

到香港那天，正是初冬，气温骤降，下起了挟雪的雨，我身穿一条短毛裤，冷得发抖，随着父亲穿越大街小巷，只记得路上泥泞不堪，有些路要上一段台阶才上的去，只见墙上有一张电影广告，印有一辆爬坡的背越履带的坦克车，上书片名"世界大战"，我后来没有看过此片。最后坐缆车上了升旗山，即维多利亚山，远眺山下碇泊的灰色英国军舰，像一只鞋子躺在脚下。

从香港到上海坐的是"山东号"，只记得路过海岸，见岸边青绿，小岛纵横。

到了上海,记得去了先施公司,父亲给我买了一顶流行的带护目镜的飞机师帽和一套儿童的猎装,恍惚中深夜,已经是到了南京了。

(七)南京(2)

这次在南京,是在1935年春到1937年夏,历时两年有半,正是我6岁到8岁,读小学一年级下期到四年级上期。

七八岁的孩子,正是混沌初凿,民智始开,而又是知识膨胀的时代,就像海绵或吸墨纸一样,大量吸收汹涌而来的知识和对外界的感受。记忆中自然也不免加上后来的增饰。跟别人比起来,只觉得自己小,但在自己眼眶里,那所见的一切又都是何其的大。

在我眼里,南京是大的,它确实比我经过的曼谷、巴生、堤岸伟大,绝非上次在南京留下的片断记忆可比。

老师讲南京城有世界最长的城墙,周围有102里。后来拿着地图比划,似乎又没有那么大,最后核实是33公里,比北京城圈小一点。也许老师讲的是后来知道的外郭城,但那长度又达200里,在很长的时间里,这个大城的实际长度始终是一个谜。

那城墙都是少见的厚实。那时城墙是完整的,不像后来拆得那么零乱,城砖巨大而且结实,尤其是中华门的瓮城,那里据说可屯兵三千,可以埋伏起来,向蜂拥入城的外敌围攻。瓮城墙上的那几个大字,就是暗藏的炮位,可以和敌人作殊死决战的。1937年日军攻下南京城,在报导上却没有见到这个屯兵洞有何表现。

在小孩眼里,南京的马路也是宽敞的。一条中山北路,从鼓楼一直延伸到挹江门,两侧道上种有大量法国梧桐,那是不会长虫子的。夏天来了,浓荫蔽日,是名副其实的林荫大道。一直到了抗战中的重庆,我还一再和同学辩论是他来的北京还是我逃离的南京的马路谁更宽。直到1946年我在北京上学,走在西长安街上,我才哑口无言,默认这场辩论的失败。

在孩子心目中，南京的大还表现在他的空阔上。我先去住的文昌巷寿星桥1号，院内稀疏的平房群边上是一大片菜园子，还有一口自来水井，而院门外就是一个大水塘。后来搬到城北玄武门迤北的马家街4号，那一带也是遍地竹林、水塘。"七七事变"前夕又搬到玄武门正北的一处新建平房区，那里人烟更稀少。城墙内还有一道作为二线防御设施的夹墙土堤，而住房的北边就是嘈杂的江南公共汽车公司总场。更远到公司北面的和平门，那里城墙低矮，上有一个很矮的一层城楼，下有一个大大的门洞，中华门、中山门、挹江门的宏伟带了更多的王气，比起厚实的玄武门，感觉又要差多了。

说南京之大，还在于它的建筑，新街口环形广场正中矗立着孙中山的铜像，中山北路两侧是国民党定都南京以后新建的政府机关大厦，多是蓝色琉璃瓦顶和白色的外墙，在阳光的照射下熠熠生辉。记忆中尤其深刻的是铁道部和华侨事务委员会。说到建筑，当然少不了中山陵，那真叫宏伟，从门前的大广场大牌坊一路要登上几百级台阶才到达墓地。那真叫叹为观止。

城中空地也真多真大，明故宫开辟为飞机场。1946年我在这里乘上双引擎中央航空公司美制运输机飞往北平。

当然，也有人烟稠密的闹市区，从新街口往南直达夫子庙。我在新街口南吃过茶点，但视为风化区的秦淮河，却没有到过。去过五台山一带，也是到处是小山、竹林、菜园遍地，却未见水塘。

南京当然也是美丽的，城市内外，小桥流水，竹林、水塘，一片绿色，远眺紫金山，天保城的遗址历历可见，其上建有天文台，其设置的望远镜直径达60厘米，镜片从德国购置，耗资银元达20余万，号称亚洲第一。这和中山陵及中山北路的政府建筑一样，足见国民党政府的魄力和决心。

南京又是一个古老的城市，名胜古迹比比皆是，它的城墙里就包含着四座故城——春秋时期吴国的冶城，此后的东吴的俯视长江的石头城，六朝故都建业的台城，以及明代南京的皇城和宫城废墟。在它的城北尖端挹江门内,有一座挺拔的狮子山,据说那里建有炮台,可以抗御江上来敌,朝北远眺幕府山连成一线。那上头有头台洞、二台洞和三台洞,大概是道教名胜。再就是有名的燕子矶,那是跳江自杀的好处所,立有警示牌大致是要人珍惜生命一类。我去玩过一次,凭栏下望,江水如带,混浊不洁,一艘帆船就泊在下边,不知是否作为救生之用。再往东去是栖霞山,有南朝石造像,那里没有去过。往东是钟山,也就是紫金山或蒋山。那时朗诵吟唱流行的岳飞《满江红》歌词添上的第二段,是元代诗人萨都剌所作:"六代豪华,春去也,更无消息。……到而今只剩得蒋山青,秦淮碧。"不禁有一阵思古之幽情袭来。往南有条秦淮河,往西有有名的莫愁湖,南门外有更有名的雨花台,以及更南的六朝陵墓和岳飞屯兵建康的牛头山,那只在《说岳全传》里看到的,我都没去过。

紫金山下的灵谷寺、明孝陵倒是去玩过,那也只有一般印象。玄武湖倒是去过多次,还常随父母去湖里泛舟。但那时五洲已被改成了五洲公园(欧洲、美洲之类)。到了夏天,游人如织,坐在船上远眺南边城墙露出一角的小山包,即是台城,只见山上树立的观测气象的测候塔,不禁有古典与现代互相糅合之感。

南京确实在现代化的道路上迈进,但始料所未及,很快就会被日军攻占并来了一次惨绝人寰的大屠杀。

到达南京的第一天是在深夜,父亲把我领进一个旅馆,洗了个盆浴,又点了一碗鸡丝面当宵夜,那面一点也不好吃。次日一早就把我送到文昌巷寿星桥1号干爹(女)的家里。干爹的丈夫我叫他杨干爹,在国民党的蒙藏委员会工作,他原是个英文教师,现在编出一本藏汉词典,颇有点名气。他们住的是一溜平房,墙里有个菜园子,还有一口用手汲水的自来井。我在那园子里玩得很酣畅,从安南带回的气枪早就玩坏了,那小自行车座子也脱了焊,不久就只剩下两条辅助的轮子,我拿它当铁锤玩。

我在住所附近的三条巷小学上一年级下期,功课不难,过去所学的早已很超前了。每天下课就悠哉游哉地去玩。只是每天要到街口点心店里买

1935年春，南京文昌巷寿星桥1号

一小块切开的奶油蛋糕，每块一角五分，只是母亲到后才撤销了这样奢侈的消费。

春天来了，太阳暖洋洋的。至今还记得墙外卖棉花糖或其他小吃的小贩的竹哨声，吹得有声有调，但旋律已经记不得了。

那时也读了不少儿童读物，记得有一本是《十兄弟》。这是另一本《十姐妹》的续集。十兄弟各有特异功能，名字按排行数字为序，千里眼（一），顺风耳（二），大力三，硬颈四，冰冻五，长脚六、七、八（忘了），大头九，瞪眼十。这十兄弟虽有特异功能，但下场大都不好，例如有一个兄弟死后成了电线杆和电线。很久以后，看《格林童话》，才知道是从那里脱胎下来的。

还有一个日本民族始祖桃太郎的故事，讲一个桃子顺溪流而下，裂开来里面是个小孩，他有很多丰功伟绩，就是日本人的祖先。

另外就是玩玩具。有一套积木，搭起来是一个小屋子，青色的屋顶，红红的砖墙，白色的窗户，颇具童话意境。

这样生活了两三个月，还是在春天，说母亲和弟弟要从南洋回来了，我很兴奋，吵着要去下关车站迎接，还用白纸糊了一面旗，写上欢迎词。不想一天中午放学回家，发现我的旗撕破了，哭闹之中，母亲和弟弟突然出现——他们已在我之前悄然抵达了，只是躲起来暂时隔开，于是破涕为笑，欣然同他们一起吃午饭。

没有两天，我们搬到了新家，玄武门北边的马家街4号。这是一栋西式小楼，由中央党部一位姓姜的科长租给我们，是在小楼东侧的两小间房兼一个小阳台，我们就安于斯，学于斯，玩于斯，尤其是在那个小阳台上。小孩子看一切东西都显得很大，对那两间房和阳台并不觉其小，其外边一间是客厅兼饭厅兼书房，里边一间摆了两张略宽的单人床，父母亲睡一张，我和弟弟睡一张，两床之间有一个坐式有盖的木箱，打开来里边是一个马桶，那就是全家方便的场所了。

那房其实是很小的，"文化大革命"期间，我出差到南京时去看过，那里已经住上另外的人家了。大的一间大约10平方米，小的一间只有6平方米左右，即我们玩得非常尽兴的小阳台，也只有4平方米左右。小房间连买带租来的家具也是小的，有一套沙发，有一个四边可折叠摆放的饭桌，几个凳子，还有一套可沿墙伸缩放置的茶几，以及一张小桌子，我们看书做作业都在那上面。另外还有一个四格的书架，摆满了书，其中有商务印书馆的汤姆生编《科学大纲》和威尔斯的《世界史纲》，还有我热切相待的杨杰将军的《各国海军报告书》，还有几本商务印书馆的百科小丛书和史地小丛书。书架底层抽出来的是章回小说，第一本是浅红色封面的《花木兰》，随后出现的是《水浒》，亚东图书馆出版由汪元放标点胡适作序（那时我当然不知道）。最初见到的是第二册，一上来就讲晁盖劫生辰纲后，朝廷派兵征剿，由何观察带队，不料被阮小二等埋伏俘获，割去耳鼻后狼狈放回。那时我大概念三年级了。随后又看了《三国演义》《三门街》（讲傻将军李广和女扮男装的楚云的恋爱故事），还有《七侠五义》《小五义》《续小五义》《说岳全传》等。我读书的兴致就是这样培养起来的。下课回家，总是捧起一本书（特别是小说）就看，到了废寝忘食的地步，父母越是制止，我就越是不可遏止地看。特别在黄昏时分捧起一本书躲在在昏暗的光线下看。我在女生中的绰号——黎驼背，就是这样被她们偷偷叫起来的。而我的高度近视也是从这时开始形成的。

马家街4号的姜家门口的匾书曰"累庐"，进门一个小花园，中间一块草地，四周围以冬青。姜家养了两条狗，一条公狗叫"得利"，母狗叫什么忘了。每逢放学回家，得利总要跳过冬青树丛迎接我们。小楼里，除姜家和我们之外，可能还另有住户，但我们并不认识。小楼西侧一片平房，好像是车库，可没有车，由中央大学一位姓邓的教授租住，他是留学日本学经济学的，有一子一女，子名日东，女名樱芳，十足的日本气味。我偶尔也找他们去玩，只见邓先生在桌前正襟危坐，桌上摞着一摞纸和书，大概是在写讲义吧，我也不敢过多打扰。对日本气味太重的小孩总觉得不大放心，心想日本人快打来了，他们不会是汉奸吧。所以也很难有密切的交往。

小楼东侧是一片池塘，从那排柳树丛中可见对面马路上来往的汽车和行人。循水塘西边的小路北行就是厨房和佣人的住处，我们家雇的女仆周妈就住在那里。小楼背后也是几间平房，住的似乎是姜家的亲戚。姜科长的儿子叫姜炎龙，跟我是同学，比我高几班，对我可不大友好，我也不大理他。1943年，我到重庆读南开中学高一，他已是毕业班，是篮球校队，在比赛中打败了沙磁区的强队（大概是重庆大学队），被喻为与抗战前南开中学篮球队五虎将并称，也可称之为南开小五虎。不久他毕业了，考了大学，此后不知去向。

随着搬家，我就读的学校也从三条巷小学转到山西路小学，仍是一年级下学期，弟弟也入学了，当然班次比我低，是一年级上学期。

山西路是一片新建的住宅区,多为西式一层小洋房,水泥路面不宽,但非常整洁。山西路小学似乎是一座楼,我就在一楼的教室上课,那课室条件比三条巷小学好多了。

　　由于路远一些,所以我们上下课搭房东姜先生的黄包车接送,中午还送一顿饭,我总和弟弟抢食,把好菜如红烧牛肉或丸子先抢进嘴里含住,像猴子嘴里的嗉袋一样,先藏起来,等吃完饭以后再细嚼慢咽地吃下去。母亲叫这是"猴包食"。

　　在山西路小学时,看过一些从美国翻译过来的连环漫画,大意是讲一个兔子一家经常受到街头流氓怪鸟和犀牛的欺凌,危急万分,最后总是化险为夷,让犀牛和怪鸟吃了亏。我记得有一集是兔子爸爸被逼得跟犀牛怪鸟打赌,在黑板上比赛做算术题,题目很复杂,一长串数字,两个街头流氓算不出来,只好暂时承认失败。

　　暑假过去,我又转学了。这是有名的鼓楼小学,位置在鼓楼广场西北边,由校门进去,是一座藤萝棚子。夏天,枝叶扶疏,可以遮阳避雨。前面左手边一个台上有一排平房,是唱游教室、教室和教员休息室和校长办公室。从这个台上再下去,是一幢二层楼房,就全是教室,我先后在平房和楼上二层的教室上课。鼓楼小学是名校,号称难考,母亲抱着赌博的心情拿儿子当赌注,一试而中,而且跳了一班,本应由一下升二上,却跳了一学期,入了二下,母亲赌赢了,常常以此为荣,到处夸我。

　　教室和教学楼之间有几级台阶隔着,一直往上是一间小屋,那就是厕所,厕所里摆着几个马桶,腥臭无比,而且屎尿横溢。课间我们只能小便,大便是不能去也不愿去的。小楼北面是个小操场,大约有一个篮球场那么大,下课间隙里我们总去那里踢小皮球。操场背后又是一座小楼,是教师饭堂和宿舍,我似乎去那里搭过中饭。从一个侧门可以跑到大街上去小玩一通。操场对面是水房,可以冲澡。有个高班生叫黄少甫的,地位很高,很霸道,是公认的老大,同学之间常常暗传他的劣迹,乃至编排他的绯闻,说他在洗澡房和一个女生如何如何,但还想不出来真有什么艳事。

鼓楼小学另一边又是一个旁门，溜出去可以到高耸在山坡上的鼓楼，再往前走就能看到一面太阳旗，那就是日本大使馆，门口还有日本兵站岗。我们总是蹑手蹑脚地过去，一边心怀忐忑，一边带着几分仇视目光走过去，也怕惊动了这些强横的鬼子兵。

这时上学已经不需要黄包车接送了，我们可以乘公共汽车往返。汽车是改装进口的德国奔驰柴油车，走起来声音很响，车头厂标清晰醒目，我们叫它"三角牌"。经过的站名有鼓楼、黄泥岗、傅厚岗、玄武门、马家街，直抵终点站和平门。从鼓楼到马家街票价5分（也许是4分）。当时放学也可以走路，经过一片竹林和一个水塘，可以抄近路到家。另外，也可以往北走，越过铁路再折回来，边走边玩。最喜欢的一个游戏是放一块小卵石在铁轨上，等火车驶过，看它给碾得粉碎，或者把一颗铁钉放在轨道上，火车把它碾扁了，可以磨一磨当小修脚刀。

我那时一个小朋友叫陈琮，他家就在山西路一带，跟他的妹妹陈瑾、弟弟陈琤都玩在一起，抗战后大家分散，直到1943年，我在贵阳就读的中央大学实验中学和重庆青木关的国立十四中校名对换，原十四中改为中大附中，我们学校则改为国立十四中，这时又和陈琮通了一次信，以后又失掉了联络。现在印象深刻的是一次课间休息，纷扰中，陈琮的弟弟陈琤不知怎么头伸进了铁栏栅格里，退不出来，号啕大哭，脸挣得通红。

鼓楼小学后来的一个新朋友叫何京柱，是何汉文的儿子，我们放学结伴回家。他家是一幢西式平房，地板光洁，窗明几净，我在他家书房里看到一套十本的《人猿泰山》全集，也看到商务印书馆出的硬精装的《狭路相逢》，但都没有打开看过。有天，我们走回学校，抄近路走过一片竹林旁的一座水塘，一路玩得很是尽兴，不料下次再走过却是路口新编了一道篱笆，只是留了一个方形的狗洞，大概要阻止我们这些小孩捣乱吧。我们不忿，钻过去，一边跑一边折了不少新生的竹笋。不料主人看见，大声呵斥走来，我们一看不妙，拔足逃跑，只是弟弟反应迟钝，被主人抓住。我们回家，父母跑来，双方大吵了一通，主人要赔偿，父母骂他不能扣留小孩，无结果而散，弟弟还是被放了回来。

　　父亲跟何汉文是好朋友，1937年中，他们合伙买了一块地皮准备盖房子，我看过设计图。不料抗战爆发，各奔东西。胜利以后，母亲过世，父亲灰心丧气，不想再置业了，把那块地皮出让给了何汉文。新中国成立后，看《文史参考资料》，才知道何汉文是国共第一次合作时国民党派到莫斯科留学的热血青年，后来当了立法委员，但不知何京柱的下落。"文化大革命"以后，常看杂志《舰船知识》，见到好几篇何京柱署名的介绍军舰的文章，心想那可能是当时在南京的小朋友吧，于是去信给《舰船知识》探问，再也没有回音，此后就不见何京柱署名的文章了，心想他是到了我一样的岁数，大概已退休了。

　　在鼓楼小学读书，是活泼而愉快的。功课不算重，玩得也开心，印象最早也是最深的是上唱游课，同学们排成一圈，围着教室内边随着老师的风琴的节拍一圈圈拍手唱歌走动。教室的一边放着一具木制人体解剖模型，心肺胃肝肠俱全，各个内脏都是可以拆卸下来的，每当唱游课拍手走到那里，我的目光总是不能离去。

　　1935年，正好国民政府定为"儿童年"，又正好新定了4月4日是儿童节，我们开始了唱儿童年和儿童节的歌："儿童年，儿童年，是我们儿童的幸福年"，"四月四日啦啦啦啦啦，日暖风和放光华，看万紫千红展微笑，更嫩黄浅绿抽新芽！"

　　唱游教室旁边是低年级教室，我上了一个学期就进入小楼成了中年级（三、四年级）学生。20世纪70年代，出差南京，又借机前来探望母校，校名依旧，进门的那架紫藤花棚依然还在，台阶上一溜平房和下边的两层小楼赫然在目。不过因为几十年过去，没有大的修缮，楼板已经腐朽，走起来咯咯作响。教室里有几个小学生在没精打采地自习，已经有了衰败气象，无复当年的喧嚣吵闹了。

　　1936年，升入三年级，上课有国文、算术、社会、自然，还有体育、音乐和美术。课堂上记得是级任罗老师，课本上有一幅鲸鱼的图，我习惯照念为"京",可同学纠正应该为"秦"(擒),我不以为然,一直读鲸(京)。前两年查字典,果然应该正读秦,可多年习惯已改不过来了。罗老师上课有次讲了拿破仑,说他少有大志,立志从军,为了过士兵的刻苦生活,特别吃黑面包。我们那时多吃大米饭,从不见杂粮,黑面包是什么做的,怎么个难吃,只能听说而已。罗老师又讲了一个故事,拿破仑久攻一座城市不下,最后接受投降,却准备屠城,他宣布男人一律杀死,妇女可以保全,只能带一件她们喜欢的东西出去。第二天,城门开了,杀气腾腾的法军正准备入城大杀,罗老师讲到此下课铃响,他让大家猜,第二天妇女会带出什么。于是,下课议论纷纷,乱猜一气,我猜的是妇女各带出一个手榴弹到处乱扔,大家同归于尽罢了。第二天,罗老师回答了,这个谜底,城门开处,妇女们络绎而出,带来的是她们的丈夫。于是拿破仑和法军目瞪口呆,眼看妇女们扬长而去,但还是佩服她们的聪明和勇气。

另外一位是美术老师,给我们看了塞尚的"拾穗"和"晚钟",又讲了塞尚小时是个牧羊人,他如何在地上用木炭作画,受到一位牧师赏识的故事。另外,还有一位体育老师,课间一个同学借她穿裙子恣意想象,对她大肆诽谤。

老师的印象就这些了。冬天里,小学生衣服单薄,下课间,在墙边晒太阳,互相推挤,而且用南京话喊:"挤油挤油渣渣,挤出油来做粑粑。"高年级则二人搭手,上骑一人,互相冲撞取乐以分胜负。冬天过去,课间休息时我们又溜到门外马路边人行道上游荡,欣赏小贩的小玩意。最欣赏的是德国施德娄鸡牌铅笔及和来牌口琴,国货马利牌水彩色。同学们有收集香烟盒上画片的,我见到的有封神榜黄飞虎骑怪牛与敌战斗,还有水浒故事,据说收齐了一百张可以得大奖。但同学们只是用来互砸以角胜。那时小孩喜欢打玻璃弹球,互相比着那些内有五颜六色彩纹的弹球以为乐。还有就是看连环画,画上剑仙口吐一道白光小飞剑,互相对阵,还用框框出他们讲的话。我那时看书成瘾,那低俗的连环画已经不屑一顾了。那时小贩也有便宜的日本小玩意,但我们已经受过教育,知道那是仇货、×货,是要抵制的。小小的爱国热情，使我们也不去理它了。

快乐的时光很快就要过去了，日寇煎迫日亟，鼓楼广场小环路正中上摆了一个半吨航空炸弹模型，说那破坏力是何其之大，又不点明这是为哪一国造（这个模型曾遭到鲁迅的讥讽，后来我才知道的），只知是某国、×国，仇货、×货，以及要提倡国货，那是耳熟能详的。

常去的娱乐场所，就是电影院了。常去的是新街口南边和有名的中央商场作邻居的一家。看过的电影记得是女童星秀兰·邓波儿主演的几部电影。我和弟弟都是她的粉丝，弟弟尤其着迷，曾呆坐桌旁，用怪腔"秀兰邓波儿"喃喃自语达数分钟之久。另外，还有一部人猿泰山的电影，我们知道那是美国著名游泳运动员奥运冠军韦斯摩勒主演的，有个场景是他快速游到瀑布边救美。名噪一时的滑稽明星劳莱哈台的电影也看过、知道卓别林的电影更精彩，但只见到《摩登时代》的招贴广告，却未能一睹为快。国产电影还有印象的共有三部。一部是金焰主演的《大路》。另一部是《王先生到农村去》，讲王先生一家下到农村自己劳动，笑话百出。又被地主向他女儿逼婚，幸好当官的小陈下来把他解救，也惩罚了那个恶霸地主。当然还有《渔光曲》，最后是小猴子韩兰根被虐，在众人怀抱里死去。流行的"大路歌""渔光曲"我都会哼唱。

还有一些电影如《马路天使》《桃李劫》《狼山喋血记》（蓝蘋主演的），仅闻其名。毕业歌是会哼的，最后一句："同学们，同学们快拿出力量，担负起天下的兴亡"，被讹唱为"同学们，同学们，快拿起你的枪"，那是同住的初中桂英姐姐教的。

除了《摩登时代》，还有一个脍炙人口的电影，就是《璇宫艳史》，好像没有看过。但女主角唱的检阅军队的《大军进行曲》，当时就会哼唱。其间还有一个歌子曲谱也会哼唱，不知是哪里来的，前两年看 DVD《璇宫艳史》，才知也是那片子里来的。

1937 年，正是日寇侵我日亟，全国上下悲愤莫名，国民政府徘徊于战与降之间，处境艰难，进退失据。我是个儿童，从小有读报的习惯，也忧心国是，唱着"打到日本出口气"，"义勇军，义勇军，我是义勇军。年纪小，胆气豪，敌人快打倒。打日本，我敌人，枪口瞄瞄准，乓乓乓，乓乓乓，敌人快打倒，打打打嘀，打打打嘀打打，杀！"这时记得的国家大事（其中有些事时间在前，是从另外一些报刊上看到的，有些就在那个时间），由报刊报道的即有：

国耻纪念日，每年五月是国耻月；

五三——济南惨案，日军攻打刚克济南的北伐军，外交特派员蔡公时被害，北伐军退出济南绕道北上，继续北伐；

五七——袁世凯签21条出卖山东主权；

五九——中国代表团因丧失山东权益的凡尔赛条约退出会议，继之以五四运动；

五卅——上海日本纱厂罢工，日人枪杀工头顾正红，引起上海工人大罢工，全国抗议；

日寇侵我东北挑衅，制造事件；

皇姑屯事件——炸死张作霖；

中村事件，后来知道那个中村是间谍，被东北军抓住杀掉；

柳条沟事件——借机攻占沈阳北大营，继而占领东三省，因张学良循不抵抗政策，东北军退往关内，张被骂为"不抵抗将军"；马占山黑龙江江桥抗战失败；

1933年，日寇继而侵占热河；

"一二八"十九路军淞沪抗战；

二十九军长城抗战，大刀队杀敌大胜，但仍签订了"塘沽协定""何梅协定"；

被蒋介石软禁在南京汤山的胡汉民猝死；

汪精卫开会后照相时被刺受重伤；

间岛事件万宝山事件——当时不知道是什么内容，好像是日本人挑唆朝鲜人占了东北什么地方；

片马江心坡事件——一缅甸的英国人侵夺云南边境地带。

两广独立抗日。一时战争阴云笼罩，西安事变后取消独立归附中央。

低劣的日本货到处横行，报上的走私、入超字样惊心动魄。禁止日货，提倡国货的举动四起，但被国民党禁止。报刊上刊载这方面记载时有忌讳，称之为"某国""某货""×货""仇货"。

日本浪人横行，欺负中国人，也引起不少愤怒。

报上大肆宣扬抗日英雄胡何毛，淞沪抗战时，他被迫为日军运送军火，结果把车开入黄浦江中，与敌人同归于尽（后来知道并无此事此人，纯属编造）。

也宣传了制造国产天厨牌味精的吴蕴和牙粉制造者天虚我生，还有三友实业社的毛巾、床单、枕套。

蒋介石政府在英国顾问李滋罗斯的策划下改革币制，先是实行"废两改元"，然后禁止银元流通，一律用纸币，只限中央、中国、交通、中国农民四行发行，称为"法币"。我到南京时，纸币已经流通了，还有银角子和铜板。中央银行和中国银行的钞票常见，交通银行的较少见。中国农民银行的就更少见了。钞票下方印制了发行的钞票公司的名称，印象深刻，那是英国的德纳罗公司和美国的美国钞票公司。法币与英镑挂钩，法币一元合英镑一先令二便士，一英镑合法币十七元多，一美元合法币四元多。

国联李顿调查团来东北调查日寇侵占东北事件，结论虽然非常软弱，日本因此一怒而退出了国联。

1936年，国民政府大肆在蒋介石五十寿辰时发起献机运动，热闹非凡。还发行航空奖券，每张一元，三月一开奖，头奖25万元，引起人们极大兴趣，纷纷购买。

有一次，知道有个民营单位中国旅行社出版了一份《旅行杂志》，载有各地风光，图文并茂。是上海一个银行家办的（后来知道是陈光甫）。虽然没有去旅行过，但知道了还是颇为自豪的。

绥远百灵庙大捷，举国欢腾，傅作义名传遐迩，全国各地纷纷致电慰问,派代表团,送慰问品。

"西安事变"震撼中外,我也很感忧虑。不久,蒋介石放回南京,市民纷纷放鞭炮庆祝。不久,发表了蒋介石的《西安半月记》,还有《对张之训话》,是一个叫陈布雷的人代写的,文中一副大义凛然的模样。我拿到看了一下,觉得太深(文言),没了兴趣,就没看下去。

1937年的夏天到了,那是一个酷热的夏天,我已经读完了四上,短短两三个月,丰富而多彩,也发生了不少的变化。

第一,是父母与房东姜科长发生了冲突,搬到了城北的另一处住房。那边相当荒凉,沿城墙有一道内墙土坡,是为了敌人越城攻打后的最后防线。土坡上有一条蜿蜒的小路,旁边长着很多狗尾草(或叫凤尾草)。新居是一排连栋平房(即所谓的 Townhouse),住了好几家邻居,每家小孩不少,一起玩得很起劲。再往北就是江南汽车公司的总场。一早还没起床,公共汽车出车,柴油引擎的轰轰声不绝于耳,我们也不觉聒噪。附近有兵营,每天士兵出操跑步,列队绕圈行进,唱着军歌"军人军人要雪耻,我们中国被人欺","只有铁只有血,只有铁血可以救中国"。我们住房也是租来的,一共四间,作田字形,前边两间大点,后两间小点。前两间一间是客厅,摆了一套沙发和新买的电风扇和收音机,另一间是父母的卧室,后边一间是我和弟弟的卧室,另一间当饭厅,住着一位在我家住的母亲朋友(我们称她为高伯母)的女儿,正名高彭洁,小名高桂英,我们叫她桂英姐姐,当时刚初中毕业。

房后是个天井,有厨房、厕所。天井里养着几只父亲朋友罗寄梅送的信鸽,已被剪掉翅膀的羽毛,不会飞了。每天咕咕叫,颇有节奏和韵律,不时会下一两个鸽子蛋,成了餐桌上的美味。抗战爆发,敌机空袭,为了防空,我家就把它们宰来吃了。

夏天酷热,开着电风扇吹吹风是一种乐趣。而且还能摆弄收音机,又学会了下象棋,兴趣很大。收音机中的说南方腔北京话的女播音员不断呼叫台名:"中央广播电台 X G O A"。我照学不误,学会了这种南方腔的普通话，以后在北京住了几十年，还改不掉这种腔调。

第二，是父母用积蓄同何汉文伯伯合买了在和平门里一块地皮，准备盖房子，地皮我去看过，竹叶扶疏，还是荒地，另外也看过设计图，是一排整齐的平房，分担的价钱大概是两千多元。抗战爆发，盖房成为泡影，但地契还留着。1948年，父亲从开封搬到南京，置产产业之志已歇，把地契给了何汉文，算是有个交代。

第三，我们从马家街4号搬出来以后，常去父亲朋友罗寄梅家，我们叫他罗叔叔。离何汉文家远了，又是暑假，何京柱也少见了。

罗寄梅和妻子柳焕如家有一双儿女，男孩叫小梅，女孩叫小如，都比我小，但也能玩在一起。罗寄梅和柳焕如这对夫妻同在中央党部工作。罗好摄影、玩摩托，他家是一座宽敞的西式平房，葡萄架下，停着一部大马力摩托车。我傍晚随父母去他家玩过多次，时见这对夫妻坐着摩托车疾驰而过。柳焕如是个大美人，在中央党部同事中传出不少绯闻，终于夫妻反目，最后离婚。父亲从中极力劝解，记得有代柳焕如为答罗寄梅绝情诗句云："为君重整合欢楼"之句。但终于婚姻破裂。罗寄梅又找了位易小姐同居。1944年，父亲和我在重庆看罗寄梅，他已同易小姐分手了。柳焕如人老珠黄，在中央党部坐冷板凳。抗战胜利，随父亲去南京拜访他，他仍在中央通讯社摄影部，仍好摩托车，桌上摆了一堆大马力摩托车广告，但已经没钱买了。不久，他去敦煌，为千佛洞壁画拍了大量照片。最后携底片去了美国，受人委托冲洗敦煌石窟壁画照片以此谋生。这是20世纪80年代听常书鸿先生说的，认为他是骗子。小梅、小如也就不知下落了。

第四，我的"文化生活"也丰富起来。当时父亲为我订了一份儿童杂志《儿童时代》，是商务印书馆出的，中华书局的另一份名为《小朋友》，似乎没有这个高级。每月一期，寄到一看，颇有惊心动魄之感。那是名噪一时的德国飞艇"兴登堡号"初航美国失事着火的连续照片，一共六幅，并且说明飞艇原用氢气升空，但氢气易燃，一般又改用氦气。德国财力不逮，在氢气之外，只包了一层氦气气囊，不想因此失事。事先大吹大擂，德国飞艇横渡大西洋，首航美国，不料酿此悲剧。就在这事之前，苏联制造了当时最大的飞机"高尔基号"，报刊上宣传它有六个发动机，飞行时功能齐全，还可印刷报纸。不料第一次飞抵莫斯科上空时失事坠毁，十分可惜。事后得知是一架小飞机在它周围表演特技撞上了。

《儿童世界》的另一篇连载小说是《瑞士鲁滨逊家庭漂流记》，讲瑞士一家坐的轮船失事，漂到一个荒无人烟的小岛上，全家自力更生创造生活的故事。小说介绍中说《鲁滨逊漂流记》有许多续编，当以此为最精彩。我看了以后觉得无大特色，对其中的某些人名译法也颇有反感，像他们的孩子有一个叫"勇三"，另一个叫"健二"，就完全是日本称呼，我怀疑这篇小说不是从瑞士文（那时还不知瑞士没有自己的文字，而是由法语、德语或意大利语）直接译出，而是用日文移译发表的。

《儿童世界》另一篇印象深刻的文章是有关猎虎的事。老虎虽然凶残，却也有害怕的时候。讲一个猎人蹲在树上伺机猎虎，不料受惊坠下，正好落在树下蹲伏的老虎背上。老虎受惊疾驰，一路披荆斩棘，所向披靡。猎人"骑虎难下"，最终双双脱困，皆大欢喜。另一个场面是一个人坐在躺椅上悠闲地读报，不经意间忽然发现对面蹲着一只老虎，惊惧之余，不禁下意识的挥动报纸驱赶，老虎不知是受了惊吓还是受了感动，徐徐起身离去，一场可能发生的惨剧才得以收场。

第五，每个人青春时都有一段文思泉涌想当文学家的冲动，我的文学冲动来得比较早。1937年，夜游玄武湖，在船上看了月亮，诗兴大发，模仿《说岳全传》里的牛皋看月亮认为是一个大甲鱼，可以连酒一起喝下去的笔法作诗一首。此诗后来被父亲改为"先智原是烂文人，一叶扁舟后湖行，诗人想得口中渴，把酒连杯带月吞"。此诗最后一句，完全抄袭自《说岳全传》里牛皋的大作。另外还有一首，咏《三国演义》倒没有剽窃之嫌："碧眼小儿凶，骑虎镇江东，只惧诸葛亮，不怕曹操公。"父亲加以润色，改为"碧眼小儿凶，威名镇江东，只惧诸葛亮，不怕曹孟公。"这样一改，虽仍是我的创作，但文字雅驯多了。

在这以前，我就有创作，"满地落叶无人扫，我来扫"。1936年儿童节，父亲在开封办《河南民国日报》，儿童节纪念专刊发了整版我的事迹，还登了我写的小文章、画的画，以及我的"墨宝"，但那是被大人督促弄出来的，这两首诗则属于自己的创作。

不经意间，"七七事变"爆发了，我国开始了全民抗战。蒋介石在庐山训练团讲：和平未到最后关头，决不放弃和平；牺牲不到最后关头，决不轻言牺牲。一旦打仗，那就地无分南北，人无分老幼，个个有守土之责，要全民抗战。我们很受鼓舞。但收到二十九军副军长佟麟阁、师长赵登禹壮烈殉国的消息，又收到平津沦陷、守南口的刘汝明败退的消息。中国军队抗击可谓英勇，但总是节节败退，牺牲惨重。没几天，枪毙了不战而逃、弃守大同的军长李服膺，这才吐了一口郁闷之气（此后还枪毙了韩复榘）。

我们抗日热情高涨，学会了电台反复播放的抗日歌曲，尤其是"同胞们，向前走别退后，拿我们的血和肉，去拼掉敌人的头。牺牲已到最后关头，牺牲已到最后关头"；"枪口对外，齐步向前……"；"我们的心，是战鼓，我们的喉，是军号"；"大刀进行曲"。那些歌除了"工农兵学商，一齐来救亡，拿起我们的铁锤刀枪走出工厂田庄课堂，到前线去吧，走上民族抗战的战场"是在长沙学校里学到的以外，都是随电台广播学会的。

八月十三日，几个日军骑着摩托车冲击虹桥机场，被守军击毙，抗战全面爆发了。没有两天，敌机就来了。那时正是午饭后，我和弟弟下象棋，走错一步我要悔棋，他不让，我就大哭，正好警报声大作，我还当是防空演习，不料敌机真的来了。中国空军起飞迎战，上空机枪之声轧轧大作，只是那天云层很厚，还是看不到飞机的踪影。此后每天飞机袭来，但那时阴雨天气，晴空难得一见，双方空战没有见到飞机，只听有机枪声。那时报道的空军英雄有高志航、刘萃刚、乐以琴，还有坠机抗击敌人自杀的阎海文，跟死守宝山的姚子山营长同为第一批广为报道的烈士。报上登有敌机轰炸上海大世界，死伤数百人的惨剧。其实，那是我机去袭击停泊在黄浦江面的日舰而误炸，不过报纸上一直报道是日机炸的。这和蒋介石炸黄河河堤放水阻抗日军，也说是日军炸开的大堤如出一辙。

这时，南京市民开始防空，我家前面用砖和土堆筑起一道防空壕，但没有使用过。因为不久台风来袭，暴雨倾盆，门前栽种的花木包括几棵长得很高的玉米全被吹倒，狼藉一片。又没有多久，大概八月二十几号，我们开始疏散撤退了。父母仍留在中央党部参加抗日军事训练班，只有我和弟弟由桂英姐领着，乘坐新造的"江新号"客船驶向武汉。我们住的统舱，在最下一层，可以从敞开的舱门里望出去，江水就在脚下。"江新号"乘着黄昏缓缓向武汉驶去。我的逃亡之旅开始了。

(八) 长沙

1937年抗战爆发，八月下旬由桂英姐姐领着我和弟弟一共三人乘"江新号"客船逃向武汉。傍晚开船，港中看到长江边停靠两艘挂日本旗的军舰。那时正好是国民党政府开会要封锁江阴长江口，不料，被一黄姓秘书泄露给日本人，以致日船迅速开走，只好将黄姓秘书枪毙了事。此事喧嚣一时。这天我们离开江岸却见到日军军舰不知何故，我猜可能是两国尚未宣战，日舰准备撤退使节及日侨。而国民政府幻想九国公约国出面干涉，而没有举动吧——这始终是一个未解之谜。

"江新号"沿江而上，航行五天才到武汉。第二天，暮色茫茫中从船舱舱门望去，只见江面开阔，江水泛黄，远处芦苇水鸟点缀其间，颇显苍凉。第三天下午，行到武穴一带，江面变狭，只见一艘英军舰，越过我们的《江新号》鼓浪而上，把我们抛在了后边。船到武汉和一些同行者在一家旅店一张床挤了半宿，随后走粤汉铁路（当时虽已全线通车，还习惯叫"武长路"）。第二天一早，车停汨罗，卖洗脸水的以木盒盛热水，用一条布手巾揩拭，那叫"罗布手巾"，一脸洗下来，由于夜里煤灰污染，那盆水连同手巾都染黑了。一番争执后，我们继续上路，直指长沙。住在父亲的老朋友欧阳纯光家里。他也是母亲的老师，夫人王端淑则是母亲的同学。

欧阳纯光原来在邮局工作，得到很高的地位和待遇，不料，因为偷取包裹中的贵重物品而被解职，他就重去中学教英语，用多年的积蓄（也许还有贪污所得）购买了几处房产，吃起瓦片了。我们去的是他在跑马厅（又名分司厅）的二层房子。正门常关，出后门经过一座盖有顶篷的菜市场，我们就是由那里出入。

长沙人忌讳是很多，忌虎，忌火，把虎称为"猫"，把"虎正街"称为"猫正街"，把腐乳豆腐称为"猫乳豆腐"，把灯笼称为"亮壳子"。正是只能州官放火，不准百姓点灯，欲盖弥彰。还有一些忌讳已经记不起了。

纯光夫妇有一个女儿小名欧阳百合，小我两岁，据说儿时两家口头有过婚约，我已懵懵懂懂，他们家却煞有介事，晚上在一个床上要分开两头睡，我比较骄纵，最爱吃牛肉，专要精肉（瘦肉），他们为了满足我的口味，常买牛肉来吃，却是蹄筋，认为瘦肉不好嚼，我甚为不满，好在父母回来了，母亲到湘雅医院去做手术，我们搬到福寿街一个亲戚那里住，一场矛盾也就平息下来了。

长沙是一个热闹而古老的内地城市，虽然古色古香，但却又抹上几分现代色彩。城里有几条柏油马路，但大部分街巷还是铺的青石板，我曾在石板缝里下望，看到下面是排水的阴沟。城墙也已拆掉，修了一圈石子环城马路。中山路上的国货陈列所是一座三层大楼，楼内有很多货位，专售国货。至于最热闹的商业区八角亭或坡子街仍是街道狭窄，商铺林立，门前各个挂起广告式的店名帘子，店内立了一块牌子——"一言堂"或"言不二价、童叟无欺"，显示自己的不侃价、不欺客的商业信誉。

长沙人的吃辣椒是出了名的。菜内放辣椒，至少也要撒一把辣椒面，连汤也不例外，吃起饭来满桌一片红色。我原怕吃辣椒，更小时曾一次吃了一口辣椒而大哭，因此拒绝连西红柿在内的一切带红色的菜。但到了长沙，只好入乡随俗，和弟弟一起宣布"不吃辣椒不算湖南人"，终于成了习惯。

长沙的小吃也很有名，八角亭九如斋的水晶汤圆算是一绝。还有易宏发的糖包子、肉包子及龙须卷，是由猪油和面粉做成多层叠起的花卷式的点心，浸以猪油，外皮闪亮，非常细致。以后到北京湘菜馆，再点此菜，已经无复当年的美味了。

再就是米粉。小摊上米粉汁和开水烫热，摊在铛子上形成饼状一摊，再拿下来切条下锅煮一下，浇上汤汁就成。那时上学，中午在摊上吃饭，一碗米粉再加一个菜包子或肉包子。吃起来津津有味，价钱也便宜。

至于币制，20世纪30年代中国民党政府实行币制改革，在英国人李滋罗斯的策划下，废两改元，铸有袁世凯或孙中山头像的银元不再流通，改行纸币。继之印行法币，一律以中、中、交、农（中央银行、中国银行、交通银行、中国农民银行）四行发行的纸币为公开流通的单位。而且跟英镑挂钩，法币一元相当于英镑一先令二便士，一个英镑约合法币十七元，美金则四折一左右。至于辅币，一角、五角和更小的货币单位，是并行纸币、铜板或铜元。南京用的铜板铸有"当十文"字样，一个铜板当十文钱。湖南则用湖南省银行发行的一角纸币和当二十的铜元（还有大铜板一当五十文）。在长沙一角纸票单位也是"文"。一角可当六百文；另有二百文一张的小纸币。我们吃一碗素米粉是二百文小票，荤米粉（牛肉粉）大概是四百文，大的肉包子或菜包子二百文一个。上学吃午饭，小饭摊上一碗粉，至多再加一个包子就够了，合起来四百文或六百文就行了。

秋季开学了，我插班考上了有名的楚怡小学。发榜时我赫然列为四年级下学期第一名。楚怡小学比它上面的楚怡工艺学校（职业中学）更为有名。大概在府正街或抚正街，一进门左边是一间工艺教室，据说学校推行美国的道尔顿式教学，鼓励学生自己动手实践。每周一节工艺课；作业用竹片经过磨、削、钻、抛光，做一把剑。我从来不善动手，只爱纸上谈兵，竹剑作业没有完成。只见一些同学挥动做好的竹剑互相击打，心中不无羡慕之感。学校里有一个小花园，老师养了兔子和蜜蜂，让我们参观蜂箱及如何在离心机桶甩蜂房取蜜。小操场是学生聚会的地方，小廊子一头挂了一幅宣传画，是一幅中国地图，四周有鹰、熊等抢食。旁边文字说明哪个帝国主义国家何时抢夺了何处地方。久而久之，才知道此图原本出自清末民初有名的《点石斋画报》。

再有就是教室。因是老房子，秋末冬初太阳从上方的窗户里斜射进来，在教室墙上留下光影。到了十二月，我们在那教室里听到了南京失陷的消息，一些同学不禁伏案痛哭。在此前后也听到了希特勒德国吞并奥地利的消息。这个奥地利也是第一次听到，亡国的总理叫舒士尼格，他是反德的前总理陶尔斐斯被希特勒德国刺死后才上台的。此时正值国共第二次合作，国民党政府在南京失陷后虽然宣布迁都重庆，但武汉一时成为新的政治中心。国民党报纸宣传平型关大捷，说已歼敌板垣师团5千（后来核实只一千多人），人心振奋，满街小报竞登中共的八路军的消息，且有不少照片，那上面也有朱德总司令的马上雄姿，还有周恩来的照片。照片说明横排，我把次序念反了，周恩来叫成了来恩周，还有徐向前、萧克如何如何，贺龙如何如何。再有就是长征的趣闻。我到处宣扬，遭到大人的呵斥，这才收敛。教室里上课内容已经记不得了，只记得每周六下午有一节阅读课，上课时老师发下几十本少儿读物，每人一册，下课交回。

记得有这样几本，一本是蜜蜂，一本是蚂蚁，这都是最有名的社会性小动物。我在那书上知道蜂房为什么是六角形，那是因为六角形受力最强，最结实。蜜蜂蜇人是被迫自卫，蜂尾一刺入皮肤就因有倒钩拔不出来。蜇人的蜜蜂只有自我牺牲，甚为壮烈。至于蚂蚁的触须，不但用来探路，而且与同伴互通消息。还有一本小书杜鹃。知道它们从来不筑巢只是借别的鸟巢下蛋，孵出小鸟来，让别的鸟喂食。小杜鹃食量很大，长得比别的小鸟壮，大点以后，就把其他小鸟挤出鸟巢，令其摔死，再长大一些就一飞了之，再无音讯了。我也慨叹这种"鸟性"的残忍和物竞天择、适者生存、弱肉强食理论之具体化。还看过一本，是一个没头没尾的书。讲一对小夫妻，丈夫是赘婿，想回家，妻子同意，不料那是一家暗藏的江洋大盗，父兄外出作案，家里只留下女眷，新郎不知就里，提出请求，仅新娘子知道这不是好事，但"出嫁从夫"，只好和丈夫策划如何脱困。原来那家男人不在，出去要过几道关，一一比试，打不过还要被杀掉。新娘子改打那些妯娌的主意，连武艺最高的老祖母，也被蒙，终于成功脱困，从此远走高飞。小书不过只有十几页，却看得津津有味，一节课正好看完，只是再也找不到下文了。过了几年看原本平江不肖生著的《江湖奇侠传》，原来故事出自那里。

楚怡小学另有一间小礼堂，兼作音乐教室，小台子上方一架风琴。我们在那里学唱"高粱叶子青又青，九月十八来了日本兵，先占火药库，后占北大营。中国军队有好几十万，恭恭敬敬地让出了沈阳城"，"九月十八又来临，东北各地起了义勇军"，"万里长城万里长，长城外边是故乡"，"你的正为着我们老百姓，为着千百万妇女儿童，受了极荣誉的伤"的慰劳伤兵歌（我并没有去过）。又学唱"当今大汉天声扬，义旗翻武昌，一片丹心照华洋，先烈慨以当慷"。另有黄自谱曲的《热血歌》"热血滔滔，热血滔滔，像海一样深，像浪一样高，常在我心头缠绕。只因为国土未复，国耻未销，四万万同胞啊，拼着你的热血，去除强暴。"

那年十二月的一个晴朗的下午，和暖的阳光正从窗户外透进来照拂我们，忽然警报声大作，飞机声凄厉地响起，紧接着炸弹爆炸，事后知道那炸的是东车站，好在损失不大，可是人心慌了。我和弟弟也被疏散到长沙东边三十八里的黄花市去了（后来这里好像筑了一座飞机场）。

敌机轰炸还有下文。不知是哪一天，大家去教场坪（那已是长沙市民聚会的地方。听说北伐时劣绅叶德辉就是在那里被枪毙的）人群熙来攘往，参观一架击落的敌机，我们列队去看了，好像多少也解了一点心头之气。

黄花市是一座小镇，一条石子马路走汽车（我们就是坐长途汽车来的）。雨季，我记得住的房子是茅屋，夯土墙，房顶铺上厚厚的草。屋子里光线幽暗，有一间灶房，屋中间是一个烧茅草的火塘，只屋顶有一个洞，透光透烟，屋中间支一个三脚架，挂上一把铁壶烧水。弟弟怕冷，整天坐在那边烤火，结果眼睛给火熏肿了，流泪不止。

早上，大概是场日，有来卖豆腐脑的，保暖的铜锅中盛了一锅热气腾腾的豆腐脑，扁平的铜勺子，一片片削了下来，盛在碗里再趁热吃。豆腐脑又热又嫩又鲜,还带一点甜味,喝起来甜甜的,真是美味,不断吊起我的胃口,后来北京的甜豆腐脑、上海的咸豆腐脑都吃过,就是吃不出那种味道来。如今黄花市(又称黄华)已修建了国际机场,那儿时的美味,想来已消逝了吧。那已经随着湖南米粉一起永远留在我的记忆中了。

在当地人嘴里"北兵粮子"或"粮子",动不动就用来吓人或骂人,我不知道那是什么,只能体会到那几乎是无恶不作的东西。我原来也不知道是哪里的兵,后来猜想大概是指北洋军阀里张敬尧的兵,后来被从衡阳移防北上的吴佩孚的一个旅赶走了的。

一群大大小小的小孩,团团坐着,一个大孩子依次捏着别人的手指念歌谣:"……牛蹄马蹄,酱油炒的,问切什么,切只猪蹄",念完猛地一抓,抓住一根手指就算赢了。还有童谣:"黄泥巴坨坨,里边坐个哥哥;哥哥出来买菜,里头坐个奶奶;奶奶出来装香,里头坐个姑娘;姑娘出来绣花,绣个糍粑;糍粑跌到井里,变作个蛤蟆;蛤蟆上树,告诉斑鸠;斑鸠咕咕咕,打你的狗屁股!"唱到这里,小孩们一场哄笑,举手作打人状,其乐也融融。

在黄花市上了几天小学,那是个初小,复式班,一到四年级,一个教室,老师耐心地组织教学。比如一年级朗读,二年级做算术题,三年级默写,四年级自习,等等,随时转换,一节课要换几个班,教几门课,老师非常辛苦。

黄花市复式班小学的语文课本,还记得是大东书局出版的,这是一个从来没有听说过出过课本的书局。大概是在乡下,商务、中华的课本推销不到,暂时钻了空子吧?只记得里面有两篇课文,一是讲一批工人修塔,晚上收工不小心把一个运送工地材料的滑轮上的绳子扯掉了,于是最后在塔顶的工人下不来,大家束手无策,这时工人的妻子上前喊话,让他把毛线帽子上的毛线拆下来垂下,在毛线上拴上一根细绳,拉上去,然后再系上一根粗绳,就可搭上滑轮了,塔顶的工人就可以借此吊下来了。我很欣赏这位妻子的急智,心想不知在哪种场合才能用得上。另一篇课文是有一年长江大洪水,一个小女孩坐在澡盆里被水冲走,从成都冲到长江,最终获救的惊险故事。后来想起那应该是1933年长江大洪水的故事。还有一篇是两山之间有一道深涧,无路可通,过往行人只好绕远道。有个和尚发宏愿要在山间修一条隧洞,连通两岸,号召大家参加,却无人响应。于是他就一个人叮叮当当地凿了起来,乡人被他感动,也去参加,时间一久,工程进展很慢,慢慢大家就放弃了,只有和尚一人还在干,只有好心人还在洞口给他送一点斋饭。又过了几年,大家又被他感动,又去参加,但工程量太大,渐渐又都放弃了,只有他一个人还在那里苦干。时间久了,大家渐渐把他忘了。二十年后的一天,隧道终于打通了,和尚出了洞,二十年的辛苦,使一个年轻和尚变成了壮年僧人,又成了一个须发皆白的老和尚,具有无比的毅力,几乎以一人之力打开了一条长长的隧道。从此两岸之间变成了通衢,人们再也不用绕路而行了。为了纪念他,人们把这个隧道叫了个什么名字,是什么名字已经忘了,只有故事还记得。

这样,在黄花市待了大约一个月,日机轰炸的局面稳定,我和弟弟又被送回长沙城里,住在福星街一个远房亲戚家里。那是一所几进的大宅,从黑漆大门进到一个狭窄的走廊,过一座骑楼,到天井,就是正房。正房三间,中间一间正中摆着祖先牌位和长条祭桌,下边是一张红漆大八仙桌。进大门右侧那间房我们母子三人住。左边一间是那位亲戚的书房。正屋后边是一道楼梯,他们就住在楼上,那里我没去过,不知摆设如何。前边那道骑楼上是一间堆满了书籍杂物的小房屋,我曾经到上边翻到一本中学的物理或化学教科书,有新式无畏舰的插图,更让我感兴趣,只是不知道它说的是什么,做什么用的。在正屋看主人的书房里挂有画片一张,是美丽牌香烟广告,一个美女点一支烟吸引看客,颇具诱惑性。另一幅是一张日本战列舰队行进的宣传画,气势很雄伟。抗战前在南京看过杨杰的《各国海军报告书》,对此大感兴趣,在画下流连,遐想连翩,久久不去。书房里还有些书让我翻阅,有一次看到《礼拜六》杂志,那是一本三十二开小书,登载些鸳鸯蝴蝶派文人写的小说故事。我却是在知道有鸳鸯蝴蝶派和礼拜六派之前先看到了他们的杂志和作品。印象深刻的有《矮总食口记》，编造一个北洋总理嫖妓的事，从其价值来看，大概是杜撰。另外还有一篇小说，讲丈夫自述与妻实行"分床制"，最后因妻子的干扰而失败。

此外还有连载小说《三十六鸳鸯》，每期一个故事，有《颠倒鸳鸯》《同命鸳鸯》《真假鸳鸯》《侦探鸳鸯》等。其中《真假鸳鸯》是讲一双情侣，却男女颠倒，女扮男装男扮女装，大谈恋爱，其原因是男的是汉军旗人，辛亥革命后乔装以避祸。女人是因家中无男嗣，从小女扮男装，以期保全财产，后来二人谈开，终于结婚。女扮男装的一方怀孕，由男扮女装的一方顶替，终于产下一子，骗局圆满保持。另有一篇黑幕小说，上来一首定场诗："半空两颗金弹子，兔起鹘落跳不止。回旋激荡无已时，跳出一部社会史。社会史中魑魅多……"但正文已忘记了。

后来才知道有一位文人写哀艳小说，有诗云"卅六鸳鸯同命鸟，一双蝴蝶可怜虫"之语。因此这类小说被称为鸳鸯蝴蝶派，发表这类小说的杂志《礼拜六》叫礼拜六派。

还有一部由十个作者写的集锦小说，每人一段，下边任由别人去续。最后一段点出后续者的名字，如末句云"那是大可不必的"，"大可"二字用黑体排，即由笔名"大可"的作者续写下一段。"文化大革命"后有些作者也相约写这种集锦小说，记得其中有一个是刘心武，还有一位是女作家，名字记不得了。不久即销声匿迹，想来这种集体接力创作属于文字游戏，干不久长的。

没过多久，过年了。先已腌腊八豆，那是煮了的豆子摊在屉上，放在床下，几天后拖出来，上面长了一层白毛，显得很脏，但很好吃。浏阳豆豉黑黑的小粒，跟老鼠屎一样，但也很好吃。大年夜里，主人大堂屋里摆上香烛，供上大块的腊肉、腊鸡、腊鱼，祭过祖宗，我们开怀大吃一顿。

过后不久，我们又疏散到了长沙东北四十里的沙坪，从城市到了农村，但不像在黄花市那样一起过农民的生活，这次是到姨爹的家乡，随去的还有母亲前夫（被袁世凯杀了应称烈士）的婆婆，我们都叫她娭毑。是一个信基督教的老奶奶。她对我们的调皮很不以为然，曾拿着鸡毛掸子满屋追打，我们边跑边笑边捣乱，以此为乐。

姨妈比母亲大九岁，是一个胖老太太，不时用葵扇拍打屁股以散热。我和弟弟学样，以此为乐。她脸颊上有一块青斑，母亲说那是她小时发脾气，扔砚台砸破的，姨妈为了止疼，用毛笔蘸墨去描，图其清凉，不料墨迹不退，成了一块青斑。

姨爹当时是长沙法院的法官，沉默寡言，也不知他是怎么判案子的。

沙坪的陶家大屋是姨爹的祖居，叫茶园塘，陶家三兄弟聚族而居，分在三个地方，互相能看得见，即所谓守望相助吧。另两处一叫嘈子山，另一处记不得了。茶园塘在一个山坡上，那里隔着四五里，在另一处山坡绿树的掩映中，就是嘈子山。只见其树，不见其屋，春雨迷蒙中远眺起来，引起了不少遐想，但我从未想起要去看看。

从长沙东北到沙坪四十里，我们在一个雾气蒙蒙的早晨出发，可找不到代步工具，只好沿着湘江岸边的路前行。路过新河飞机场，铁丝网里见到好些飞机，蔚为壮观。我当时作诗："（前边忘了）无可奈何只得走，一走走了十五里，路过新河飞机场，里面飞机多雄伟——"（后面也忘了）

这一走直到捞刀河，那相传是关公大战老将黄忠的地方。战酣中，不禁把青龙偃月大关刀掉在河里，又去下水捞刀，传为趣谈。

捞刀河水宽二十余米，有渡船来往。上午人客很多。河上架有武长路的铁路桥。桥墩很高，过渡时，要仰望。过得河来，坐上一辆独轮小车继续前进。那车轮子很高，两侧有平板可供装货载物，我和弟弟各据一筐，像运猪一样被推着前进，是此生唯一的极具特色的旅行经历。

沙坪茶园塘陶家大屋住了很多人。大门有一道栅栏和高门槛，大概是阻隔牲畜（猪、牛、狗）出入。进门是一个大过道，两侧是厨房和猪圈或牛圈（当时未养猪、牛）。上得台阶，经过一个月台，到了堂屋，上有祖宗牌位，是神圣的地方，整日香烟缭绕，从来没有人去，我们只是在外边匆匆路过看上一眼，不敢冒犯。

姨妈和我们住在偏院，两侧小屋对立，中有天井。我们住的那头是外屋两间里屋两间，泥地。我和弟弟趁机在后屋挖土沟筑战壕，玩打仗游戏。见到的人非常不满，向母亲告状。母亲则笑说："小孩子好玩，随他们去吧。"未久，我们兴趣过了，也就不再挖土了。

娭毑和我们先来，母亲随后而来。母亲来之先，我和弟弟好戏弄娭毑，拿棒子把铁煤油桶子敲得砰砰响，以四处逃避娭毑追打为乐。其实她那时已经七十出头，年老体衰，追打我们不过是做做样子，我们也是心知肚明的。

茶园塘陶家大屋前真有一口水塘，是筑坝聚山水而成。塘里养鱼，穿行如梭。陶家小孩常拿菜篮装点米饭引绳下水捞鱼，但鱼游得很快，屡屡失败，直到初冬开始放水，那时可真可大捞其鱼了。塘的另一大作用是洗衣服，时有妇女举着棒槌在塘边石上捶衣。桥的对面是一座小山，栽了许多油茶树，不负茶园塘之名。陶家大屋旁边是一片竹林，竹子粗大。我们在找竹笋，总没见到。听说竹子开花有传染性，一开花，整个竹林都开花，结了竹米，然后枯死。我们等了好久也没见到。

出了陶家大屋，下得山坡，只见平坂，一眼都是稻田。我们来时已插过秧，只是禾苗渐长，转眼又到收获季节，稻田水放干了，摆上很大的"扮"桶。农人们开始费力地打稻子。其间还见到踏龙骨水车水来浇田，由于水源充足，田地也平整，天气也好，似乎并没有费多大力气。收完稻子，又是放水灌田，也已见识到了水牛犁地。地犁完了，已是深秋，武汉沦陷，长沙告急。我们收拾收拾，就离开了沙坪，去长沙城里福星街小住几天，又逃难到了贵州。到了福星街原居，又偷爬上骑楼去，陈设依旧，不知为什么那本有无畏舰照片的教科书已经找不到了。

还是回头讲沙坪。我们从陶家大屋下坡去上学，不久就和弟弟分开了，他向右走，去曾家祠堂上初小四年级，我向左走，过一条河上的小石板桥去上长沙市立第四高级小学，俗称四高，去上小学五年级上期。据说那是一所名校，有好几位老师是从楚怡小学躲避轰炸转过来的。果然在那里上课印象深刻。国文老师上课讲"柳枝弯腰向微风献媚",让你感觉到就像有人真在那里向人献媚一般。自然老师举着捕虫网领着我们去捕捉蝴蝶,回来用钳子钳入玻璃罐里,用氰化钾熏死,告诉我们那里有剧毒,千万不要碰,也不要去嗅。我从此对蝴蝶大感兴趣,知道了最高贵的各种凤蝶,最贱的粉蝶,此外还有三线蝶、木叶蝶,等等,老师让我们看了好些他采集的蝴蝶标本。我也曾在上学路旁发现一只三线蝶而惊喜。再有就是我们的音乐老师,他教我们识五线谱,什么升记号、降记号、一整拍、半拍、四分之一拍、八分之一拍、三连音、上加一线、下加一线、A大调、A小调,等等。他看不起简谱,说那是日本人为了识谱无望而造的,言下颇存不屑之意。但我更注意了唱歌,没有努力去识谱,所以至今仍然不会。他教的歌很多,似乎很少抗日歌曲。记得的有《热血歌》:"谁愿意做奴隶,谁愿意做马牛,人道的烽火,传遍了整个的欧洲。我们为着博爱、平等、自由,愿付任何的代价,甚至我们的头颅,我们的热血,第纳尔河似奔流,任敌人的毒焰,胜过科利色姆当年的猛兽,但胜利终是我们的,我们毫无怨尤,但黑暗快要收了,光明已经照到古罗马的城头,古罗马的城头。"我们不知道科利色姆、第帕尔河,也不知道为什么光明会照到古罗马的城头。老师没有讲过。很久以后才知道那是脍炙人口的电影《夜半歌声》的插曲。《夜半歌声》始终没有看过,只看过其续集,那是一部低劣之作。从而在心中也对《夜半歌声》打了折扣。我们还学过聂耳的《打长江》、电影《新女性》:"头回声响嗡嗡,幸福的人们都还在梦中。"还学过很多优雅的歌曲,如刘雪厂的《农家乐》《踏雪寻梅》"雪霁天晴朗,腊梅处处香,骑驴灞桥过,铃儿响叮铛,响叮铛响叮铛响叮铛响叮铛,好花采得瓶供养,伴我书声琴韵,共度好时光。"有韵有味,很是欣赏。后来又听到他的《何日君再来》,也认为不错。新中国成立后听说他是反动文人,对他的歌的评价也不免打了折扣,好在现在都平反了。上音乐课之余,老师也讲些趣事,他教我们田汉的一首俚歌:"姐儿门前一树桃,矮子过来肚里嘈(饿)。人又矮,树又高,三个毛桃子蒸到老。姐姐门前一树桃(过门)。"诸位老师之中,我接触最多的还是刘老师，他是我们级主任，对我很喜爱也很关心。

四高人数不多，一共四个班，不到一百人。好些远处来的学生就在学校住宿，住在学校南边的小楼上，吃饭也在学校包伙，和老师一起吃。我也被叫过去吃过一顿午饭，是红烧萝卜牛肉，跟在鼓楼小学老师饭桌上吃的一个样。学生虽少，但活动很多，也很活跃。我记得的是这样一些场景。

一个初夏，同学兴致勃勃要去露营，从附近的庆源中学借来营帐，大家在路边商店旁的一个土台上扎营，打桩支帐篷，一切井井有条。然后到那家逢集才卖肉的商店买了两毛钱的猪肉，又去摘了一些田旁种的蚕豆，挖灶、生火、埋锅、做饭、炒菜一切都很熟练，吃起来味道也很鲜美。睡了一夜，颇富浪漫情调。第二天一早就拔营起身了，上课一切如常。

每天上下学总要过一条小河，河中有一石桥，桥墩大约有两三个，桥面很窄，宽不到四尺，只能供一人行走。每每过桥，总是想起刘雪庵的《踏雪寻梅》："雪霁天晴朗，腊梅处处香，骑驴灞桥过，铃儿响叮铛……"一想起那小桥，石桥的形影历历在目。而我似乎也是在冒着轻寒跚蹰行走在薄薄积雪的小石桥的印象，根据我在沙坪不到一年的经历，似乎又没有经历过冬雪，那难道只是我的幻象么？我不敢相信这到底是不是真的。

下学途中有时也经过弟弟上初小的曾家祠堂。曾家祠堂是赫赫有名的曾国藩一族的宗祠，颇具气派，进到堂屋，除了神主牌外，墙上遍挂匾额，都是曾家先人在湘军立功的匾，文字行款已经记不得了，只知有一行大字："钦赐巴图鲁"。我那时不知巴图鲁为何物，只好存疑。直到多年以后才得到解答。那个曾家祠堂四周都是一群住户，还有一家小店，跟茶园塘的陶家大屋似乎没有什么联系，我也不认识那里上学的孩子，弟弟似乎也从未提起过。

1938年10月10日国庆节到了，又值抗战一年，武汉会战正酣，乡里一片节庆景象。那天上午庆源中学巡乡游行，打着彩旗，学生一色童子军装，鼓号队吹着。四高也组织一些大点的学生去游行。看热闹的人不少，大都攀在树上、那间小店前。我也杂在人群中参观。下午学校演剧。我那时候编了一个话剧，剧名《小战士》，自编自导自演，在刘老师辅导下于四高大礼堂里演出。剧分三幕。第一幕，日寇入侵，烧杀掳掠，小战士全家罹难，只身逃出；第二幕适逢招兵，小战士投笔从戎；第三幕上战场英勇杀敌，壮烈殉国。演出不到十分钟就结束了。当场观众有十几个人，大都是小孩。我和一批临时招来的演员倒也卖力，好在这几个没有几句台词，演出倒也轻松。

还是回到陶家大院的生活中来。我家搬来不久，又有一户上海逃来的邬姓住户迁来，小孩叫邬国扬，和我年齿相仿，过从甚密，但不久反目成仇。我领着一些小孩和他领着一些小孩互相对骂，叫他"乌龟扬"，把他气得大哭，好在还没有到动手打架的地步，双方都不说话了，只是在墙上写一些侮辱性的话和攻击性的词句。又过了几个月，在大人的撮合下我们又和好了，不过有了界限，不那么融洽了。

陶家大屋的老人都吃水烟。细细的皮烟丝有得卖，一包一包的。水烟袋很讲究，都是云南的白铜所制（铜镍合金），白色铮亮，烟袋下部装水，把烟丝按到烟管里，用草纸搓的纸媒，点了洋火一吹就成了小号明火，用来点烟，要先让烟下到水里一过，然后再从烟嘴上吸进去。吸时水会咕嘟咕嘟作响，很悠闲，也很有情趣。我也偷偷试过，不料吸入了一口苦烟水，赶紧吐出来，从此再也不敢吸了。一次在后院，一个大丫头端了一个盘子，上有一灯和一些不常见到的器具，怀疑是陶家大院某位不常见的少爷在偷吸鸦片。我当时不敢揭发，也怕说错了，连母亲也没有告诉。

湖南人待客之道是，午后来客要招待吃点点心。一般的摆出一盘炸红薯片和一碟炒蚕豆，再好一点则是摆出一些芝麻糖、云片糕、桂花糖之类的点心。更好一点，煮两个荷包蛋，加点葱花酱油，孩子们很爱吃的。如果正当晚饭刚刚煮熟了，就拌一碗猪油酱油拌饭，当小孩子玩儿得饥肠辘辘时，来上这么一小碗垫垫饥，那是很美妙的。

一天下午，陶家大屋来了几个瞎子给人算命，母亲也让我去算一下。瞎子告诉我是一个非富即贵的命，说"不要爹娘一粒谷，自己有力起得屋"。

弟弟算的是懵懂运，说他"米汤锅里洗澡，饭甑盖上歇凉"，要到十六岁才能脱掉懵懂运。我们视为笑谈，但很符合母亲的愿望，她总认为我将来会有出息，而弟弟也不会糊涂一辈子。

再有一次事故。我和一个长工的小孩挤在一个婴儿车里，边唱边退，一失足摔到台阶下面，两人都昏了过去。过了好一会儿，我才从昏迷中醒来，只听到母亲焦急地叫我的名字。退时他在后面我在前面，我压在了他的身上，只是昏了过去，而那位小朋友还把头摔破了，正值酷暑，伤口成了几个大疖子，显得十分严重。母亲则对我的遭遇很感欣慰。

从幼儿到儿童，看报纸尽管是一知半解、一鳞半爪，却也没有不去关心国家大事。到了长沙，更是重视国际新闻，希特勒进兵莱茵区、吞并奥地利，以及接踵而来的慕尼黑协定，都有印象，其地位不在上海撤退、南京沦陷之下。到了沙坪，仍然没有忘记国家大事，不过陶家大屋没有报纸，消息大概是从学校或者曾家祠堂那边来的。这时已听到了台儿庄大捷、徐州会战和大撤退、国民党炸开黄河河堤（报上说是日本飞机炸的，我们半信半疑），阻拒日军进攻。继而日军溯长江而上，攻下马当湖口，矛头直指武汉。这时武汉上空发生了惨烈的"四二九空战"，飞行队长李桂丹和另一飞行员壮烈殉职，可是日机损失惨重。武汉市民在楼顶上目睹这场剧烈的空战，为击落下坠冒烟的日机欢呼，这些报道我都记得。到了1938年的八九月，武汉战况渐紧，保卫大武汉的呼声激烈起来。我们到处唱音乐老师新教的歌。

武汉、武汉，你文化的中心，

武汉、武汉，你祖国的胸膛。

你拥有大时代的子孙，

你怀着被压迫民族的反抗。

粤汉、平汉是你铁的肩膀，

蛇山、龟山是被你黑的眉眼。

长江又荡漾在你的中央，

长江又荡漾在你的中央。

这儿有无尽的宝藏，

这儿有中华民族的儿郎。

你是十月革命的发动地，

也是抗战线上的要防。

保卫保卫保卫啊，我们的血肉就是武汉的城墙。

保卫保卫保卫啊，我们的血肉就是武汉的城墙。

保卫保卫啊，我们的血肉就是武汉的城墙。

保卫保卫啊，我们的血肉就是武汉的城墙。

我也得知武汉举行的盛大的捐款游行，气氛热烈慷慨激昂，似乎大家都要和日本决一死战。

但是到了秋天，时局急转直下，太原、广州先后失陷，保卫大武汉的呼声沉寂下去，不久就听不到了。这时听到的口号是长期抗战、以空间换取时间。我的情绪也消沉下来。不久，母亲带着我和弟弟返回长沙，又开始了新的一段流浪生涯。

在这书报的荒漠地带，我还是看到了三本印象深刻的书。

第一本是 H. G. 威尔斯的《未来世界》。此书刚刚出版之时就有多种中译本，我的那本可能是父亲寄来的。抗战初起，还在京待命的父亲被老朋友国民党中央通讯社社长萧同兹找去帮忙，然后撤退到了南岳行营，当中央社南岳办事处的特派员。抗战初期国共统一战线下南岳很是活跃，办有各种训练班，叶剑英、李克农也在那里，在游击训练班讲课。父亲也不时寄些出版物来。那本《未来世界》来路不明，可能就是父亲寄来的。

书有厚厚的一本，32 开的，约有 300 多页。我如饥似渴地翻看，不料书中诸多议论，我看不懂，但也有一些事实可读，如第一次世界大战德国创潜艇战。潜艇在水下，空气污浊，呼吸困难，电池遇水又放出氯气，危及生命。还有各种毒气的名称，如黄十字毒气、绿十字毒气等。虽是知识，却乏兴致。我想看的还是书中的预测部分。一是日本长期侵略中国激起中国的反抗。日本飞机轰炸，投掷毒气弹，死了不少人。弱势的中国空军奋起反击，也空袭东京，投掷毒气弹，不料毒气配方错误，使许多妇女失去了生育能力。另外在欧洲，纳粹德国四处挑衅，首先目标是波兰，当一列火车经停时，车上一个犹太人为了礼貌面对车窗整理他的假牙，不料被车下的德国兵误以为是挑衅，开了枪，双方发生冲突。第二次世界大战由此爆发，双方互相轰炸，两败俱伤，最后欧亚双方成了一片废墟，文明毁灭。最后是一个行到南美的欧洲人问他的南美朋友，世界前景如何？朋友不答，只是手指一架逝去的飞机，寓意深刻。但第二次世界大战结局究竟如何，德国和日本战败了没有，却没有翻到，不免有些遗憾。

这书在国内热闹一时。由于第二次世界大战爆发，预测不大准，也就没人再提起了。新中国成立以后曾想追寻此书下落，也无消息。我们不怪其预测之不准，可欣赏其预测之准，如中日战争、德国首攻波兰之类，当然细节（如中国空军空袭日本报复，投毒气弹，德国犹太人整理假牙）之不准，则是可以理解的。

第二本是《外人目睹中之日军暴行》，也是32开，一厚册，书名是郭沫若题的，有许多图版照片，多是从死亡日军身上缴获的，书中编辑了大量外国（主要是英美）记者的报导和传教士的报告，重心在于南京大屠杀，那真是惊心动魄。两名日军军官一路举行杀人比赛，砍掉头的尸身，手提人头狞笑的日军，形象受辱的妇女的痛苦无奈，都令人不寒而栗，痛苦不已。这书此后再也没有见过，北京各大图书馆都找不到。直到2005年抗战胜利六十周年，报纸才报道从武汉找到一本，那真是孤本了。记得这书是中央军事委员会第三厅编的，也就是郭沫若和一大批文化人编的。

同样中央军事委员会第三厅编的书还有一本《抗战一年》，内载抗战一年来各种总结性的文章，封面是一德国钢盔的图像。文章我只看了军事部分，其他如政治、经济、文化、外交、民众动员则没细看。

这些常见的书之外，母亲还教我和弟弟习字。我习的是钱沣（南园）的字帖，木板捶拓，是颜字变体。后来则临习颜书《放生池碑》。除了钱南园

（我老想不起他的本名是钱澧还是钱沣），我私下窃以为颜字太肥，而且笨拙。直到后来看了他的大小字《麻姑仙坛记》和草书《争座位帖》，才知道颜体的好处（至于《多宝塔碑》仍以为不佳，笔画太肥）。弟弟则临柳公权《玄秘塔碑》，母亲教我们如何握笔，如何悬肘。弟弟学得很有成就，而我握笔的姿势不对，一把抓，运指欠灵活。临的帖是米字格，临字注意字的间架。还有写小字，我临《灵飞经》，另有一本，一个死去表哥写的《白香词谱》。由此倒是学了一些古人的词，如"泗水流，汴水流，流到瓜州古渡头""春日宴，绿酒一杯歌一遍，再拜陈三愿""平林漠漠烟如织，寒山一带伤心碧"。但学了几个月的字，书法未见有多少长进。

乡下没有可看的书，除了学校课本和上面提过的三本书外，母亲只好口授古文让我们学。傍晚在田间小路上，她拉着我和弟弟的手，边散步边念诵《滕王阁序》："豫章故郡，洪都新府，星分翼轸，地接衡庐"，直到"落霞与孤鹜齐飞，秋水共长天一色"。还讲了王勃的故事。说王勃坐船被一阵风送到滕王阁，成了都督严将军的座上客，严将军将写文章的任务属意于他的女婿，王勃不太推辞，严将军颇为不怿，让人把他写下的句子送呈上来，开头几句不屑一顾，但渐入佳境，直到"落霞与孤鹜齐飞，秋水共长天一色"，乃大为叹服，优礼有加，最后送了许多礼物。王勃也由此一举成名。可惜后来年轻轻的坐船到交州，在海上风浪中船沉人亡了。后来有诗云："时来风送滕王阁，运去雷焚荐福碑"（当时不知荐福碑为何物，长大了才知道）。又教我和弟弟读《大铁椎传》，"大铁椎，不知何许人也"。那是印在一本石印的有光纸的书上的，后来我猜是桐城派某位文人的作品。还有沈复的《浮生六记》"余忆童稚时，能张目对日，明察秋毫"。还记有看两队蚂蚁打仗和晚上仰卧蚊帐中用烟去喷蚊子，果如"鹤唳云中"。那好像不是母亲口授，是在学校课本里面学的，我读过几个小学，已经记不得到底哪个小学哪个地方哪个时候学的了。

秋天来了，随着太原、广州、武汉的失守，长沙也告急了。我们从沙坪离去，那时稻子已割，扮禾已毕，犁田也完了。我正待打点离去。一天傍晚，跟母亲走在田间路上，另一个女同学李长庚随她母亲从对面走了过来。我跟她羞涩地擦臂而过，我们对瞥一眼而没有说话，事后母亲和我开了好些天的玩笑。我多少年后看日本电影《啊，海军》，那个主角海军飞行员两次遇见一个乡村小学女教师，都从吊桥边相对而过，两人都有些意思。第一次飞行员刚毕业，只是打了个招呼，没好意思说话。第二次，战争中飞行员回国休假，又在吊桥上偶遇那位女教师，已经带着小女儿走过来了。这两个镜头内涵丰富，表演出色，令人难忘，不禁也不伦不类地想起了1938年深秋我离开沙坪前夕与女同学李长庚的那次偶遇。

要走了，向年级老师刘元明告别。他送给我一张他和另一位青年教师的照片和一张名片。名片背书：刘元明，长沙白箬铺邮转下道山。照片和名片保存了好几年。至于走后，却一直再也没有给他去过信，从此天各一方，音信杳然。

(九) 贵阳

1938年秋，武汉沦陷，日寇逼近长沙。父亲到衡山南岳行营中央通讯社南岳办事处工作，母亲带我和弟弟乘着一辆小轿车逃向西南方的贵州省会贵阳。

那辆小轿车是当时贵州省主席吴鼎昌的座车，正要从长沙空车驶去贵阳，父亲经过关系把我们搭了上去。司机姓毕，上海人，我们就叫他毕司机。

走时已届深秋，那个早上阳光骄人。全程共五天。第一天经过三条大河，湖南境内的湘、资、沅、澧四水经过了三条。湘江和资江没有桥，都是渡过去的。路过资江边的益阳，正值中午，被人告诉我那就是桃花江，出美人的地方，但是没有看见女人，更何况美人。到常德已是傍晚，好像没有渡过沅江，只见对岸房屋鳞次栉比，有很多柱子撑着(后来知道那就是吊脚楼)。一宿无话，第二天直上沅陵。公路为沙石灌浆，还算平整，但不免颠簸。一遇坑洼，汽车跳动，我们的头就不免轧在后座背上，好在那是沙发，不觉其疼，只觉有趣。母亲让我们别那么干，我们更是来劲，鸡啄米似地一路啄下去，无尽无休，母亲呵责也无济于事。

中午在沅陵吃饭，只见一辆拉着窗帘的大客车从前面过去。车很漂亮，我和弟弟不免有点妒意。不料午后开车不久，那辆大客车已经四轮朝天，翻到高几十米的坡下，旁边依稀看到躺倒和坐着几个人。路过的货车司机朝下大叫"你们跳舞了！"这是第一次目睹翻掉的车。此后还见过多次，而且亲历了两次翻车之险。

战前修的湘黔公路质量还不错，从沅陵向西南一路上坡，在山坡上盘旋而上，到晚在芷江投宿。第三天，到了晃县，住了一夜。第四天，入黔到了黄平，晚饭时与一位戴眼镜姓黄的公务员谈天，说到黄平物价便宜，鸡尤其好，力劝母亲在那里安家。第五天，直奔贵阳，可是到了下午，架车轮的钢板逐一断掉，毕司机只好不断停车，到路边一一拾回，车也就几乎不能走了。蹒跚走到贵阳已经入夜，车在大南门转盘处向警察问路，路边大标语"一滴汽油一滴血"，似乎是对我们这些豪华的逃难者作无声的谴责。毕司机问完路把车开走，警察向车敬了个礼，这也是初见。母亲笑谈，这是把我们当成省主席的家属了。夜色朦胧中，我们到了住处——贵阳南门外箭道街144号刘家花园。

贵州是个穷地方，据报上介绍俗谚云："天无三日晴，地无三尺平，腰无三分银。"有的还要加上一句："人无三分情。"似乎满地都是穷山恶水，愁云惨雾。其实各地发展不平衡，"黔西大定一枝花，毕节威宁苦荞粑。"但这些地方都没有去过。其实贵阳也不错，满眼清山秀水，坝子里稻田结实累累，草木葱茏，只是人多染上抽大烟的恶习。但国民党禁烟颇有成效，我还没有见过公开抽大烟的，只是偶尔闻到过一些若有若无的鸦片烟味。据说，矿产资源也不丰富，只出水银，也没见过。盐是当地开采的，岩盐，称为盐巴，灰白色的，一片一片成块状，挑起来卖。据说很贵，穷人家在灶膛梁上拴根绳子吊上一块盐巴，做菜时往锅里沾一沾，再拉上吊起就算放了盐了。烧煤倒是不缺，是炼成的焦炭，烧结成中式蛋糕样，一坨一坨地摞在担子里论个卖。一挑两头各有五六个。黑色发亮的叫做"乌金",烧饭时掰一小块,火力很足。贵州人同四川人一样,男人因抽鸦片懒得劳动,一切田里耕作包括家务都由妇女承担。孩子则用竹编背箩或背筐背在背上或胸前,从不哭闹。男人任何时候都穿一件洗得发白的蓝布长衫,腰上系一根草绳,头戴青布包头,但脚穿草鞋,让我们这些下江人看起来不伦不类。不论男女,讲起话来都是细声细气,相当"雅静",不像下江人中的那些上海人,吃饭说话大声大气,跟吵架一样。

箭道街是一条又窄又长的街,沿街尽是木板建的小店铺小作坊,沿着南明河岸顺对面的南城墙伸展开去。刘家花园位于街底,经过一座木板房院落进入,那是一位黔军刘姓师长的产业,主人已经故去,我们只在园内一座小亭子里见到他的戎装遗像。

园子依南明河南岸而建,岸边一座洋式三层砖楼,在小孩眼里那是相当宏伟的。南明河从西南蜿蜒而来,沿南城墙东流了一段又向东北流去,最后汇入乌江。河水清澈,时可见底,在楼边凭栏眺望,时见捕鱼木筏淌过,筏上站着一排黑色的鸬鹚,仰首嘴喙向天呆望着,不时钻到水里去叼一条鱼上来。船夫把鱼从鸟嘴里掏出来放到鱼篓里,又喂它一条小鱼吃。我们常看这种优雅的捕鱼行为。

下边那个洋楼经过几个花坛拾级而上,就到了照顾很好的园子,有花有草,有树,由花匠老杨维护,还有房子。东南边有一所二层洋楼,过一小块空地是一溜平房,除了老杨住所,还有一些人家,这里就由撤退下来的中央社人员眷属居住。

刚到刘家花园,我们就住在那座二层楼的底层,经过两天,早上报纸送来,长沙大火的消息赫然在目,触目惊心。又过两天,后续消息传来,国民政府要实行焦土政策,准备敌人来了,就放火烧城。可是消息误传,当事者惊慌失措,以为日军即将攻来,于是仓促放火,一个晚上,全城悉成焦土。我看到消息,心想,我住过的跑马厅(分司厅)、楚怡小学、福星街不知有否波及。看到国民政府严厉查办,省主席张治中撤职,长沙警备司令酆悌（复兴社十三太保之一）、警察局局长文重孚枪毙。

到了没几天，我们又搬到朝东的一座西式平房去住，原来的住所让给了中央社桂林分社主任陈纯粹的太太。陈纯粹也是湖南人，当初是毛泽东组织的新民学会的会员。抗战前，任中央社天津分社主任。他个子矮小，跟父亲差不多，原来太太一表人才，看不上他。他虽然多方曲意呵护（例如太太跳舞回家为她脱鞋之类），但终于讨不到太太的欢心，最后离异。他一怒之下，决心再找个不识字的乡下女人结婚。我们现在见到的新婚太太就是这样一个女子。她有一个婴儿，万分宠爱，令邻居为之侧目。那楼上还住的是中央社秘书曹荫墀的夫人和女儿。夫人黄蔷，原来是母亲师范的同学，武汉政府时期在政府工作，后与曹荫墀结识，曹与前妻离婚后再结的婚。他们有三个女儿，大女儿曹承韵，上中学，疯疯癫癫，追求时尚。二女儿曹承辉，上小学高年级。这两个是前妻所生。小女儿曹承佳，还没有上学，是黄蔷的宝贝。

我印象多一点的是曹承辉。小楼对面平房里住的是方姓一家，母亲让我们叫她方伯母，一个大女儿在花溪上贵阳女中，儿子方象徽上初中，不久，考入南京的中央大学实验中学。他妹妹方象蕙原来是我南京鼓楼小学同班的女生，我刚到后两天，她就告诉我她上街遇到了流氓小孩，还告诉我同班女生背后给我取外号——黎驼背。最后还有一个小女儿方雪娇，大概只有五六岁。平房的另一头住着家高姓的，父亲在美国搞无线电，报纸曾报导他在纽约创造了一种电讯设备，俨然一个民族精英。他的女儿叫高云裳，天真活泼，是很好的玩伴。我们在那漂亮的平房没住两天，又要搬家了。这次是让给父亲的老朋友王光辉（彦夫）一家。王光辉当年同肖同兹。一起是湖南劳工会的领袖人物，无政府主义者，到过莫斯科参加过赤色职工国际大会，后来，转向依附了国民党，当过一段湘潭模范县县长，革命烈士邓中夏的《中国职工运动史》称之为工贼。他的夫人吕素蟾也是母亲的朋友，他们一家一子二女，最大的男孩王钟（已有字号镜清），两个女孩大妹王端一，小妹王云若。他们的到来，使我们又把那间小洋房让出去，搬到隔壁一间木板房里。那个木板房也是二层楼，是刘家花园的外围，院内住了不少人家。我们房子外间对面是间堂屋，对面住了一家军人，是个团副，少校，住在城外兵营里，周六回家休息，马靴锃亮，由他的夫人给他脱靴洗脚。我们没有同他有什么来往，敬而远之。楼上不知住了什么人，时常在楼板上走动，动静不小，我们也就忍受了。出门一望是一栋连接两楼的走廊，时有人不时走动。斜对面住了一位音乐家，拉起提琴来颇显咶噪，邻居提了意见，始终不改。入夜以后，街上小贩叫卖"娃儿糕，米糖粑"之声不断。娃儿糕是一种米粉蒸糕，很松软，有甜味。我们叫来吃过。那是由小贩装在蒸笼里顶在头上叫卖的，揭开屉布还有点热气。米糖粑未睹真容，就不知道是什么食品了。

我和弟弟已经上了正谊小学，王家的孩子还没有，王伯母特地给他们请了家庭教师，我和弟弟也挤在里面，来的是一位撤退到贵阳的上海大夏大学的学生，面容歪斜，歪嘴暴牙，大家不敢说他什么，每星期来上两个小时的孟子，我们买了书，人手一册，开始念和背诵："孟子见梁惠王，王曰：叟不远千里而来，亦将有以利吾国乎。"就在这时，我们听到一则关于孟子的笑话，一个小孩读孟子，开篇就说他会，因为他的邻居也在那里，就是王四嫂（王曰叟）。我们翻下去，有公孙丑、离娄，还有尽心，可是没学几次，家教就停止了，王伯伯一家春节过后搬走了，我们又搬回到那间大平房里，那是1939年春天的事。刚舒服了几天，陈太太搬走了，我们又搬回到那座小楼的一层，小楼旁边有一间与厨房相连的屋子，搁了一些杂物，那是我的第二个家庭教师黎介眉考上大学以后留下来的一堆书，我整日在其间悠哉游哉享受读书的乐趣。

除了读书，就是玩、我们那时学会折小飞机，有头有翼有尾，手投出滑翔而下，可惜不能像过去"斗舰"一样玩空战。另外，有空就上楼找书借看。我看过的有日本小说《不如归》，乔治桑的小说《小芳黛》，讲第一次世界大战的空战的书和德国袭击舰舰长的回忆录。印象最深的是父亲从南岳游击战干部训练班寄回来的号称李浴日编著的《孙子兵法之综合研究》，那是我爱不释手的，那书似乎是从日文翻译来的，序言里先是对孙子兵法一通吹捧，特别是讲到拿破仑很重视它，而德皇威廉二世第一次世界大战后逊位，见到此书后说后悔当年没有看过此书。孙子兵法共十三篇，第一篇《计篇》一开头就说："兵者，国之大事，死生之地，存亡之道，不可不察也。"以后更看到《火攻》《用间》诸篇，用间计有十三种，生间、死间、反间、内间等。然而书里对孙子兵法的解释也有牵强附会之词，所谓"善战者动于九天之上，藏于九地之下"，说那不是孙子已经预见到了当代的空军和坑道战了吗。对于看到的这些书，我写过"我的读书生活——孙子兵法之综合研究"，在此不一一赘述。

与邻居孩子们玩耍的同时，学会了"斗草"，用生有两岔的草，互相搭上，看谁先拆开。另外，就是唱歌，由方雪娇演唱："弟弟疲倦了，眼睛小。眼睛小，要睡觉。妈妈坐在摇篮边，把摇篮摇，哦哦我的小宝宝，安安稳稳睡个觉，今天睡得好，明天起来早，花园里面摘个大蟠桃。"还有大孩子学的"太平花""燕双飞"。"燕双飞"的词文得很，我当时唱了却不能得其意，以后懂了一些，现将考证出来的歌词全文录于下面。

燕双飞，画廊人静晚风微。记得去年门巷风景依稀，绿黛庭院，细雨湿苍苔。雕梁尘冷春如梦，且衔得荆泥重筑新巢傍翠微。凄香稳，软语呢喃话夕辉，差池双剪掠水穿帘去复回。魂紫杨柳绿，梦逗杏花肥，天涯草色正芳菲。栖香冷，茵幕垂，烟似织，月如眉。其奈流光速，莺花老，雨风催，景物全非杜宇声声语道，不如归。

还学了"何日君再来"的第一段，"木兰从军"电影的"月亮在哪里，月亮在哪厢，她照亮了我的窗，她照上了我的床"，"王老五，衣裳破了没人补"，"夜上海"，"这里是天堂还是地狱"，歌剧《风流寡妇》的里那首有名的燕子抒情曲，以及德国老军歌"我有一个从征伴侣，他真是再好没有。喇叭催我们前进，他在我身边作战……"

过年的时候，我们以掼炮取乐，还折断小爆竹，用火柴点燃里面的黑火药以此喷放来玩，并且和侵犯我弟弟的大院的小孩打了一架，撕打翻滚中，那小孩拿石块把我的脑袋砸开了瓢，这是我几次受伤经历中的一次〔其他一次被印度人自行车压坏了肩膀，一次是跷跷板挤掉了我手指上的一块肉，一次是在长沙沙坪栽到阶下而晕倒，这次以外再就是在洛阳上初中时磕坏了小腿迎面骨，高中毕业回家到洛阳挤火车，被破玻璃划破了左手手背，再一次也是玻璃划破了另一只手背（右手），至今疤痕历历犹在〕。另有三次落水经历，第三次就是在贵阳甲秀楼旁的南明河畔滑倒落水，至于小磕小碰、小伤小疤，那就不胜枚举了。

刘家花园隔着南明河相望的城墙是石砌的，旁下的水门或水闸清晰可见，已经废弃。古老的墙头上还有几棵树。城墙后边是贵阳医学院（也许是从长沙搬来的湘雅医学院），晨起时的袅袅号音，令人遐思。但不久知道，贵阳的城墙已经拆掉，照例修成了环城马路，只刘家花园对岸一段碍于南明河还保留着。

沿着又窄又长的箭道街走到东头是一条南北向的马路，再往南去的一条东西公路是交通滇湘的要道，载重汽车来往络绎不绝。从这条公路向北，通过南明河上的石桥，就进入贵阳城的大南门，桥旁往东是一片市场，当中一排肉案两两相背，台子高高的，小孩要抬头踮脚才能仰望。我在那里买过多次肉菜，价格相因（贵阳话），但当地人说，下江人（指长江流域逃来的人）来了，买得太多，物价就涨了，贵州人不吃猪肝，把它称之为"猫肝"，是用来喂猫的。可是下江人多买了吃，以致猪肝也涨上去了，他们很是不屑。从南明河北岸朝东走一段，就是贵阳唯一的名胜甲秀楼，楼建在一座跨河的桥上，飞檐画栋，甚为秀美。而高挑瘦削的檐角是前所未见，印象至深。过了河，滩上浅水中小卵石历历可数，有不少妇女在那里洗衣，留下不少皂角子。我不识此物，误以为是冲下来的什么宝物，捡了一些回去。一次不慎滑倒落水，衣衫尽湿，起来后也不知羞耻地当着曹家二姑娘曹承辉的面脱衣拧水，羞得她只好背过身去。

进得大南门，就是一条南北向柏油大路，两旁商店林立，多是二三层并带骑楼。骑楼是我首见，在一层底下另修走廊，可以遮挡阳光，掩蔽风雨。这种特殊的建筑样式，流行于粤港等地，据说是南洋华侨带回来的。

进得大南门朝前走了约五百米，就到了大十字，这是贵阳城中心的繁华区，大十字街纵横贯通东西各五百米左右，即到了东门和西门，往北走了约五百米就是铜像台。环路中心一座台上有前省主席周西成的铜像。过去我见过的孙中山铜像都很大，唯独这座铜像较小，高不到一尺。后来知道，周西成是贵州一个军阀，民国时期任省长，颇有建树，马路都是他主政时修的，而且第一个向贵阳引进汽车。据说当时贵阳向外还没有公路，贵阳城修了马路，却无车可通，于是从外购进一辆汽车，肩抗人挑，连推带抬进入贵阳城。这是贵阳有史以来的第一辆汽车。

铜像台周围也很热闹，旁边有一家有名的餐馆——原汤鸡粉，据说是一位下野官僚所开。每晨6时煮一锅鸡汤，下米粉开卖，味道鲜美，只此一锅，售完即关店，食者需趁早。我们慕名于一个早上去吃，可惜时间已到了8点，鸡汤售罄，食客已散，店门已关，从此失去了一饱口福的机会。

铜像台好像是公众聚会的场所，据说每逢春节或苗族节日，远近的苗民妇女都盛装来此表演，围成一圈唱歌跳舞。据说苗民女装束笨重，重蓝色，裙子百褶近膝，下着绑腿，满头银饰，帽子、项圈重达十几斤。看过的人说，因为太笨重，所以跳起来很徐缓，摆动几下而已。据说乡下苗人多借此以求婚配的。我们心动，可惜没有看过。另外，铜像台南侧有一运动场，比赛篮球、排球，开群众大会都在这里。一次，方象徽和我听说冯玉祥要来此演讲，兴致勃勃地赶去，忽听敌机来袭，宪兵戒严，把入场的听众赶走，我们未能进入。后来说，这是讹传，因为当局不愿冯玉祥去煽动群众，所以弄此欺骗手段搅局。

铜像台往北，还有一段路才出北门，当时很奇怪，为什么一座省城有两个中心，好像大十字之上又多戴了一个铜像台的帽子，显得不伦不类。很久以后才知道，大十字一带是贵阳老城，铜像台一带是后来加筑的新城，两城揉到一起了。

可是贵阳还是小，后来知道城圈只有九里（不知是新老城合计还是只是指新城），是我们此后所见的省会城市中要算最小了（仅有银川老城、西宁、兰州老城可比）。战前人口十万，我们去时，由于大量下江人逃来，人口增到十八万。不过至今好像也没有过百万，在全国三十几个百万人口以上的大城市中是排不上号的。

刘家花园后院，有一个残破的网球场和一片树林，我们也常到那里去玩，那空地上停着几辆卡车是中央社车队运输物资中途停靠在那里的。我们先是钻进驾驶室车窗里玩开汽车，手扶方向盘稍转，作行驶状。没两天听说电瓶的电被我们耗完了，驾驶室的窗也锁上了。我们又钻进车后雨篷里去藏着玩。没两天，车全开走了，我们炫车技的活动也就结束了。

后园有两扇大门供汽车出入，我们把方象徽叫大哥哥，常随他一起出大门去玩。走了不远，就上了东西向的公路，路上运输卡车络绎不绝，大哥哥在这方面知识丰富，按车索骥教给我们不少汽车的知识。原先，送我们到贵阳的毕司机不知何事被逮，吃了官司，不久出狱，到我们家来拜访，提了一些礼品之外，还送来几本推销汽车的广告册子，主要是美国别克轿车。我们知道那是这车的特别标志，如新的流线型车身，三个压缩盾牌相连的厂标，车头水箱顶上的贯穿空心圈的鱼雷形厂标，还有两侧叶子板上的鱼雷形转向指示灯。我们到贵阳来的小车型号不知道，全贵阳小轿车也没见几辆，我们对于别克车的知识凭着几本图册而大大超前。另外是福特车，宣传其特点是V字型8气缸，有别于其他车的6气缸。8气缸的优越性何在不知道，大概是走起来震动小些。其实小型汽车还有4气缸，微型车3气缸，摩托车2气缸。这是后话了。

在公路上跑的小车绝无仅有，全是卡车。大哥哥告诉我们，哪是福特，哪是斯蒂倍克，哪是道奇，他们的区别在车头上水箱前的厂标，道奇是一只奔驰的弯角羊，给我们印象最深刻。但还有一型车是平头的，不知型号，我和弟弟只好称之为"平头牌"。

沿公路西行就到了南迁的大夏大学。一次去时正值学生在做课间操，见到了我们的家教歪嘴老师。又一次去公路坡上见到杀牛，那是一条水牛，四脚被绑在地上，屠夫们已经割开它的脖子，血汩汩流着，它一声不吭，只是瞪着哀伤的牛眼默默等死，不像在长沙乡下看宰猪，那猪先是四处奔跑，大声嚎叫，待得绑上凳子，一直嚎到声嘶力竭，一刀下去，血如泉涌，叫声也逐渐低微，终至气绝，让人看来像一场壮烈的悲剧。而宰牛呢，一切无声无动，像一场情感悲剧，令人不忍卒看。我也默默地走开了。

再往前去，在群山围绕中有一片空地，那是新建的飞机场。场子以碎石铺成，一边还在施工。场上停了几架飞机，虽有士兵守卫，但不森严。我们走近一架小型飞机，三个发动机，机身机翼都是波纹板，机舱门敞开，可以看到货舱和前边的驾驶室，那座位前的驾驶盘和仪表板也可以见到，知识面广的大哥哥说那是一架教练机或通讯机，德国造。另外，还有几架飞机，距离太远，什么样也没大看清楚。

关于飞机和机场还有一些后话，但那是1939年2月4日，大轰炸以后的事了。

大十字附近是繁华区，在路口附近是商务印书馆和中华书局的分店，高高的屋顶和书架，令进去的人心生肃敬。我常跑到那里翻书，只记得一本小说集《挪威大漩涡》，讲一个渔夫落水遇险利用漩涡的特性获救的故事。"文化大革命"以后，才再次看到这篇小说，原来那是著名作家爱伦坡写的。中华书局怎样已无印象。大十字路北的世界书局我也是常客，站在那里看了一本介绍苏联的军力的书，盛赞苏军的强大，某型号的坦克每小时可跑100公里。再就是翻了几本斐洛凡士的侦探小说，一本叫《金丝雀》，里面有很多短篇，大概用金丝雀侦破煤气杀人案，内容未细看，不明。还有讲一个连环谋杀案，一个纸牌高手，死在他用纸牌摆起的房子旁。小说人物一个个死去，总是先怀疑他没死就是凶手，不料突然被杀，排除嫌疑。最后只余两个，还是让读者认为一切线索指向其中的一个人是凶手时，大侦探却揭发了他不是凶手，而元凶是另一个不被怀疑的人。人死光了案子才破，这也未免太冷酷了。

大十字南边的生活书店只有一间门面，但却人群若市热闹非凡。我也曾进去看书,一去看徐州大撤退时记者们的集体采访,还有一本是介绍延安一个老干部求爱未遂而枪杀一个到延安的知识女青年的书,其间有各种议论。我对这个轰动延安的大事若明若暗。再就是买了一本老舍著的《小坡的生日》,讲新加坡华侨小孩子小坡的生活,怎样照顾妹妹,怎样过生日,平日打赤脚,生日那天却穿起皮鞋逛公园、看电影。电影院银幕图像不清,像下小雨一样。这都是跟我小时在南洋的经历相似。最后生日晚上,小波做了一个梦,那是跟电影人物大头的"骨拉巴唧"交了朋友,又一同被追杀的梦。这书在我那里看了不止一遍,几乎与另一本小说《二马》,处于同等地位,可惜不知什么时候弄丢了。

大十字附近,还有几家戏院,其中一家京剧班子演过连台本戏《华丽缘》,讲女扮男装的孟丽君与傻子皇甫少华的恋爱故事,剧情曾同我过去看过的《三门街》楚云和李广的故事差不多,但孟丽君当了状元还成了驸马,又出来一个苏映雪的女人成了三角恋爱。《华丽缘》在报纸上大炒而特炒,几乎举城皆知。这时还来了一个历家班,一色小孩演员,最有名的演员叫历慧良,也风靡一时。因为这些只从报上见到,却未曾去看过,不知《华丽缘》是否就由历家班演出。

再有就是国民党军事委员会的剧宣×队,那里有母亲的一位亲戚,到我家拜访过,赠了话剧《凤凰城》的票,母亲带我去看过,那位亲戚也在剧中扮演了一个角色。剧里演东北抗日英雄苗可秀的故事,最后壮烈牺牲。很晚以后才知道,那是神童吴祖光的处女作,也是成名作。

母亲还带我们去看了一场彩色电影《南海欲潮》,大家评价都不高。再就是风靡一时的苏联电影《假如明天战争》,不指名的指敌人德国在边界挑衅,苏军反击,海陆空大战击败敌人,最后胜利大游行,群众高唱"假如明天战争"歌曲,那副头戴钢盔的敌军形象俨然就是德国兵。这个电影是在苏联援华抗日时演出的,气氛热烈,那首歌曲流传很广,到现在我还会唱:"假如明天战争,假如敌人进攻,夺了我广大的苏联堡垒。苏联民众,团结得像一个人,把敌人打得他落花流水。在天空在地上在海洋中,高呼起口号来真雄壮,假如明天战争,假如明天开战,我们今天准备好来斗争。"没想到两年多以后,德国果然突然进攻了,可苏联并没有准备好,开始时一败涂地,成了最大的讽刺。

接着就到了1939年2月4日,日机第一次对贵阳的大轰炸。在那天以前的最后一次记忆是母亲带着我到大十字东大街的一家餐馆里吃了一盘破酥包子。包子很大,皮薄馅大,皮是由浸油的面粉擀成,非常疏松可口。从此以后,再也没有吃过这样的破酥包子。长大后多方打听,听说是云南的名小吃。"文化大革命"后几次到过昆明,也无人知晓此包子的名声,只好存疑。

1939年2月3日,报载今天防空演习。中午时分,一架从香港飞来的水陆两用双翼客机飞抵贵阳。飞机作船状,上树双翼,翼上有一具发动机,形状奇特。飞抵上空后,下飞一匝做俯冲状,意在表演。飞机每周一班,机上乘客有中央社秘书曹荫墅。入夜以后高射炮声大作,曳光弹的火光在天空中四散播射。事后不知谁从哪里捡到一颗未爆高射炮弹送到我家。炮弹长约10厘米,径粗约3厘米,入手相当沉,约重一斤多,我们拿来玩半天以后,旋开引信倒出白色粉末状的炸药,当锤子使用,可是后来搬家,这个炮弹也就不知去向了。

2月4日一早,阳光普照,一扫昨天的阴霾天气,10时刚过,警报响了,我们误以为还是继续昨天的防空演习,不以为意。不料,顷刻,机声隆隆,日机编队飞临贵阳上空了,紧接着炸弹响声一片。我们匆忙进入花园事先挖好的防空壕里。洞身狭小,人头攒动,喊声、哭声一片,这时还有人大喊"别哭,日本飞机上有听音器",骚动的人群才渐渐安静下来,但不时仍有小孩哭声。投弹后仍然机声不断,久久才消歇,大家钻出洞来,还想幸好日机没有听见我们,好歹捡了一条性命。

下午,消息传来,日机投弹是在大十字,那里已成大片焦土,死伤无数,我们也惶惶不可终日,害怕敌机再来。过了几天,局面稍定,母亲和我才敢去大十字探视,只见一片瓦砾,破瓦颓垣,焦烂的木头到处皆是,只是没有发现被炸烧焦的尸体，臭味也不大强烈。又过了几天，苏联空军志愿队支援的飞机来了，一共六架飞机，去机场着陆时倒栽葱摔了一架，只剩五架。以后有警报时，我机起飞迎战也只是见到五架。一个阴天，放警报了，我机起飞，在云层下尾尾相衔，形成一个大圈子，大约十几分钟吧，飞机降落了，警报解除了。不知日机是见我有备，还是另觅他处目标走了，总之，大家安心不小。如是再空袭警报几次，苏联志愿队一枪未放悄然撤走了。可是有时又有警报，这时贵阳飞机场还留下两架飞机，一架是上单翼的测量机，一架是双翼的小联络机，这是大哥哥告诉我的。每逢晴日，只要一见这两架飞机向西飞走，我们就知道它们躲警报去了。未久，空袭警报声或响或不响，总之，未见日机。过了约一小时，两架飞机又飞回来了。我们知道日机不会来了，他们也有个油量问题吧。果然，过了一阵，解除警报声就响了。

贵阳城的精华顿失，我心仪的商务、中华、世界书局分店已悉数毁灭，唯一留下的生活书店还是门庭若市。可是不久，即被查封了。那时我正在街上，只见几个宪兵押着一个大个子穿风衣的男子走过，人们告诉我那是抓日本间谍。可是以后几经路过探寻，生活书店招牌仍在，只是大门紧闭，再也不能开张了。

此后，找到的书店是开明书店，那是在南大街路东的一条小巷中，是住宅，一派家居景象，也不知我是怎样找到的。从大门经过窄窄的过道进入一间20多米大的房间，一面是大窗，另三面全是高的书架，房角一张桌子上坐着一位戴眼镜的老者，全店顾客只我一人，他无所事事。

我则安步书架狂翻一两小时的书。印象最深的是一本《长生的苹果》，讲北欧神话故事。封面题签字迹秀美，后来我怀疑那是茅盾的手迹，但以后再未见过这书，无从证实。另一本是《伊利亚特》，不像荷马诗那样从阿基里斯发怒罢战开始，而是原原本本从三个女神争夺金苹果找特洛伊王子巴里斯评判开始。另外一本斯蒂文生的《宝岛》，顾均正译。我买了回来爱不释手，看过多遍生出好些盗宝航海的遐想。那首有名的海盗歌："十五人在死人礁上得庆更生，哎哟哟，再来甜酒一瓶"，至今仍可背诵。

一年以后，大十字废墟上渐渐围起了席棚子，逐渐有了一点生气，这时我常光顾的是大十字南头的新开的新知书店，人也不少，有些书如《新哲学大纲》之类，我看不懂，也不感兴趣，只是热衷于购买湖南某地出版的《海军建设》，比单调乏味的《中国的空军》好多了。那刊物是每月一期，每期都买，大概看了五六期的样子，我就离开了贵阳，北上河南，我的读书出现了断层，再也看不到《海军建设》一类的书了。

大约是1938年末或1939年初，我和弟弟上了当地名校正谊小学。学校在从南大街自西折过去一条巷子里，那里大概原来是文庙，它的古旧气味颇浓，不像我以前读过的新式学校。学校在文庙内，校训是《大学》"正其谊而不谋其利；明其道而不计其功"，校歌也是从这两字开始。学校不收女生，校服是一色灰布长衫，我们逃难来的插班生不在其列。学校进门的在文庙泮池清冽倒影可见。当时我并不知道那是泮池。宽阔的课堂，顶棚高耸，柱子颇多，而光线昏暗。我那时插班入六上，印象最深的是学生用我没学过的注音符号拼生字："子昂子昂张，帐涨章张，张字（儿）"，像唱歌一样娓娓动听。学的功课内容多忘记了，只记得国文课有一篇是美国邮政飞机失事撞山，驾驶员徒步跋涉好多天，最后听到山那边的汽车声才终于获救的故事。另一篇是一个人生计所迫，受雇为一个大力士，七月四日国庆夜表演在尼亚加拉大瀑布上走钢索，横渡瀑布的故事。那人扮成小丑，由大力士推着小车走在瀑布上边，大力士被下边横飞的烟火击中灼伤腿部，载小丑的小车庶几倾覆，两人却挣扎于终完成了横渡大瀑布的壮举。

没有多久，我因课间玩耍过分，被老师打了，母亲让我退学，转到箭道街内一边的尚节堂小学，仍旧读六上。

尚节堂是收容孤寡妇女的慈善机构，附设小学是为她们的子女读书方便。尚节堂小学屋顶高，门窗隔扇也高，进教室要跨过一道高高的门槛，房间窄小但不失亮堂。我插的那班学生也只十几人，上起学来既方便也自在，没有正谊小学那一股子道学压抑之气，舒松多了。上些什么已不复记忆，只记得学的一首苏联歌曲："你看战斗机飞在太阳光下，你听马达高唱着走近云霄。它轻轻地旋飞又抬头向上，向上排成队用力飞用力飞。"曲调也是轻快的，只是弟弟说，老师被问起时说马达是个人名，这里也看出当时学校的师资水平。

夏天来了，贵阳市各小学举行演讲比赛。学校推我去参赛，自拟讲题是"我们要建设一支强大的空军"。那天下午，天气炎热，我穿了一件新府绸衬衣，在上演讲台时，因为紧张兴奋，不禁忘了题目达几分钟之久，后来回过神来，结结巴巴地开始演讲，随着讲下去，斗志旺盛起来，最后简直是慷慨陈词，激奋收场，结果当然是落选。回家后发烧病了一场。这也是我历来顺遂的小学学习中的一段小挫折。不久，好运又来了，暑假过后我跳了一学期，直接参加国立中央大学实验中学初中一年级的入学考试，考题不易，但有一题却是我所熟悉。我原来就对地理有兴趣，在南京上鼓楼小学时已经知道中国像一张秋海棠叶子，已经被日本蚕食了东北四省了。那时看到一本儿童读物，把当时中国的二十八省和二地方画成实物形象，以助辨认记忆。黑龙江包括今天内蒙古的一部分是一只卧着的狮子，江苏是一个老人舞剑，湖南是一个有鼻子有嘴有胡子的人头侧像，广东像一条鱼，海南岛则是鱼尾下的一颗田螺，四川（不包括西部，那里当时属西康省）像老子骑牛，等等。等到了贵阳，母亲给我和弟弟买了两本中国分省地图和世界地图，武昌亚新舆地学社欧阳焱编，硬面精装，图是老式，把山脉画成毛毛虫形状，很实用。每天吃早饭和点心时都要摊开地图来看，报来了，更要专心与地图对照着认地名和国名。这次考中大实中，地理题是一张暗射地图标示中国疆界轮廓，自行绘出各省省名界限和四大河流，各省省会的名称。我答起来得心应手，最后考中了有名的中大实中。而其他一些女孩如曹家二姐曹承辉，方家二姐方象蕙，就都落榜了。只有大哥哥方象徵，考上了高一。母亲又是为我下了赌注，居然赢了，不免大为得意，在人前扬眉吐气，认为我不负她的期望。而我也就上了号称全国五大名中学之一（北师大附中、天津南开中学、扬州中学、上海中国公学、南京中大实中），而且跳了一学期，高兴和骄傲也是自不待言的，那年我的头足年龄是十岁零九个月。

中央大学实验中学在贵阳东面的马鞍山下，南明河畔，一条公路纵贯南北，正好和从贵阳东流向北折向的南明河平行。马鞍山是座标高约20米的小石山，两个山包之间凹下，正如一个马鞍，那一带是喀斯特地形，山凹中就有一个山洞叫观音洞，洞外是一个道观，现由军队占用，似乎是电台。我们曾去过洞边探视，只见几层台阶下边是个大黑窟窿，深不见底。从马鞍山公路向北，还有一个较高的山，南明河从两山夹峙中蜿蜒北去，过了桥就是水口寺，有条小街，山上也是道观，那叫仙人洞，我从未上去过。

马鞍山往北公路两边散落着几座平房，这就是中大实中的校舍。那在战时一切从简，房子是茅草顶，竹条编泥巴墙，涂上一层白石灰，教师宿舍、女生宿舍、食堂和厨房在公路坡下，直抵南明河畔，两座男生宿舍（高中、初中），连同篮球场、排球场，在公路西侧小坡上，再爬上一个小坡。两座长条茅草房是高中和初中教室。小坡一侧是正在建的砖木二层小楼，是教室和图书馆。我第二年再度复学时，它已建好。我们叫它雪耻楼。上下坡的小路遇雨泥泞不堪，滑倒者大有人在，行来不免大呼小叫，轰然发笑，只是后来垫上煤渣，才好走一点。

学生一律住宿。宿舍为大统舱，一大间摆满双层木床，只留窄窄的走道。但是臭虫太多咬人不得安睡，就连白天午觉时间脸上也会爬上一串臭虫，虽然也用除虫菊之类药物驱赶，可是功效甚微。

晨熹起床，全校到操场集合升旗跑步唱歌："山川壮丽，物产丰隆，炎黄世胄东亚称雄；……同心同德，贯彻始终，青天白日满地红。"在队列中，我排在最后，意味着我是全校学生最矮的一个，大概也是年龄最小的一个了。

年龄小，个子小，还具童心，别的同学见我以竹枝作为竹马驰骋于马鞍山坡下，又同一个同我同样矮小的同学杨光海玩得昏天黑地，弹弹子，踢小皮球，沉溺于一本叫《德国间谍》的第一次世界大战回忆录，学着那个德国间谍自行编密码，却没有发送的对象，以至遭到训导老师队前公开训斥。

中大实中最引以为骄傲的东西有三，一是童子军，全国闻名，因初中男女生穿绿色童子军制服（女生为黑裙），系上有红白蓝三色盾徽的蓝色领巾。上童子军课时，发了课本。老师引以为傲的是中大实中在全国童子军编制中是第二团，是成立最老的一个团（那第一团是训练班，结业就解散了，此后转学到别的中学，那里的童子军番号已经是一千零多少团了）。童子军是英国人贝肯鲍尔在南非波尔战争中组织少年儿童成立的，用于侦察送信特勤等战争辅助工作。童子军课本中即有救护的内容，用绷带三角巾包扎伤口的方法就是从那里看来的，可惜我至今未用过。另外，侦察、跑步、攀岩、游泳、露营、生火、野外生存技能也要学会，可惜缺乏实践，只是纸上谈兵。我们还要学并两指树三指的童子军式敬礼和小指交互的握手礼，以及各种私密的联络信号，大有欧洲兄弟会烧炭党和间谍的气味。

我们头戴船形帽，身穿绿制服，肩抗黑肩章，颈系蓝领巾，腰系一根绕成棒状的童子军绳。那是用来打结的绳索，可结平结，结绳结水手结双套结等，我只会打一个双套结。上操要扛上一人多高的童子军木棍。

口唱童子军歌："中国童子军童子军童子军，我们，我们是三民主义的少年兵……"排队走在路上那气概是很让人自豪的。

第二个被引以为傲的组织，童子军之外就是军乐队。入初一的那年，中大实中从南京转运来的乐器到了，拆箱一看，大号，中号，小号，黑管，长笛，一应俱全，只是路途中遭到磕碰，铜乐器喇叭口有的变了形，但仍不妨碍演奏。学校当即组织报名成立军乐队，我没有参加，同学章本融的外号鸭嘴兽报名了，分配去吹黑管，李文蔚去吹小号，我跟他们混在一起，没耐心学，只玩一玩。这个军乐队颇有点气势，以致后来贵阳凡有群众性的集会，必邀请他们去演奏。

上了新的学校，升入了初中，开始了好些新课程。初中算术还是四则题，学代数要到初二，英语也是如此。国文课本是中华书局编的，道林纸精印，选了当时名家的名篇，有鲁迅的《秋夜》、朱自清的《背影》、徐志摩的《浓得化不开》、冰心的《寄小读者》等，文字优美，印刷精良，有些让我们背诵，也不觉其苦。每篇课文后还有作者小传，如巴金，原名李沛甘，四川人，著有《雾》《雨》《电》等；鲁迅，原名周树人，绍兴人，著有《呐喊》《彷徨》等；落华生，许地山笔名，著作《空山零雨》《缀网劳蛛》之类，令我眼界大开。历史课本也是中华书局的，金兆梓编，讲到黄帝制作百物，包括其妻嫘祖养蚕织丝，臣下仓颉造字，涿鹿之战打败蚩尤，阪泉之战打败炎帝，统一了中国，不久尧舜禅让，大禹治水，死后，其子启继位一统天下。于是中国改禅让为世袭，是为夏朝。一直学到魏晋清谈，竹林七贤和淝水之战，我就休学了。

还有动物课和植物课。我们先上植物课，讲孢子植物到裸子植物到被子植物，单子叶植物和双子叶植物。还有球状花序和繖状花序等，不一而足。此外，还有什么课已经记不清了。同时，还跟同学学唱"夜半歌声"的主题曲："空庭飞着流萤，高台走着狸狌，人儿傍着孤灯，棒儿敲着三更。……用什么来慰你的寂寞，唯有这夜半歌声，唯有这夜半歌声。"还有龚秋霞电影中的主题歌"秋水伊人"："望断秋水，不见伊人的倩影，雾漏尽更残，孤雁两三声。……"

那时也流行九人制排球，打得最好的是高三学生凌文彪，打头排边，他有力的压球很灵怪，是最好的得分手。另外，老师薛人仰打二排边，他个子不高，但扣球有力。到课间活动赛球，场边观众如堵，我也是他们的粉丝，回到家里用小西红柿跳起扣球玩，打烂二十几个不以为意。凌文彪代表学校代表队出去比赛，也听说也是大出风头。不久他毕业了，据说被某军事学校招去了，从此排球之风稍戢。

正是因为年纪小，个子矮，跳了一班，那功课也就不能令人恭维。期中考试，几门功课只得了七八十分，又不适应宿舍生活，动辄感冒发烧，扁桃体发炎肿痛。又兼一个星期六回家，母亲发现我裤腰长了虱子，于是毅然决定我休学一年，住院割掉了扁桃腺。

我住的是从南京搬来的中央医院，虽然疏散而简陋，但病房环境差强人意。我手术时戴上一个面罩，内含全麻药，只见咖啡色稠浆在眼前打旋，耳边慢慢响起不断的徐缓钟声，于是进入人事不知的境界，待到醒来，头昏眼花，喉咙肿痛，用茶壶漱嘴喝冷豆浆，肿痛才好一点。可是我醒来后兴奋多话，伤口不收口，不时咳一点血，住了两个多星期才出院。

病房有六七张病床，都是女病人，我一个小孩夹在中间倒也无甚不便。隔床一位已婚的某小姐性格爽朗，自称是已考入军队电讯班的军人，向我大聊她着迷的唐祝文周四大才子传什么的，唐伯虎点秋香，祝枝山怕老婆，等等。我随声附和。但始终提不起兴趣去找四大才子的小说来看，反倒是着迷于一本詹文浒写的《欧游心影录》，詹文浒（也许是林日达，记不清了）为世界书局编英语教材，被林语堂状告侵权败诉之后，由书局帮忙出国到欧洲游历。这书我爱不释手，反复翻看。记得他去游维苏威火山，导游用铁杖挑起一团熔岩嵌入一枚硬币作火山口形状送给他作纪念。又记得他回国坐意大利邮轮康脱罗素号（另一艘姊妹船名"康脱皮样马诺"）返国的经历。记他在船上看到一本美国名记者约翰根室写的《欧洲内幕》，不禁将书的内容译述下来，他的这些记事真是让我大开眼界，希特勒为何崛起，奥地利总统陶尔斐斯如何被刺，奥地利为何被纳粹德国吞并，英国在慕尼黑协定中如何出卖捷克，总统贝奈斯为何逃亡，苏联斯大林如何肃反，等等。这本书连同一本书金仲华编绘的生活书店出版的《国际政治参考地图》一起让我获益匪浅，甚至他书里介绍的根室采访墨索里尼，进入一间宏大无比的长达60英尺空无一物的大办公室，只有墨索里尼坐在高大的办公桌前的记述也令人印象深刻。还有意大利嫖妓是合法的，嫖妓入楼要领号排队，时有教授和学生同在一起排队的景象出现，等等，可惜他写到人名地名都不翻译沿用英文原文。我那时虽上中学，但英文字母还不会，只好干脆略过去了。

还有一本小说也让我印象深刻，那是雷马克的《西线无战事》。书里一开头就讲一个连打了一天下来，全连一百五十人死伤一半，正当大家期盼开饭时人人可吃两份饭时，司务长却仍在按实际人头分饭，于是大家鼓噪起来。又一个场面是几个人在对面的无人区结识了几个比利时女孩，于是相约幽会，不料战友比女孩多了一人，于是骗那人说时间还不到，大家顶着衣物和食品趁夜游过去，与女郎相处甚欢，不料回来时见那被骗的战友一人顶着衣物飞快游过河去，原来是他们瞒报被战友发觉了，也匆匆地赶去。另一处是一次战斗受伤，躺在战地医院，在旁边也有一位战友受伤，但不能移动，总是念叨他老婆如何对他好，如何忠心，渴望见她一面。果然老婆来访了，娇小玲珑，向同房各个病友热情招呼，可是穿的皮大衣质地却很名贵，不像是她这种身份的人所着。事涉暧昧，大家为了成全他们，故意在门边走廊去打牌。不久，就见那人老婆没入丈夫病床的被窝里，只露头发在外，他们也大呼小叫出牌，那是放哨，防止看护进来。不一会，老婆出来，热情招呼大家，跟大家分手，带走大家凑的军用食品，一场喜剧就此收场。

抗战开始进入第三个年头，欧洲大战正殷，波兰、丹麦、挪威、荷兰、比利时、卢森堡、法国相继被占，英国正在苦撑。日本入侵广西、滇越铁路被封，滇缅公路也被封三个月不动，后方物价开始上涨，而公教人员薪资却原封不动。我们在中大实中住宿，伙食费仍按照此前的每月八元交纳，但伙食标准大大下降，每周只能吃一次荤菜（多是用白菜煮少量牛肉块）。市面上五元十元面值的法币已经不敷流通，又新发行了一种面值一比二十元法币的关金券。我们家的生活也日渐拮据。母亲陆续变卖了手中的金饰，包括手镯、戒指。原先别人送的一条腊羊腿，代替了上市买肉，零零星星吃了近半年，直到腿面发霉，还刮了霉斑来吃。1940年春，为防空袭，也因房租便宜，我们从箭道街搬到了城南十四里外的耳锅寨疏散房。

耳锅寨是一个美丽的村寨，寨外绿树婆娑，寨内房舍密布，居民有一半是苗人，所谓的半汉化的熟苗。疏散房稀稀落落地在寨外田头埂边，那是夯筑的土墙，茅草顶，房作凹字形，一座五间，供两家住，泥地，木板窗。白天支起来透光，晚上要放下防蚊子。但蚊子众多，只好傍晚用艾草熏灸，再紧闭门窗睡觉。没有电灯，也没有洋油灯，晚上点的是高脚灯盏，菜油碟子里放一到三根灯芯，黑影憧憧，真可算是一灯如豆。这幢房子两家分住，新来的邻居是一个徐姓寡妇，她有一个女儿徐其敏，原来跟我同班，我休学了，她就高我一班了。徐其敏真是"其敏"，聪明，功课好，下象棋我也有点顶不住。后来入了清华大学，成了一个很有成就的化学工程技术人员。徐其敏有两个哥哥，有一个在军队辎重汽车×团当兵，他们车队有一部分就住在耳锅寨，部队合力请了一位盲人英文教师，我们偷偷见过，只见此人西装革履，手持手杖，总戴一副墨镜。我们也见过他的盲文和盲文书，那是用厚纸板钉起，用一根尺子比着打洞，用手指摸着凸起部来阅读的。他也下象棋，着法凶狠，是用手摸着棋子的凸面再比划着棋盘的大小来下子的。据说一次比划行距错了，结果全军覆灭。

原来在箭道街刘家花园一起住过的方伯母也搬来了，也住在不远处的一幢疏散房里。大哥哥方象徽仍在读中大实中高中，大姐仍在花溪读高中，二姐方象蕙、小妹方雪娇和方伯母住在一起，我们来往也渐渐疏远了。随着我们搬到倒岩路，方伯母一家下落就不清楚了。

从贵阳南门沿着一条绵亘的山下走十四里就到耳锅寨，路侧一条小溪夹着稻田，另一侧是一些小山坡，风景很优美。那条小溪从耳锅寨对面的山口里流出来，水势不大，水下卵石层叠，山口小路上有一座小庙，但没有去过，只是在溪旁对着山口那小庙遐想。对于山口后面有什么很是好奇。那也可能是一个什么神仙隐士居住的地方吧。但始终没有走近，更谈不到进去了。

寨子气象森严，又多苗人，我只进去过两次，无甚深刻印象。只在宅外疏散房一带活动。入寨土路与公路呈丁字形。每逢集日，路边摆了一些菜摊，没有肉，只有菜，印象最深的是牛皮菜，棵高一二尺，重约十几斤，叶片肥厚呈墨绿色，吃起来甜中带点苦味，据说那原是猪菜，喂猪用的。而今也成为我们这样逃难的下江人的主要菜食。"文化大革命"中，看书才知道这是甜菜的一种。

路边也不知是哪个单位办了一个阅览室之类，那可能是什么辎重汽车某团办的吧。那是仿效苏联军队的列宁室而建立的"中山室"，室内无人管理，室内挂着总理遗像和国旗党旗，长条会议桌摆放着前几天的报纸和杂志《中国的空军》，去的人几乎没有，这就是我经常光顾的地方。

最爱看的是《中国的空军》，其中历数抗战以来空战的各次战绩，如八一四笕桥空战，武汉上空的四二九空战，飞到日本长崎撒传单，等等，还有轰炸武汉、运城，在兰州、重庆上空的空战，等等。还有一篇文章印象深刻，讲一个飞行员从新疆驾驶飞机回国，途中迫降，徒步走出沙漠的惊险故事。可是随着抗战的深入，飞机越来越少，为了保密，杂志文章讲到飞行队都用代号，如志航大队、东海大队、流星群大队等，只能从代号上看出是轰炸机还是战斗机，而飞机出动也是千篇一律，再也没有生动的空战记载了，于是渐渐失去兴趣。

这时，守着耳锅寨这片文化小沙漠，只能是偶尔地进城购物了。我每次进城，一定要到书店去站着翻书，一本《宝岛》翻来覆去看了很多遍，幻想着海盗、宝藏和帆船，也不断幻想用油浸厚纸缝一条小帆船，以葵扇筋条做骨架和船桅，去到山口小溪头旁去试放。可是，只是幻想，并未动手去做，只是到了1989年去巴黎卢森堡公园水池里，看到水上荡漾的纸做小帆船，才一饱眼福，看到了少年时的幻象。

有一次和方象蕙一同从城里回来走夜路，天色墨黑，只能勉强分辨路面，两人十分恐惧，一路走了回来，生怕遇到豺狗（狼），忽然对面传来一阵蹄声，有人骑马迎面而来，吓得我们噤声不语。回到家里，惊慌虽定，却谁也不好再提此事，以后多年回想到那到底是真是梦也不大清楚了。那时我十一岁，方象蕙十三或十四岁。

在箭道街刘家花园和耳锅寨，我曾多次迷恋于自编一本杂志的热情中，那杂志的名称是"少年乐园"，属于综合性，一如东方杂志，想要编入的文章有时评、散文、故事，等等。我曾多次设计过它的封面，以各色彩单绘制，如下图。

但这本少年乐园始终停留在封面上，从来没有出版过。只到三年以后的1943年，在洛阳，总算把它编成，但出了一期之后，兴趣减退，再也不想编第二期了。于是这本"少年乐园"成了空前绝后的一期。

```
              ┌─────────────────────────┐
              │        少年　乐园        │
              └─────────────────────────┘

                    期一第　　卷一第
                 ·········
                 ·········            目
                 ·········            录
                 ·········

                        版出月×年八十二国民
```

转眼冬天过去，春天来了，我们又从耳锅寨疏散房搬到了南门外，距离公路边二里的倒岩路二号的木楼里。

从贵阳南门外东西向的公路南边有一个岔路口，一条公路向南直达耳锅寨，再向南又不知道通向何方。公路东侧远处一连串小山坡，西侧一连串陡立的山峰，最高的一座奇峰突起，向下是一片峭壁犹如一扇大大屏风，其下是一个陡峭的草坡，坡上坡下滚落了很多崩裂下来的石块，路边最大的一块有六米多高，这就是倒岩。仰望上去，山顶峭壁边崩落的痕迹依稀可见，只是长满了草和小树。

那山标高在百米左右，山顶往往云雾缭绕，即使是晴天，也常见白云如带，横切半山。我们的新居就在山下。公路对面抬头就是那山，就像一个老邻居，看它晴阴雨雾的变化。我们住的是一座二层木房，房东刘大全住在楼下，开着一爿杂货铺，我们进他的穿堂，直上一截陡长的楼梯就进了我们租住的二楼。房间宽敞，两头开窗，没装玻璃，因木板窗通风良好，采光充足。自然还没装电灯，照样夜晚点菜油灯照明。房侧是一大间贮存剩余木料的房间，地方拥挤，光线暗淡，满是尘土，我们从未进去"探险"过。

刘老板的夫人是个胖妇女，生有二子，长叫任生，次叫小笃。任生没有多少来往，小笃还是个拖鼻涕的四五岁小男孩，却和大人一样穿着长衫，母亲对他很亲切，也能不时跟我们玩在一起。路对面是一家小饭馆，老板李六月，养有一条黑狗。李六月经常让狗当众表演翻滚、作揖等。李六月店侧的山坡上也散落着一些木板房，住着疏散来的"下江人"。有一家女主人我们称之"胡姨子"，颇有来往。他家养的两条狗，小黄小黑，据说是兄妹，所以并不配对，时常跑到我家蹭饭。公狗小黄性情较烈，吃饭时跟我小时一样，去抢妹妹小黑的米饭，小黑也就甘心或不甘心地谦让。性情和善的小黑有时简直表现软弱，一次吃饭时老板家里一只猫见它探头来吃饭，心生不满，跳上凳子，反爪打了它一个嘴巴，然后扬长而去。小黑却无所反应，我们看到后传为笑谈。春天到后，狗们春情勃发，小黄一去几天不见踪影，等回来时头脸肿胀，到处伤口，看来是同别的狗们打架伤的。终于一天走后一去不返，最后打听是流落到邻村被人杀来吃了，于是只剩小黑一个孤独度日，一直到我们最后离开。

为了招揽生意，刘老板特地买了一架留声机来，一天到晚大放唱片，我听得耳朵里都要起茧子了。但唱的歌都具有可听性，计有"开路先锋""好花不常开"，"拉洋片"："往里头看来往里头瞧，单看这满街的灯火辉煌的儿亮（儿）"，新莲花落："我们都是没饭吃的穷朋友"等，也是第一次听到川剧唱片，没想到其间还有川剧特有的中段邦腔，那旋律至今还记得。

倒岩路二号往北走一二里路就到了中央医院，一年多时间里，我成了那里的常客。当时已届换牙期，可旧牙不掉，新牙（犬牙）从上颚起一个鼓包等着破肉而出，形成畸形，须先把旧牙拔去，让新牙正常地长出来，这样拔牙倒也方便。先用注射器喷上麻醉剂，选用各种拔牙钳子一次就完，不怎么疼，出血也少。也见过一些牙科重病人，有一个下颚腮帮子烂了一个洞，大夫用药注入病人洞内，状至痛苦，当时不知为何牙病坏到了脸颊。现在想起也许是溃疡，甚至癌症一类吧。

没有多久，我又因炎症入了泌尿科门诊，最后到了1941年夏天，得了痱子，遍起脓包，又成了中央医院皮肤科的常客。

1940年夏，父亲的中央通讯社南岳办事处撤销，他回来跟我们住在一起，不久又去中央社贵阳分社办公。贵阳分社在贵阳城北门外，我因此有机会陪着父亲步行纵穿往返贵阳城。

这时，经过大轰炸以后的贵阳城开始恢复了一些生气，大十字被炸的废墟上先是盖起了芦席棚子，然后是简易的房子，轰炸的痕迹渐渐淹没了。我也在1940年春天复学，但学校与重庆青木关的国立十四中校名对换，青木关学校改为中大附中，而我们的中大实中则改为同名的十四中。除了校名外，一切仍旧，校歌也是那首据说的陶行知作词，出自古诺《浮士德》歌剧的士兵大合唱："神圣劳动小工人爱做工，神圣劳动小农夫爱耕种……"我上的是新由教育部制定的五年一贯制班，六年中学课程五年读完，不分高初中，课堂也改在了山坡上新建起来的雪耻楼。

那是一座两层砖木结构的房子，呈凹形，楼上楼下各有三个教室，课程也有了很大的变化，算术没有了，增加了英文，植物和动物没有了，改为生理卫生。经过一年休学，我的身体有所好转，长高了，也长体重了，不再是全校最矮小的一员，而且经过私下摔跤比赛，我成了全班男生中的"第二条好汉"。

功课也好转了，期中考试，我的国文、英文各有90多分，大概居于全班第三，位于男生万先俊和女生彭佩云之后。

我们的国文老师樊星白也是级任老师，学校班级以级任老师的名字命名（如人仰级、光浩级），我们班就叫星白级。第二学期樊星白老师走了，级任老师换了赵光浩，班级也改称光浩级，一直到1944年日寇进袭，贵阳学校解散。

樊星白老师的国文似乎没有专门的课本，而是发油印的讲义。记得有一篇是郭沫若的《入关》,是与鲁迅的入关对着干的,讲老子出关经历挫折只好又回来,青牛也死了,只拿着一根牛尾巴回来。文字洋洋洒洒,与鲁迅的文风也正对着。另一篇是讲一个国民党平射炮炮手,击毁数辆日军坦克的故事。另一篇讲日军向一个假作痴呆的牧童问路,被其引入歧途而被歼灭的故事。对文中写日军施给牧童馒头夹咸鸭蛋的事,心里颇为向往。

英文课由一位漂亮的女老师纽先绅教,她常打着一把小洋伞,行于山坡小路上,很让学生瞩目。课本是林语堂编的开明英语课本,一页一课,丰子恺插图。

第一课是上学:

Good morning.

How are you?

How do you do?

I'm very well thank you.

Good bye,

Good bye.

第二课是:

This is a cock.

This is a hen.

This is a chicken.

This is a duck.

与此同时练习英文字母的发音及拼音(韦氏音标)。

英文一星期六节,每节一课时,一学期共 60 课时,课文由简入繁最后每课达到四五百个单词,负担还是很重的。不过一学期过去,课文并没有学完,以后不记得初一下学期是否还继续上英文课程,纽老师也没有再教下去了。

另一位是黄国华老师,他是广东梅县人,客家,留学德国多年,原在农业部做过技正,他教我们生理卫生课,常用的口头语是"啊些"。他常赞扬德国人的生活，我们课下学他的腔调："借（这）个迭（德）贵（国）银（人）诺——啊些！"他讲起课来口吐连珠，"啊些"不断，有同学统计，一堂课的"啊些"竟达300余个之多。好在课并不难懂，只是把生殖系统略去。有一次他去课堂外草坪旁摆一小桌，给我们当场解剖一只兔子，同学们大开眼界，知道哪里是什么系统，兴致盎然。

美术老师教画素描，拿个鸡蛋比划，要画出光线的明暗来。我对此缺乏耐心，及格而已。

音乐老师上课带一把小提琴来教歌，学到了多首进步抗日歌曲，如："我像一匹怀乡马"；"黄河大合唱"："张老三我问你，你的家乡在哪里"，"风在吼，马在叫，黄河在咆哮"；"游击队之歌"："我们都是神枪手，每一颗子弹消灭一个敌人"；"三个五个，一群两群，在高山上，在平原里，我们是游击军的弟兄"；"新年大合唱"："打呀打起鼓，敲呀敲起锣"；"正月里来好风光，家家户户种田忙"；"中国抗战有三年，全靠老百姓出力多，总算打得还不错，总算打得还不错"；"你看那东洋鬼子兵呀，你看那东洋鬼子兵，东奔西跑零零落落，进退两难没奈何啊，啊——依——得呀呀呀呀呀呀呀呀呀，进退没奈何。"

这时中大实中的引为骄傲的第三件东西露面了，那就是南京撤退下来的图书馆，已经拆箱上架，书库就在我们教室旁边，每天下午课外活动时间开一个小窗口向外借阅，很方便。窗口旁就是一个卡片柜，可以由此查书，写号借阅，据说全部藏书有三万册，简直是一座宝库。

这些借到的书中印象最深的是动物童话，《列那狐的故事》。列那狐是法国中世纪传说中的狐狸，后来从一本什么书上看到他们一伙代表了新兴的资产阶级与代表封建贵族的狼和熊，双方斗争激烈，有昏聩的狮子王想支持狼和熊，却又笑话百出。狼和熊一方面压迫列那狐，却又不断被列那狐所欺骗和戏弄，而列那狐又去欺骗压迫更弱小的如兔子，等等，最后狼和熊忍无可忍，到狮子那里告状，要和列那狐决斗，并且约定谁输了就把脚上的皮剥下来给对手做靴子。在狮子主持和森林宫廷诸兽的监督见证下，一场惊天动地的决斗举行了。面对凶恶的敌人的追逐，狡猾的狐狸在逃窜中不断煽起灰尘迷住了对手的眼睛，最后大胜，狼和熊只好剥下自己脚上的皮来给列那狐做靴子。书中掺杂了许多狐狸用撒赖或欺骗手段诱使熊和狼上当吃亏的故事，非常有趣。新中国成立以后我到处搜求列那狐的故事，却再也找不到当年看过的那个版本了。我也曾讲给儿孙们听，内容支离破碎，她们还是听得津津有味，兴致盎然，可我却再也找不回初读时的感觉了。

另外还有两本科幻小说，一本叫《庞大的智星》，讲三个科学家共同创造了一个超人，其大脑各区都是连接起来的以至智力为常人的六倍，可是没有性能力，而只有理性而无感情。他一出来就宣布要统治世界，一位老科学家反对，想制止他而被杀死，另一个中年科学家归顺了智星，替他谋划和实现控制世界的计划。一个年轻科学家坚决反抗，但力量不足，只好逃跑。隐藏几年以后，智星征服世界的计划利用人类的贪欲而逐步实现，最后来了一场大决斗，年轻科学家终于制服和杀死了十分厉害的人造人。

再有一本是一位科学家发现一团含水星云正向地球靠近，一旦进入地球，立刻暴发大雨，发洪水。科学家警告世人，可是没人相信。只好在一位有远见的企业家的资助下，建立一艘大船，邀请精心挑选的最优秀的500名男女，连同一批良种动物届时登船避难。果然星云来了，大雨如注，家人连同宾客纷纷登船，可小说只有上册，到此戛然而止，再也找不到下册了，只好留下永久的遗憾。这本小说脱胎于《圣经》洪水和诺亚方舟的传说，也成为电影《2012》最早的版本。

另外，是我借到中国最早的科普杂志《科学画报》的合订本，那上边皆是短文章和图片，令我兴致盎然。有一个是一个大立方体斜倚在一个山坡上，说明全世界20亿人（当时数字）人挨人都可以纳入这个一立方英里的大立方体中，在山坡上只需一个人轻轻一推就可以滚下坡去。另一篇图文并茂的小文是讲力学原理，一艘结构不强的轮船遇到风浪，如果峰顶正在船中段，而轮船两头受力过大，将从中间折断，如果中段处在两峰之间的峰谷处，轮船承受不了两头波峰的剪力，也会导致中间断裂。自此以后，我总是惴惴不安，坐船时不知何时这种惨剧会落在我的头上。

我们那时还在班上传看一些图书，其中有亚米契斯的《爱的教育》，夏丏尊中译，丰子恺插图，同学认为很受感动。我只记得那书上讲一个同学功课退步，原来他放学要帮有病的父亲抄写贴补家用。全班同学知道了，立刻组织起来帮他复习功课，并且分担他的抄写任务，那同学的学习也就好转了。再有一本是《木偶奇遇记》，很有趣，只记得那书上的坏蛋是从小学连环画上的怪鸟和犀牛变成了狼和狐狸。木偶匹诺曹天真纯洁，很容易上当，只是一说谎鼻子就要变长。那书一开头就说："从前有一个国王，不，是从前有一段木头。"老木匠把木头雕成木偶形状，从而引起了不少有趣的故事。很久以后，在美国佛罗里达迪斯尼乐园看木偶奇遇记的秀，又看了动画片的木偶奇遇记，少年时的回忆一一勾起，想到此后几十年的境遇欢快之余，也不免有点心酸。人事丕变，而故事却是永恒的。

1941年寒假过去，新学期开始了，我从雪耻楼一层中间的教室搬到另侧的教室，比原来的教室宽敞多了，樊星白老师已走掉了，赵光浩老师来了，我们也就从星白级改为光浩级。

换了教室，气象一新。这学期一开学，我被同学选为班长。当了班长，应当有所作为。我对班上事务多有兴革，可是志大才疏，很多不能贯彻，成了纸上谈兵。唯一能做到的是出了几期壁报。上学期壁报写过一篇抗日小说，讲一个连长舍命用打掉半截枪柄的手枪，坚守阵地，与敌偕亡的故事。心理却隐隐觉得这样的事不近情理，编造的痕迹太明显。这个学期中，我发表了两篇诗作，一篇是白话诗《重见江南车》，写发现路边田埂上侧倒着一辆从南京撤退下来的江南汽车公司的公共汽车，车身破败，已经废弃。诗里感慨它的遭遇，控诉日寇的残暴，最后希望它能迅速修好，满载反攻战士驰骋战场，把日寇驱逐出去。另一首是五言古诗："民国廿六年，八月十三日，敌犯我沪滨"，开始了全民抗战，"地无分南北，人无分老幼，个个心赤诚，人人敌忾烈。空军不落后，奋勇急争先。八月十四日，敌挟木更津，荒鹫一十三，号称世无敌，空袭我杭垣，形势正危急。我机迅起飞，急速前迎击。队长高志航，首先开记录，敌机一架焚，似风扫落叶。余机更奋勇，猛攻不少歇。八与零之比，空战光荣页"云云。这两首诗原创立意是自己的，但文字经过了父亲的润色。自己看了也颇得意，不过现在重见江南车的文字全忘了。贺空军节那首五言长诗，也就只记得这么几段零碎的句子了。这么一来，我会写文章的声誉鹊起，以至到 21 世纪初马鞍山老同学聚会，同学王克衷还说起他和万先俊与我一起被称为"作文三友"，很是自豪，可惜这事我已经全记不得了。

我能完全记得的是当时我的外号"马来亚"。那是因为我总是在同学中炫耀当年如何在马来西亚生活，而且戴出一个某届马华运动会的徽章来。同学对马来西亚所知不多，有的竟理解为那是一匹马来到了亚洲。

寒假后开学不久，一个阴霾的上午，课间休息时，校园里突然骚动起来，我们赶去高中教室，只见墙上贴着新到的报纸，一小群高中同学在围观，旁边一些人则议论纷纷，气氛沉重。我们凑上去一看，原来是国民党军事委员会撤销不服从命令的新四军番号的消息，并且已扣押军长叶挺，通缉在逃的副军长项英。新四军和叶挺项英从来没听说，这时知道了它和八路军一样，也是共产党的部队，新四军如此，八路军前途可想而知，不禁悚然。

这时，我们已经搬到了倒岩路，学校伙食太差，母亲让申请走读，只在学校食堂搭一顿中饭，每月大概交八块钱。我每天早出晚归，大概单程四五里路，倒也自在。母亲给我买了一顶精致的人斗笠，用竹子劈开细丝编织而成，不仅能遮阳而且防雨。我每天就背着这个大斗笠往返于学校和家中，也就告别了宿舍床上的臭虫。

因为我当班长的失职，级任老师赵光浩以我走读为由，宣布免去我的班长职务，改由万先俊继任。万先俊是个品学兼优、行事稳重的好班长，我无甚官瘾，免就免掉。这是我一生第一次被免去职务，是我一生中的辞职史、免职史、降职史、撤职史的开端，有点尴尬，但却无大不豫之感。

没两天，我就因为犯下违反我当班长时订的规章制度而作法自毙。当时我宣布，上课偷看小说者按原价加倍罚款。当时偷看书的罚款一般是原书标价的二倍。那时我正借来厚厚的《福尔摩斯探案全集》，程小青译。它的诱惑力实在太大，我忍不住在上课时偷着翻阅一下，不料被同学发觉检举，只好自认倒霉，老实缴纳罚款五元。那时，我正好带一个月的伙食费八元，只好乖乖纳上充当班费。余下的钱趁早上上学前先去公路旁的小馆吃了一盘焦脆的炒面，正好2元，于是打那一天就不再吃午饭了，忍饿了半个月，后来母亲发觉没有责备，拿钱替我补交饭费了事。

厚本的《福尔摩斯探案》之外，我还看了笔名平江不肖生作的《江湖奇侠传》。那真是我见到的第一部精彩的武侠小说。从平江浏阳两县的赵家坪械斗起，到张文祥刺马，到最后正邪剑仙擂台决斗。我认为其间武艺道行最高的是金罗汉吕宣良，孙癞子和笑道人也不错，还有长沙岳麓山后蟒蛇洞的蛇妖害人传说，和湖南巡抚用计以毒箭射死它的故事，以及火烧红莲寺。听父亲说，那都成了湖南民间的传说，流传很广。

学校伙食由学生负责监督，每天各班轮流派一人随管理员厨工采买，二人到伙房监厨。我轮值过一次采买。早饭后，随管理员和一名厨工挑着担子进城买菜。我随着走了一圈，然后进了一家饭馆吃饭，按规定可吃一顿客饭。那天客饭是一盘肉丝炒蒜苗，米饭管饱，吃得很舒服，好像是一元二角一客。下午没有返校，路过中央医院看医院职工演出《雷雨》，舞台下人很拥挤，我站到一位护士肩后，直到看完回去耽误了下午的课，受到赵光浩老师的斥责。

我们那班童子军举行过一次露营活动，我在一旁看到他们如何支起帐篷，挖起排水沟，又如何分班站岗，入夜了，帐篷门口挂上一盏马灯，光影蒙蒙，似乎有人随时来偷营。我趁着夜色赶回家去。第二天一早上向同学问起，果然昨夜高班来偷营，因为大家警惕性高，未能得逞。

再就是班上男生和女生进行了一次小皮球足球赛，我是男生队的主力，男队员球技很差，又不能配合，而女生很奋勇，以致被攻入了几个球，无奈之中，我只好自己改任守门员，但球太小，很难掌握，仍旧继续丢球。这场比赛男生队大败，大丢其面子，而男女生同场赛球也令人匪夷所思。好些天以后，这场比赛仍在高年级同学中传为笑谈。

这年(1941)，秋天，中央社南岳办事处随着南岳行营的撤销也结束了，父亲从衡阳回到了贵阳，等候另行分配。先去贵阳分社帮忙，上夜班审稿。分社社长姓肖，不知是否与社长肖同兹有什么亲属关系。父亲说可能要分到宁夏分社去当主任，我未到过北方，怀疑那里可能比较苦，也比较冷。

最后终于定了去洛阳，那里是第一战区司令长官部的驻地，原有中央社洛阳办事处，可是特派员王少桐思想激进，出了点问题被撤，办事处升格为洛阳分社，父亲去当主任。到了暑假，父亲先走一步，等安顿好了我们再去。这时望着门外不远处的小河，原来不知其名，看了父亲带回来的地方志才知道叫富水，从耳锅寨西面山口流出直抵南明河，想到不久要到接近前线的洛阳去，不禁逸兴勃发，豪情满怀。套上杜甫的《闻官军收复河南河北》诗中两句，改头换面："即从富水奔黄水，便下黔阳向洛阳。"

1941年夏，结束了贵阳倒岩路的一切，登上长途客车，一家三口开始了奔赴洛阳的壮行。

我的十五所母校(选录二所)

常见报刊上有人写文回忆自己就读的母校。也常见报刊某某校几十周年校庆召唤校友返校聚会庆祝的广告,不免有点惭愧。我从小随同父母播迁各地,上过的学校不知凡几,哪里有母校。进而一想,那些上过的学校,哪怕只有不到个把月,那不也是我读过书的地方,也留在我的记忆之中,那不也就是我的母校吗。回想及此,列下一个单子,记下我读过就读时间长短不计,共有十五所,于是也凑兴写出我的十五所母校。

(1)1932年　南京鼓楼幼稚园

(2)1932—1934年　马来亚巴生中华女校

(3)1935年春季　南京三条巷小学一年级下期

(4)1935年春季　南京山西路小学一年级下期

(5)1935年秋季—1937年春季　南京鼓楼小学二年级下期至四年级上期

(6)1937年秋季　长沙楚怡小学四年级下期

(7)1937年秋季　长沙黄花市小学四年级复式班

(8)1938年春季—秋季　长沙沙坪县立第四高级小学五年级上学期至五年级下期

(9)1939年春季　贵阳正谊小学六年级上期

(10)1939年春季　贵阳尚节堂小学六年级上期

(11)1939年秋季—1941年春季　贵阳中央大学实验中学初中一年级
　　　　　　　　　　　　　　贵阳国立十四中初中一年级

这其实是同一所学校,不过改了名字。而我初入学因体弱多病,休学一年,读了两届初中一年级。

(12)1941 年秋季　洛阳私立明德中学初中二年级

(13)1942 年春季—1943 年春季　省立洛阳中学初中二、三年级

(14)1943 年秋季—1946 年春季　重庆私立南开中学高中三年直到毕业

(15)1940 年秋季—1947 年春季　北京大学先修班

1947 年秋季—1948 年秋季　北京大学史学系一、二年级

1948 年 1 月,随同学去了解放区,从此告别了学生生涯。

写成搁置,不料稿子前半部丢失(包括从幼稚园到南京鼓楼小学部分),后半部分又多与我写的"记忆中的城市"及与重庆南开中学杂忆以及忆北大诸文有重复,于是选择出未及的两篇——洛阳明德中学和省立洛阳中学,移录于下,以补空缺。

我的十五所母校之十二

洛阳私立明德中学　1941.9—1942.1

河南洛阳是战时河南临时省会,第一战区司令长官部和河南省政府、省党部都在这里。一条十字街纵横东南西北街而穿过,不能走汽车。有几家报纸,最有名的是《民国日报》《河南民报》。中学也有几所,知道的除了省立洛阳中学,还有明德、河洛、复旦三家初中。

我们家住在洛阳城西门内的西大街,城墙已经拆掉,明德中学在城南门内,原是文庙,有一个高台建筑魁星阁,上有楼阁,我们上不去,下门洞则是学生宿舍。校内廊殿俨然,大殿因敌机轰炸,屋顶被炸开一个洞,可见天空。殿内,瓦砾杂陈,很破烂,但其实未见破坏,足见结实。我们上课在一处阴暗的屋子里,这是初二上学期。学生大约有二十人,男女分开,女生多半是富家子女,早已订亲,获得一个初中学历即可出嫁了。我还记得一个女生叫梁文菊。至于男生我的一个好朋友叫赵永安,还有一个

彭高位，不过这位同学是十四中时还是明德中学时结识的呢，已经记不清了。

上课一如既往正常进行，只记得有一位女老师教地理，很凶，对堂下小有不轨的学生用粉笔头砸人，扔得很准，被砸的立刻老实，她不再呵斥。

由于进入抗战中期，物资供应匮乏，教科书有些用完从外地运来很困难，只记得我们的代数是土纸石印，用毛笔描出来，倒也清晰可用，但被代理商告状，说学校侵权，最后不了了之。至于英文课本也是如此，还有一些原印本中国历史，我在中大实中只学过半学期中国古代史，休学一年转学进了五年一贯制的实验班，初中一年级不设历史课，到了明德中学，历史课也是讲的近代史，即鸦片战争以后的历史。另外有公民课。这些教科书都是黄色土纸铅印，洛阳缺少钢笔墨水，同学做习题，抄英文单词都是用的毛笔，倒也整齐有致。

教室顶上又是一层楼，寄宿的同学都住在那里，地板上铺上被子，打的是地铺。是第一次感到为了防御敌机空袭地处黄土地带，地下水位很深的洛阳到处都挖了很深的防空洞，大约有三丈以上吧，很深很窄，斜着打进去，有的还开辟了一小块地方可以坐卧，有通风口。在我们家和学校里都有，我常常钻进去玩。1939年在南京见有一个模型半吨炸弹，那是对市民进行防空教育的。到"八·一三"上海抗战，日机空袭，我家门口修起了一个掩体，我称之土壕，在地面上挖了一道沟，两边堆起砖头和木棍，再堆上泥土，大约长有一二丈，有门出入，据说这不能防御炸弹直接命中，但可防御弹片。这种防空洞，尽管敌机轰炸几次，我们始终没有躲进去过，后来敌机来袭，但轰炸不太猛烈，我们家的办法是疏散到乡下去，长沙农村的防空壕没有见过，大概因为地下水位太高修不起来的缘故吧。后来跑到贵阳，经历了"二·四"大轰炸，繁华的大小马路炸成了一片焦土。我们住的刘家花园后边也修了一个防空壕，警报响了，躲在里面，敌机飞临上空，大家恐慌万分，女人哭、小孩叫，乱成一团，又有人来制止，说鬼子飞机上有听音器，可以循地上说话的声音投弹（后来据报载，飞机发动机噪音过大，地上说话根本不可能听见）。此后，下乡疏散，住在城郊，敌机空袭时，因为防空办法比较好，警报——计有预备警报——空袭警报——紧急警报——解除警报等数种，所以空袭警报一响，即可出城躲警报，多半是在山坡上。有防空洞的进防空洞，没有了也找地方躲起来。1940年夏，我在贵阳，敌机来炸，炸弹丢在十几米外的水田里，泥水溅起很高。那次母亲以身掩护我和弟弟在一棵大树下，吃惊不小。当时，重庆砚山挖了防空洞。1940年大轰炸，隧道不通空气，警报久不解除，卫兵不让出洞，以致窒息而死大批人，造成大惨案，警备司令刘峙因此解职。此后进行改造，才有改进。1940年，我在贵阳上十四中，教室旁有一天然溶洞，经过工人整修，成为防空洞，放警报时，同学停课即到那里去，等到敌机走后再返回。1942年后到重庆上高中。重庆防空设施更完善，敌机起飞挂气球，临近时多了几个，快进入重庆上空了，就放空袭警报。此时学生跑到二里路外山坡上的人防空洞边，敌机临空再进洞。我在高一时也跑过几次警报，跑到防空洞那边去等待，不过只见一架敌机在高空嗡嗡地叫，却不见投弹，它们轮流换位，让你不能解除警报，那叫疲劳轰炸。这次到洛阳，开始领略了在黄土层下深挖防空洞的滋味，那和重庆、贵阳的石洞一样，是不怕炸弹直接命中的，我们只是在那些防空洞里玩，又找到看书的地方，就看气孔的天光，感受着洞内的凉意。

有时同学和我常坐在防空洞口不深处聊天、讲故事和唱河南落子戏"蓝桥会"，"走一山又一山，山山不断，走一岭又一岭，岭岭相连……"。还有"鹊桥会"，大概是《庄子》中卫郎与贾玉珍相约桥下，山洪暴发，卫郎守信不渝，抱桥柱而死的故事，颇有趣味。再就是听他们讲一些一条公驴如何戏弄回门的小媳妇，两兄弟一善一恶，前者照顾了一个化为凡人的仙女，终于成了驸马，弟弟学哥哥一样也去干善事，遇到仙女，但没干好事，终于遭到恶报。还有就是讲洛阳为何现在如此穷困，都是因为南蛮子把洛阳藏的宝贝盗走，泄了地气的缘故。1942年春，进了洛阳中学，那天久不见踪影的敌机轰炸了东车站，一颗炸弹落到了我住房的两层阁上，把阁炸塌，连带着我们的二间住房也塌了一间，那是原父母的卧房。那天早上母亲起床上厕所，父亲有晚睡早起的习惯，那天早上换了一个地方到我和弟弟住的床上睡去了。炸弹下来，楼塌屋倒，他们都幸免于难。在这以前，我们同学吃睡在重庆的石头防空洞是渝式，洛阳的深防空洞是洛式，各有擅长，此后也不敢去了。

明德中学的记忆除了防空洞、教室之外，还有童子军的大检阅和演戏。考试来了，我和同学热议各种作弊的方法，其中之一是把小抄写在手上，究竟是手心还是手背，经过热烈讨论，认为最好的方法是在一个小纸本上打上小抄，用橡皮筋挡在手里，用时抽出来，在手心摊开偷看，老师检查，手一松，橡皮筋又连本子一同缩回到袖子里去了。议论虽然热闹，但却从没有实行过，考试时还是各自答的，所谓有贼心没贼胆也。

到了明德中学的第一印象是童子军。

与中大实中的童子军不同，明德中学的童子军不再是老资格的第2团，而是一千零几十几团，说明它建立很晚，制服也是绿色，领带也是蓝色，只叠成背上一个三角，而非为中大实中的有盾形徽章，也没有领带箍，只是打一个结，更没有什么肩章肩带，比较朴素。由于我们到学校参观时带上了一顶呢船形帽，穿了一件很短的呢大衣，下边的同学窃窃私议，那是来参观的英国童子军。

童子军没有任何课程和训练，军棍也有，用于在大门口站岗，其他的除了制服以外，就没有什么装备和活动了。

但是一入学，立刻就开始了紧张的训练，准备参加一年一度各校盛大的检阅，那是规模巨大而隆重的检阅，由第一战区司令长官及省政府要员亲临，同学们津津乐道，当时的一战区司令长官卫立煌骑着大马，戴着白手套敬礼，检阅部众的雄姿。

各个学校自然争奇斗胜，别出心裁参加这一场盛大的表演。

同学们对省立洛阳中学又羡又妒，因为他们出动了自行车队，担架队是其他中学无法企及的，明德中学也有奇招，那就是旗语操。

每人新发两方蓝白三角相间的方形旗子，绑在木棍上，用1～10的电报明码发送，一共4个字，是一句通行的口号。每天下午课后集中训练，老师、学生整队在下边挥动旗子发送讯号，那是很严格也很辛苦的。百十来人要听一声口令，一齐高呼口号，挥动旗子，口号声调响亮雄壮，挥旗动作整齐划一，那还是需要反复训练整合的。

辛苦了一个多月，检阅时间到了，那天下午，队伍整齐地走出校门，经过南大街、西大街，自西出西门过西关走向文庙，大约七八里路到了西工大操场列队。

西工是个大兵营，据说是当年吴佩孚练兵的地方，修有一区宽一排排宽长的营房，操场也很宽敞，大约能容几万人。明德中学整队在操场的一角，静静地等候。不久，开始奏乐，讲话，然后检阅。先是检阅式，果然卫立煌骑着大马巡视队伍，雪白的手套时而举起时而放下，向整齐的队列巡视，各列队伍带队的先高呼立正，队前的直立的校旗斜向前成45°角，敬礼，队列人头向右摆，对长官行注目礼，随长官的行进徐徐转动头部，直到长官走出视线，高呼礼毕，校旗回复直立，人们也开始平视才罢。只听见队伍中"敬礼""礼毕"的口令声此伏彼起，不绝于耳，队前又未久，听到"稍息"，才把右脚前伸，以一只左脚支持身体重量，以作稍事休息。

检阅式完了，长官们回到检阅台，又开始了分列式。此时乐声大作，一列列队伍齐步走过检阅台，一近检阅台，改为正步走，旗子垂下，又向右行注目礼，直到走过检阅台，才喊齐步走。

我们是童子军，手持军棍，扛在肩上像枪一样，正步走像扛步枪一样，右手托枪，左手左肩下搭在棍子上，敬礼而过，气势雄壮，心情也颇为壮烈。可是折腾了半天，走过检阅台时已经是晚上了，又疲又饿，走到还有七八里回程的路上已经不成队伍，军棍搭在肩上随意乱放，真像一群饥民或散兵。

天又黑，军队检阅没有看见，也不见洛阳中学的自行车队，担架队更是没有踪影。

一年以后，我转学到了省立洛中，再一次参加了双十节检阅，那时，卫立煌已调云南当远征军总司令，继任的是蒋鼎文，检阅照旧，时间也挨到晚上。不过，已不像头年那么认真和紧张了。在目光下，自行车队三人一行，骑过检阅台，无所谓敬礼和注目礼，只求保持队形不乱，只要有人不掉下来就行了。

另外一次经历是演剧。这年班上排演话剧，大概是一部宣扬抗战的剧。这时有一个角色，是一个汉奸的太太，一心爱国，终于与男人决裂。当时班上有几个女生，但男女界限很严，没法出演，于是男生商定由我男扮女装出演此角。到了那一天，女生们十分热心从家里带来假发、胭脂、水粉、高跟鞋，还有短袖旗袍，一齐把我装扮起来。戏上演了，我没有几句台词，大约二十分钟即结束。我一扭一扭地走下权充舞台的大殿月台，没走几步，脱下高跟鞋，摘下假发，快步小跑回去。戏台幕布下边没有间隔，观众（学生）看到我的表现，而且男扮女装，于是哄堂大笑，我也羞得不知如何是好。好在回去以后，同学也没有再取笑，算是过了关。

1942 年末，我又由于调皮被训导老师当场打了一拳，父母大怒，当面理论，校长提出赔礼道歉，吃一顿饭，被父母拒绝，我于是于那学期寒假以后转学到了省立洛阳中学。

我的十五所母校之十三

河南省立洛阳中学

省立洛阳中学在洛阳算得上是一所名校，初高中一应俱全，其在中学中的威信与地位远不能同城里的那些初中如复旦、河洛、明德等能望其项背，与同学中盛传的在西平落脚的省立一中（原开封高中）可以媲美齐名。

洛阳中学原址在洛阳北关外的一座三层楼房中，那里被第一战区司令部政治部占用，搬到了西工西南角的一座大营房里。那三层楼原址我去看过，后来解放战争中人民解放军攻打洛阳时是国民党军的最后据点，青年军师长邱行湘被俘的所在。我复员路过洛阳，也去看过，只见空地上光秃秃地耸起一栋楼房，还算整齐。

洛阳中学新校舍很宽大，两排营房，进了大门，就是一条大道，营房两侧分立，校内外最南面是一个大操场，校内最北面是检阅台，其形状大体如下图。

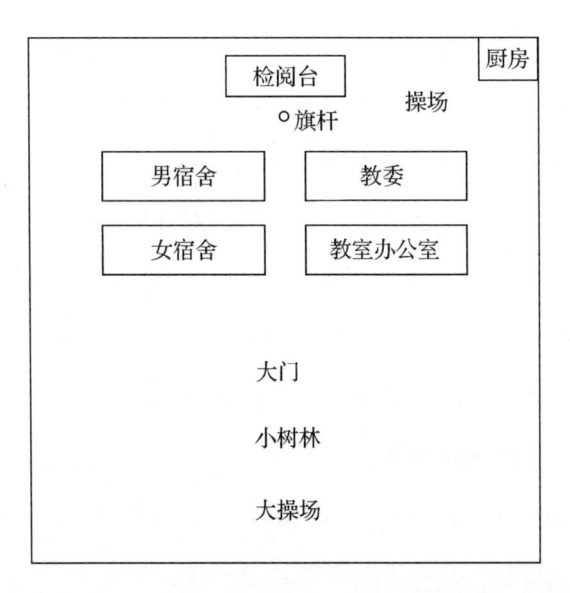

```
┌─────────────────────────────┐
│              ┌─────┐    厨房 │
│              │检阅台│         │
│              └─────┘         │
│               ○旗杆  操场    │
│                              │
│        ┌──────┐  ┌──────┐   │
│        │男宿舍│  │ 教委 │   │
│        └──────┘  └──────┘   │
│                              │
│        ┌──────┐  ┌────────┐ │
│        │女宿舍│  │教室办公室│ │
│        └──────┘  └────────┘ │
│                              │
│               大门           │
│                              │
│              小树林          │
│                              │
│              大操场          │
└─────────────────────────────┘
```

　　广场上大概可以容下一个团的兵力。学生一律住宿，在宿舍的两头打起地铺，挤着睡。河南人的习惯是冬天脱光衣服睡觉，要将被窝下部扎紧以免散开漏风，再用地上砌的炉火烧热一块砖放在被里取暖。睡觉光身我不敢，也无此习惯，但放一块烧热的砖在被窝里取暖倒是很有用处。以后在上海，我用类似办法将大可乐瓶子倒上开水同样使用，大得广东人冯明燧的赞赏。

　　学生宿舍，一般是从乡下家里带一袋馒头，是一个星期的量，到厨房入伙，啃干馒头，吃河南人习惯喝的面汤，就一点菜。我亲眼见到学生为因包伙人贪污而起哄，打跑了厨师。学生高中制服是军服，初中是童子军服，一律土布染成土黄色，冬天穿上薄棉袄，军服马裤，市帽是中式，有好些女生后面裤子上斑驳的土黄色染料，因为尿液而褪成黄白色，成为男生的笑谑话之一。

学校每天早上和傍晚要升降旗，在检阅台下集合唱歌，共四首词歌连同训示，是河南省教育厅长鲁荡平写的，每个学生都要唱和背诵。如中国面积有多大，答云一千一百十七万平方公里；人口有多少，答云四万万五千万；有几个省，答云二十八省二地方；河南省政府主席是谁，答云李培基；河南省政府四个厅长，答云民政厅长方沉，财政厅长某某某，建设厅长张广，教育厅长鲁荡平。还有国民守则：忠勇为爱国之本，孝顺为齐家之本，仁爱为接物之本，信义为立业之本，一直到最后，一共十二条，每天早晚都要背诵。这好像抄袭军阀冯玉祥教育士兵的法子，多年后看宋人笔记，宋室南渡，白天晚上禁军传呼口号，有谁把守宫门，答云高俅太尉，这同水浒传的高太尉是一个人，印象深刻。训示完了，还要唱歌，早上早操有歌，晚上降旗有歌，词和曲都是教育厅长鲁荡平编的。鲁荡平号称教育家，抗战前在北平当民国大学校长，此时出掌一省学政，又是大大施展其理念与才华，只记得降旗歌云：夕阳西下，今天又过去了，把我们的一天从头上来检讨……云云，下边的记不得了，曲调还能哼下来，只觉得比那些抗日歌曲一点也不美，像老和尚念经一样。

洛阳中学是很重视音乐教育的，老师在女生宿舍的一个音乐教室里教大家唱歌，有英文歌：

My Bonnie is over the ocean. My Bonnie is over the see my.

My Bonnie is over the ocean. How bring back my Bonnie to me. Bring back bring back Oh bying my Bonnie to me.

有韦伯的猎人大合唱。

有朝鲜义勇队的歌，阿里郎：

不怕那阿里郎，阿里郎艰难，翻过那阿里郎阿里郎山冈……

有中国抗战歌曲"八百壮士"：

中国不会亡，中国不会亡，你看那民族英雄谢团长，

中国不会亡，中国不会亡，你看那八百壮士孤军坚守东战场。

还有中华颂：

那明月夜间大海的涛声，那烟沙飞处大漠的驼铃，

车飞绣出了江南的烟花，夕阳托出了昆仑的剪影。

啊——中华　……伟大——辉煌

当时感到曲调歌词壮美，过了几年，才知道那是郑律成和光未然的《延安颂》，被国民党改写了。

教室可能经过改造，变得短了一点，两边开窗，光线非常充足。老师记得有三位，一位是桂涛声，云南人，讲国文，他讲一口细而软的云南官话，他上课的内容记不清了，只知道他是脍炙人口的抗战歌曲"八百壮士"和"太行山上"的作者，自然属于文化人之列。有一次同学们在课堂上怂恿他讲恋爱史，他不无羞涩地讲了半堂课，原来他在昆明和一个女子恋爱，为了抗婚，逃了出来，到上海去。当晚两人同住一个旅店，只一张床，那女子问他怎么办，他当然就同床了。我们问他到上海以后呢，他说终于吹了，我们也不好多问，就此打住。

另一位是个女老师，彭媛华，教世界史，湖南人，一问原来是跟母亲是长沙女子师范的先后同学。她讲课口齿很清楚，现在还记得她讲的戴克里先大帝、居士坦丁大帝、塞尔柱突厥奥托（奥斯）曼帝国、十字军东征、玫瑰战争、三十年战争、七年战争等，后来听母亲说她丈夫是国民党的一个师长，因为有共产党嫌疑，被抓了起来。她在洛中教书带了一个女儿靖小玉，我离校去重庆上高中，母亲让弟弟去她那里吃一顿中饭，据说弟弟跟靖小玉颇有发展的意思，新中国成立后，知她是地下党，真名为彭文。新中国成立后，当过师大女附中校长和中央教育部初教司司长，有人提起我（那时在北京教育局），她还能记起，可我一贯"三畏"（畏天命，畏大人，畏圣人之言），出于畏大人的思想，没有去找过她，只是在文史资料上看到靖治国回忆文字，想来那就是她的丈夫吧。此后即音信全无了。

另一位是英文老师，那是一个老年外国修女，替她教我们课的是她的养女，脸色灰暗瘦弱，不苟言笑。教我们英语语法用表解法，当时一下子就会，后来没有用过，也就忘了。看起来很简单，主词、谓语、宾语、形

容词、动词等，许多都忘掉了，只记得她讲的一节课文是，有一个农场主很吝啬，有位邻居托人告诉他，他的奶牛病了，挤不出奶来了，他遍查无果，最后发现是他的提水机头上被人塞上一块土豆，打不出水来了。还有一课新词是 Locomotive Association，前一词是火车头，后一词是什么意思也不记得了，大概是联合的意思。

还有一位训导主任，他讲公民课，讲三民主义，讲到人民权利，有选举、罢免、创制、复决四类，还让我们在课堂上试验。他课堂上还讲过当年北平有个理发师，你往椅子上一坐，他一端详，立刻就体会出你需要什么样的发式，一句话不说，理出来果然令你满意。

至于校长姓王，是个胖子，一口河北话，做派威严，四十年后我再访洛阳，问起他来，说是已经去了美国。

跟一些同学很好，记得的还有：王鑫堂，郭文灿，郭强等。

郭文灿是到初三时认识的，初中毕业，邀他一起去重庆考学，一路过去到重庆，我们报考重庆南开中学和市中，我都录取了，他没有取上，即上了重庆以外北碚的兼善中学，高中毕业又约他一起回来。我没等到他来就和同学潘道扬一起走了，到北京听同学吴曾琪说他晚来了几天，在吴那里住了几天，他的思想很进步，此后杳无音讯，新中国成立以后，在报刊上看到他用本名在河南文联工作，始终没有联系，"文化大革命"以后音讯杳然了。

王鑫堂，交往甚多，自我走后没有音讯，1946年到开封去看他，他已娶妻做买卖，俨然一个少东家了，他还是稚嫩，是个"菜鸟"。

郭强，1943年上学期，有两个同学转到我们班上，上海来的，一个是郭强，另一个姓曾，而忘其名。郭强个子小而弱，说话粘而低声，有点女声女气，跟我不错。那年夏天放假，他告诉我姓曾的同学急病死了，我们去到北城外老洛中教室附近，一片荒地上一座新坟，小土堆子，没有碑，连木牌也没一个，不禁有些凄惨。不久，我离开洛阳去重庆上高中，他来一封信告诉我作文比赛"中日之争有感"得了第一，还寄来一张报纸，上有我的征文——中国命运决定于教育。我没有回信，以后也就断了联系。郭强和曾××都是因其父在一战区政治部做事的长辈而入学的。

王光益，父亲是邮局职员，原先跟我不错，但不久一战区政治部主任张雪中的侄子张天锡、张天铎等好几个入了学，那是一派贵族大少爷派头，几个人独自住了一大间卧室，虽然也是地铺，但有勤务兵侍候三餐，专门做饭，还替他们修理名牌英国三枪牌自行车，他们在学校横行霸道，一副衙内像，动不动就不上课，同学们都侧目而视，敬而远之。只有王光益傍上了大款，鞍前马后到处侍候，自己也愿到他们那层宿舍那里去白吃白住，我同他们没有来往，对王光益也不再搭理，他也不再搭理我了。此时同学们传出他们在青春期的"绯闻"，王光益也在其列，而且是受侮辱的，我心里不耻，离开学校以后再无音信。

徐祖瑗，国民党安徽省党部书记长徐逸樵的儿子，1943年春转学来此，和我还不错，没多久闹翻了，原因是他的自行车上一个手持打气筒嘴子被我弄坏了，我表示可以找人焊上，当日去找到单位的工人给焊上，他没有办法，只好用蜡粘上，还回去。气筒嘴子又断了，他大怒，认为我骗他，拿起气筒向我打过来，没打着，他哭着被人拉走了。从此二人交恶，不再说话。1946抗战胜利那年，暑假我去汉中回家，他也从洛阳跑到陕西，去城固的西北联大附中上学，其父亲在李宗仁的汉中行营，有一天他到汉中时来看过我。一面之后，再也没有来往了。

上学那两年，很醉心于自行车，1942年国庆阅兵，用了公家的自行车去参加了照例每年一次的国庆检阅，以后也常骑着车玩和出入学校。那时的自行车以英国的三枪牌、日本的铁锚牌、菊花牌最出名，都让我很醉心，也学会蹩车，还对当时有些流氓把原后车轴加长加大，蹩车时插入对方车轮毂内以捣乱一些不耻。

我见过自行车带有"蹩轴"，也不会"蹩车"定车，记得有见到有人车损伤的事，多年以后，看到电影"宾虚"，那是讲赛马车时用长轴拉坏对方轮子的场面，才知道那一种高度技巧的残酷行为。

有一件事，记忆犹新，那是在晚上自习的时候，同学溜到到大门外，在门边的一小摊上买吃食，那天月色正明，小摊点的电石灯一片惨白，也有一股怪味（这种电石灯第一次是在贵阳晚间上街就见到了），不料一时仓皇，起来一歪，手按在一个小摊的玻璃上，把它压碎了，他叫唤那是"广玻璃"，很贵的。我答应以后赔他，可以后再也不大出去了，也故意不找那个小贩，熟料有一天碰上他，他认出了我，抓住我的衣服要我赔"广玻璃"，我只是不认账，慌乱之中一溜烟跑了，引起他在背后叫骂和同学们的一阵讪笑。

再有一个早上，早自习的同学乱哄哄地朝外跑，说是大门外高压线电死了一个大兵，我随人流跑了出去，把守大门的童子军也不阻拦，一起跑到大门外的小树林处，那夜大雨初停，路上到处积水，只见一个士兵直挺挺地倒在路上，穿着军服，旁边一筐菜还有一把雨伞，据说他是买菜回来，在路上见到折断的电线，用伞去挑，才电死的。那裤子高起一块，同学讲那是电击后引起的生殖器撅起，一些女同学也在一旁看，我看了一会走了，路上听到那些同学对女生的议论，颇觉不好意思。

1943年，初中毕业了，我奉父母之命去重庆上学，结伴的有同学郭文灿，那年我的年龄正是十四岁八个月，我就独自一个人去闯世界了。

这以后的回忆，见于"南开杂忆"。

我的读书生活

读书七瘤癖——我的读书生活之一　序

生平酷爱读书，不论何时何地，也不分什么场合，什么都要看，什么都想看，形成了一种瘤癖。现在年老体衰，头昏眼花，效率减退，无复当年的气概。但是仍不时追忆当年的劲头和心气，不时回味这些记忆，有甜有苦，有酸有辣。归纳起来，当年的瘤癖一共有七项。

第一是乱看。有书就读，拿起来就看，没有书就四处找来乱看。硬面精装的大部头书，端起来就翻。片纸只字不论是医药广告、戏院海报，掉在地上拣起来也看。吃饭时看书、看报，睡觉时看小说看笔记看棋谱，借以催眠。"文化大革命"之初，造反派勒令把家藏"反毛泽东思想"的书交出来，被迫交出几乎全部的书，大概有几百本吧。这下好了，孙猴子没有金箍棒弄了。好在天无绝人之路，终于从三个途径找到看书的机会。

第一个途径是到街上或其他单位去看大字报。其时正好各单位大打派仗，大字报提供了大量信息，不单是批判漫骂，而是揭露了不少"叛徒特务内奸工贼走资派"反党反社会主义的反革命活动的秘辛。二分一张的街头小报到1967年时高潮已过，可看性不大了。听说美国人在香港收集"文化大革命"小报，50美元一张，不禁有些羡慕。可惜国人收藏者寥寥，今天再也找不到一度如火如荼的"文化大革命"小报的尊容了。

第二个途径是邻居孩子在中学图书馆那里造反抄来大批封资修的黑书。这里有大量小说，记得有《静静的顿河》四册，还有其他一些世界名著的中译本，看完老实归还，再辗转几手，大概全都"迷失"了。

第三个途径是"文化大革命"开始,学校停课,图书馆也停止开放。到了1967年夏天,大字报宣布,中央"文化大革命"小组组员戚本禹指示,图书馆仍可开放。听到消息立刻跑去。这时,社会科学的书不开放,开放的是技术科学和自然科学的书。我凭着一张"文化大革命"时尚未作废的借书证可以借阅这方面的书。于是看了达尔文的经典巨著《物种起源和人种起源》和李约瑟的《中国科学技术史》第一卷到第五卷(当时尚无中译本),以及一些其他的书。还有一些英文和日文的航空杂志,那是属于技术科学类的,不能出借,但可在馆内阅览。我也翻看了一些。还记得有介绍飞得最快的美国高空侦察机RS—71黑鸟,还有一些航空展览会的倾转旋翼机试验型(美国V22鱼鹰机前身)。同时,我们学校的图书馆也援例开放了,不知为什么只限借阅英文书,于是趁机借来《基督山伯爵》和《福尔摩斯探案全集》,每天读一点,讲给女儿和邻居的孩子听,每天一段,他们听得津津有味,老缠着我快看。经过几个月终于也有讲完的一天,这时也到了1967年冬天,北京图书馆两派武斗不可开交,于是宣布军管,不论是北京图书馆还是学校图书馆又循例关闭了,我看书的享受也就结束了。从1967年初到劳改队解散,再到1968年夏天清理阶级队伍集中审查,我有一年半靠边站的闲暇时间,在这段时间里,粗略计算了一下,一共读了600本左右的书,其中有一半即300部是小说,可惜当时心情紧张,惴惴于不知何时被揪斗,留存在记忆里的痕迹已经很少很少了。

在这一通乱看之中,我也四处弄书以慰饥渴。新华书店除了最高指示和"文化大革命"小册子外,所有的书都下架不卖了,只有卖旧书的中国书店有两家还开着,但也只有理工科的书籍了。那时在这家书店里买过一本《黄酒酿造法》,站着翻看了一本《烟草栽培学》,还买了一小本科普读物《蛇》,都记得仔细看了,但是书名记住了,黄酒是怎样酿造出来的、烟草怎么栽培法始终没有弄清楚。

在劳改队里劳改时,原膳食科长是我们牛鬼蛇神的小组长,劳动休息时,到他屋里抽烟喝茶,案头摆了几本食谱,也拿过来翻看;记得广东菜谱里的"顶上汤",是要用20只老母鸡,20斤火腿,加20斤水,用文火过一夜熬出来的。至于"上上汤",则老母鸡火腿数量各减半,七折八扣的还有"上汤"。我虽未拍案表示惊奇,从此对各种食谱有了兴趣,未实地做过菜,但常以此作为谈资,不料,一度在一小撮朋友里得了一个"美食家"的称号。"文化大革命"以后,被推荐为文化大辞典膳食篇的撰稿人,来人说,推荐者的原话是"某人不但会吃而是懂吃",编此书既责无旁贷也将胜任愉快云云,我听后愕然,只好逊辞推谢了。

第二是抢看。上中学的时候,只要看到同学拿到一本有意思的书(多半是小说),就要一把抢过去看,不免时而引起争执,也不免涎皮赖脸地终于达成协议,或者先睹为快,剋时归还,或者挤进去看一段时间再还回去。一般是看一夜,第二天一早还书。这时就不再上床睡觉,精神抖擞,斗志昂扬,或者倚在路灯下看,或者蹲在厕所里看,总之是夜深人静,灯光暗淡,正是抢看书的大好时光。往往到了后半夜,天还没亮书就看完了。第二天一早还书,正好两便。记得抢来看的书里有一本是头尾都撕掉了,书名作者全不知晓,看来是一个外国记者对抗战前的旧上海的采访记,那里记了上海的黄包车和银锭的浇注,以后一直再找没有找着,直到20世纪70年代末,"文化大革命"胜利结束,才从黄钢同志那里知道那是德国名记者吉希写的中国采访记——《无声的中国》(这书似乎又重印刷了,但始终没有看到)。

第三是偷看。抢到一本书就背着人看,唯恐被抓,总要找一个人少的阴暗角落或者黄昏时刻,别人不注意我的时候。以致才小学四年级就成了近视眼。初中三年级开始配眼镜,即过500度。此后又换了多次眼镜,度数越来越深,视力越来越衰退,看书尤其是小字模糊,正像刘禹锡咏婆罗门眼医的诗,所描写的眼病甚者那样,"三秋伤望远,终日泣途穷","看朱渐成碧,羞日不禁风"(《赠眼医婆罗门僧》)。再一个偷看的场合是在课堂上,课桌上面摊开一本课本或者练习本,压着偷偷翻看,有时就放在膝上。这种情况不断被老师和同学查获。一次按班规罚款书价的两倍共5元上缴了，结果那月搭伙一顿中饭的伙食钱没了，只好中午饿一顿，一直挨了一个月。后来偷看还发展到一心二用，上课之时，一边听讲记笔记，一边看一本书，检查起来，对听讲记笔记并无影响。以致有一次听报告时如此做被人递了条子揭发，受到主讲者不点名的批评，心里不服，心想拿你记的笔记跟我记的笔记对一对，看谁记得完整清楚。可惜经过"文化大革命"的冲击，思想混乱，无所适从，注意力不再集中，记忆能力衰退，那种一心二用、一石二鸟、一举两得的美好时光已经一去不复返了。

第四是快看。由于乱看抢看和偷看，免不了就要快看，拼命地赶时间。在中学里念书时，到了星期天，带上两个烧饼，跑到街上书店里站着看书，一直到快天黑灯亮了才回来吃晚饭。看书速度之快让见到的人惊讶，一天下来，粗略计算一气看了5本翻译小说，以页码计，平均1小时200页，而且这是从头到尾看的，风景描写和心理分析也不放过，故事倒记得，心得如何就不敢说了。应该说，是囫囵吞枣，贪多嚼不烂吧，以至同学正在看一本好书，嫌他速度太慢，中途商借一个晚上，次晨归还，再让他接着慢慢看下去，而我又去搜寻新的猎物去了。后来，学了专业，查书查材料，看起来逐页翻下去，不断上下（或左右）摆头检索。见到有关的辞字，就搜寻出来，虽然达不到一目十行，那效率也不低，民警破案有所谓的地毯式的"排查"，我这种找材料的做法，也可以称作排查吧。现在的电脑查材料拟可用全文检索，应当效率高多了。

第五反复看。遇到一本有兴趣的书，当它长久落到自己手头的时候，总是不厌其烦地来回看，仔细品味。这样的书有过好多部。最早的是一本《德国间谍》，我对其中的密码编制法特别有兴趣，也为自己试过编制密码，遭到老师的斥责。这样看过多次的书。还有史蒂文生的《宝岛》，《红楼梦》《水浒传》。大仲马的《侠隐记》看了不下十遍，经过几年再看，有种"温故知新"之效，至今人物活动对话仍然历历在目。然而有些却是非自觉的，"文化大革命"中在"牛棚"把毛泽东选集一到四卷从头到尾读了四至五遍，那是因为受审查无书可读，用来排解寂寞吧。但因心神不属，才不过不到30年有些篇章已经忘光了，反倒不如60年前的《侠隐记》印象深刻记得清楚，那是可以向孩子们讲述的。目前很多书成了过眼烟云，随看随忘。这也算是一种悲哀吧。

　　第六不求甚解。也因为是乱看、快看、偷看、抢看，缺乏耐性，浅尝辄止，也就不大去领会书中的微言大义了。其结果就像漏雨的屋顶一样，淅淅沥沥，片言只字，一鳞半爪，好些有价值的思想都渗漏掉了。认为有些书很好，决心看下去，但是却没有耐心看完，至多看看序言后记目录引文出处，就算拉倒，倒也是可资谈助的。现在讲究国学，要求少年人读经，我却是连论语孟子都没念完过，所知古文古诗只有中学课本上所教的那些。有人说学史至少应读完前四史，我一史也没有读完过，人说要读黑格尔，我只是读了几本书的序言，最大的失败是"文化大革命"中间劳改队解散，枯坐在家里，可读的书很少，下了决心通读马恩全集，好在此书并未打上反"毛泽东思想"的印记，未曾上缴。我硬着头皮一本一本地看下去，当时已是待决的牛鬼蛇神，害怕造反派抄家时抓到什么罪证，所以有意自我思想禁锢，不去思考，读马恩全集不敢记笔记，不敢写眉批，甚至不敢用笔画道道，从第一卷读到第二十卷，书上还是白板，连折痕也不见一个。读了些什么已经全记不得，唯独记得恩格斯写的步枪史，于当时的步枪虽是滑膛枪，但枪管和子弹竟有方形和六角形，真可说大开眼界，至今不忘。

　　第七纸上谈兵。由于快看、乱看、偷看、抢看。书倒是读了不少，对有些方面也有兴趣，积累了一些知识，遇到同好臭味相投，总要借机大谈特谈。被一些同学喻为上知天文下知地理，无所不包，无所不能。小时爱看兵器、打仗一类的军事书籍，对飞机大炮军舰有浓厚的兴趣。自己从来没有当过兵打过仗，也没看过什么飞机大炮，中学遇到一位海军同好，在宿舍储藏室里纸上谈兵，大讲什么16英寸大炮，什么3.5万吨级战舰，他一句我一句，津津乐道兴味盎然。那时又对天文学有了兴趣，谈起星座历历如数家珍，什么红巨星、白矮星，也令同学认为天文学造诣真是莫测高深。其实那时只是读了一些通俗天文学书籍，所知道的也只是20世纪二三十年代所达到的天文学水平。今天天文学的发展已到了极高的境界,什么大爆炸理论,什么黑洞,简直不可思议,再翻看早年的那些科普读物,已是恍如隔世了。但因为看得多了,又不知检点,把半瓶醋拿出来随手展示,居然也引起了一些人的称赞,认为学问大知识面宽,乃至莫测高深,得过"杂家""美食家""军事家"等美称,有的朋友甚至怀疑我有什么"特殊身份",否则为什么谈起那些情报间谍活动来历历如数家珍。其实我有自知之明,那些东西不过是些一堆乱糟糟的知识,简直可以说是个知识废纸篓子,顶多像如宋人笔记说的那样是个"两脚书橱"罢了。

读书七十多年,回首往事,记忆多数磨平、淡化、消失,现在记下来,只好称作痼癖,年老体衰,脑力衰退,作一点记录,以备遗忘。当年读了什么书,只凭记忆,没有精力再查了,也有很多书已经找不到了,有的也已是吉光片羽,断烂朝报,就这么记下来吧,聊以自慰的是,我这也是纪实,不过非事实之实,而是记忆之实,若非如此,恐怕也难以再享受回味一番年轻时苦读的乐趣和酣畅吧。

《各国海军报告书》——我的读书生活之二

我什么时候开始读书识字,已经记不得了。父母都是知识分子,父亲编报,教中学也教大学。母亲女子师范毕业,教小学和当小学校长。他们鼓励我看书,但从不引导我或限制我看书。我喜欢在黄昏时找一个角落在朦胧的天光下看喜爱的书,他们累累劝说无效,只好听之任之。我因此也就患了近视。

1932年,母亲去马来西亚巴生任华侨小学——中华女校校长。我和弟弟无人照顾,也随班听课。那时大概也识得几个字了吧,下课后坐在对街小店檐下与玩伴一起翻看一本描绘"一·二八"淞沪抗日的连环画册。双方空战,飞机下都挂着绳梯,士兵攀在梯上向对方开枪,口吐人言,互相嘲骂。

1934年,父亲到越南当《安南民报》经理。母亲辞去教职携我和弟弟去与父亲会合，住在西贡对河的华人城市堤岸。家里地板上堆着成摞的《安南民报》，只记得报头题字是孙中山。楼上有几份新出的良友画报，印象深刻的是一幅十六开彩色大漫画，画一条大鱼拿手枪威吓一条小鱼——"要钱要命?!"我和弟弟嘴里不断叨念"要钱要命"，成了口头禅。20世纪50年代中，筹建学校图书馆，旧书店伙计送来老旧的良友画报，那幅漫画赫然在焉，真有"他乡遇故知"之感。

1935年初，父母先后回国。夏天考入了号称难考的南京鼓楼小学，跳了一级，从一年级下学期跳到二年级下学期，到也没有什么不适应之处。

父母租了南京中山北路西侧的马家街4号的一幢洋式小楼东侧的两间小房，一卧室，一客厅，大房七八平方米，小房五六平方米，还有一个小阳台，也就是三四平方米吧。在幼童眼中，那是很宽敞的了。我们就是在那两间小房里恣意活动，构建自己的小天地。

父母屋里有一架书，我随时拿下来看。好在那时识字不多，头脑是一片白地，看了什么就是什么，看一点就跳过去，多半不懂。这样我看书从儿童读物一下蹿高跳到成人书籍，养成了随手乱看和囫囵吞枣不求甚解的毛病。

记得第一本看过的书，是国民党的历史。开始时讲孙中山的家世，和他前后发动十次起义的经过，屡仆屡起，百折不挠，终因时机不成熟或弹饷不济而失败。最惨烈的一次是1911年3月29日的黄花岗起义，牺牲了七十二位烈士，起义的指挥黄兴拇指也被打断了。最后到了武昌湖北新军辛亥革命，各省响应，建立民国。但革命尚未成功，随之而来的又是袁世凯独裁称帝，二次革命，肇和号军舰起义，湖口之战，护国之役，其后是张勋复辟，军阀混战，孙中山多次北伐不成，改组国民党，建立黄埔军校，逝世，再次北伐，清党，宁汉分裂，龙潭之役，宁汉合流，第二期北伐，济南惨案，东北易帜，全国终于统一了。一本篇幅不大的小册子，讲得清清楚楚。又看了孙中山的建国方略，用大蓝圈图示北方大港、东方大港和南方大港，以及林林总总的二等港、三等港、渔港，大大小小的蓝色圈点布满了中国海岸。还有铁路建设计划，以各种线条显示，有直线、虚线、十字线、点线等，其中有南北直通外蒙库伦和西南横贯西藏印度的两条铁路线，心想，这么大的计划，能做得到吗，修得起来么。

再有一本是三民主义，是孙中山在广西一次连续讲演的记录，只是记住了民族主义、民权主义、民生主义三个词。记得孙中山演讲自称"兄弟"，又说中国不像欧美，没有贫富问题，而只有"大贫""小贫"，又批评中国人不讲卫生，不守秩序，一盘散沙。其他印象多数模糊了。

这就是我在幼年时候所受到的政治教育了，这里面包括了国民党的党化教育，不能说它是没有成绩的。

那时，国民党报纸正在宣传德意法西斯，我翻看了一本《墨索里尼自传》，讲他怎么建立法西斯党，在米兰办报纸，同左派工人政党冲突，甚至办公桌上放了一支手枪。最后他率众乘上火车从米兰进军罗马，取得政权，成了独裁者。我甚为感动，宣称自己要做"中国的墨索里尼"，受到父母亲善意的讪笑。还有希特勒，他常去酒馆发表演说，组织了一次失败的暴动。同他的老上司鲁登道夫将军一起上街冲锋，被抓获，关在牢里写了一本自传《我的奋斗》，最后取得了政权。

大概到了1936年，在书架顶上发现了一本《各国海军报告书》，杨杰将军出国考察海军后，回来编的，道林纸精装一厚册，有许多照片，我兴致勃勃地翻看。首先是华盛顿和伦敦会议裁减海军军备，限制五大国海军，英美日法意的军舰吨位为 5∶5∶3∶1.75∶1.75，主力舰（现称战列舰）吨位限3.5万吨，主炮口径限16英寸；重巡洋舰吨位限1万吨，主炮口径8英寸；轻巡洋舰吨位限6000吨，主炮口径6英寸。以下是各大国海军的介绍，图片很多。印象深刻的有美国3.5万吨级9门16英寸口径大炮的主力舰马利兰号，还有一些老式主力舰的笼式桅楼。英国的最大主力舰纳尔逊和罗德尼号，特别注意到它们三座一线纵列的三联装16英寸口径大炮的炮塔。还有当时世界最大的4.2万吨的战斗巡洋舰获得（胡得）号。日本主力舰长门和陆奥号也是3.5万吨16英寸大炮9门。也注意到了它们弯腰驼背的臃肿的上层建筑及那个弯曲的烟囱。法国的战斗巡洋舰敦克尔克和斯特拉斯堡号，它们的主炮塔是四联装。意大利的主力舰名字太长记不起来了。还有德国的，因为第一次世界大战战败，受凡尔赛和约限制，装甲舰不能超过1万吨，所以他们创造了一种"袖珍战舰"，首舰德意志号的照片，赫然在焉。苏联也有几条老旧主力舰，名字记不得了。

其他各国的战舰介绍和图片，什么巡洋舰、驱逐舰，一瞄而过，只有航空母舰，美国的萨拉多空号和勒克星顿号的形象犹在记忆中，日本的加贺和赤城号也是如此。

看得兴奋了，不但来回翻看那本《各国海军报告书》，还起意想自己造舰，进行海战。于是折纸作为小船，插上烟囱，编成一支舰队，写上马利兰、纳尔逊等舰名，和弟弟互相冲击，倒者算被击沉，名为"斗舰"。

科技书籍也在翻看之列，记得有两本商务印书馆精装的《科学大纲》。一开头就讲星云、恒星、太阳、行星，然后是生物的进化。另一本是商务印书馆的百科小丛书，薄薄的一小本，也是讲生物进化的。我只注意到图上讲人和猿骨骼的差别，大概除了图片，正文并没有看。但因此大得母亲的赞赏，说我已经会看《科学大纲》了，赞我"早慧"。父亲泼冷水说"小时了了，大未必佳"。惹得母亲生气，此后时常把它作为话柄。

这就轮到文艺书籍了。在书架底层找到一本《花木兰》，书名版式倒是记住了，内容好像没看过。另外有一本《三门街》，讲的好像是憨厚的李广和机巧的女扮男装的楚云，二人都立了功，后楚云被怀疑受骗喝醉酒而露了馅，终于和李广成亲的故事。这类言情小说看了几页就索然无味，放下了。心里纳闷，除了那个汉朝的飞将军李广以外，哪又来一个李广呢。

最后发现了一本《水浒》，那是亚东图书馆出的铅印平装《水浒》第二册。一上来就讲何观察进剿梁山泊被俘，割耳放回。又讲宋江到了清风寨，小李广花荣显示箭法。正月元宵放灯宋江被捉，众好汉救了他，收服了秦明和黄信。我那时上二年级，识字不多，读了书常在同学前炫耀，水浒念成"水许"，霹雳火秦明念成暴雷火泰明，受到同学的纠正。真是"生有涯而知无涯"。好在后来年龄渐长，班次升高，识字多了，也学会了查字典，却只会偏旁笔画，流行的王云五四角号码检字法不会。国民政府推行的注音符号和国语罗马字拼音老师没有教过。秀才认字认半边，我常念偏旁音替代全字成了毛病。但知识水平和接受能力显然提高了。四本《水浒》也是逐一颠倒着补看完了，又看了《说岳全传》。说岳飞是金翅大鹏鸟转世，后来被秦桧以莫须有的罪名杀害，他的五个儿子，雷霆震等重振家声，老将牛皋兴奋，大笑死了。我想，牛皋好喝酒，他笑死了大概是脑充血吧。那时候很欣赏牛皋的饮酒赏月诗，一首他描写月亮像一个大鳖，另一首末句是"把酒连杯带月吞"。也胡编了一首诗，被父亲改为"碧眼小儿凶，威名镇江东，只畏诸葛亮，不怕曹孟公"。《三国演义》大概看过了，不然怎能编出什么碧眼小儿来呢。但到底看了没有已经记不得了。《封神演义》也许零碎看过，记得黄飞虎坐骑是一头牛，还有一个谁骑一匹呼雷豹，尾巴突然伸出来，是要砸死人的，这也许不是来自原著，而只是看了香烟画片吧。

现在轮到新文学了。最先看到的是一本手抄本独幕话剧《终身大事》，胡适作。大意是，一男一女相爱，反对包办婚姻，终于胜利出走的故事。还有胡适作的"努力，努力往上爬"的白话诗之类。这之后是外国文学，那时外侮日亟，大力宣传的这类作品计有《最后一课》，是法国作家都德所作，宣扬战败屈辱的悲愤，很令人感动。

看到一本小书，讲一个人不堪妻子的欺侮，决心自杀，跑到一个枪店买枪。老板大肆兜揽生意，滔滔不绝地介绍各种型号的手枪，何者宜于在何种心情下自杀，何者宜于决斗，何者宜于自卫，何者宜于抢劫，何者宜于暗杀，他只是心不在焉地漫应着，一边听介绍一边在幻想，他要死了妻儿会有何种表现。例如他躺进棺材里，妻子号啕痛哭，后悔不该对他太苛刻。不禁一阵快意，自我感觉良好，幸灾乐祸，觉得终于惩罚了妻子。最后老板不大耐烦了，问他这也不要那也不要，到底要什么。他指指墙上说，就买那副鱼钩吧，我要钓鱼去了。还有一本小册子是一幕独角戏，一个妻子台上一个人数落在厨房里刮脸的丈夫，语言十分不堪。最后一声惊叫，她发现丈夫终于受不了，用剃刀自杀了。

还有一本也是都德写的小说《达拉斯孔的达达兰》，讲一个小城的庸俗的小市民一时兴起，要到非洲猎狮，结果射杀了一头驯养的老病狮子。回乡之后，用狮皮炫耀，名噪一时。最后把戏拆穿，成为全城笑柄，他也就羞愧而死了。

这时，我的读书生活里渗入了杂音，母亲在某个图书审查委员会做临时工作，时不时拿着送审的书回来，那是一些无关紧要的杂书。广益书局和大达图书公司出版的牛皮纸封面劣质新闻纸印的一折八扣书。其中有些是宣扬因果报应和迷信的神鬼故事，忤逆儿子不孝瞎眼母亲，拿大粪包包子给她吃，终于被雷打死，死后变猪转世还要再被雷打死，身上有字，说明他前生是对母不孝者。还有讲狐仙，其中有一本袁枚的《子不语》，那也是怪力乱神之类的吧，我看了一点，就没多大兴趣了。

我还对报纸上的漫画感兴趣。其中印象最深的题为"做一天和尚撞一天钟，吃一天官饭睡一夜觉"。画上一边是表情木然的和尚撞钟，另一边是一排睡觉的士兵，枪在墙上挂着。另外还有叶浅予的漫画"王先生"。其中有一套是王先生携着一鸡一狗，准备出去旅行，自称可以伙食自给，说我屙屎给狗吃，狗屙屎给鸡吃，鸡生蛋给我吃，这就形成一个平衡的生态循环了。不想一出门，鸡飞狗跳，不可开交，王先生大为狼狈。还有一幅是王先生开救护车抢救病人，为了赶路一路碾压过去，到了医院回头一看，一地的尸首断肢，王先生挠头傻眼了。再有就是美国连环画，兔子一家平静生活，不过犀牛和怪鸟老来捣乱，老兔子智计百出，总是化险为夷，犀牛和怪鸟大概属于街头不良少年吧。美国广播剧《芝麻街》，可能就是这个样子。还看了一篇日本起源的童话，说是一个桃子顺流而下，桃子破裂出来一个小孩，叫桃太郎，这就是日本人的祖先。这比那个什么天照大神、神武天皇有人情味多了。

至于少年儿童读物虽不在意，但也常常擦身而过。还在小学一年级时候，看到一本童话，题为十兄弟，讲十兄弟如何神通广大，禀赋特异，老大千里眼(一),老二顺风耳(二),大力三,硬颈四,冰冻五,长脚六,宽嘴七,哭嚎八,最后是大头九,瞪眼十。他们各有特异功能,但最后均以悲剧告终。后来看到一本外国童话,大概是格林童话,才知道十兄弟是从那里改写的,写法倒是很拙劣。还在同学那里看了几本连环画。一些武侠口吐白光,放出飞剑互相打斗,但没引起我的多少兴趣。到了四年级,民智渐开之际,看了一本《鲁滨逊漂流记》,但大概还是缩写本。书里描写他如何触礁沉船到了无人荒岛,从一无所有到自力更生,不断从破船上搬运粮食、衣服、枪械工具,并随带了一只狗、一对羊,还有几只鸡,上岸到一个山洞里找到居所,经营起自己的庄园来,并且用木桩建了一座寨墙,做了张梯子以便上下,爬到梯子上可瞭望、防御。还开辟了一块地,种小麦,磨面粉,自己烤面包,繁衍了几只羊和一群鸡。自力更生、自给自足,其乐也融融。最后打退了吃人生番,解救了礼拜五,成了他的忠实仆人。这些我很欣赏,但是讨厌的是宗教语言太多,书里不断忏悔,认为他的种种苦难是不敬上帝带来的罪孽所招致的惩罚。对他的每一点成就,又是不断地赞美上帝的恩宠,不胜其烦。看来宗教教育在我那里并不起作用,最后他被从荒岛上搭救回国,又去非洲旅行,猎狮子。原来知道,打死狮子是要朝耳朵开枪的,看了印象深刻,也有一点快意。对这种血腥教育倒是很欣赏,不过此生倒也从来没有实地实验过。

还有一次,在一位同学家里匆忙看了一本黑色硬面精装的书,有很多短故事。记得的一个是一个人关在牢狱里,想逃装死,牢卒把他装在麻袋里,脚下绑着炮弹,扔到海里,但最终获救。另一个是一个人随军舰追一条海怪,但被海怪撞沉,原来那是一艘潜艇。过后不久,才知道这书是商务印书馆的《少年百科全书》,是小说缩写,大仲马的《基督山伯爵》和儒勒·凡尔纳的《海底两万里》。另有两幅插图,一是一群人攻打一座堡垒,一是披甲女子挥剑砍杀敌人。现在想来可能画的是法国大革命群众进攻巴士底狱和圣女贞德吧。

到了小学四年级,想到订少儿杂志,当时有名的是商务印书馆的《儿童世界》和中华书局的《小朋友》，我选择了《儿童世界》。不久，杂志寄来，名扬世界的德国飞船兴登堡号在首次横渡大西洋之行时着陆起火，连续照片赫然在目，一共六张，那是很具震撼力的。杂志收到两期，抗战爆发了，我的童年读书生活也结束了。

除了读书，每天回家就是看报。1936—1937年那两年，日本侵略日亟，中日关系非常紧张，抗日气氛高涨，我也受到感染。报上反复提到"九·一八"日军攻占沈阳北大营，中国军队死伤惨重，在上峰"不抵抗"的命令下，一路退到关内，看了真是"气不打一处来"。报纸还谴责五卅被日本人枪杀的工人顾正红，歌颂十九路军英勇抗日和抗日将领马占山。"一·二八"淞沪抗战中汽车司机胡阿毛，被迫给日军运军火，结果连人带车一起冲入黄浦江壮烈牺牲。后来才知道胡阿毛实无其人，是媒体的编造。还有美国飞行员肖特奋勇迎击来犯日机，在苏州上空被击落的英勇事迹。

报纸还反复宣传抵制日货，谴责日货倾销、走私，中国对日贸易入超。岌岌不可终日。还要避忌日本字样不提日货，称为仇货或×货×国。又要提倡国货，计有抵制日产味之素的天厨味精，卖床单毛巾的三友实业社，等等。连小学生用的马利水彩也在其列。报上又大肆宣传航空救国，为蒋介石祝寿发起献机，还发行航空奖券，每张1元，三个月开奖一次，头奖25万元。

就在1936年年末，发生了西安事变，南京人心惶惶。不久蒋介石获释返京，市民盛大欢迎。次年初出版了蒋介石的《西安半月记》及《对张（学良）杨（虎城）训话》，后来知道那都是伪造的。

也就是这一年，汪精卫回国任行政院长，遭刺杀未死。胡汉民在汤山脑溢血逝世。下台军阀孙传芳和张宗昌都被刺杀了。女刺客施剑翘还被舆论誉为"侠女"。

也就在这一年，国民政府在英国人李滋罗斯的策划下实行币制改革，银元停止兑现，改为纸币，中央银行、中国银行、交通银行、农民银行四行有权发行，称为"法币"。法币1元折合英镑1先令2便士。国联调查"九

·一八"事件的李顿调查团报告书公布,日本因此退出了国际联盟。

也就在这一年,鲁迅逝世,报纸尊为"文豪",称他是"中国的高尔基"。

也就在这一年,中国组团参加柏林奥林匹克运动会,事先大肆宣传,不料全军覆没。报刊到处讽刺讲中国选手得了一堆鸭蛋,漫画画一群中国选手共推一大个鸭蛋,中国篮球队员没精打采地坐在蓝板框上,凝视着下面的一堆鸭蛋,等等。什么美人鱼杨秀琼,短跑健将钱行素,原来捧得上了天,这时都销声匿迹了。

这年傅作义将军指挥中国军队在绥远百灵庙打败了进犯的日军和德王及李守信的内蒙古军队。全国人心振奋,慰问团慰劳团络绎不绝。

广西李宗仁白崇禧宣布广西脱离中央出兵抗日,1937年又取消了出兵改成仍旧拥护中央。

1937年,汉奸殷汝耕在日本策划下成立冀东防共自治政府,一片谴责之声。

从1935—1937年抗战爆发,就读书而论,我属于从混沌未凿到民智初开的阶段。政治教育、党化教育、法西斯教育、文艺陶冶、科技教育我都接受了。其中爱国教育印痕尤深,几乎已成为我的本能和灵魂。但科技文艺知识教育零碎而缺乏系统,而且知识垃圾也不在少。大概处于我的环境和家长的怂恿,我只是随心所欲地自由自在地发展着。

《孙子兵法之综合研究》和《欧游心影录》——我的读书生活之三

1938年冬天,母亲领着我和弟弟逃离长沙到达贵阳,住在南门外曲折狭窄肮脏喧嚣的箭道街底144号刘家花园。这时正值武汉广州相继失守,抗战进入了艰苦的相持阶段。

刘家花园是一座黔军师长的宅邸,亭台楼阁,草坪花树,错落有致。几处楼房都是西式砖木结构,身旁就是清澈见底、缓缓流淌的南明河。不时有一叶扁舟(或筏子)撑过,船头坐着一排垂着头的鹭鸶,准备随时听从主人的号令下水去捉鱼。河对面是古老的贵阳城墙,真有几分"结庐在人境，而无车马喧"的桃花源气象。

这年冬天，重庆中央日报副刊主编梁实秋写了一篇《编者的话》，说"现在抗战高于一切"，"与抗战有关的材料，我们最为欢迎，但是与抗战无关的材料，只要真实流畅，也是好的，不必勉强把抗战搭载上去，至于空洞的'抗战八股'，那是对谁都没有益处的"。文中还影射嘲讽"所谓文坛，我根本就不知其座落在何处。至于文坛上谁是盟主，谁是大将，我更是茫然"。一副"清高""超然""脱俗""高等华人""精神贵族"的模样，同 20 世纪 30 年代那场同鲁迅的论争如出一辙。文章一出，立刻引起轩然大波，大家纷纷写文挞伐，梁实秋成了众矢之的，终于卸任他的副刊编辑，到前线劳军去了。

就在这年年底，汪精卫一伙人叛国投敌去了。全国开展了声势更大的口诛笔伐，印象最深的是吴稚辉骂汪精卫年轻时刺杀清摄政王未果而被羁，作诗"慷慨歌燕市，从容作楚囚"，如今则是"从容作秦桧"去了。年龄使我不知道梁实秋引起的风波，但也确实循着梁实秋文章字面上意思"抗战高于一切"，与抗战有关的材料乐于接受，与抗战无关的材料同样也乐于接受。在那种世外桃源式的环境下，我的读书生活提升到一个"多元化"的境界，即书籍来源多元化，书籍内容多元化，总之，不再局限在南京家中小客厅的那一架子书上了。

到了贵阳，母亲照例为我选了一所有名的小学，那是正谊小学，插班读五年级下学期。

正谊小学是男校，小学生的校服是竹布长衫。小学设在文庙，校训是"正其谊而不谋其利，明其道而不计其功"，校歌也每天这样唱。那是有很浓厚的迂腐而道学气味的。

课堂上讲授我从未学过的注音符号，学生们在老师指挥下用贵阳方言唱歌一样地吟诵："紫昂—紫昂—张—掌—仗—涨—章—张—张—字（儿）—"

那很是新鲜有趣的，国语课里有几篇课文也同样有趣。一课是一条狭道被高山绝壑阻隔，时常要摔死行人。一位和尚发大宏愿，开凿一条隧道，日夜操劳，村人几次帮助无功，只好散去，只剩和尚一个人还在艰难开凿。久久，人们把他给忘了。20年后，隧洞里蹒跚走出一位满头白发的憔悴老人，隧道终于开通了。

另一课是美国大萧条时期，一位失业青年，临时受雇于一位杂技演员，大力士。在7月4日独立日，偕同走钢索横跨尼亚加拉大瀑布。那天，他扮成小丑模样坐在独轮手推车里让大力士推过去。开头一路平稳，行到半途，下边乱放的焰火炸开来，伤了那个大力士小腿，车子随时要倒覆，他们两人只有葬身瀑布。此时，大力士强忍伤痛，摇摇晃晃，连人带车终于越过了大瀑布，进到瀑布旁的一个洞里，真可谓九死一生，惊心动魄。

再一课是20世纪30年代，一架邮政飞机在美国落基山失事，幸存的驾驶员在荒无人烟的地方艰苦跋涉，挣扎了好多天，最后终于走上公路获救的故事。

国文课本当然不能满足我读书的需要，母亲这时慷慨解囊，替我买了好些书。

首先是两本地图，一本是中国分省地图，一本是世界分国地图，武昌亚新舆地学社出版，欧阳崧编绘，彩色道林纸硬面精装，中间有文字说明，那山脉都画成了毛毛虫形状。我和弟弟整天捧读，报纸来了对着报纸查看，吃饭时摊开看，居然得到了不少地理知识。那年考初中，地理出题是一幅暗射地图，要求考生注明全国二十八行省二地方五直辖市的方位名称。我大概答了个八九不离十，考上了。

还有一本作文小辞典，硬面精装64开小本，分类选辑了若干范文。我有兴趣的是其中的抒情文和叙事文，那有几篇可能是选自茅盾、巴金等大家的小说，我看得津津有味，其他文体像论说文和应用文（包括公文和情书），引不起兴趣，放过去了。

同时又看了夏丏尊、叶圣陶合作的《文心》和刘薰宇的《文章作法》，这都是在中学生中流行的读物。我逐一翻阅，不大欣赏他们那些作文的规则，也就放下了。有名的意大利爱米契斯的《爱的教育》也看到,内容不感兴趣,只记得译者也是夏丏尊,还有丰子恺的插图。

再有就是几本童话故事,《仙童潘彼得》(应该是彼得·潘),讲彼得·潘和一群孩子同海盗钩子船长斗法捣乱的故事。其中有王尔德的《快乐王子》和叶绍钧的《稻草人》《古代英雄的石像》。还有两本《格列佛游记——飞岛游记和马国游记》《大人国游记》。《小人国游记》原来略有所知,对新得的两本书倒是尽情欣赏了,而且也体会到了作者对英国人和对人性的讽刺。

飞岛的居民颠顶耽于幻想,走在路上总是心不在焉,只有让随行的仆人用一个小球拍和球,不断拍击他的耳朵、鼻子、嘴巴,才会说话、听声、思考。这个飞岛在天上运行,全靠一块大磁石。还有它在陆地上的科学院里的科学家那些想入非非的发明。《马国游记》里马是最进化的,而人已经退化成一群贪婪、残暴、极端自私的野兽。那对英国人和人类的无情的明显的讽刺,是我能够体会出来的。

还有一本紫色封面的《泰西三十轶事》,是有名的《泰西五十轶事》的翻版,多讲一些西方传说故事。计有:希腊抗击波斯的马拉松之战,报信者长途奔跑到了雅典广场上只说了一句"胜利了",就倒在地上累死了。特洛伊战争的希腊英雄尤里西斯继十年战争之后,又在外漂泊了十年,他的妻子皮涅罗皮在家忠贞自守,对那群赖在家里看中她家财产的求婚男子说,只要那匹布织完就选择一人结婚。但布白天织晚上拆,老也不能织完,终于被拆穿,大家逼她当晚就要答应与其中一人结婚。还好,这天夜里,尤里西斯扮成一个流浪汉回到家里,二十年风霜,谁也认不出他来了,只有一条垂死的老狗认出,站起来迎接,摇摇尾巴就死了。尤里西斯查明真相,与他的儿子联手杀尽了无赖的求婚者,分别二十年的夫妻终于团圆了。这让我想起了后来看过的京剧《汾河湾》和《武家坡》的薛仁(平)贵,戏妻王宝钏(柳迎春)的故事。

孪生兄弟罗缪拉斯和利马出生后被弃于荒野,由一只母狼乳大。后来共建一座城,用双方名字的合称命名为"罗马"。最后双方内讧,利马被杀。

有位预言家说谁能解开他留下的难解的结，谁就是世界的征服者。年轻的亚历山大拔剑砍断了这个结。果然他战无不胜，他打到了印度河，思归的部下骗他说已经到了世界尽头，没有再可征服的地方了，他坐下痛哭，只好回师。

罗马的元老迦图极端仇恨迦太基，不论任何场合，演说结束必定加上一句："一定要消灭迦太基！"

另一篇是迦太基的名将汉尼拔带领象队翻越了风雪交加的阿尔卑斯山。两千年后，法国名将拿破仑也率军翻越了阿尔卑斯山，下到波河平原征服了意大利。

罗马内乱，传闻征服高卢的名将恺撒只要渡过罗马与高卢交界的一条小河——卢比孔河，就能胜利。恺撒回师，渡过了卢比孔河，宣布"我来了，我看到了，我胜利了"。造乱者闻讯大惊失色，士气大挫。果然，恺撒平定了罗马内乱。

阿基米得洗澡时因水溢出澡盆而发现浮力定律，赤着身子从澡堂里跳出来到街上大喊大叫：我发现了。后来罗马人攻下他住的叙拉古，阿基米得还在屋前地上画道演算数学，叫嚷：不要干扰我的计算。被罗马士兵所杀。

中世纪大学者罗哲尔·培根在城堡塔楼里做科学实验，不断传出火光烟雾和噪声，以致人们传言他把灵魂出卖给了魔鬼。一天，一个关心他的忠实仆人冲到他的密室搭救他，不慎毁坏了他即将制造成形的一个大人头，培根大为懊丧，说他差一点就要完成能彻底改造世界的最伟大的发明了。这也就像诸葛亮在五丈原上禳星祈命，魏延冲进来把他的灯扑灭，导致诸葛亮死去一样，只好归之于命。

一个傻小子汤姆抱了一只公猫进了多鼠无猫的伦敦，立下了不世殊勋，成了第一任伦敦市长。

英国的约翰逊在苦心编制他的第一部字典，达到痴迷的程度。到处是写上解释的小字条，礼帽里就能掏出一大堆，可惜并没有完成。

除了母亲买的书以外，还在南岳的父亲也寄来了书，是一堆作为游击战训练班教材的小册子。我翻了一下就扔到了一边。但有两本书引起了注意，一本是道林纸本约400页的《拿破仑日记》，美国钟思通作，伍光健译。书的封面是一幅戴着三角帽的拿破仑像。那书并不是一本日记，而是拿破仑的谈话纪录片段。其中尤为引人注目的是拿破仑与妻子约瑟芬的情书，还有痛骂大臣塔列朗的记录。其中也有拿破仑受到法国机械唯物主义影响的话，那就是他认为人死后是没有灵魂的，而构成身体的物质散入空气中，由于电气的作用又可聚合为新的其他的生物。

另一本是李浴日《孙子兵法之综合研究》，正中书局（或拔提书店，原来以为拔提系"提拔"之误植，后来才知道是Party的谐音）出版，厚厚的一本。上来有一篇长序，大讲孙子兵法如何是一本伟大的兵书，讲历史上大军事家如何用它克敌制胜，讲拿破仑如何借它用兵，德国参谋长老毛奇如何精通它而助威廉一世战败了法国。威廉二世第一次世界大战战败退位，去了荷兰，看到这本书如何后悔当年没有早读。当然还有好些日本军事家与此书的轶事，看来这位作者大概从日本人那里蒐来的。序后面孙子十三篇的解释，一上来就是计篇："兵者国之大事，生死之地，存亡之道，不可不察也。"一直讲到火攻和最后一篇"用间"，各类间谍有十三种，有生间、死间、反间等。各篇引用历史上古今中外的战例来说明，有著名的汉尼拔坎内之战、拿破仑奥斯特里茨之战、三国时赤壁之战等，内容相当丰富。我怀疑作者是否有那么高的军事水平，从日本人的书里搬过来的痕迹很明显。书具有现代精神，但也不免有穿凿附会之处。像讲到"善战者动于九天之上，善守者藏于九地之下"，那解释说这不就是今天的飞机潜艇和坑道战吗。我怀疑孙子当时不过是打比方，大概远远没有预见到这些20世纪才出现的新东西吧。

母亲还买来一些桂林出版的开明书店的《中学生》杂志。那时新闻纸缺乏，《中学生》已经用土纸，不过比后来重庆的马兰纸要好。那里有连载的冯友兰的《新世训》，还有傅庚生的诗词鉴赏，朱光潜的《给青年的十二封信》，我照例是一掠而过。记得只有贾祖璋写的科普文章，四川嘉定新发现的物种桃花水母和宫外孕即葡萄胎，算是我对这份杂志的唯一记忆。

另外一个看书途径就是从邻居手里借。刘家花园里住着几家撤退下来的国民党中央通讯社的眷属，男女老少都有文化，层次也高，从他们手里借书，就成了我读书的渊薮。最先借到的一厚本是日本德富芦花的小说《不如归》，序言里把它捧成是明治维新以来第一部伟大的文学作品，但我看来不过是一本像《花月痕》那样的才子佳人言情小说。男主人公参加海军打甲午海战的当儿，女主人公思念成疾，悲伤死去。

随后又看了小仲马的《茶花女》，夏征农译，小32开本200页左右。前言上说小仲马是大仲马的私生子，小说一开头就讲男主人公回国发现茶花女的死讯（原来亲友瞒着他），他带着发烧的狂热一意要去坟场掘尸，掘出时死者的场景惨不忍睹，自然主义的描写相当吓人。长大以后，看到几个译本情节都不一样，可夏征农的译本再也没有找到了。

与那同时，看到了一些抗战文学。话剧《雾重庆》，报载正在重庆热演。我看到的是一本杂志上老舍的话剧《谁先到了重庆》，还看了剧宣某队公演的宣扬抗日英雄苗可秀的《凤凰城》，但最近才知道那是神童吴祖光十七岁时的成名之作。再有就是脍炙人口的张天翼的《华威先生》，那是身居高位每天抗战不离口，到处由包车拉着开会的无事忙的典型人物。还有一篇齐名的讽刺作品，作者和篇名怎么也记不起来了。

印象深刻的有一本商务印书馆出的第一次世界大战空战英雄的故事。战机遇敌，队形打乱。各自为战，互咬尾巴，德机谓之"狗斗"。第一号英雄德国李希奋击落敌机八十一架，最后却被击落德机十三架的英国布朗上尉击落。第二号英雄是击落敌机八十架的法国的封克，但我很怀疑此人的战绩。第三号是德国的盖尼莫五十四架。还有发明有名的伊墨尔曼半转弯的德国的伊墨尔曼常从云层中偷袭敌机，最后被敌人诱入事先布置的陷阱而被击落。最后是希特勒的大将戈林第一次世界大战时击落敌机二十七架，位于李希奋、尹默曼、乌台之后。

还有一本是一艘袭击船船长的回忆。第一次世界大战时他把自己的船伪装成中立国挪威的运木材船,混过英舰的封锁线,游弋在大西洋上,袭击协约国及中立国的船只,颇多斩获。他的袭击也有骑士风度,假挂其他国家旗帜,登船先封锁无线电室,防止消息泄露,把船炸沉后带上俘虏的船员到中立国港口附近再放其逃生。他游弋了大西洋、印度洋到了北太平洋,给养不继,俘虏了一条载着大量螃蟹罐头的日本商船,全体船员大啖螃蟹,令我也要垂涎。可惜螃蟹肉吃久也要生厌,又缺乏新鲜蔬菜,船员得了败血症,正在等死时又有斩获,最终被追捕的敌舰俘获。

还有商务印书馆出的世界文学名著乔治桑的《小芳黛》(现译名《小法岱特》),英国人写的讽刺小说《约瑟夫安德路传》和《大伟人江奈生传》。法国人写的搅乱路易十五宫廷的《杜巴丽伯爵夫人传》。译者都是伍光建,这位译者译的《拿破仑日记》及旧白话小说式的译文风格令我非常欣赏。

还看了一本邓肯自传,那是一个美国女舞蹈家的自述。记得她不拘世俗,放荡不羁,一心追求自己的艺术创造。有次生了孩子跳舞乳汁溢出,沾染了舞衣,引起舆论哗然,她仍旧照跳不误。她还有许多恋爱故事。她的情人化名罗密欧,如果熟悉点美国情况简直呼之欲出。可惜她盛年死于车祸。

还有一本《黑人成功者自传》(另一译本名《黑奴成功传》),一个黑人贫穷小孩靠自己努力和教会帮助上了学,再去办教育,一直做到大学校长。只记得他初上寄宿学校,老师教他怎样养成刷牙的习惯。宿舍床上有两层床单,他是生平第一次见到,不知道怎么用。第一夜他睡在两层床单下边,第二夜睡在上边,后来才知道照规矩是要睡到两层床单之间的。他一边讲述自己的成功史,一边赞美上帝和好心帮助他的善人,我感到他还是奴性十足。

再一个途径是钻到书店里翻书。贵阳虽是一个小城,但增加了许多逃难来的下江人,还是很热闹的。最热闹的是大十字,商务印书馆在大十字东边,世界书局在北边,中华书局如何已没有印象了。在商务印书馆站着看了一本外国短篇小说选集，描写一个渔夫如何遇到挪威外海的大漩涡，几乎船毁人亡，终于死里逃生。此后经历60余年到20世纪末才发现那是美国作家爱伦坡的作品。

去世界书局看了几本侦探小说。有斐洛凡士探案中的《金丝雀》，他总是写那些凶杀案中疑凶或知情人一个个被杀，最后剩下来两个人，当读者认定其中一个是凶手时，侦探却揭露看来最没可怀疑的一个才是真凶。其实案发过程中已发现了各种可疑的线索了。我不喜欢这样的布局，认为太做作，而且死人也太多了，大侦探何不一上来就揭露真凶，而要故弄玄虚让人差不多死光呢。

那时正值苏联援助中国抗战的时候，世界书局也有几本友好地介绍苏联的书，我站着看了一本讲苏联军备的。其中有一型坦克，一小时能跑100公里，几乎所向无敌，后来知道那是T28型坦克。那时电影院放苏联电影《假如明天战争》，电影最后以反法西斯战争胜利和群众大游行而告终。那电影的主题歌在邻居上高中的女孩子口里热唱，我也学会了。可那是粉饰太平。不久苏德签订互不侵犯条约，德国出兵波兰，挑起大战，两国把波兰瓜分了，苏联又借机侵占波罗的海三小国，还去打芬兰。这一连串事件，使我对苏联的好感大为减少。好在报上又连载苏日张鼓峰和诺门坎冲突事件，最后以德国入侵苏联告终，我对苏联的印象才有所好转。

大十字南侧南门大街有一间门面的生活书店，简直门庭若市。我站在里面翻看了一本新闻记者记录徐州大撤退的书。还有一本书里有多篇文章介绍延安——老红军干部因求爱不遂枪杀一个女学生终被枪决的事和评论。此事从不见报载，延安、老红军、老干部，也似懂非懂，只在日后脑子里留一道印痕而已。

倒是买了一本老舍的小说《小坡的生日》，玻璃纸包着封面。书里讲到新加坡的小华侨小坡的故事。正好我也是小华侨，倍增亲切之感。小坡平日习惯打赤脚（我那时也有同好），只是到过生日那天才穿上皮鞋，随爸妈和妹妹一起逛公园，看电影。电影画面模糊不清，像下雨一样，只有一个大头角色，小坡叫他"嘟拉巴唧"。晚上小坡入睡梦见嘟拉巴唧带着他历险，一觉惊醒，生日也就过去了。

还看了老舍的《二马》，商务版道林纸一厚册。只记得是马氏父子二人留学英国与房东母女相恋的悲情幽默故事。印象是二马刚到英国送寡居的房东太太茶叶为见面礼，英国太太问这叫什么，老马说是"香片"，房东太太很高兴，讹称说那是"杭片"，好得很，后来几经波折，房东母女俩看上了两个中国人，小马揍了看不起他的英国同学一拳，回家被房东女儿看成是英雄，替他洗去鼻子上和衬衫上的血迹。可是故事到此也就结束了，他们老小两个中国人跟老小两个英国女人的恋情是不会有结果的。

1939年2月4日十几架日机来贵阳狂轰滥炸，大十字变成一片焦土。商务、中华、世界三大书局灰飞烟灭了，只剩下南门内大街的生活书店热闹如故。没两天，又被国民党封了，只剩下一个油漆招牌。我经过那里，总希望看看它是否重新开张了，可是，久等不见改变，最后，那一间店面已改换门庭，招牌也淹没了，只记忆中还留下骑楼下的那间店的热闹情景。

1939年春天，我在医院割除扁桃腺，病床上放弃了邻床一位年轻女病友热情推荐的唐祝文周四杰传的故事，而是热衷于看一本世界书局新出的詹文浒的书——《欧游心影录》。大概在国内编英文教科书吃了官司吧（好像是林语堂告的状，被告似乎也不是詹文浒而是林汉达，弄不太清楚了），他避到欧洲游历一番，回国后出了这本书，记他在欧洲的观感。他记下欧洲游历的印象，像登维苏威火山，导游拿包铁头的手杖凿下一块未凝固的熔岩嵌入一枚硬币，做成火山口的形状，冷却后送给他。他回国坐的是意大利邮轮——康脱罗素号和康脱皮样马诺号之一，往返于那不勒斯和上海。他讲出如何通过苏伊士大运河，更吸引人的是他在归途中看了一本新出的书，这本书大大吸引了他，不免一路谈归途观感，一面介绍这本新书的内容。

这本书就是美国记者约翰·根塞写的《欧洲内幕》。他写下欧洲各国的政治局势，兼之以他个人的采访经历。书一出，一举成名。此后他又写了一些内幕书，计有美国内幕，亚洲内幕，拉丁美洲内幕。直到第二次世界大战结束，又写了非洲内幕和新欧洲内幕。都有中译本。欧洲内幕的中译本是复旦大学新闻学教授孙寒冰（主编《文摘》，后被日机炸死）译的，商务印书馆出版，分上下两册。书见过了，但没有读过。詹文浒把该书的内容约略进行了介绍，印象深的是奥地利总理陶尔斐斯顶住纳粹德国的压力，被刺身亡，继任者许士尼格太软弱，终于被纳粹德国灭掉。讲到波兰的独裁者毕苏斯基如何打败红军对华沙的进攻，占领了原属于俄国的大片土地，又发动对立陶宛的战争，侵占国都维尔诺，立陶宛只好迁都考那斯。他去采访墨索里尼，只见排场很大，60英尺长的大办公室宽阔无比，墨索里尼在一角的办公桌旁接见他。第二次世界大战前意大利大肆宣传他的飞机军舰不断创造世界速度纪录。看来免不了是吹牛。可惜詹文浒介绍人名地名直引原文不用中译文，我那时还没学英文，看起来好些不知其所云。

病床上看的另一本书是德国作家雷马克的《西线无战事》，略有残破的一本，不知经过了哪些人的手。书一开头就是一天激战之后连队死伤过半，余下的战士满以为可以吃到预计按全连人数做的晚饭，一人可以有双份。可到时，仍然按剩下的实际人数开饭，大家很失望，鼓噪起来。一看到这里心里很不是滋味，心想战争把人的心肠都变硬了，把人情泯灭了，不去追思死伤的战友，反而因为可能多吃一份饭而兴高采烈，简直是幸灾乐祸。又一段写他们几个士兵在战场附近结识了几个比利时姑娘，约好到她们家里去，可是姑娘比战士少了一个，于是几人密谋，瞒着一位战士自己偷着去。入夜他们脱下衣服把带去的面包香肠等顶在头上游过河去与饥馑的姑娘约会，完毕回来，却看到被他们瞒过的士兵如法炮制，游过河去赴约。又一段讲作者负伤住院，同院一个伤兵身子不能动，老想他老婆，最后医院同意让他老婆来看他。伤兵们除掉不能动的以外，都坐到门口去打牌，防止看护兵过来搅局。那个年轻老婆很快埋进了受伤丈夫的被窝里，只有头发露着。事后这对夫妻红着脸向大家表示感谢，而且分送带来的食物。只是那丈夫说好像她的那件皮大衣肯定不是原有的，但也体谅了后方民众生活的艰难。

1939年2月4日大轰炸以后日机仍继续 不时空袭，在离我家大约200米的空地里投了一枚小炸弹。又一次是炸弹落在离我约50米的水田里，炸起半天泥水，我们最后终于从刘家花园疏散，搬到离城14里的耳锅寨（苗寨）的夯土泥墙茅草房。不久又从那里搬到贵阳南门外倒岩路2号1所新盖的二层木板楼房楼上。抗战在延续，几乎没有尽头，我的读书就像曲折的溪流一样，汇集了不知何处来的泉水，自然地汩汩地流淌在多元化的河床上。

《外人目睹中之日军暴行》——我的读书生活之四

1937年"七·七"到"八·一三"，全面抗战开始了，我家新买的收音机整天播放着悲壮的战歌：

"我们的心——是战鼓，我们的喉——是军号。我们挥舞起——刀枪，踏上抗敌的血路！"

"向前走，别退后，牺牲已到最后关头……"

"枪口对外，齐步向前，一枪打一个。一步一前进……"

报纸发布了蒋介石在庐山的演说"地无分南北，人无分老幼，都有抗战守土之责"。人心振奋，热血沸腾，万众一心，斗志昂扬。不到九岁的我，也卷进了抗战的漩涡。

正当我激奋于上海宝山姚子山营在敌寇围攻下全营殉国，被击中迫降的年青航空员阎海文面对包围的日军开枪壮烈自杀，"八·一四"日本木更津航空队空袭杭州筧桥机场，遭到我机痛击八比零（这是当时的报导）"完胜"的时候。敌机对南京的空袭开始了。那是一个阴霾的中午，警报在意想不到的时候响起，霎时间，机声隆隆，机枪轧轧，炸弹轰然，原来树立在南京鼓楼和新街口路口的警示民众的半吨炸弹模型这时成了现实，我们家附近很快也修了一个简陋的防空壕，土砖砌成，在规格上属于三等。据说那一等防空壕是要用钢筋水泥修筑，可以抗御直接命中的炸弹的。

不到敌机临头，谁也不肯躲进防空壕去。不几天，敌人空袭消歇，报上头版登着我军在上海的浏河、大场、太仓、罗店等处与日军激战的消息。没几天，父母亲很快参加受训去了，我和弟弟随着一位初中刚毕业的小姑娘登上了一艘新造的招商局客轮"江新号"的统舱撤退到汉口，经武长铁路转往长沙。

江新号傍晚开船，在苍茫的暮色中只看到江心停着两艘挂着日本旗的军舰。在这以前，盛传有个国民政府的机要秘书向日本泄露了最高国防会议决定沉船封锁江阴的消息，以致一夜之间，南京江面的日轮都逃出了长江口。不知怎的这里竟还有日舰，百思不得其解，成了一个谜。现在回想，中日还没有宣战，那停留在江面的日舰可能是等着撤侨的吧。

在长沙先后住到父母亲分司厅和福星街的朋友家里。秋季学期开始，我插班考进了有名的楚怡小学四年级下学期。它在长沙很有名，那似乎是奉行着在长沙也很有名的楚怡工业学校的端绪，实行一些我不明白的美国的道尔顿制教学和陶行知"干中学"的办学宗旨，大概是鼓励学生自己动手学点技艺吧。课程表上有一门工艺课，每周1小时，另由老师讲解如何喂兔子、养蜜蜂。工艺课的任务是做一把竹剑，每周一次去教室里在工作台上锯、削、刨、磨。这里暴露了我的一个大弱点，那是只光读书，不动手，流于空泛，技艺一点也不会，也缺乏耐心和毅力去学。一学期快过去了，还是什么也没做出来，时间全耗费在玩上了。

倒是很喜欢每周六下午的一节读书课。同学坐好，老师发下一摞小本图书，每人一册，下课收回。我看过的有蜜蜂、蚂蚁、杜鹃，长了不少知识。尤其是杜鹃，讲它爱好在别的鸟巢里下蛋，诱骗别的鸟来孵蛋、喂食，小杜鹃就把别的幼鸟挤出巢外，看了颇有物竞天择、适者生存之感。后来知道，鸠占鹊巢的成语就出在这里。蚂蚁和蜜蜂都是一种具有社会性的昆虫，分工合作，辛勤劳动，值得羡慕。还看了一本故事，讲一个人入赘一大家族，后来想携妻离去，没料到这是家江洋大盗，家里妇女全会武功，一个比一个厉害。他们夫妻要闯很多关，结果幸运的一一通过，逃出生天。

情节相当惊险，尽是悬念。过了两年，看了平江不肖生的《江湖奇侠传》才知道那是其中的一段，在全书中也是很值得一看的。

不记得在分司厅的长辈那里找到什么书了。在福星街的长辈家里的骑楼上找到一堆老的旧制（四年制）中学课本。其中有一本物理学，上有无畏舰的照片，说明说它威力如何大。我那时已经熟读过《各国海军报告书》，无畏舰虽说是初见，那也没有什么了不起，显得太老式了。

倒是另一套《礼拜六》吸引了我。这是鸳鸯蝴蝶派的文艺大本营。因为他们的诗"卅六鸳鸯同命鸟 一双蝴蝶可怜虫"，被称为鸳鸯蝴蝶派，他们自诩地写了一组《三十六鸳鸯》的短篇故事标榜。计有"侦探鸳鸯""真假鸳鸯""颠倒鸳鸯"，等等。故事多属生编硬造，只有真假鸳鸯有印象。讲一对男扮女装和女扮男装的青年的恋爱故事，把戏拆穿了，他们并没有改变隐瞒的身份，结了婚，直到最后生了儿子还一直假扮下去。书里还连载着福尔摩斯探案，译者程小青，那是以后也相当知名的。常见用文言味的白话文称"华生吾友"，但比林纾的文言译文流畅多了。

还有一些连载集锦小说，人各一段，轮流执笔，到篇末一句用黑体字点出下篇作者，例如"大可不必"，"大可"用黑体字，那就轮到笔名大可的上阵续写一期了。20世纪"文化大革命"以后，曾有些作者也用过这种集锦小说形式，大概太生硬，没多久就停笔了。

还有一些小说简直是文化垃圾，计有《分床记》等，好多忘记了，只有一篇黑幕小说，开头是一首诗，前几句记得是："半空两颗金弹子，兔起鹘落跳不止，跌宕震荡无已时，跳出一部社会史。社会史中魑魅多……"

20世纪50年代筹办学校图书馆，旧书店伙计送来《礼拜六》合订本。那些有印象的小说都在那里，但我已经没有兴趣阅读了。

还看到一本小说《花月痕》。两对情侣中女的都是妓女，同男的一样具有风流才情，可惜一号女角得了肺结核，终于吐血死去，男的则放浪天涯，不知所终。另一对情侣倒还拘谨，男的入幕在镇压长毛中立功，女的成了正果，封为诰命夫人。

神圣的抗战还在如火如荼地进行着,平型关大捷号外满天飞,报导中国军队的首次胜利。那是在媒体攻评刘汝明弃守张家口,军长李服膺放弃大同逃跑被枪毙以后,振奋人心的大新闻。报上云歼敌5000人。建国后几经核实,实为歼敌一千余人。

也是第一次知道了八路军共产党,还有长征的事。武汉印行的小报到处发卖,记得有抗战三日刊,上有八路军领导人的图片,贺龙、萧克都在。但照片下的文字我习惯自左向右读(或者自右向左读),结果念反了,周恩来念成来恩周,彭德怀念成怀德彭,被长辈纠正了,并告我他们曾都是"匪",不要再提了。

到了1937年11月,上海撤守、南京沦陷,消息传来,有的同学伏案痛哭。那时也知道了西班牙内战,"保卫马德里"的口号到处叫,希特勒吞并奥地利,威逼捷克,也成了重大新闻。就在这个11月,日机第一次空袭长沙,居民纷纷撤退,我和弟弟撤到了长沙东面38里的黄花市。

这是一个小镇,有长途汽车可通。房子都是茅屋,灶间里烧一堆稻草,架上一个铁壶,屋顶开天窗透烟,但烟气弥漫不去,在屋里坐久了眼要熏坏的。镇上有一所初级小学,从一年级到四年级复式班,这是第一次尝到这种别开生面又颇难组织的教学的滋味。

教的是大东书局出版的国文课本。只记得一节课文是一批工匠修塔,下工时引人上下的滑轮的绳子掉了下去,最后一位工匠坐在塔上下不来了。他的妻子机警地出主意,让他把身上的毛线衣拆开垂下来,系上一根细麻绳,拉到塔顶再接上一根粗绳,穿过滑轮,工匠就从塔上下来了。另外有一课是1934年乐山的岷江发大水,一个女孩坐在木盆里,被水冲走,一直漂到宜宾的长江获救的事。

没有多久,我和弟弟又回到长沙,旧历年前后,看了一堆旧白话小说,计有《说唐》《薛仁贵征东》《薛丁山征西》《薛刚反唐》《七侠五义》《小五义》《续小五义》。还有一些是只见书名而未看的,有《罗通扫北》《五虎平西》《五虎平南》。印象最深的还是《说唐》。常数第一条好汉李元霸、第二条好汉宇文成都、第三条好汉裴元庆、第四条好汉雄阔海、第五条好汉伍云召、第六条好汉杨林、第七条好汉罗成，七条以下再也数不下去了，秦叔宝、尉迟恭都不在话下，只会三板斧的程咬金、苏定方简直不入流。后来有人告我，秦叔宝是第十三条好汉，可我怎么也没有数出来。薛仁贵征朝鲜是个白袍小将，遭到张士贵的排挤打击，始终压住不让出名。到了薛丁山有了樊梨花，还有三箭定天山，大大扬眉吐气。反唐的薛刚只是一名莽汉，好喝酒，乱打乱杀，只是凭着运气好得了圆满结局。

七侠五义，五义都记住了，可是七侠是哪七侠始终没有弄清楚。只知南侠展昭、北侠欧阳春，其他五侠是谁不知道，后来有人说是黑妖狐智化，加上窝囊的双侠丁兆兰、丁兆惠，还是凑不成七侠之数。五义中锦毛鼠白玉堂偷了开封府尹大印，结果身丧铜网阵。翻江鼠蒋平带上蛾眉刺，穿上水靠，下到鹅毛也沉的寒潭捞印，那是很有英雄气概和很有本事的。小五义里最喜欢的是白眉徐良，那一口山西腔也很有趣。

过了旧历年，又开始撤退生活。这次是到长沙东北四十里的沙坪。走了十五里渡过捞刀河，再由一辆独轮车推着走完剩下的二十五里。我和弟弟坐在箩筐里像小猪一样，被推到了沙坪茶园塘的陶家大屋。

茶园塘陶家大屋，是陶姓聚族而居的房子，与附近也是陶姓的茶子山、清水塘鼎足而三。屋子在小儿眼里看来宽敞。20世纪80年代去探访，原房已经拆掉尚留地基，那其实还是很窄小的。

房子前有一口鱼塘养了不少鱼，对面是茶山，种了不少油茶树。我在那读的是长沙县立第四高级小学五年级上学期。过一道小溪上有一小石板桥，放学走过常想起当时学的刘雪庵的歌：

"雪霁天晴朗，腊梅处处香，骑驴灞桥过，铃儿响叮当……"

那时没驴可骑，自不待言。唱着唱着总幻想骑着驴踏雪寻梅的闲情逸趣。

到了乡下，简直无书可读，我的读书出现了断层。但是消息还是知道的。先是台儿庄大捷，然后是徐州撤退，黄河决堤，接着是武汉会战。

在这段空隙时间里，母亲教我和弟弟习学大楷。我临的先是钱南园（沣），后来是颜真卿的《放生池碑》，弟弟临的是柳公权的《玄秘塔碑》。小楷，是流行的星录小楷。还有一位死去表哥手抄的百香词谱，记得有：

"汴水流，泗水流，流到瓜洲古渡头……"

"平林漠漠烟如织，寒山一带伤心碧。暝色入高楼，有人楼上愁……"

也还有临唐钟绍京的《灵飞经》，但那是字太小，不好临的，习字之余，母亲口授，教我们《滕王阁序》："南昌故郡，洪都新府，星分翼轸，地接衡庐。襟三江而带五湖，控荆蛮而引瓯越。物华天宝，龙光射牛斗之墟，人杰地灵，徐孺下陈蕃之榻。……落霞与孤鹜齐飞，秋水共长天一色。……渔舟唱晚，响穷彭蠡之滨；雁阵惊寒，声断衡阳之浦。……"

还有李白的《春日宴桃李园序》：

"况阳春召我以烟景，大块假我以文章……"

还有一篇不知什么人写的《大铁椎传》：

"大铁椎，不知何许人也……"

还有《大力将军传》，那是写饭量大的乞丐吴六奇的。

这时父亲到了衡山，归入了南岳行营新闻采访的中央通讯社办事处，时不时寄来一两本书，其中印象最深的是三本。

第一本是威尔斯的《未来世界》，那是一本报章大肆宣传的预言体政论小说，有好几个译本，我跳过那些对第一次世界大战和战后的政治分析，只感到对毒气讲的可怕，什么黄十字毒气、绿十字毒气，第一次世界大战时潜艇制造落后，海水浸蚀蓄电池放出氯气，使艇员中毒，看来毛骨悚然。又注意二次世界大战是怎么打起来的。在欧洲一列火车通过波兰走廊到但泽停车检查，一个犹太人面向车窗朝外整理起他的假牙，纳粹误认为他在做怪相侮辱他们，结果挑起事端，引发大战。另一头是在亚洲，中国和日本早打起来了，日本深入中国内地，并且用毒气杀伤了大量中国平民，中国也进行报复，用自制毒气弹空袭东京，结果毒气配方有误，使得大量日本妇女失去生育能力。一场混战，欧亚大陆两败俱伤，人民大量死亡，城市成为废墟，经济遭到破坏。最后一个场景是在南美的一个城市（大概是阿根廷的布宜诺斯艾利斯），问者说，将来怎么办，应者指着一架远去的飞机驶入碧空，显示人类在废墟中将要恢复，是希望之所在。这本书热了一时，随着第二次世界大战真的大爆发，它也就销声匿迹了。

第二本是《外人目睹中之日军暴行》，小32开，约400页，郭沫若题签。这是一本外国传教士和记者关于日军暴行报导和报告。有很多照片，一上来就是震撼人心的两个日本少尉在进军南京途中举行杀人比赛，先是迫人跪在地上，日军举刀欲砍，一瞬间，人已倒在地上，头颅抛到一边；又一瞬间，日军狞笑着一手提着战刀，一手提着一颗血淋淋的人头，眼睛还没有闭。此后又有一半以上的篇幅介绍南京大屠杀，进入南京的日军如何沿路杀掉被俘的中国军人，如何强行到外国传教士设的难民区中立区杀人、强奸，照片中满是尸骸及惊恐无奈的妇女，土坑中池塘里堆满了死尸。此外还有一些其他地方日军奸淫烧杀的报导，以及在华外国人的权益受到侵犯，包括日机袭击英国大使韩德森和德国大使陶德曼的汽车，日机炸沉美国炮舰巴纳号，等等。内容丰富，印象深刻，久久不能忘记。此后，多年来再没有得到这本书的消息。2005年抗日战争胜利60周年，报纸报导又在武汉发现这本书，当成了珍稀文物，一件大事。书再没有见到，但内容印象是忘不了的。

再有一本是《抗战一年》，军委会政治部第三厅编写，16开本一册，封面画有一顶灰色的钢盔，内边有抗战一年来军事、政治、经济、外交、民众动员等方面的文字。这本书还没有被"发掘"出来的消息，但仍保留在我的记忆里。

就在收到《抗战一年》的那个时候，日军步步进迫，马当、田家镇、武穴继失守，全国上下响起了"保卫大武汉"的口号，行动也不在少，我们不久前，还在唱"各行各业一起来，大家保卫大上海……"，现在则唱：

"武汉——武汉，你是文化的中心。

武汉——武汉，你是祖国的胸膛。

你拥有——大时代的子孙。

你怀着——被压迫民族的反抗。

粤汉，平汉，是你铁的臂膀。

蛇山，龟山，是你黑的眉眼……

保卫保卫啊，我们的血肉就是武汉的城墙……"

在一片"武汉会战""保卫大武汉"声中，我们又从沙坪匆匆回到了长沙。这时我看到了石印线装的《金玉缘》和《萤窗异草》，但已心不在焉。1938年11月深秋，武汉、广州相继失陷，母子三人坐上汽车，经过五天的颠簸，在夜里到了贵阳。只记得经过南门问路时，路边的大标语，赫然是"一滴汽油一滴血"。

第二天，早起看报，大吃一惊。原来我们走后，长沙误传敌人逼近，开始实行"焦土政策"，放起大火，烧掉大半个长沙。最高当局追究责任，湖南省政府主席张治中撤职，长沙警备司令酆悌、长沙警察局局长文重孚枪毙。

介哥——我的读书生活之五

那是1938年冬天，抗日战争已经进入了艰苦的年月。武汉、广州相继失守以后，母亲带着我和弟弟赶在长沙大火前夕逃到贵阳。这是云贵高原上的一个小小的省城，纵贯全城南北的大街不到20分钟就能穿行。我们住在南门外狭窄曲折的箭道街144号刘家花园。那是一座黔军师长的公馆，亭台花木颇有一番布置，住房则是中西合璧的。花园里住了几家撤退来的国民党中央通讯社的眷属。1939年2月4日，二十多架日机对贵阳狂轰滥炸，最繁华的大十字，成了一片焦土，人们纷纷疏散到乡下。我们一家仍在刘家花园里苦熬着。

邻居们共同请了一位家庭教师，母亲也让我去学，那时我九岁半，读小学六年级。

教师是位有名的中央大学实验中学的应届高中毕业生，叫黎介眉，与我家同乡同姓但不同宗。他每星期天来，母亲让我叫他介哥。

介哥一早来了，身着土黄色军服，头戴硬檐学生制帽，留着平头，见到母亲，就脱帽深深一鞠躬，恭谨之状可掬。然后到别家上课，午饭在我家吃。吃完了，就给我上算术课，只要不下雨，就在花园里的石桌石凳旁。补习的内容是算术四则应用杂题。我脑子里的数学细胞大概不怎么丰富，学起来颇为吃力。什么植树、火车交会、进出隧道、修路、华氏摄氏温度换算，还能应付，到了鸡兔同笼就只有死记算式，稍一变通就不会了。最厉害的是钟表时间要用分数换算，一看题如坠五里雾中，简直不知所措（这些题如果学了初等代数，是不难的）。介哥并不认为我笨，仍是耐心地讲解。似乎对我还颇为赞赏。有次对母亲说，照我这个水平，考什么好学校（就是他读的中央大学实验中学）也不会考不上的，那确是由衷之言，并非客气话。

补习完了聊些闲天，知道他父亲原是国民政府某部职员，患糖尿病（那时是不治之症）已故。寡母带着三个妹妹，家道艰难，他只好当家庭教师，得些收入，以舒困境。唯有最大的妹妹近来考入了军队的无线电队受训，对家境不无小补。

我爱看书，也常向他提一些问题，他也不厌其烦地详细答复。深感他知识渊博，几乎无所不知。有一次问到人能不能飞到月球上去，他侃侃而谈了半个多小时，大意是要上月球需得克服一些困难，其中有制造火箭，脱离地球引力圈，处理失重状态，如何在月球上着陆，抵御宇宙尘和宇宙射线的袭击，最后还有如何返回地球的问题。我听得全神贯注，当晚就把他所讲的写到一张练习本撕下的纸上，他看后大为赞赏。几年以后，已经高中毕业，又把追忆起来的月球旅行可能遇到的种种问题写出一篇3000字左右的文章，发表在一家报纸的副刊上及一家杂志上。这可算得是我的第一篇学术论文了。

春去夏来，介哥毕业了，他考上素称难考的俞大维任教育长（蒋介石照例是兼任校长）的兵工大学。不久，我也考上了那有名的中央大学实验中学

(后来改为国立十四中)初中一年级,两人天各一方,各奔前程去了。

介哥走了,留下一小堆书,在一间空房的一角堆着,这间空房就成了我的密室,我的乐土,有空总是跑到那里乱翻。只觉得这些书是介哥看过的,我也要跟着学学。其中有几十本商务印书馆编辑出版的《英语周刊》,我还没有学英文,只是翻看那些英汉对照的文章(多是文言文)。其中有苏曼殊的《断鸿零雁记》,看不大懂,只记得一句"一时雁唳长空"。但另一篇《伦敦大火记》却给了我深刻的印象。原来伦敦的兴起简直是乱七八糟,人口繁多,既脏且乱,街道十分狭窄曲折,以致街对面的居人简直可以在凉台上伸手互握。不久,鼠疫流行,死人无数,伦敦一片恐怖景象。鼠疫刚过,又遭遇大火,大半个伦敦烧成了白地,只有重起炉灶,大兴土木,这才有今天的伦敦。《英语周刊》似乎对希腊情有独钟。我津津有味地看了波斯王泽西斯和大流士如何发兵攻打希腊。斯巴达国王里奥那多如何领着三百勇士死守德摩比利山口。马拉松(译为马拉墩)之役,长途奔跑的希腊报讯者如何在雅典的广场上说了一句:我们胜利了,就累死了。以小胜大的萨拉密斯海战。然后是伯里克利斯执政,建立雅典卫城。随后而来的伯罗奔尼撒战争,使得伯里克利斯染时疫病死,雅典终于战败了,衰落了。这期间,还穿插了某位希腊政治家的轶事,说他从小拙于言辞而且口吃,但苦练演说技能,对着各种的不利环境大声嘶吼,甚至舌下垫上小石子,以使口音清晰。终于成为大政治家,大演说家,但最后还是遭到流放。还有斯巴达人如何训练孩子,母亲把她初生的男孩子扔到屋顶上,不掉下来就加以养育,掉下摔死了活该。青少年的军事训练十分严苛,风餐露宿是常事。不论严寒酷暑,都要训练。战死的战士放在盾牌上送回家来,母亲是不哭的,反而引以为荣。

还看了一本没有封面的古诗选(当时不知作者,以后才知道那是白居易),有简明的白话注释。知道有《秦中吟》《新乐府》,还有《长恨歌》《琵琶行》。现在还能记得其中的几句,像"一丛牡丹花,十户中人赋","新丰老翁八十八","系向牛头充炭直",等等,这可能是我的中国古代文学的启蒙读物了。

另有一本同样也没有封面的书，那是一本逻辑学读本，记得有逻辑三大定律——同一律、矛盾律、排中律。还有大前提、小前提、结论的诸种三段式论证。其中还有一段介绍希腊的诡辩学派（其中有芝诺），论证了英雄阿基里斯如何跑不过乌龟，天上的飞鸟没有影子。顺便谈到了战国时的名家惠施、公孙龙。庄子如何为了鱼的知觉与惠施辩论。其论题有"白马非马""飞矢不动""坚白石""鸡三足""卵有毛""一尺之棰，日取其半，万世不竭"等。他们的论题我记住了，只是看不懂，那也就是迄今为止我的逻辑水平了。

又有一本也是商务印书馆出的《实用英语会话》，有旅行、车船、购物、住宿等题，英汉对照。我照例只看汉文部分。其中提到用餐的各种程式和规矩，刀叉怎么拿，怎么切肉，怎么吃鸡吃鱼，喝汤咀嚼都不许出声，汤匙要朝外舀着喝，汤快喝完时，汤盆要朝右前侧倾，好继续舀着喝，有句话印象尤其深刻，即"盘中只余一果不可取食"。以后吃西餐，就是照这些无师自通的规矩和方法去做的。

还有几本战前分析日本的书，其中有支持日本军国主义的六大财阀，计有三井、三菱、住友、安田（另两个忘记）。日本军部如何掌握政局，尤其是陆相海相有所谓的"帷幄上奏"权，可以撇开首相阁员直接同天皇打交道。"二·二六"事变以后，军部更是为所欲为了。这里也认识了一批日本军阀头子，像梅津美治郎和土肥原贤二等。书里说梅津美治郎生性谨慎，日本人说他是"过桥也要敲一敲每块桥板看是否结实的"。还有一本金仲华编绘的《国际政治参考地图》，米色道林纸硬面精装一册，分题叙述从第一次世界大战结束到20世纪30年代第二次世界大战前夕的各国之间的外交争端及边界纠纷，有图有文。像第一次世界大战后波苏之战苏联战败，波兰夺去原划寇松线以东的地区，波兰又乘机夺去立陶宛大片土地，国都维尔诺也夺去了。还有立陶宛和德国的美美尔地区的争端，波兰在走廊与但泽同德国的争端，德国与捷克在苏台德区的争端，往日不许驻军的鲁尔区德军进驻了。法国代管的萨尔区也以公民投票的方式归还了德国,等等。乃至南美洲玻利维亚和巴拉圭之间的大厦谷争端,讲得清清楚楚。我对第一次世界大战第二次世界大战之间的国际政治形势与国际争端开始有了一个清楚的认识,原来不知其人的金仲华在我心目中的威信陡然升高。此后,只要知道他有国际政治方面的文章地图,都要想法找来看过。

在一张纸片上还有找到介哥用钢笔整齐地写下的几行字:

"吾侪所居大地,实一旋转之球,虽若博大无涯,然较更大之太空,直若沧海一粟耳。"

原来,这是 H. G. 威尔斯有名的《世界史纲》开篇的第一段话,由国内名家如任鸿隽等翻译的。现在威尔斯的这部书已经修订了好几版,国内的新译本已经不再能见到其原貌了。

还有几本高中教科书,开明书店出版的,蓝灰色封面软精装,米色道林纸书页,印刷精美,图文并茂。编者似多为名家,有杨人楩的西洋史和贾祖璋的生物学,可惜我只限于随手翻一翻而未读。还有本厚厚的世界地理,王模编,商务印书馆出版,黄色封面白色道林纸精印,插图小而很多,多为照片,有希腊的科林斯运河。当时发了自编杂志瘾,剪下不少照片准备编入杂志,杂志没有编成,照片也连带一起遗失了。

这就是跟介哥的一段"书缘"了。没过两年,搬家三次,介哥的那些书都遗失了,只剩下一本国际政治参考地图,一直保留到1962年。

还在一本歌曲集上看到了一首德国军歌,简谱,共三段,旋律我学会了,歌词却只记得第一段和第二段开头。

(1)我有一个从征伴侣,他真是再好没有。喇叭催我们前进,他在我身旁作战。好荣耀!好荣耀!好荣耀的大胜利,挈着心和手,拱卫祖国,拱卫祖国。你听林中小鸟,在我们这边真是唱得好,你的祖国,你的祖国,你的祖国真是好。

(2)忽然一颗子弹飞来,不知道要谁的命。他在我身旁倒下……

经过二十多年,20世纪60年代中看批苏修的内部电影,肖洛霍夫原著、邦达尔丘克主演的《一个人的遭遇》。电影主人公一个士兵在卫国战争初期被俘，押送往德国，途中两列火车相遇会车，对面那列火车上坐在敞车货物上的德国老兵用口琴吹奏的，就是这首老德国军歌的旋律。两列火车相背而去，背景音乐就是这首老德国军歌和苏联歌曲"喀秋莎"的旋律缓慢交替出现，有一些哀愁，似乎在诉说战争的残酷，却又无可奈何，看了真不是滋味。尽管那时是在"反修"，但人性和人情的表露总归是感人的。

介哥走后，过了两年，我家转搬到了贵阳南郊的倒岩路2号一幢二层木屋的楼上。1941年春天，介哥又出现了，在我们家住了两天，他说他参与了兵工大学的学潮，被开除了，他已考取西南联大工科，要去入学。他自告奋勇要帮我家做晚饭，请示母亲："是不是冬瓜块六面煎。"我们畅谈了一个晚上。他走了，又留下来一小堆书，大概原先寄放在别处，这时取回来不要了。

这回是一小堆杂志，有二十多本，是民国初年梁启超主编的政论杂志《庸言》，天津出版的。那本杂志似乎很有权威，文言文章里常现批评大总统如何如何的文字，我猜指的是袁世凯吧。还有善后大借款、六国银行团、五国银行团。我对这些政论没多大兴趣，老式的报刊排字法，行旁圈点断句和点着重号，对已经习惯新式标点的我也不很适应。有兴趣的还是每期后面所载的小说，计有威尔斯的火星人入侵地球引起大战。火星人进化程度很高，大脑直径达四英尺，智力发达，手脚纤细，已经退化，支撑不了头的重量，只有伏在大铁架子上，借机械力量帮助行走，用喷火器进攻，企图征服地球，几乎所向无敌。只有一艘铁甲舰用大炮击毁了一台行走机器，然而等叙事者逃难不久，火星人变得无影无踪了，原来火星人太过进化，免疫能力减弱，尽管所向无敌，但抗不住大量人类死伤所带来的疫病，已经全数感染时疫病死，尸骨无存，只留下几具染了红锈的铁制行走机器了。

还有则是连载的福尔摩斯探案，看来无头无尾，只记得珠宝失窃，楼上又发现死人，贼是从天窗上进去的，发现其足迹沾有柏油，是个独腿人。

放猎狗追踪，后来又因走上大路人迹多而失败。另外就是乘快船顺泰晤士河而下追击，矮小土人用吹筒射毒箭，失败，轮船搁浅，独腿人上岸身陷泥淖而被捕获。最后，华生终于与那位失窃了珠宝的女士结了婚。这就是福尔摩斯探案中的《四签名》，作者名和情节我以后才看到的。

随《庸言》而来的还有两本白话旧小说，都只有上半部。一本是《拍案惊奇》，一本是《平妖传》。记得《拍案惊奇》的一章回目是："姚滴珠避羞惹羞，郑月娥将错就错"。平妖传的蛋子和尚想学法术，听说脚底抹上鳝鱼血就可在水上行走，结果失败。

介哥还带来一些英国新闻处的宣传图片，其中有一张英国地中海舰队战列舰华斯派脱号（厌战号）的剖面图。还有一些宣传英军战绩如防卫多布鲁克（不久就被德军攻下了）的画片。其中有一张特别令人反感，那是一些英兵骑自行车在行进，下注为英军正驾驶一种新型战斗车辆。我想中国人就那么土，没见过自行车，竟用它来唬人吗。其实，在贵阳乡下倒是见不着自行车的。

介哥一走又杳无音信了，我也就懒到再也没有跟他联系。八年抗战胜利，才又接到他的信息。他已从西南联大退学，为了照顾寡母生活，当了雅安邮政局长。来信说我到了高中毕业的年纪了，根据对我过去学习水平的了解，我应当是能考上任何一个名牌大学的，可惜我的考试并不如他期望，惭愧之余，也不好意思再去信了。

音信一断，又是三十多年，经过了解放、工作、运动、"文化大革命"、"文化大革命"结束。时势多变，心里总不时惦着介哥，他可是我的第一位启蒙老师，不光知识，而且为人也深深印记在我的心中。

转眼到了20世纪70年代末，一位与我同乡同姓但也不同宗的长者，转来了一封介哥的信，向他询问我是不是就是《光明日报》上发表的某篇文章的作者，我惊喜不已，立刻回信表明我的身份，他很快就回信，说他早已离开了邮局，到了衡阳纺织机械厂，反右时由于莫须有的罪名成了右派，妻子也离婚了（信上说是"下堂求去"），目前在厂里当总会计师。

正好我去广州开会要路过衡阳,准备到他厂里看望一下。果然受到他的热情接待。他又结了婚,夫人姓孟,原在部队文工团,后复员转业,也是离了婚的,带有一子一女,说话细声细气,显得很贤淑,他应当满意了吧。

细聊了一个通宵,他说划为右派是莫须有,戴了帽子,厂里领导还是像过去一样对待,有事总派他去北京纺织工业部,那是因为他对那里的人事业务熟悉,凡是申请设备和经费,他去了就能办成,"文化大革命"中间也没有受什么罪,如今右派改正,是厂内三头之一(厂长、总工程师、总会计师)。次日一早他领我去了厂子,这是国内唯一的一家纺织机械厂,三千多工人,属于中型。一路上,见到厂里的工人对他都很尊重,他也很热情地打招呼。我想他应当很敬业,很诚笃,有威望。上学时是优秀学生,工作了,不管是哪种工作,都很敬业认真,干什么也都行。言谈中,他对中央大学实验中学很眷恋,打算在建校八十周年时去南京聚会。

一回北京又断了联系,一晃眼又是二十年过去了。去年,一位同事到衡阳出差,请他打听一下衡阳纺织机械厂和介哥的情况,回来说纺织机械厂依旧,介哥已于1989年初故去,厂里许多人还记得他,他的夫人也退休了,回到了上海。

这就是我同介哥的四十多年交往。相识偶然,交往短暂,断断续续,可算是君子之交了。我清楚记得1939年他初到我家对母亲脱帽鞠躬的恭谨情态,以及"冬瓜块六面煎"的有点憨迂的请示。也不时记起他在学生制帽里层上写了一段不知哪一位的治家格言:

"稼穑艰难,即寻常穿衣吃饭,亦非容易;惟有克勤克俭,免他年仰面求人。

光阴迅速,纵时刻读书习字,尚虑蹉跎;亟宜趁此日埋头努力,毋殆毋荒。"

介哥一辈子对这段格言想来也是身体力行,直到生命的最后一息吧。1939年我10岁时,他应届高中毕业,大我八九岁,那他去世时,当已是八十岁左右。"为此春酒,以介眉寿"。介哥可谓终其天年了。

画叶集——重庆南开中学杂忆

序

　　随着年岁的增长，所接触的书逐渐多了起来，那往往是同一作者的新书不断涌现，有的已经快要"著作等身"，有的也不免"积稿盈尺"，不禁羡慕这些作者的文思，就像拧开了自来水龙头一样，不管不顾地不能自己地流淌下去。反过来看自己，不过那么两本，单薄得很，便有点自惭文思的枯涩和下笔的懒惰。过去不是有标榜每日一千或每日五百字，那么，每天一百总可以了吧。这里，只想随手记点什么，回忆也好，幻想也好——就是从回忆展开好些吧，先不管有没有人看。没有人看也可以自己欣赏嘛。

　　我的回忆，可以从重庆南开中学那三年高中生活写起，然后儿时闲情记趣，俾存历史，然后是"文化大革命"中那哭笑两不能的三十几个题目——如果可能，再来点什么好了——是为序。

　　字写得像狗爬，不像过去以"宁式硬笔小楷"自诩了。

　　记得欧·亨利有一篇小说，——一位贫病交迫的青年女工已经对生活绝望，望着窗外墙边枝上叶子说，叶子落尽了，也就是生命的终结。窗外的叶子一片片地落去，她的生机也濒于绝灭。只剩最后一片了，孤零零地顽强地还留在枝上，雨雪风霜，始终不落。女工又渐渐燃起了求生的勇气。果然春天来了，躺在床上的女工康复了——原来，那最后一片叶子早已凋落，只是一位同样贫病交迫的青年画家迸发出最后的才华，把那片永不凋落的叶子画了上去，跟真的一模一样。然而这位年轻画家耗尽了气力，早已故去了。

重庆1946级南开高中毕业的同学就像是一棵树上的叶子，当年带着对美好生活的憧憬进入大学，也走上社会，几十年过去了，那些焕发着青春气息的叶子多半枯萎了，如今还在树上的叶子已经所剩无几，不知哪阵风来就会要掉下几片。我所知道的同学中最早凋谢的是袁保康，那是一位大眼睛、高个子、很善说话的河南籍同学。高一念完，升入高二，他不见了，有人告诉我他得病死了。第二个对我们不告而别的是叶以功（李功），他是中统办公室主任叶某某的儿子，高中毕业后去上大学，坐船在海上急病死了。此后，经历各种政治运动，遭到"文化大革命"，好些同学固然寿终正寝，但也有遇到不测的横祸。随手记下的有：张保（歪头）、郑世同、何万华、晏福民、唐贤耀。"文化大革命"风浪过去，大家境遇改善，但过去受苦的经历摧残健康，有些人还是纷纷凋谢了。记得有余汝南、石谷、张昕若、沈锷、梁惠全、邹延肃、狄源沧、冯登泰、梅保华、苏元章。最后的一位是去年因车祸不幸故去的王海。当年高中毕业三个班人数不下120，现在大概还剩不到一半吧。回想起来，有些甜蜜，也不免悲伤。一切都过去了，回忆起来，只留下几许淡淡的怅惘。

每每回忆起当年的好同学、长大后的好朋友，吊唁亡人的四个字——"音容宛在"还是很贴切的。现在已达耄耋之年，每当想起那些精神焕发的少年，不禁激起当年的稚气、玩心和热情。心想，把他们写出来吧！就像欧·亨利小说的那片叶子一样，这样写些零星的片段，不求发表，只希望为留下来的老同学看，还能勾起过去沙坪坝南开中学求学时的零星琐碎的回忆吧。

我进南开是在高中，从高一入学到高三毕业，从1943年秋到1946年夏，足足待了三年，我的回忆就是这段时光，先从南开学生的衣、食、学生日常生活琐事开始吧。然后再写记得的老师和同学的片段，不求完整也不求什么"思想内容"，记忆失当之处，希望看过的老同学不吝补充指正。

是为序。

（一）考南开去

1943年夏，我在洛阳初中毕业了。一向以我为傲的母亲又下了一次赌注——到重庆考南开中学高中去。

当时，河南已经沦陷了一半，洛阳附近确实也没有什么名校。省立洛阳中学高中，洛阳附近的国立一中，都籍籍无名。于是我邀了同学郭文灿一起西行跋涉千里，到重庆去碰运气。

第一段路是坐"闯关车"，通过日军的炮火封锁区。那时日寇已占领山西黄河边风陵渡一线，河南岸有一段沿岸的陇海铁路线，完全暴露在日军炮口之下，只要火车一过，对岸射击位置早已定好，日军大炮即时开火，一打一个准。击毁列车不计其数。中条山战役以后好了点，不是每过必轰了，这才有了趁敌人发炮间隙偷过去的"闯关车"。

一个夏日的黄昏，我们乘闯关车出发了。全列火车不过两三节，我们乘的是一节硬座客车，乘客只我们两人和几个巡守的士兵。窗口全用黑色窗帘拉上，一灯荧荧如同鬼火，只照亮身边的一小块地方。入夜，火车缓缓出发，行到一处山谷间等候。到了午夜，估计日本兵也要休息，于是冒险开动，灯火全灭，撩起窗帘，经过黄河岸边，对面景物依稀可见。士兵把我们引到一处沙包组成的防御工事后面，大家屏声静气，等待炮弹来袭，结果并无炮弹发来，闯关成功，立刻松了一口气，爬上原来床位上方行李架上，蜷缩睡觉，比在硬木椅上躺下睡觉舒服一些。

一觉醒来，车已抵达潼关。不久又开来一列火车，送我们到西安。灰皮车厢，叫小快车，比那硬座车厢舒服多了。上午甫抵西发，拜访中央社西安分社主任丁履进，请他照顾我们一行。次日又乘火车从西安走向宝鸡。

战前，陇海路有一列豪华客车，名为"绿钢皮"。可后来到陕西河南两三年，在陇海线一直没有见到此车踪影。这次从西安到宝鸡，经过武功会车，见到一列，果然煊赫。从头等卧铺车窗望过去，见一矮壮军人在厢内活动，同行者说，那就是胡宗南，算是开了眼界，是真是假只好姑妄听之。

到了宝鸡登记去重庆的长途汽车，但车期未定，只好在旅馆等着。

宝鸡在一二百米的高原下，下临深深的渭河，城市成一长条，铁路横贯，只有一条主街，遥望上看高原上平整，据说那是西周某王的斗鸡台。飞机场在那上边，我们没有上去过，也没下过河边。行期久久不定，我们的钱不够了，旅馆看到我们的窘状，调整了房间，到三层的阁楼上去，吃饭也减省了，每天总吃素面，加几根豆芽。原先慕名吃过一次羊肉泡馍，因不会吃，学在洛阳的样子，把馍掰成大块泡在汤碗里，结果没有泡开，吃着不舒服。

　　又过了几天，长途车要开了，我们等不及先打电报让家里汇钱接回信，就匆匆忙忙上路了。真是"万里赴考场，关山度若飞"。浑浑噩噩走了四天，第一天宿褒城，第二天宿广元，第三天宿绵阳，不经成都，改宿三台，第四天晚上就到了重庆。沿途风景也顾不上看，例如褒城的石门、郑子真题"石虎"和河中石上原曹操的题字"衮雪"，等等，都略过去了。

　　到重庆后在中央社一位年轻编辑那里借住一宿，第二天一早就去沙坪坝，找到父亲拜托的洛阳军管张司的弟弟张云鹤，中央大学学生，在他宿舍里安插了两张床位。他是中央大学三青团的负责人，有点势力，同时到中大食堂搭伙。

　　虽在暑假，食堂人很拥挤，每顿要争抢饭菜，我们时常吃不饱。一天早上，争盛稀饭，水气熏到我新配的眼镜上，一片模糊，人一拥挤，我的上半身就栽向半人高的稀饭桶了，幸好旁边有人拉了一把，我才得以幸免于难。

　　中大所在的松林坡是沙磁文化区的中心，周围有两个中学——重庆南开和重庆市立中学，我们都报考了。南开中学校舍巍峨，市中则是草房子。没两天发榜，我考上了南开和市中的高一，同学郭文灿却都落榜了。结果我上了向往的南开高中，从此开始了我三年的高中生活。而郭文灿去了北碚的私立兼善学中，此后虽时有通信，直到毕业复员回家也没见过面。后来也知道一点他的消息，却再也没有见过面了。

(二)高中生活

课堂(一)——范孙楼

顺着南开大门往前走,一左一右,一南一北,是两座砖木结构的两层大楼,那就是南开的主体教学楼,范孙楼和芝琴馆,分别是高中部和初中部。

范孙楼是纪念南开创始人严范孙先生而命名的。芝琴馆是纪念陈芝琴先生的,有过介绍,大概是南开的资助者吧,但已经忘掉了。

范孙楼一楼是学校的核心部位,正门进去两侧为布告栏,每年考试成绩大都公布于此,对面正中有一大座钟,旁边是一面一人多高的镜子,上书:容必正、发必理、纽必结,等等。这面镜子的铭文记得在1947年时,受进步思想的影响,同学江孝祚在报上为文批判南开中学的教育,其中就提到这面镜子,大概把它当成封建主义的古老东西吧。喻主任在报上为文逐一驳斥,云有这面镜子是为了教育同学服装要整洁,难道可以容不正、发不理、纽不结吗。

进门向左侧另有一布告栏,通知学生记过开除时布告即张贴在这栏上,我记得升高二不久,曾布告高班同学郑儒耿等五人责令退学,据说是因思想激进,与共产党有牵连。入高三则见到布告一位姓胡的同学(流亡河北省政府秘书长胡梦华之子)两大过,这位姓胡的同学气得把布告撕了,似乎以后也没再追究。

进门后有一贯通东西的走廊,右边朝南是总务处,缴学费、饭费买制服等都在那间房子的拐角南边柜台上,总务处长是原教数学的张贯一老师。左边是教务处,处长是一位丁辅仁老师,外号"丁弹子",个不高,戴一副圆框眼镜,很有几分威严,同学们谈起他来都有些怕。走廊两侧是办公室,喻主任就是在走廊朝左北边的一间大房子里办公。走廊尽头是楼梯,从两侧分别上到二楼就是十几间教室了。从高一到高三都在这二楼上课,从东到西,逐步西移。高一是一间朝北的教室,高二是朝北,到高三就换成尽西头朝阳的教室了。

每间教室大约50平方米，四十几人，共七行，每行七人，即是大约50人吧。课桌椅是连在一起，课桌上有一木盖，掀起可以装书和笔记，课桌前方有一凹痕，是放铅笔的。

教室后边是一排小木柜，盖可掀起和加锁，里边放的东西应有尽有。至于黑板，记得是玻璃的，写起粉笔字来很方便，也好擦掉。

教室两侧各有一扇门，门上玻璃有一小缝，专供级主任和有关老师上课时窥视之用。教室的清洁由同学轮流值日，打扫时要把椅子翻得朝上，但仍难免灰尘四起，乌烟瘴气。在教室西侧有两间小房子，一间是教员休息室，另一间是训导处。高一时训导主任是赵尊光老师。高二开学发动青年从军，赵老师带头从军，训导主任换了关性天老师，他教我们世界历史课，河南人，梳一个大背头，能言善辩，据说大革命时他是CY（社会主义青年团）变节了。另一位训导员是范鸿麟老师，还有一位姓邓的。赵老师外号赵狗皮，那位邓老师继承外号称邓狗皮，而范老师则被称为范宝儿。

上课早自习四十分钟，上午上课四节，下午两节，晚自习两节，排得满满。上午两节之间有一段课间休息，大概是二十分钟，只要号兵在南边台阶上一吹下课号，同学们立刻蜂拥而出，踏得木制楼梯一片山响。东边一楼边门旁有一小便处，课间休息正好是同学光顾的地方。

一天到晚上课自习都在这里，只有体育课和军训的术科要到操场上去，生物、化学、物理实验要到芝琴馆的实验室，高一高二每周一节的音乐课要到图书馆北侧的音乐教室去，另外，高二高三文理分组，文组的国选、英选要到图书馆的一楼的教室去上。

范孙楼后边有一个小花园，石子砌的路面颇有情致，我们下午课外活动时常倚窗凭眺。高一时曾见两位同学拿着自制的木条，套上打了一个洞的瓷碗来学电影中的击剑，可惜没有两下碗就掉了下来。高二高三时在春秋时节我常躺在花园的草地上遐想。

上高一时我从窗户外远眺坡下的一根木杆，那是敌机来袭时悬挂报警的球的。1938年武汉沦陷重庆即遭空袭，1939年5月3日—4日，炸得最惨。我上高一时遇有敌机即挂球，挂几个球或撤几个球都有规定，敌机已临近即鸣放空袭警报，临空立刻鸣放紧急警报。上午上课，遇有晴天，同学即累累向窗外张望，一见到挂球，立即骚动，不等到拉响警报，全班同学都奔赴杨公桥附近的一个小山坡上的防空洞口，等飞机飞临上空要投弹时再躲入洞内，平时趴在山坡上躺卧休息，等到解除警报才三三两两步行回校。我上高一时经过两次警报，其中有一次是听到飞机声音不见飞机投弹，同学说那是敌机炸多了无可再炸，每天派一架飞机飞来，使你不能工作，不能休息，再换一架来替换，谓之疲劳轰炸。我到重庆，到处都是断壁残垣，日本飞机虽来而还没有投过炸弹，到了高二高三，日本飞机不再来了，此时盟军已开始在太平洋战场上反攻，每天有美国运输机载运援华物资飞来，每当下午，嗡嗡之声不绝，向西边歌乐山方向飞去，据说是去白市驿机场降落的，嗡嗡声缓慢而沉重，表明其为重载，在西斜的阳光下，银白色的机身闪闪发光，清晰可见。这种美国运输机的声音已经为我们熟悉，一听就是美国运输机。直到1945年抗战胜利，机声始绝。

高一高二，教室窗户朝北，时常凭窗远眺，望望窗外的小花园和远处葱翠的绿树竹林。到了高三，面向对面的芝琴馆，和一片光秃的土坪，但也出现了另一种景观，就是每天上午课间休息，常有女生成群结队从窗下走过去芝琴馆上课，这时一群男生就挤在窗前围观，多数是"野猿"队的队员，一一指点那些认得出的女生，评头品足，还不时用怪声叫出某女生的外号，并且一起起哄。我也凭窗望过几次，但绝大多数女生并不认识，兴致也就没那么大了。

花园再往北，是一个小山坡，旁有一简陋的露天厕所，其脏无与伦比，在南开可数第一，那条蜿蜒的小路据说可以通到受彤楼后的女生饭厅，但从来没有敢去过。

课堂（二）——芝琴馆

芝琴楼对面是芝琴馆，两两相对，距约一百米，也是一幢二层建筑，是纪念一位赞助者陈芝琴先生的，但事迹不明。

芝琴馆是初中部，进出都是着童子军服的初中生，但高中在那里一楼有三个实验室——生物、物理、化学实验室。

实验室高大敞亮，两列试验台并列，备有可以升降的凳子。实验室设备齐全，生物实验室两人共用一台显微镜，另有一个小木箱，装有备用高倍目镜筒、钳子、镊子、探针、刀子、剪刀、试管、滴管、显微镜油、水杯之类，供解剖小生物用。第一次试验先做眼虫。那是一种介乎动物和植物之间的性质，肉眼看不见。先教显微镜用法，接物镜的三个镜头怎么转动，底下的小镜子怎么聚光，载物台上先放载玻璃，滴一滴含眼虫的池塘水，再滴一滴显微油，用薄薄的盖玻璃盖上，轻旋接物镜，压在盖玻璃上，在聚光镜的反射下，就可以看到微生物了。第一次看到眼虫，绿色的椭圆形小虫，中有一个白色空眼，身后有纤毛（或鞭毛）在运动，很可爱也很有趣，但是挨镜用力大了一些，只见一片黑，什么也看不见了。重新提起一看，盖玻璃下的眼虫已经完全被压碎，只剩一滩绿水了。第二次做草履虫，这个小生物比眼虫结构复杂，大一点，需加紫色染色剂看之，实际是个标本。第三次解剖蚯蚓，切开来看它的消化道和眼点，然后再把两条蚯蚓切断对接，令其愈合重生。钟道珍老师告诉我们，不要接错了，把两个尾巴或两个头接在一起，长好了，那样它就只能拉不能吃，或只能吃不能拉了。老师教我们蚯蚓的拉丁文名字叫"阿诺诺拔夫拉"，至今还记得。最后一次是解剖青蛙。老师教我们用探针扎入青蛙后脑的延髓，切断其呼吸功能，就可将其杀死。突然，实验室一声蛙鸣，一只青蛙拒绝受死，跳到地上，于是哄堂大笑又四出追捕逃跑的青蛙，于是生物实验课宣告结束。大概学校再找一些鸟鼠类小动物等来，也无能为力了吧。

物理实验课做过力学的斜面、杠杆、动能、势能、测量大气压。声学、热学、光学等只属纸上谈兵，电磁核物理学更是如此。所以我期中小考成绩不坏，期末考试就不及格，只好去补考了。

化学实验先学洗试管，洗烧瓶之类，再去领各色试剂，由实验员提供。

做实验程序先将试剂拌和加水稀释,对注入试管,再用酒精灯进行加热,视其化学反应。我不大懂操作程序,又不大记得反应原理,做了几次,不见反应,干脆统统倒进一个试管里注水加热,结果仍旧失败,只好抄其他同学的实验报告交上去了事。

化学也只学了半截子,初见分子式两侧数值需平衡,与代数相似,颇有体会。后来学到炼钢法,有贝塞麦法(转炉)、马丁法(平炉)和电炉。制碱法有苏尔威法和路布兰法,说后者是我国侯德榜独立创造的,建有久大和永利碱厂云云,大大激发了民族感情。待到学到有机化学,画到C、O、H的高分子结构接连上不同的短线,叫出各种难以记忆的复杂名字,云山雾罩,只好放弃。于是同物理一样,期中考试差强人意,期末考试同样不及格,要靠补考了。

课堂(三)——忠恕图书馆和楼下的教室

在范孙楼西侧偏北,有一座二层灰色砖楼,正面额上题为"忠恕图书馆",正当范孙楼朝西去的煤渣大路——三友路上。南开楼命名似乎都是以赞助人之名为名,如范孙楼、芝琴馆、午晴堂、受彤楼,但图书馆何以以"忠恕"为名,已经不大记得清楚了。

一进门,两侧有阅报板,板为斜面,中栏加一板条,以备翻读,当时有《中央日报》《扫荡报》等四五种,唯不见《大公报》与《新华日报》。报纸大约上午十一时左右到达,常被一些同学披阅。

进门楼梯右侧北边是一个教室,内有书案的长椅子多张,这是高二文理分科时,文组国选英选,理组数学的上课场所,也曾一度用作数学期考不及格的学生补课场所,南侧的房间似乎是办公室,做什么用已经记不得了。进门楼梯左侧(西侧)是有名的南开经济研究所,大门经常关闭,玻璃上有南开经济研究所字样,干些什么不清楚,也没注意,似乎同学们认为那是经常预测和分析物价的。一次见到招贴,招募一名学生去抄写硕士研究生毕业论文,我应募而去,回来用复写纸誊印三份,上有许多数式图表及坐标轴,曲折线,记得待遇还可以。

进门从两侧楼梯上去,到一半经过一个平台再折向一个大楼梯向上,正前方即为借书处,平常用木栅门封闭,课外活动时打开,可以去借书。

书不多,借的人不少,有万有文库初二集,还有一些抗战前和抗战初的老书。我借过几本开明书店和商务印书馆的通俗科普读物,一本《秋之星》和一本《星空巡礼》,历数天空星座及有关的希腊神话故事,引起了我对天文学的浓厚兴趣,又有一厚本《宇宙壮观》以及夏普莱的《从原子到印河》。这是30年代的科普读物,但是也是当下介绍最新的科学成果了。

此外,还借过两本万有文库里的游泳术和体育书《谭腿》,躺在床上比画着学游泳,什么蛙式,自由式,仰泳,侧泳,躺在床上去比画两下子,果然一个下午我即无师自通,在小河里学会了上述四种游泳姿势,虽然姿势并不准确。

上楼朝右走,是一个大阅览室,窗明几净,大阅览桌油得漆黑锃亮,背靠墙有一大排书柜,高达天花板,我在那里翻阅过《通志》,找上边的《天文略》,抄隋丹元子的《步天歌》,据说这些线装书是在抗战初期由一位国文老师于建校之初在重庆米亭子旧书店买来的,很便宜。1939年5月3日和4日日机大轰炸,书店炸毁,后来物价大涨,再也没有进书了。在那里还翻到一本木刻本吴大澂手书篆文《论语》,字写得好,刻工也好,再去找,已经不见了,据同学张昕若分析,大概是哪位高班同学顺手牵羊拿走了。

上楼向左也是一个同样的阅览室,但由木栅门拦着,平时不开放,似乎有要事开会或要人来参观才打开。1946年夏高中毕业,全年级毕业晚会在那里举行,男女同学一齐参加,又新鲜又兴奋,记忆最深的是晏福民表演的"Oh. No. John",化妆半为男半为女,唱歌亦为男声和假女声,同学听得兴奋异常。

这就是忠恕图书馆留给我的印象。

课堂(四)——音乐教室

忠恕图书馆东北侧坡下,绿树掩映中,有一座小平房,那就是音乐教室。

　　高一高二音乐课每周一节，阮伯英老师上。课堂内有一架钢琴，阮老师边弹边唱，一节课大概教一首歌。有时发点油印讲义，印象最深的是"嘉陵江上"——"那一天，敌人打到了我的村庄，我便失去了我的田舍、家人和牛羊"。另一首是："嘉陵江水静静地流，流不尽我的哀愁，流不尽我的烦忧。"记得还有李叔同（弘一法师）的歌："观朝阳之升于东方兮，灿庄严伟大之容光，彼长眠之空阔阔兮，流绛彩以辉煌"，等等。大概两年下来，学了一百来首歌吧。十几年前，有些高班同学把阮老师教的歌复印下来印成两本，可惜没有保存好，现在已经不见了。

　　阮老师偶尔也有轻松的时候，他教我们唱诙谐的《比腿歌》："山前有个崔粗腿，山后有个粗腿崔，山前有个崔粗腿，山后有个粗腿崔。二人山前来比腿，比了半天大粗腿，也不知崔粗腿的腿粗，还是粗腿崔的腿粗。依呼呀呼依呼呀呼嘿——依呼呀呼依呼呀呼嘿……"

　　音乐教室的钢琴并不用看管，有一段时间，每当课外活动时间，音乐教室传出来钢琴弹奏的"马赛曲"，延续了很长一个时间，也不知是谁在弹奏，也没想起来去了解一下。马赛曲还没学过，所以也不会，但曲调却永远记住了。

　　阮伯英老师教的歌曲印象最深的是歌剧《浮士德》里的重返故土的士兵合唱："先烈牺牲多少血汗，方换来今日锦绣河山……"，"我等凯旋，重返故土从此有颜对我先祖……"。歌比较复杂，大概花了两节课时间才教会。

　　还有一件印象深刻的是一些同学组织了一次古典唱片音乐会，节目精选，并是同学负责讲解。去听的人相当多，记得的有肖邦的钢琴曲《夜曲》……这个旋律也永远记在我心中了，但此后遍寻不得。再有就是穆索尔斯基的管弦乐曲"荒山之夜"，还有普契尼歌剧《蝴蝶夫人》那段有名的咏叹调——在一个晴朗的天……介绍者英文发音很怪，念成"马丹——八塔法老"，引起几声轻笑，我对西洋古典音乐的兴趣，一如我之对天文学，也是在南开中学的三年中培养起来的。

课堂（五）——午晴堂和风雨操场

午晴堂是南开的礼堂，位于芝琴馆南面，其间隔了两个篮球场，这也是一座砖木结构建筑，大门朝东，两边右侧门内有长凳多排有挡板。遇有全校集会，全校学生都集中在这里。

集会较多的是每月一次的周会，记得张伯苓校长常来讲演，高高的身材，穿一件蓝布长衫，戴上墨镜，讲话屡次提到严范孙先生找他开始办学，从小学办起，一直办到中学大学，又多次讲到同学应当学会远用望远镜看，近用显微镜看。此外，这些周会请一些社会名流来演讲，计有张平群、张彭春，张励生，还有郑洞国，再有是有龚德柏。同学知道他号称"龚大炮"，素以敢言无忌著称，他穿着一件旧长衫，把眼镜推到额上，拿着一根棍子指着地图大讲，但讲的是什么已经记不得了，大概是对日战局吧。郑洞国很文静儒雅，上来先向同学敬礼。1946 年庆祝张校长 70 寿诞，同学大唱祝寿歌，用的曲调是韩德尔的颂歌。当时老师讲到张校长刚动过前列腺手术，术后效果良好。

午晴堂的大事是每学期的期中考试，每学期两次，还有期末的大考。主要课程都在这里考，有国文、英文、数学、物理、化学（地理和历史似乎在班上考，军训另考、公民也不在内）。每次考两天，男女同学全部参加，座位错开排列，卷子是密封的，男女生插花坐，凭考试座号入座。这种考试似乎不容易作弊。有次张继宁考试，铅笔忘带了，只好请相邻女生借来一支，立刻传遍校内，不几天余汝南主编的《曦报》在头版显著地位刊出加花边的独家新闻，标题是"情急智生求邻女，嫣然一笑赐铅笔"。

另一个公共活动场合是作文比赛（大概还有理科比赛，内容忘了），各班挑选几个人来参加，高二那次比赛，题目是"骏马秋风塞北"，而前次的题目则是"杏花春雨江南"。余汝南得了第一名，我自然是榜上无名，后来知道，上次作文比赛（题目——南开与南开人），赵鸿志得了第一，这是赵鸿志(立生)告诉我的。

期中考试和比赛之外,午晴堂也是娱乐场所,除了一次是戴爱莲、叶浅予到西南采风时,表演出西南民族舞蹈外,就是话剧了。

南开的话剧是很有名的,大概有一个剧艺社,"主角"有胡小吉、高玉倩、梁文茜、田鹏,等等,都是学生里面的"名人"。我看过的演出有易卜生的"娜拉",高玉倩演的娜拉,只记得她一身黑衣。还有吴祖光的"风雪夜归人",主角是个唱戏的,是田鹏演出。在剧艺社工作的人很多,赵威侯就是其中之一,他演出花时间不少,大概是服装道具之类的吧。我曾同他跑了一次后台,舞台地板是木制,面积并不太大,后边有廊楼,楼上可以吊布景、天幕之类,另有小间化妆室,当时非值演出,房内空空如也,而且广积尘土。

再有,就是沙坪坝哪个大学(大概是中央大学)来放电影,有一种是不要票的,大概是美国新闻处巡回放映的吧,是一部连续片,片名叫"我们为何而战"(Why We Fight),其中突出纳粹德国和日本践踏民主损害人权,而我们是为捍卫民主,捍卫人权而战。宣传味很浓,但其中不少实地拍摄的精彩镜头。另外一些电影是要买票的,票价高,门禁森严,我们只好扒在窗外看,窗槛很高,里面人头攒动,实在看不出什么来,有一两次绕了过去看的是一部彩色片,叫"南国佳人",讲一架空中堡垒空袭德国的过程,我怀疑这是以后放映的"孟菲斯美女"。好在这些宣传电影都有汉语配音,听起来很方便。

午晴堂西南侧有风雨操场,上有屋盖,泥土地面,边上有攀登架,还有一副双杠,郗文星老师在那里给我们上过体育课,教简单的拳击(Boxing)技术。戴拳击手套操练,显得很新鲜。但那次雨并没有下起来,此后也不记得还用过风雨操场没有了。记忆中,那里总是人烟稀少的。

民以食为天——吃在南开

双巷子的担担面,对南开的男生具有永久的魅力,但补充卡路里的重要场所还是食堂。

高中食堂在午晴堂西偏北，两者间隔着一丛冬青树的矮篱。初中食堂在高中食堂西南，隔着盥洗室和两座篮球场。这两座食堂与高初中宿舍面面相对，都是单层。女生食堂在受彤楼后，踪影不见，只好从略。

高中三年，每日三餐，三进食堂，累计在二千五百次以上，其频率仅次于教室、宿舍、厕所，位列第四，如以逗留时间计，可升到坐三望二。

高中食堂大门前边有三条小道，开饭号吹响前已有同学徘徊其间。吃饭号一响，立刻依年级次序排成整整齐齐的三队，由班长发口令，鱼贯进入食堂大门就餐，八人一桌，位置固定，长条凳，盛好饭后静坐桌旁，再听口令——起立、坐下，开动，立刻动筷吃将起来。

每天三餐都是白米干饭，早上豆浆，午晚饭另有上顿剩饭熬成的稀饭。饭是够吃的，这在抗战时后方的学校恐怕是仅见。所以有的学校学生吃饭窍门是第一碗平盛，赶紧吃完，第二碗堆尖夯实，尽量增大，好吃饱，晚了那就没有第三碗可盛了。我在考南开时，借住在中央大学宿舍，开早饭时，因推挤被折入半人高的粥桶，幸好桶沿较高，折腰悬空半响，才被人拉起，险些酿成惨剧。南开的饭桶粥桶豆浆桶很浅，桶高约六七寸，放置在一个木架子上。便于多人围绕盛饭，所以，那样的事故也是无从演出的。

米饭是抗战时配售给公教人员的平价米，质量太差，不仅是糙米霉米，而且沙子、稗子、谷壳也多，吃起来挑拣费力，大大影响吃饭速度，以致一顿饭下来，满桌都是谷壳稗子。这是高一时的情况，此后因为民怨沸腾，意见太多，米的质量改善了一点，不那么嗑牙了。

菜是四碗，早餐是干菜，有盐水煮干胡豆或干豌豆、丕兰、榨菜、胡萝卜、萝卜干等，榨菜多霉烂，不好吃，最受欢迎的是盐水煮胡豆和豌豆。中午四个碗都是所谓的大锅熬菜，常吃的记得有三种，一是牛皮菜；二是菜头，那就是做榨菜的原料，味厚重而片大，口感尚好；三是藤藤菜即空心菜。牛皮菜叶大帮厚，很大一棵，墨绿色，川黔农家往往用来喂猪，抗战时期也有拿来当菜吃的，这三类菜营养大概不会太差，但牛皮菜和菜头，都略带苦味。

星期三午餐打一次牙祭，吃一次肉，有萝卜或菜头炖猪肉或牛肉，这也是同学们向往和渴望的。

刚上高中，十五六岁的少年正是长身体时候，这点菜无论从质从量都不能满足食欲。于是，有些饭桌兴起了抢菜之风，只要有一位挟菜的频率加快，其他各位的筷子也不免加速运动，于是四碗菜很快就碗底朝天了。我们饭桌上就有一位倡导者，块头颇大，姓名忘了，私下号称"大王"。我们饭桌上何孝元计算，一天早餐，"大王"连夹豌豆二十八粒，观者神色沮丧，他却若无其事。熬过了高一，"大王"好像离校了，何孝元好像也走了，抢菜之风也渐渐消歇了。

别的饭桌大概要文明一些吧，但最后也都只剩一些残菜或者菜汤，于是吃得还不满足的到已吃完的饭桌上逡巡找一些剩菜剩汤，名之为"打游击"。饭终人散，总还有那么几位在桌间转悠，盛豆浆、干饭和稀饭。实在没有游击可打了敌人全消灭光了，就端着碗到食堂斜对面的小卖店（合作社）去买两分钱的酱油拌饭吃，记得有一位竟添了三次之多。

菜既不足，有些同学就每周从家里带点菜来，名之曰"私菜"。大约是一个广口玻璃瓶子，装点榨菜肉丝、大头菜肉末或肉丁炸酱之类，均取其能下饭，自吃或与同桌同学共享，有的要吃两三天。

这都是高一的事了。升入高二，似乎是余汝南发起，组织同桌每周共同凑钱到厨房添一个肉菜，其他饭桌也起来仿效。学校注意到了，便宣布有次序地可以去厨房凑钱订菜，每周一次，每次一大碗，开饭时派人到厨房窗口去取，但见是一大碗热气腾腾的榨菜炒肉丝肉丁炸酱之类，这样胃口大开，团结亲睦，乐也融融。不过只实行了一段时间，升到高三，"私菜"和到厨房订菜似乎已经绝迹了。

每到下午，热量消耗太大，四点以后，饿得不行，于是同学们开始津津乐道起双巷子来，学校禁止，故被称之为"走私"。老师在教导时，也用这个词。据说，抓住了要受罚，记警告（小过）一次。同学们谈起来时只是挂在嘴上，冒险的事也是不多的。

第一次我是随烟灰（王永泉）去走私。那是高一入学不久，校园东边有个小足球场，边上一丛竹子，同学缩头缩脑地穿过，外边是一层圈起校园的铁丝网，当时已经被先走私的同学弄一个洞，时时补上又时时弄开。我们钻了过去向右一拐，再向右再一转，进入一条窄窄的死巷，短短的石板路，那就是有名的双巷子了。

在朝北的一个门楼子里（大约有 3 平方米吧）摆着一副挑子，另有矮桌一张，是方是圆记不清了，几把矮竹椅，锅灶碗盆，面皮面条和佐料，一应俱全。吃的有三种——担担面、抄手和小面。我选吃小面，面条宽而白韧，加上酱油麻油、葱末榨菜末、冬菜末等，跟上海的阳春面差不多，碗小而浅，大概也就盛一两面吧，时无味精，但饿极的我觉得味道至为鲜美，一碗下肚意远未足，但也只吃一碗点缀而已。食毕，原道返回。有次去双巷子，只见一位同学面前摆了五六个碗，大概也就是吃了五六碗面吧，不免感羡。我不敢多去，有次听张昕若谈起他冒险的经历，吃完了出来一看，孙元福老师在铁丝网内逡巡，等着抓捕，吓得他只在外边躲躲藏藏，直到孙老师走才敢脱险归来。

双巷子外，在学校西边公路上陈家湾边有一个小面馆，我去过一次，面的味道大大不如双巷子，听后来女同学说，她们是那里的常客。

也是高三以后，学校为防"走私"之风在初中食堂办了一个辅食部，四点以后开张，专供面条和馒头（也许还有包子，没吃过，记不得了）。我也去过，面煮的有些糟，作料也少，吃起来时大大不如双巷子。辅食部好像也没有贯彻始终，不久就停业了。

由于长年住校，星期天逛街，见到诸多林立的饭铺，不禁食指大动，但多是被迫过门不入。只有一次去一家上海馆子二楼吃了一碗大肉面，那是一大块扣肉加冬菜末。另外，有次去了街对面一家小饭馆吃了一盘蛋炒饭。再往前走，就是食者吹捧的独尊饭馆，常听同学说那里边的红油抄手如何如何好吃，始终未敢问津。

路过小龙坎，公路边饭摊林立，招牌打的是豆花便饭，小笼粉蒸牛肉，摞得高高的冒着热气，帽儿头米饭，用个高底小碟子式的饭碗，饭堆得尖尖，像根竹笋，我只是逛逛看看。刚毕业后，到小龙坎一个小饭铺单独吃了一顿毛肚火锅，黑泥小炭炉子，上置黑色沙锅，那锅红油黏糊糊的，吃得满头大汗。此后又去吃过两次，一次在南京，跟张昕若、狄源沧、潘道扬四人一起。另一次在20世纪三年困难时期，一个人跑到绒线胡同四川饭馆吃了一顿，沙锅改为铝锅，倾倒了半锅豆瓣酱，汤汁一点不黏，头上出的汗浸透了手绢，像水洗过一样，绞了好几次。

另外，星期天同学周仁中发起打平伙，约了八九个人到汉渝公路旁的学生公社食堂吃平价菜饭，要的菜不少，最主要的是红烧肉，主食是小馒头，八九个人把盘中的菜吃得一口不剩，又用馒头蘸汤汁吃，把盘子抹得干干净净，就像水洗过一样。另一次也是周仁中出面，在磁器口旁的一个饭馆里吃了类似的一顿，不过是请客还是打平伙记不清了。不过吃后，盘子也抹得像水洗过的一样。"文化大革命"前见到老同学赵立生还保留着这种吃法。总之，我大吃的时候记得就有过这么两次。

大约是在高二吧，学校大门斜对面公路边上开了一家烧饼铺，卖葱油烧饼。晚自习时常由周仁中发起，凑钱派一个人去买来吃，烧饼热热的，葱香四溢，里面又夹有肥油渣，吃起来特别香。烧饼原来是5分钱一个，由于物价上涨，个头越来越小，于是添加大的，卖一毛钱的一种。两种烧饼并行，最先的却是越做越小，直到形如纽扣时，停止发售，专卖一毛钱的一种。然后随物价的上涨又新出两毛钱一个的一种，与一毛钱的并行，那一毛钱的也就日渐其小。随后又新添了一家。但烧饼卖到两毛钱一个以后，只见其日益缩小，而不见其开发新品种，最后这两家烧饼店都停业了，大概是因为售量有限而赔了钱吧。我们倒也学了一课战时经济学。

南开学生的零食，大概不外乎炒花生和花生米，还有炸开花豆，但吃者记忆中并不多，只是一次林骥在晚自习时买来一大堆青皮橘柑，吃得满头大汗，龇牙咧嘴，尚存留在记忆之中。

吃在南开和南开的吃，回忆就这些了。

宿　舍

南开男生宿舍共三栋楼，从东数起次序是第一、第二、第三宿舍。第一、第二宿舍两层，第三宿舍依坡而建，上边二层，下边一层一半建在坡下，算是三层。第一、第二宿舍是高中宿舍，第三宿舍是初中宿舍。

我在南开三年，住宿随年级迁升。高一在第二宿舍下层，高二升入第一宿舍下层，高三进入第一宿舍上层。宿舍各层一头开门，另一头封闭，不同楼层各自出入，免得互相影响。我在高三时从东边的门上楼，宿舍到此为止，我南开的住读生活也到此为止。

宿舍中间是走道，两侧用柱子隔开，隔以矮墙，成为一间间开放式的小屋，每屋有七八平方米吧，每间两侧外置双人木床二，内置单人木床二，共住六人。入口柱上写有竹制名牌。有学生姓名及床位号码，学生拥挤时把里侧单人床换成双人床，可住八个人了。每张床下放置一个活板木箱，可置衣物，脸盆等盥洗用具也放在床下。另外，每层宿舍之间对面各有一间小房，那是专门放置学生的箱笼细软的，上课时锁上，下午课外活动时间开放，也是同学密谈、密谋及开夜车的密室。

起床号一响，宿舍顿时地动山摇，大家纷纷起床，匆忙地去盥洗室盥洗，铺床，半小时之内，奔赴大操场升旗和做早操，每周一有朝会，由喻主任训示，再奔赴食堂吃早饭。

铺床仿军营式样，称之为整理内务。被子平铺，罩上白色床单要求平整如砥，四方四正，棱角分明，像一块豆腐干一样。有的同学专门在被子上铺上一条军毯，再罩上床单，还用称之为内务板的两块木板，把床单边缘夹成直角形，更显其平整。我既无此类装备、耐心和技术，勉力铺起，仍不免凹凸不平，以致后来军训教官检查内务，很少得蓝美或红美（好的评级类别），反而陆续得了八个劣级（相当于两个大过，见后《军训和教官》），好在已临近毕业，教官不再"较真"，算是混过一劫。

上午教官检查内务，铺好的床，不许再动或坐，到下午自由课外活动时才可以坐一坐，到睡觉前才可以打开。

起床号一响，立刻有同学窥视窗外，一见有雨立刻大叫，15分钟的早操是不用上了。于是各种噪声的节奏立刻沉了下来，更多的同学立刻倒下，拉上被子蒙头再去睡个小觉。

每层宿舍的两间小储藏室，成了同学们的密室，一些人常躲在里边密谈或开夜车。我在高二时发现与梁惠全对海军有同好，常去储藏室里大谈什么16英寸三联装大炮，3.5万吨级主力舰，直到他响应爱国青年从军时，还留给我一叠海军建设杂志和一堆翻译日本人写的日美开战的书。可惜过了一个暑假，那些书和杂志却不见了，不知是哪个有同好的同学拿走了。另外，就是晚上同吴增祺一起开夜车，苦背《离骚》，第二天考试，我是漏洞百出，而他的记性也不比我没有好到哪里去。

早操之后是早自习，然后是早饭，早饭之后赶回宿舍，略一徘徊，收拾点零碎又赶去上课。上午四节课上完去吃午饭，午饭后好像没有午休的习惯，略一活动，又去赶下午的两节课。两节课上完了，四点钟以后，课外活动时间到了，宿舍又热闹起来，谈天者有之，下棋者有之，看书者有之，从高二起好多同学拉起了提琴，从贝多芬的小步舞曲一直到初学的拉咿咿呜呜的空弦，一片弦歌之声。记得拉琴最勤的有虞锦文、刘克钧、何万华、杜世毂（杜世毂后改名石谷，在中央歌剧舞剧院做青年团和党的工作，又入了乐队，当第一小提琴的第二把，应当说是颇有成就了），张昕若则偶一为之。20世纪60年代初"文化大革命"前，见到他又随意拉了一下，居然有板有眼，确为天才。有一天，刘克钧对我讲他拉贝多芬练习曲的感受，说是好像描写一个人随意漫步的情趣，说时半闭着眼睛，歪着头，一副悠然陶然之模样，至今犹在眼前。我则木然惘然，真可算是"对牛弹琴"了。

另一批同学则忙着室内健身，似乎野猿诸君以此为必修功课。主要器械是哑铃和扩胸的弹簧拉力器，时间也不限于下午课后，一早一晚总是抓紧时间来那么两下。还记得何万华拉拉力器的形态,他所以得到"嘟嘟"的外号不是没有来由的吧。

晚饭以后,又到了上晚自习的时间,下晚自习,离睡觉还有半小时,同学们蜂拥冲进宿舍,除了打水洗脸洗脚和到小便处构筑"新的长城"之外,宿舍里真是热闹非凡。昏暗的灯光,朦胧的水汽,平添了几分热闹和神秘,熙熙攘攘的来往人群,有的抓紧时间下快棋,有的划日本拳——依拱扒呀扒呀扒呀扒斯雷堆拱斯雷堆依拱雷堆,有的比手劲借力打力看把谁推出圈外去。还有的打梭蟹,大叫三同四同,同花大顺福尔好斯,一旦熄灯号吹响,纷扰声一律停止,大家都上床睡觉了,但间有邻床同学仍在小语喁喁的,那倒是无伤大雅,高一时一些同学流行做矿石收音机,躲在被里听广播,倒也还是很安静的。

然而,不免也来了点"夜生活",高一时不知哪位睡觉嫌吵吧,叫了一声不大雅驯的字眼——Kou,不料引起共鸣,Kou 声四起,叫法怪异,致遭赵尊光老师弹压,我是邯郸学步,不知不觉,在叫声已歇之后,又大叫了一声,遭到老师严厉的呵斥,我仍不大甘心,与邻床的张继宁小声嘀咕,躲在一旁的赵老师听到耳里。不久,他突然亮起手电,抄下我的名牌床号,悄然而去,次日去训导处解释,还是记了一个小过。从此宿舍 Kou 声完全绝迹。

再一次小风波是在上了高三以后,一晚熄灯以后,不知哪位拍了一下肚皮,砰然有声,引起一场哄笑,于是群起仿效,拍出各种怪声者有之,拍出各种节奏者有之,此起彼落,错落有致,每拍一声引起一串哄笑,气氛很是热烈,次日还有推断是何声由何人所拍。教官发现,弹压无效,教官语停不久,又突然拍出一声怪响,于是宿舍两头拍肚之声此起彼伏,相互应和,在黑暗中与教官打游击,乐此不疲。大约过了一个星期,大家兴尽,拍肚之声,自然衰歇。

至于女生宿舍受彤楼,时在男生口中道出,但无一能探其奥秘,曾在男生宿舍窗口用借来的小望远镜偷窥受彤楼,但见三个窗口里都是黑洞洞的，杳无人迹，一无所获，反以此举颇具恶名。在20世纪80年代张皓若又提起过，可见此事流传之广，影响之大也。

盥洗室

南开高中的盥洗室是座低矮平房，位于第一宿舍南侧。其间有一排排水槽，那是餐后同学洗碗筷之用（碗筷另置于食堂旁的木架子上）。水槽有冷热水龙头，但热水龙头早坏了，只有冷水的，每天晨起，即夹着脸盆去洗漱，晚上睡前再挟着脸盆去洗脚（记得好像冬天有热水）。

洗澡是在水槽后边，夏天有淋浴喷头，自然是冷水浴，冬天则有工友烧一大锅热水，挑去给同学使用。在淋浴室内侧有几间隔扇上置人造大理石澡盆，每挑一盆热水，热气腾腾，一人入浴，则洗得舒服。我入高一那会生了疥疮，洗热水澡时用热气一薰，很是舒服，再抹上硫黄软膏，轻快至极。我的疥疮也终于痊愈，未曾再犯。

冬日洗浴是青年学生引起遐想的场合。同学傅全荣想象力丰富，也很直率，他面向我们娓娓谈起他的绮思，很吸引人的注意力。

盥洗室北边有一间小屋，那是理发室，有几把活动椅子（非一般理发店的椅子），几面大镜子，同学一入室，理发师即用推子把中蜩长起来的头发推光，似剃光头而又非剃光头，平头、寸头之类是不允许的。我刚入学，先由理发师把头发推成平头，受到训导处老师申斥，乃改推光头。毕业时同学开始纷纷留发，准备理西装头（分头、背头之类），我同潘道扬有些反感，相约直到30岁前不留头发。可我的戒约到1947就破了，潘道扬还在坚持。其后，他参军，1956年见到他，已经留发，梳起分头了。

在南开第一宿舍南侧，每周定期（大约是一周三次吧）有一排洗衣妇排坐在那里收发洗衣服、床单之类，价钱相当便宜。开头好像是一角五分钱一件，下次来时，交的衣服已经洗好并且叠好，从来没有误过事。衣服破了，也是她们补，价格也还便宜。

南开同学重视皮鞋，羡慕皮鞋。常见旧皮鞋上打上整齐的补丁，修鞋的大概也在这一带,但我没有补过皮鞋,修鞋的具体位置已经记不起了。

厕　所

现在重视文明建设,厕所也早纳入视野,清洁不必说了,还要讲究安静,什么星级厕所、豪华洗手间,要去宣扬什么"厕所文化"。回忆南开的厕所,实在乏善可陈,有的简直脏透了,尤以范孙楼北边那个大粪坑为最。但也有可记者二事,那多是厕以人传吧。

第一是在宿舍一楼内侧有一小便处,白天禁用,夜里开放,每熄灯前,这里人头密密排列,依次入座,以求一舒。阶下还有不少的候补者。高一四组时,同学 SK(傅全荣的笔名,即次恺,因为当时丰子恺的笔名为T.K)在班内自编的幽默漫画壁报《偶尔》上即绘有此景,题为"把我们的血肉筑成我们新的长城"壁报贴出,观者如堵,以后其他壁报(好像是《万象》)亦有仿作者。

第二是初中男宿舍南侧水塔之下的那座男厕,在南开诸厕中最遥远也最雅静。高三时某日忽见野猿诸君中有佩带 W·C 字样的徽章的,多方打听之下,得知他们已经组成一个 W·C 俱乐部,每天早上起床后即去那座厕所,相聚抽烟,于是跑去窥视,果然,人蹲一坑,喷云吐雾,状至舒闲,据说,徽章的设计者是余汝南,这是高三下学期的事。这时正值等待毕业后进大学的过渡期转型期,正像不少人从这个学期开始不再去理发店按学校规定理光头,而是让头发长着,好在毕业以后梳西装头,抽烟大概也同这一样,是为了毕业出校做准备吧。

医务室

南开医务室在高中食堂东南侧一所小平房内,里边经常有一两位医士或护士在值班。在我印象里,同学们不大生病,尤其没听说生重病的,大不了头疼脑热,吃几片阿司匹林之类的退烧药也就过去了。倒是打摆子(疟疾)是常见病,但病症不算重。高一时,我曾见同学疟疾发作情况,不过是捂在被子里叫冷而已。到了要发烧了，又开始出汗，到了高二、高三，发疟疾已无印象了。

倒是疥疮让人讨厌。高一时我传染上了疥疮，浑身上下尤其是手指和手指缝里长了许多小水疱，非常之痒，一抓水泡破裂，到处流黄水。四川人称疥疮为干疮，比较厌恶。我只好到校医室去看，领了一大批硫黄软膏来搽在患处，又在同学帮助下洗了个热水澡，把药涂在手够不着的地方，所幸病得不深，大约经过一个寒假病霍然而愈，没有再犯过，同学也没有再犯的了。

制　服

南开中学学生一律穿制服，初中男生穿黄绿色的童子军服，女生着阳丹士林蓝过膝旗袍，高中男生则穿麻布制服，戴学生制帽。

入学以后，在范孙楼入门甬道右转总务处柜台处交钱，领一身制服，制服是灰色平纹布，织时杂以白线，灰白相间，所以称为麻制服。同学家境好一点的，可以买一身三峡布制服，灰点夹白色，或称之为雪花呢，比之麻布制服厚实些。更优越一些的同学，穿定做的人字呢制服，类似后来的牛仔装，更厚实一些。另外，军训时发黑色绑腿一副，是否另外交钱，记不清楚了。

穿鞋没有具体规定，有布鞋有皮鞋。四川皮鞋质量本来就好，皮鞋有皮底，橡胶底和车胎底，其中一种柔韧的"牛筋底"最受欢迎。同学们很看重皮鞋，常常在早饭前后或课外活动时给鞋上油，用一块布打得锃亮，我很羡慕皮鞋，当父亲来渝时缠着他给买了一双，鞋面不错，鞋底是用几层汽车内胎缝合而成，没多久缝线断了，皮鞋就裂开一个大口子，颇为苦恼，后来就不知所终了。美国援华抗日时，风行美军翻毛军鞋，一些参加中国驻印军的同学也是人脚一双，令我羡慕不已。到了高三临毕业时，我同潘道扬一人买了一双仿美式军靴，轮胎底，相当漂亮，可是不久硬压下的轮胎就变形了，不免感到遗憾。

制帽本来没有受人重视，可是到了高三，大概是受电影里纳粹高顶军帽的影响吧。好些帽檐部分加上赛璐璐片，闪闪发光，帽顶高耸，同学纷纷定做了这种新形式的制帽。毕业照单人照时，好多同学戴此型帽入像，颇为神气、威武、潇洒。记得吴祖望的照片上就有这么一顶。当时美国军帽也是高帽檐。

高中宿舍侧边有一理发室，一律用推子推光头，不剃不理平头寸头，临毕业时，不少同学已开始蓄发，半长不理，已经为进入大学做准备了。

自　习

南开中学有早自习和晚自习。早自习在起床和早操以后，在教室里进行 40 分钟，直到早餐。早餐后，8 点钟就是上课了。

早自习多半是做头天晚上留下的数学习题，那自习有时也要默念一些英文课文、单词。在高一时我的数学不好，题做不出来，尤其是平面几何证明题，于是到早自习时找同学做好的习题抄下交上去。

晚饭后是晚自习，时间是 7~9 时，大家坐进教室，重庆电力不足，电灯昏暗得很，停电时尤其多，于是大家点起准备好的蜡烛，烛火荧荧，互相辉映。有时同学受不了，就凑钱买了一个"轻磅泡子"，即 110 伏电压的灯泡，哪料拧上后顿时大放光明，一片欢腾。可惜，"轻磅泡子"电流又太强了，寿命很短，不几天就坏了。只是高二时孙元福老师来当高中部主任，对着同学对电灯光不足的抱怨，他则是鼓励大家去买"轻磅泡子"，可惜亮不了几天，孙元福先生就因故离职了。

晚自习没有上课和早自习那么紧张，同学做习题的有之，看小说者有之，写日记者有之，还有不时回身到座位后与同学闲谈的。高三时，我坐在教室右后侧，晚自习时费宗祎、梅保华就不时回过身来悄悄地说两句。高一时，晚自习时同胡随善较劲，我们像行酒令一样，一人说出一个国家的名字，另一个人则说出它的首都名字。又互相背诵水浒的一百零八名好汉的姓名和绰号，还有红楼梦人物的名字和家系，或水浒传的回目，如甲说,"林教头风雪山神庙",另一人回答"陆虞候火烧草料场",一应一答饶有兴趣。胡随善是我在班上认为与张昕若同属天才之一。几十年后忆起这段往事,他已浑然不知了。呜呼,岁月之不饶人也。

当时大家都没有表,但是一等时间接近下晚自习了,大家警惕起来,像侦伺猎狗的兔子,两个耳朵竖了起来,若有所待。果然,下自习的号音响了,大家立刻跳起,一片忙乱,收拾东西,然后匆匆奔赴宿舍,准备睡觉去了。

运动会

南开中学重视体育,每年要开一次运动会,时间大概是春季吧。

运动会也很热闹,田径比赛之外,还有演出,各班都有拉拉队,标准的拉拉词是:

唏呖呖呖,莎啦啦啦啦,南开—南开—Ra—Ra— Ra

比赛时各班拉拉之声此起彼伏不绝于耳。同学演出,我有印象的有两次,一是新成立的野猿队,大概有张象山、王文煜、余汝南、罗明锜等人吧。他们化装成野人,披上毯子,毛手毛脚地跳了一阵,引起大笑。另一次是女生跳舞,用床单和蚊帐改装成舞服,出来跳舞,而且不止一场。男生对此颇为看不起,改拉拉词为:"唏哩哩哩,莎啦啦啦,被单帐子又来啦!"引起哄堂大笑。但女生对此视若无睹,敬业精神很强,照演不误,直至终场。

男女田径赛很吸引人,各班有自己的体育明星,寄予厚望,鼓掌助威,拉拉声不断。尤其是女生,崔君戒掷铅球,张德万短跑尤其出色。高一时我因出生月份晚就编入乙组,个子并不小,被同学推举参加200米短跑、跳高、跳远三项,都上了名次,而这也成了我的最高纪录。因为以后个子不长了,也许是南开伙食太差,缺乏营养的反映吧。

南开同学之间,是不以功课好坏论英雄的,只要有一技之长,如绑扎航空模型,好胡扯(被称为扯客),好"刮胡子",方人,都会成为名人。我因跑跳而一夜知名，毕业时每人填写纪念册、题字等，吴祖望写道，别看黎先智瘦瘦的个子，还戴着一副近视镜，可他跑起来像只兔子，云云。看来，我这点名声在老同学中间流传恐怕要直到本人"千古"了。

课外活动

每天下午两节课后，从四点到六点，是课外活动时间。这是南开学生生活的黄金时段，每个学生都不会放过的。

同学们的去向有三，一是教室内，二是操场上，三是其他地方。

课外活动开始，仍有相当多的同学留在教室内，多数是在做当天交下的数学习题，另外则有一些干别的事。高一时，许多同学迷上了航空模型，用买的滑翔机骨架按图纸切开来，打磨光滑，用香蕉水粘上，小心地放在课桌上或书柜顶上晾干，不小心走过去碰上，没干的胶水会使它四分五裂。另外复杂的一种是做大型滑翔机模型，用一把细木杆，切出机身，用木条切出肋骨及机翼边条和机尾一一粘上，再糊上半透明的薄纸，还有铁丝绕成的轮子，螺旋桨用橡皮筋缠绕，这就可以到操场上放飞了。还有些同学在做一些自己喜欢的事，如看书等。教室之中忽然有一位同学唱起歌来，立刻有好几个人响应，此伏彼起，这常是一些大型合唱曲，像黄自的长恨歌——渔阳鼓，起边关，西往长安犯；像徐志摩的海韵——女郎，回家吧女郎，壮士骑马打仗去了。各声部此起彼伏，颇有韵味。在高一时，傅全荣是吸引了全班的一个中心人物，常常在课外时间同一群同学围坐，由他拍着板眼，唱京戏，像四郎探母——听他言，吓得我浑身是汗，或者是珠帘寨——跨马三日游宫苑，宫娥彩女笑连天。还有马来歌——申垮哇啦哇啦申垮奎伸垮阁。那时一般在班上贴有自编的壁报，傅全荣自编自画的幽默漫画壁报《偶尔》，很受欢迎，贴出来时，观者如堵，至今仍然印象深刻，永不忘记。漫画模仿丰子恺风格，署名SK意即"次恺"（丰子恺漫画笔名TK），其中一幅是入睡前排队在宿舍小便处集体小便，题为"把我们的血肉筑成我们新的长城"。另一幅是下雨天，一个小个学生顶着脸盆由盥洗室冒雨向宿舍飞跑，果然很有丰子恺漫画风格。

到了高二，课外活动时间有的同学又流行在教室下围棋，落子很快。有名的有胡随善，几乎没有敌手。和他对弈的潘道扬不服气，我的印象是屡战屡败，50年后见面，双方说起来还是骄傲得很，谁也不服谁。但是从离开学校以后，两人恐怕就没下过几盘棋吧。

到了高三，又流行了弹棋——一个木制棋盘，四角有洞，下有袋，是落子处，用手指弹出木制扁圆形棋子，以全弹入者为胜，一如台球。新中国成立后五六十年代也流行这种打法，叫"克朗棋"，不过不再用指弹，而用木杆子打了。此艺最有名的是罗士元，弹指一挥之间，棋子纷纷落入袋内，角度之刁且符合力学原理，一时无与伦比。

第二个去向是大操场。大操场很符合标准运动场的规格，依坡而建，中间是煤渣跑道，共计400米，两侧是石砌逐渐上升的看台，南侧看台中心有一堡垒式石砌平台，那是举行朝会和纪念周上喻主任和老师训话的场所。平台前树立一根旗杆，每晨及夕阳西下时，由号兵吹升旗号和降旗号，路过者必须立正致敬，看台边之上是草地，上铺校训"日新日异，允公允能"八个大字。有天早上忽然同学之中出现小小骚动，有人悄然报告，说一夜之间，"允公允能"的校训，被改成"充公充能"了。我们赶去远眺，只见校训已经改回来了，销脏灭迹。到早操时喻主任集合大家，对此事大加申斥，宣布要下决心查出此案。但终于不了了之。直到四十多年后，看到南开老同学的回忆"沙坪岁月"，才知道那次恶作剧是几位高班同学的杰作，要不是多年后自行招供，就成无法破解的谜案了。课外活动时间一开始，同学常常到此活动，有些到体育课办公室借篮球、足球、排球来打，以篮球为最多，篮球场上熙熙攘攘，多半是自己投篮或上篮。傅全荣曾说，光着脚打篮球最适意。有时则临时组成两队互相比赛。上高一时校篮球队曾在沙坪坝学校篮球队比赛中得了个冠军，当时体育教师郗文星告诉我们，抗战前南开中学篮球队打遍全华北无敌手，号称南开五虎，现在的篮球队可说是小五虎，其中一名队员叫姜炎龙，是毕业班学生，我在南京上小学他读高班，获胜以后，毕业上了大学，至此杳无音信。另外也有踢足球的，我们级参加足球队比赛，我打后卫，那时两个小足球场只有大足球场的一半，足球也比大足球小一号，由于技术和协调不力，对手如入无人之境，带球攻入一球，大遭周仁中的不满，最后眼镜也打坏了，很是沮丧。两年时间里，我在球场上打坏了好几副眼镜，一直到高三，屡经配上的眼镜才得以保存下来。

同学们最热衷的还是在操场上放飞滑翔机模型，滑翔机的飞法一是手执飞，大约可以升到十几米高，然后平稳盘旋回落，用橡皮筋弹射即可飞到三四十米高。一种大型滑翔机用橡皮筋作螺旋桨，或从地面起飞，或手举着起飞，航程远，飞行平稳，一时操场上模型飞机此起彼落，让我们这些不会做模型的同学也大饱眼福。据说，一次重庆航模比赛，徐应潮得了个冠军，还破了全国纪录（大约接近一分钟吧）。高二时，消息传来，一次航空飞行表演，最有名的滑翔机运动员因飞机拉的钢缆钩断脱，滑翔机带着钢缆栽到地上，飞行员摔死了，不禁怆然。刚上高一时，操场上的坡上有一架初级滑翔机，我们常常坐上去，蹬舵，拉驾驶杆玩，未久开始报名学习，周光发报名参加了，我则没有报名，去参观了一次，只见两行同学有四五十名吧，像拉纤一样，拉着两条粗橡皮筋，一声号令，滑翔机弹射而起，飞了约几秒钟即着陆，一点也不刺激，大概弹射过几次就结束了。

课外活动的第三个去向是到处乱跑，一是到忠恕图书馆借书看书，人数很少；二是去宿舍拉提琴，举哑铃，拉扩胸器和下棋聊天；三是去壁报板前看壁报和到图书馆看报；四是去双巷子"走私"，吃担担面，溜到沙坪坝街上书铺和旧书店，总是玩到快吃晚饭才回校。我有一次溜到一片坟地，在供桌上躺了半天，回来时看见红皮教官从坡上下去，打了一个招呼，分头走去，最后是躲开那里散步和聊天。最后的去处是三友路，尤其是春花盛开时候，也去拜访老师，同学和我去过唐秀颖先生和孟志孙先生的家，他们住在津南村一色灰色砖砌平房里。有一次去津南村口碰到来访张伯苓校长的蒋介石夫妇，他们坐黑色敞篷汽车，有几个穿藏青色中山服戴礼帽的人跟着，蒋介石头发稀疏，面带红色，眉角有点皱纹，脸色略丰腴，真可谓"轻车简从"了。至于周恩来去南开，遭到同学围攻辩论的事，我不知道，事后似乎也未听到有同学津津乐道。新中国成立以后，交代历史，审查历史，也没有涉及此事。

南开之夜

熄灯号徐缓的响起，男生宿舍的电灯都关上了，同学们逐渐入睡，只有走廊尽头还有一盏灯昏暗地亮着，只是有的邻床的同学还在喁喁私语。不久，这一切也沉寂了。

这时你躺着，只有定时打更的梆子声音，其节奏是这样的：

二更——橐——橐！

三更——橐，橐——橐！

四更——橐橐，橐——橐！

五更——橐橐橐，橐——橐！

一到五更，你若是失眠或者早醒，那就躺在床上等天亮吧。

晚上睡觉，冬夜有时冷而且湿，那就盖上被子蒙头大睡。夏天则加上一顶蚊帐。蚊帐有圆顶和方顶，圆顶宽大而双层床上空距离较矮，挂起来四周有点别扭，方顶蚊帐的四角较大，同褥子大，挂上用起来就方便得多。

宿舍的害虫除了蚊子，别的倒也没有什么，也许学校的卫生搞得还可以吧。抗战期间在大后方肆虐的臭虫，抗战初期入学的同学不胜其苦，据在南开校刊上一位当年的高班女同学说，她躺在床上，臭虫成一条线往蚊帐上爬，再又一条线爬下去。我们入学时，学校已经采取了措施，在盥洗室西边有一排单间平房，那就是蒸臭虫的地方。每年春天学校通知把个人被褥拿起，由校工把高低床搬到那里去，用蒸汽熏蒸，一天之内，必定蒸完，而且相当的彻底。因此臭虫即告绝迹。至于学校、兵营常见的虱子、跳蚤，在南开宿舍里却也没有被发现过，在四川猖獗一时的耗子，现在已经没有印象了，似乎也不常见。只是苍蝇，在饭厅和厕所到处皆是，可算南开一景。但也早引不起轰动效应了。

南开的夜是静悄悄的，但也不乏憧憧人影，那是同学在开夜车了。平时不烧香，急来抱佛脚。每逢期中考试期末考试，总有几位同学要去开夜车。这时喻主任在纪念周上总是谆谆告诫，同学们不要开夜车了，如有车要开，就去开早车吧。在鼓励之下，同学们响应者寥寥。开早车似乎总也成不了风气。

南开禁止开夜车，入睡以后，一是躲到储藏室里，点一根蜡烛，苦背明天要考的课文。我曾和同学吴增棋这么干过，第二天考试效果殊不见佳。另外，就是移到初中食堂里去。在高二跟赵威侯一起去过几次，从宿舍一楼窗户里爬出去，跑到饭厅饭桌旁，点上蜡烛，拿出书来，先要做一些预备活动，聊聊天之类，一晃一个多小时过去了。往往无功而返。只记得有一次碰上高班同学毛秋文，他是四川本地人，跟我们大讲其所知道的艳史和自己的艳遇，记得是跟一个戏班子的女角度初夜之事，我们听得津津有味，而时间也就耗费掉了。

在高二时，从一本什么杂志上看到，拿破仑每晚只睡三四个小时，又有一本什么杂志介绍睡眠可分两截，晚上睡两三个小时，另外白天补睡一两个小时，精力照样充沛，工作效率不减云云。我同赵威侯决定实行，晚上睡一会起来开夜车，白天课外活动时再补一下。实行了几个晚上，不是晚上睡过了头就是白天补不成觉，搞得十分疲惫。这种大计最后只好不了了之。

在一个炎热的初夏，临近放暑假了，我同赵威侯、邓祜曾相约去鱼池夜泳。熄灯以后，躲过查夜的教官，溜到鱼池去游泳。鱼池黑黑的，只有在鱼池北边假山亭子那里，一盏孤零零的路灯点缀着我们的活动。大家不敢大游、打水，只是游悄无声息的蛙泳，不料橐橐的梆子声音逐渐临近，打更的来了，我们躲入池边的水草旁，大气也不敢出。未久，梆子声越来越近，只看见一盏提灯，黑影中走着几个人，煞有介事地巡查过来，真有点伦勃朗名画《夜巡》的味道，打更的走远了。我们才悄悄起来，只见一塘黄泥水，也顾不上冲洗了，又偷着跳窗户回到床上，睡一个肮脏泥泞的晚觉。从此，再也没有人想到夜泳鱼池了。

星期天

忙忙碌碌六天过去，该休息放松的时刻到了。

星期六上午在期盼中过去，下午上了两节可有可无的课，一看到了四点，就该放假了。一些同学开始忙碌起来，准备进城回家。

学校有校车在范孙楼前广场等着，送要回城的同学。五点开走，星期日晚饭前原车返回。

我们这些外地住宿生不免百无聊赖，再混上两个小时，等待晚饭。不过，有时也按捺不住，随着校车开走，提前溜出校门，街上遛逛去也。行动路线多半是出校门向左转走上沙坪坝主街，欣赏一些饭铺和书店，再朝右一拐，进入重庆大学和中央大学校园，欣赏其操场上的人流和路旁竖框架配卖的"平价眼镜"。再往回走一段，路过有名的独尊小吃店，再下坡就要到了磁器口了，但磁器口我没去过。或者改换路线南走小龙坎，参观拥挤的人群和卖小笼粉蒸牛肉和帽儿头米饭，还有豆花便饭的担子。再往回，走下汉渝一段公路，然后悠哉游哉地逛回来，去吃晚饭了。

吃过晚饭，晚自习自然不上了。天色昏暗，于是再度出游。去逛书店——这时书店里有明亮的灯光，适合于眼睛。沙坪坝有两家书店，规模差不多，两侧摆着书架，中间是一个大摊子，摆满了新出的书籍杂志。我最喜欢的就是在摊上扒着看书，效率很高。最常看的是一种叫"时与潮"（Time and Tide）的国际政治杂志，都是翻译文章，其中政论多被我略去，专注于采访记事。印象最深的是一篇围攻德舰俾斯麦号的记载；另一篇是太平洋战争之初，英舰威尔斯亲王号与利巴尔斯号被日机炸沉的记载。《时与潮》杂志政治倾向大概与国民党一致，属主流派。另一种复旦大学编的《文摘》，带有左派色彩，时唱反调，但可能国民党新闻封锁，很少见到。

那时大量翻译外国文学作品，尤以俄罗斯小说为最。我见过的有屠格涅夫的六部以年轻人的生活与爱情为题材的小说——《罗亭》《贵族之家》《前夜》《父与子》《处女地》和《烟》，看了前三本及另一本《春潮》，爱不释手。也看了托尔斯泰的《战争与和平》《复活》，这些书都是黄色土纸本。再就是巴尔扎克的小说，穆木天译，书名《从兄蓬斯》《从妹贝德》（后来傅雷译本名《邦斯舅舅》《贝姨》），译文低劣，看后不知所云。另有高名凯译的《朱安党人》，译文生涩，看不顺眼。还有福罗贝尔（福楼拜）的《波华利夫人》（《包法利夫人》）另有法国近世三大悲剧剧作家之一高乃依的名作《希德》，薄薄的一本，始终未能翻阅。狄更斯的《大卫·高伯菲尔》（即大卫·科坡菲尔，许幸之译），普希金的《上尉的女儿》《高加索的俘虏》，冈察诺夫的《悬崖》《奥布洛莫夫》，等也都看了，也很着迷。

到了星期天，我常耽于幻想。想带上一个面包，跑到杨公桥南面小山坡上，躺下看心爱的小说，仰看蓝天白云，应有无穷情趣。但迄未能实现，仍旧跑到书店里在摊子上扒着看书。那效率是很高的。有一个星期天，早饭后，带了两个烧饼去看书，晚饭前回来，共计看了五本小说，每本以200页计，一小时速度高达200页。而我看书时，对话、心理、风景描写、作者议论等是一体收下。回来时吃了一惊，就如我20世纪80年代给中学进修教师用一个小时讲了整个中国古代历史一样，真有点神来之笔之感。那都是可一而不可以再的经历了。

星期天也还是看书，不上街看，就躺宿舍床上看，这时很多流行的小说在同学中流传，我总是趁机截留，赶紧看完。计有：张恨水的《水浒后传》《八十一梦》，荆有麟的《间谍夫人》《小红姑娘》，无名氏的《北极风情画》《塔里的女人》。荆有麟的书写谍战写色情，无名氏的书又脱离政治，爱情至上，都受到尖锐的批评。我们却也照样兴致勃勃地在传看。抗战胜利，从原沦陷区运来一批武侠小说，有还珠楼主的《蜀山剑侠传》，在学校对面的旧书店里出租，租看一天一元钱，大家也抢着看，而且读得津津有味，什么三英二云、峨眉第三次论剑、绿袍老祖、血神子等不一而足。

在校看书之外（最舒服是躺下来看），就是去逛旧书店。从汉渝公路下边的一家起，逛到学校对面的两家，再到接近磁器口的一家，旧书店书多且杂，没有什么大逛头，偶尔也能发现一两本有用的书。高二那会，跟赵威侯在汉渝公路那家旧书店发现两本英文第二次世界大战相册，索价两千多元，犹豫再三，决定合伙购买，钱由我先垫着。买回来，看了各种空战、陆战、海战的照片和文字说明，爱不释手。可是赵威侯迟迟不交他的那一半钱，追问之下，才知被他的父亲发现申斥禁止了。这样，书的所有权就全归我了。赵威侯也不好意思再找我来翻看了。到了毕业，我把这两大本书带到南京，因乘飞机托运不便，托人海运带来，结果一皮箱衣物和书籍全遗失了，此事就此结束。

学校对面的两家旧书店的书虽不见更新，其中一本精装的张燕生著的什么书和胡随善父亲胡石青的《二十九国游记》，始终在架上摆着。一天，同学傅全荣在那书店架上发现一本人体解剖图谱，翻阅之下，大为惊叹，回来向我们描述忏悔，说他对面见到女人走来总不禁想起她们身上隐秘器官的部位和名称，非常别扭。我也偷跑到去看，略一翻阅，立即合上怕人笑话，过几天再去，此书已不知去向了。

最后一个偶然的机会，在靠近磁器口的那一家旧书店里发现一厚本彩色天文星图，是清末山西编练新军时从外国翻译的教材，价钱很便宜，买了回来和我的天文学藏书摆在一起。但几次播迁，已经遗失了。

星期天在沙坪坝活动看书、找书之余，就是进入重庆市区了。这多半是有些原因，即去取家里捎来的衣物之类，记忆中每学期大概都有一两次。

吃完早饭，在小龙坎乘去市区的公共汽车，经牛角沱、化龙桥、上清寺、千厮门、七星岗、直抵两路口的终点站。

办完事情，总好在两路口沿江一带徘徊，眺望，看看高坡下如带的长江及其随水位涨落而扩大、缩小的珊瑚坝机场。偶见飞机起降，也颇为惬意。坡下一条沿江马路延伸开去，那就是经民生路、林森路，延伸下去，就到达长江与嘉陵江交会的朝天门了。坡下行人车辆蚁聚，颇为耐看。一看就是一两个小时，坡顶上苏联大使馆红色国旗招展，也是一景。

混到中午，饭怎么吃，有一个出路，那就是两路口北侧有一家基督教青年会办的社会服务部，属于公益事业。吃一顿午饭很便宜。进去以后，有一个大厅堂，坐上一百多人，熙熙攘攘，几乎座无虚席。饭菜是仿美国公路旁快餐馆的形式。在玻璃橱柜里陈列着今天中午当家的几个菜，如萝卜烧牛肉、菜头烧肉片之类。交了很便宜的饭钱，选好菜，领券，到一个柜台前领菜，米饭，还有一瓷杯汤，是煮豌豆之类。一顿吃下去，所费无几。食客看样子多半是低级公务员，拥挤而不喧哗。但似乎只有中午一顿，早晚不再供应了。

又一次，在1945年秋天，或1946年春天的下午，我踽踽在两路口街旁，忽见有家小饭铺，门口张贴"营养牛肉汤"，一客一千五百元。这时抗战胜利，国民党忙于"劫收"，物价相对稳定，一千五百元一客是贵了些，不过自己还可承受，于是进去要了一碗洋白菜土豆块垫底，扣上一些牛肉块的汤，汤味鲜美，满意而归。这是我在重庆吃的倒数第二顿"大餐"，最后一顿是我毕业时在小龙坎吃的"红油火锅"。

吃饱了饭，再晃荡一会，就该回学校了。我从来不坐返校校车。那也在两路口停驻，而是坐公共汽车回家。吃晚饭，饭后照常上晚自习。返校同学大谈回家经历：赴宴会，参加舞会、会妓等。我则默默听之，实在乏善可陈也。

上学三年之内，除去两次暑假在外活动，另外也有几件与出校相关的事。

一是1945年初寒假，父亲来渝述职，接我去同住一个招待所里。我同他一起去看老朋友王光辉，他携妻女住在重庆谋职，满腹牢骚。他的女儿大妹王端一，1939年贵阳时的玩伴，这时已上高中，很是文静，一副淑女的模样。一天下午，我们从大人处拿了钱去看电影。重庆日机大轰炸后，电影院悉成废墟，盖上大席棚子放映。我们看的是美国电影《大盗佐罗》，泰隆宝华主演，最后以激烈精巧的比剑，击杀坏人而结束。真是十分畅适。散场两人不约而同提出重看一场，于是再买票进场，又欣赏了一次。

另一次是去看张大千的敦煌千佛洞壁画临摹展览。会场人头稀落，张大千临摹的壁画多属大幅仕女，恐怕只有神似。看后见到报上向达写文章批评，他剥去后期壁画，显现原先壁画，再行临摹，破坏文物，表现恶劣云云。因此对之心生恶感。直到多年以后，听到他年轻时伙同学生制作假画卖钱。又来往于国民党权贵之间，一副清客相。在敦煌临摹壁画又随意给洞窟编号，并继承旧时文人恶习，在洞窟里到处题识（其实字写得很不错），始终对时下对他的大肆吹捧提不起兴致来。

再有一次是看望父亲在洛阳的朋友胡梦华，我那时叫他胡伯伯，当时是流亡河北省政府教育厅长。1945年春天他住在歌乐山，那是我朝夕仰望的地方，远看去并不远，于是舍弃从小龙坎坐公共汽车去歌乐山站，而直接爬山上去。

开头一路走得轻松，到处是田坂，中有一处祠堂式建筑，上书"电雷学校"，但也荒寂无人（日后知道那是培养水雷技术人员的军校）。再往上走，就上了崎岖的山路了。路边一座亭子中有一黑色坟头，旁立一石碑，镌刻死者名字，密密麻麻有数百之多，最后署名戴笠，那是我已知晓的军统特务头子的名字，不禁毛骨悚然。后来据说戴笠对被敌所杀，和犯纪所杀一体看待，一律从优抚恤。那些死去的特务也不会都葬在一座大坟里，大概是纪念冢吧。

循小石板路再往上，又见路旁一个小洞，那是一座小煤窑。一个浑身黑污的窑工，从洞里爬出来，头顶一盏小油灯，身背装煤的背篓，就这样手足并用地爬了出来。

山路越来越陡，可是看不见什么房子和人烟，直到就要登顶，才见到路旁绿树荫中的一座小楼房。

到歌乐山胡伯伯家，泡了大半天，吃了中饭，看到他拿出来的夫妻战前合作的散文集，道林纸精印。临走时，胡伯母又送了一罐红烧牛肉，作为私菜带回去，尽兴而返。只是记不得是循原路下山还是坐公共汽车回校了。

那位胡伯伯抗战胜利后任天津市社会局长，天津解放，不知所终。

很晚才知道，我爬上的山就是有名的魔窟中美合作所，抗战胜利复员，中美合作所撤销，以至杳无人迹，直到内战爆发，才重新羁押人犯，连两个误入禁区的中学生也不放过，一直关押到被害。回忆我那时所走路途，渣滓洞没有看到，近顶的那座两层洋房子，可能就是白公馆。我在抗战胜利和全面内战间隙，侥幸爬过一次，未曾出事，可谓大幸。

泡茶馆

四川茶馆是很有名的，沙坪坝街上有一家规模很大的茶馆，地大人多，很热闹，我只是路过，没进去过。汉渝公路从小龙坎下来，直到嘉陵江边。路旁有还几家茶馆，规模似乎都不及沙坪坝街上的。进高一不久，一个星期六的晚上王永泉约我和周光发一起去泡茶馆，时间大约是初秋吧。茶馆开在嘉陵江边的一个不大的台地上，转眼望去，可以看到嘉陵江。时值枯水期，那江上有名的两块石头叫石门的已经浮现水上（水大了就淹没不见了）。水流平缓，月色朦胧，头顶上是黑森森的中央大学所在的松林坡。我们坐在竹条麻绳编的折叠木躺椅上。茶几上摆着三碗茶，口吃一根棒棒糖，坐对熙熙攘攘的茶客，真有少年情趣。

到了高二，又同赵威侯去过几次茶馆，也是在汉渝公路旁，经历多了，已知茶水有四种，即：沱茶、香片、菊花、玻璃。玻璃取名甚雅，其实就是白开水，巴蜀文化高，出口文雅，玻璃汉代就有发明，后来失传了，唐从西域（波斯）进口，以后虽然重新发明，但仍难传。《红楼梦》贾母身边有四个大丫鬟，鸳鸯以下，第四号的名字就是玻璃。贾宝玉的怡红院里也有一个大玻璃穿衣镜，曾让刘姥姥大吃一惊，可见玻璃之贵重与难得。还有另外一种茶饮，叫"炒米糖开水"，没吃过。晚上有小贩叫卖"炒米糖开水"的，远处只见一盏电石灯憧憧亮着，不知到底是什么样子。

冲茶的伙计叫"幺师"，手提一把黄铜大茶壶，壶嘴长而细，冲茶时，一手抓壶，一手托着碗盏碗盖，铜壶一侧，水成细线注入碗中，非常准确，待到注入约四分之三碗时,铜壶再一侧,水则停注,然后置碗盏于小茶几上,盖上碗盖,茶客就可以细细啜饮了。碗盖置于碗上,喝时可以揭起来,用碗盖撇去漂浮的茶叶,再略略盖上,撇去茶叶露出茶水来喝。

茶馆也是生活场所,我在四川一个小镇上泡茶馆,见到乡人头戴包头,身穿洗得发白的大半截蓝布长衫,脚穿草鞋,腰上系一根草绳,一清早从家里出来优哉游哉地就去泡茶馆,先打一木盆洗脸水,再去吃早饭,泡菜辣椒是少不了的。白天有三朋四友前来大摆龙门阵,或者打打纸牌,谈谈生意,说合各种事情。午饭晚饭都是在茶馆里吃,到晚上再要一木盆热水洗脚,再优哉游哉地回家睡觉。据说乡下茶馆还有点烟灯抽大烟的。

我们泡过的茶馆的茶客有许多大中学生,有的在茶馆里待很久的,但也没有到以茶馆为家的程度。抱一叠书来温习功课,做作业,写报告、论文者有之,谈恋爱者有之,摆开桌子打麻将打桥牌者有之,总之气氛比较轻松悠闲。

我和赵威侯档次太低,每逢来茶馆,就从柜台上的大玻璃罐子里买点棒棒糖、米花糖、水果糖来吃,花生瓜子之类的包在三角锥状的小纸包里,有时也买几包来剥一剥、嗑一嗑。然后在竹木躺椅上躺下,有一搭没一搭地聊聊天。有时考试在即,也抱着书本来温习功课,但不久精神就松懈起来,效率奇低,最后猝然警觉,挟起书回校了。这种泡茶馆的时间,大约是在星期天的下午,总共也只有四五次吧。

游 泳

南开没有游泳池,唯一的鱼池作为全校的水源,是绝对不准下去游泳的,而且只是一潭黄泥水,让人也不敢问津。同学们要游泳,只有到杨公桥去了。

杨公桥那里是一条小河,水流缓缓,是沙底,有一座桥,水也不深,下游还有一座滚水坝,那也是游泳的好地方。每逢夏日,同学们常相约去那里游泳,也不需要游泳裤,穿一条短内裤就可以了。我们先在桥下抓着桥栏往上看，但见跳水的同学摆出姿势来跳水，庄子的尾生不是在水涨时死守邀约弄得抱柱而死的吗？可是，我还从来没有经历过游泳淹死的场合。

初时，我还不会游泳，只有在洛阳城南的涧河随水漂流冲下过二三十米的经历，这时为了学游泳到图书馆借了一本万有文库学游泳的小书，躺在床上开始学习各种姿势，计有蛙泳、自由泳、仰泳、侧泳等几种。到了河水里，照此比划，唯不会换气。不料一天，真的无师自通，一个下午，在杨公桥下学会了换气，一下子缓缓游了一二百米，而且变换了各种姿势。我的游泳可算通过了。但终究是无师自通，姿势不能靠比划比划，后来听傅全荣传授经验，说他游蛙泳，是要把全身收缩然后再舒展开来，我也照此办理，最高的纪录是两千米，但速度是不行的，我见到青蛙游泳，也见到游蛙泳的人，那姿势跟我是不一样的。

另外，汉渝公路石门嘉陵江对面，有一个工厂，一个星期天的下午，大概是王永泉约我过河去到那里游泳，那是在渡口上筑了一个高高的坝，蓄了一池水，游泳的人很多。游了一下，就兴尽而返了。

游泳有印象的，一是杨公桥下的小河，二是鱼池游泳，第三就是这次嘉陵江对岸之行了。

暑假（一）——1944发购盐证

1944年的暑假到了，这是我进入重庆南开中学以后的第一个暑假。第一学年期末考试我两门功课不及格，一门当然是数学之一的几何，另一门也是数学之一的三角，好在分数都在50分以上60分以下，还不至于按校规留级或者退学。另外，品行也从原定的基本分的80分，记了两次小过，一次扣6分，共12分，落入68分，来了个丙⁻，即条件入学，也等于留校察看，以后再犯一点过错，即刻开除。以我初中的志得意满和刚上南开的兴高采烈，一年之内成了"品学俱劣"，我的沮丧是可想而知的。

正当我还在为如何度过暑假而彷徨无计时，来了一个消息，重庆市社会局要搞食盐专卖，要征集一批志愿者去发放居民购盐证，正好一群暑假留校无事可做的南开高中学生想趁此机会捞点外快，也见见世面，于是踊跃报名。对象限高二以下学生，报名十分踊跃，大约一百多人，大家兴高采烈，颇有拼搏一番，以求一逞之势。

我也报名参加了。同时报名的还有那时的两个好朋友，湖南人周光发，我们取外号叫他 following，因为他温和敦厚，少言寡语，我们两个干什么他都默默地跟着，所以外号追随者。另一个是王永泉，个子瘦削，面色灰败，像抽大烟的，早有一个外号"烟灰"，看似潦倒，其实很活跃花样多。在高一年级我们三人是好朋友，经常结伴搞一些小花样，倒也无甚大恶。

没有两天，一百多同学集中到市内的一处会所，由社会局负责人宣布注意事项、工作程序、报酬，他的话一完，几位高二的同学立刻起而质询，认为待遇太低，不提高就不干了。全场哗然，支持者颇多，主持者只好宣布休会和学生代表商量，我们是低班，还没有摆脱新毛头（Freshman）的称号，没有跟着起哄，只在一旁静听。休会期间，我们在二楼凭窗下眺，那里好像是都邮街，重庆最热闹的地方。1939年"五三""五四"重庆大轰炸未曾波及，街道还算整齐，两旁两三层楼的商店林立。那天是个阴天，正好逢到日军发动湘桂战役，长沙失陷，战况紧急，街上游行队伍进行募捐，鼓乐喧天，队伍打着横幅旗帜一路前行，后边多人张着一面大国旗，由商家和路人往里扔钱捐款。旁边围观者不少，有几个在捐款，路旁店铺内不时跑出一个伙计模样的人来往国旗里扔一些钱，声势浩大，但气氛却不算热烈，围观者不算多，捐钱的人也有一些，国旗中间扔下的钱也不算多。大概这时抗战已经七年，失地千里，又近来打了败仗，群众心态已经疲软麻木，民气已经不是那么激昂了。比起1938年保卫武汉的捐款大巡行的盛况已经大不如前了（直到第二年的9月的胜利日大游行，才出现了又一次盛况）。

经过一番纷扰，复会以后，社会局主持人宣布待遇提高了一些，大家没有异议，于是分配地段人手。几天以后，一位南开高班同学在《新华日报》上发表文章记述这事的过程，诸多谴责揭露，几天以后，社会局出面为文解释和驳斥。但因同学都已分散，没有掀起波澜。暑期过去开学以后，学校宣布，高班同学郑儒耿等五人开除，郑儒耿其人原来不知道，只听同学说他们几个思想激进，违反了校规，详情不明。我只怀疑是否同那次暑假发购盐证的纠葛有关。

我和following分到了长江边上的黄沙溪，大概在菜园坝黄沙溪之间还有一个什么小镇子，地图上查得到。那天下午我们整装出发了。重庆的夏天是闷热的，天空混浊，没有太阳，也不刮风。我们下两路口沿长江上经过菜园坝，那里好像是成渝铁路的起点，有一条隧道洞口额上书"菜园坝"三字。坝下是一条石子路基，但未铺轨，路基下边是一条不通汽车的路，再就是长江了。沿途房屋错落，又路过一处小镇，最后就到了黄沙溪。

黄沙溪也是一个小镇，有一条街。我们先去保公所接洽，被分到税务所住宿。那是一栋小楼，我们睡楼上，打地铺，吃饭则自行解决，到镇上小镇去吃。也没有洗澡的地方，只好打盆水擦一擦。办事则是在保公所的堂屋台阶上安了一张桌子和两把椅子。第二天一大早，居民蜂拥而至，嘈杂不堪，拿着户口簿领购盐证，我们一一登记核实，再把填好的购盐证发下去。开头两天人相当拥挤，过了一阵，人来的稀松了，最后几天人更少了，以至下午也可以出去走一走了。

吃饭时在小镇街上，我们尽量简单，只吃面和粉，只是粉别有风味，是蚕豆做的，煮上一碗浇点卤子差可充饥。这也是我生平第一次吃这样的饭，价格也便宜，大概是两角钱一碗吧。

晚上躺在地铺跟一位税务员聊天，他是怀才不遇，在那里混饭吃。思想激进，一副当今愤青模样。我的思想还比较保守，也有正统观念，不时激辩。他拿来一本莫斯科外文出版社出的斯大林文集——《论列宁主义问题》，是从七星岗新华书店买来的。这是我第一次见到马列主义书籍。在贵阳时躲空袭警报，一个进步青年被特务枪杀，参观后群众说在他身边有一本《长征两万五千里》给收走了，是听说，书没见到，更没有打开来看一下，以至错过了一次接受马列主义教育的机会。

一个下午，天气闷热，我和following相约去长江边游泳。江边沙滩上水深及膝，江水混浊，我那时脚上长疮流脓，衣服脱下来放在岸边，在水上扑腾两下，眼看帆船被纤夫拉扯上行，沿岸的江水汩汩而下，却一点也解不了我的燥热，也没洗涤身上的汗垢。又见一团团东西漂在水上顺流而下，原来是一坨坨的大便，大感恶心和沮丧，赶紧爬上岸来。待到走上岸边一看，岸上放置的衣服已经被五六条狗搅得七零八落，其中两条正在撕咬我的两只袜子，赶紧驱走。只见它俩各叼了一只袜子扬长而去，顷刻不见踪影，沮丧之余，只好光着脚穿鞋回去。

这样大概干了不到一个月，购盐证发完了，补贴也领了，大概有一千多块钱吧。买了好几件夏布短袖衬衫，本色没经染过，很粗糙，回到学校又混了几天就开学了。

这就是我的第一次兼职经历或者社会实践，前后不到一个月。

另外，对于左近的地方是否有什么风景，也缺乏探索的兴趣，只听说沿长江岸石板路而下，是另一处小镇大渡口，那里有著名的钢铁厂兵工厂，我们曾沿江上行，想去看看，行了一段路，终于半途折返。

发购盐证直接与民众打交道，忙碌而烦琐，后来听另外的同学说他们找到保公所，把任务交代下去，由保公所代发，于是十足当了一回官僚，什么也不用做，安逸得很，我们有点羡慕，但也没有太后悔。

工作结束了，就准备回校，我找到一条小路，从长江边越山过到嘉陵江畔，于是走复兴关北上，经过一条曲折崎岖的山路，翻过山冈，往北去。天气闷热，饥渴难耐。半途见路旁一个小店，挂出卖"泗瓜泗"的牌子，知道那是什么冷饮（后来猜是上海话"西瓜水"的谐音）。那冷饮是很贵的，八角钱一大杯，过去在路旁看见过卖这种冷饮的，舍不得买来喝，这时处在半途，身上又带得有钱，于是咬了咬牙，买了一杯，果然喝了通体透凉，十分清爽，成了一次记忆中的几次冷饮经历：第一次是在巴生中华学校课间休息时吃纸杯冰激凌；第二次就在此处；第三次是在1947年在北平西单吃圣代和切成块状的法式纸包冰激凌；第四次是在西单一家小吃店吃宫廷冰镇奶油点心(最近才知道那叫"冰乌他");再一次是在三年困难时期过去吃信远斋的冰镇酸梅汤;又一次是20世纪60年代在东单小吃店吃宫廷点心冰镇杏仁酪,两角钱一小碗;最后一次是2002年在加拿大与小女儿全家在旅游途中吃的麦当劳大杯奶昔。

暑假(二)——1945抗战胜利

一九四四年是动荡的一年,先是日军为了打通所谓大陆交通线,发动了河南战役。没有两天,洛阳失守,日军直逼潼关。又没几天,日军发动湘桂战役,长沙、衡阳、桂林、柳州相继失守,日军打到独山,贵阳震动。国民政府计划迁都西昌,蒋介石发起十万青年从军运动。我家逃难,一度下落不明,最后落脚到汉中。李宗仁为汉中行营主任,于是1945年暑假,我回汉中过暑假。重庆到汉中的车还算顺利,走的是重庆—三台—绵阳—广元—直抵汉中。

住在汉台,相传是刘邦封汉王的地方,内有图书馆碑亭,嵌上各种石刻,还有望江楼,可远眺汉江。那楼年代久远,上楼吱吱嘎嘎作响,好像随时都能塌下来。

这里是汉中空军基地,每日飞机轰鸣声不断,坐在家里听引擎声就能判断出是哪一型飞机,如P38、B25、运输机C46等。

汉中什么样子,没有好好看过,似乎很冷清,去过一座游泳池,只见那水是土黄色的。没去游过,汉江更是远眺,没有到过了。

过了大约一个月的样子,日寇投降了,举城狂欢,我也急着回重庆去赶开学。可是这时汽车票售罄,最后只好坐一辆运钢筋的车当黄鱼,此车只达广元,到了广元再去坐到重庆的车。

这两天有雨,我和一位搭客,他是某地警察局局长叫高晴仑,又名高霁昆,站在卡车车厢里,一路行来,山岩上的雨水直泻而下,淋了一身,好在是夏天,完全可以承受。

到了广元,停下来,找公路局,没有车,淋着小雨,改去找开车运输的美军，我用破碎的英语说有两个人要去成都，他们拿出纸笔，写下了一个人要一万五千元，我只好废然而返。当时凑巧又有车去成都了，赶紧买好票，趁夜色渡过嘉陵江。到了广元对面公路旁的一间小旅馆住下，准备第二天上路。当时诗兴大发，作诗一首曰："巴山夜月朦胧过，愁教征尘添几多。细雨轻舟嘉陵渡，点点渔灯惊碧波。"诗为写实，但也只此一首，再无新作了。

夜里大雨倾盆，第二、三天不断，前边传来公路已冲断，车不能走了，只好在那小旅店住下，此后一住几天，虽然雨停，但前车折返，路未修好，始终不能走车。

这天下午遛到路边一个小山岩旁，嘉陵江从那里湍急而过，经过这个山嘴即改向。一路下来一批木船，帆橹俱下，只是顺流而行，势若奔马，不料一艘运米的船操作不当，一头撞在小山嘴上，立刻粉碎，断船碎板冲波而下，只见几个船夫在水里游泳挣扎，一会全没了踪影，此事震撼人心，但也无可奈何。

终于雨停，车又开始南行，到了绵阳，一路上公路桥被山水冲断的有好几处，到了绵阳，住了一夜，忽然又是下雨。当日天色阴沉，到处忙碌，街上饭铺在烙大饼。我们去买，已告知全被订下。傍晚发水，嘉陵江称为大河，旁边一条流入嘉陵江的称小河，大河发水，倒灌入小河，把绵阳淹了半个城。我们住在旅馆，准备了床板条凳，一旦水涨就在床上搭铺睡。水渐渐淹没到台阶，侵入地板下面，只听到地板底下老鼠乱跑，一会儿全没了声息，想来都已经淹死了。水仍在慢慢上涨，院子里的水也漫了出来，上边漂着一条条蛆，好在没有续涨。但是到重庆的路不通了，我们困在了绵阳，在大街上，到处是庆祝抗战胜利的红纸和对联。有一副对联是：中国捷克日本，南京重庆成都。可谓绝对，至今仍在记忆之中。

没处可去，就去泡茶馆。头两天车来的桥，已经冲塌了，小河水还是很大，但已有了渡船。我们坐在茶馆，见到一条船挤满了人，在河中心载沉载浮，旁边有人说不好要沉，只见船老大跳入水中，手足并用，用狗刨式飞快地游走了,再一看船没有了,沉掉了。只见一堆黑脑袋,顺流而下,一会儿就无影无踪了。这是我经历的两次沉船事故。据说,这批乘客因涨水滞留此地,急于回家,却遭到这场厄运。

重庆被冲断的路始终没有修好,车上乘客急不可耐,想改走成都再到重庆,与司机商量,司机云汽油不够。于是大家又凑钱给司机去买汽油。一天折腾,到了傍晚才上路。我坐在中间中排,是一张加凳,凳上唯有帆布靠背。我倚在帆布椅背上开始打瞌睡。突然一声巨响,车掉到一个坑里,全车人大哭大叫,客人多数碰伤,我却十分幸运,连皮也没破。

爬出来一看,原来下过大雨,路基松软,为了修补,沿路挖一道横沟,在它前边不远,树了一个木牌,写着前边路断,请绕行。出发时,来了一位路局的稽查,坐在司机助手位子上,跟司机聊得很热闹,没有看到指示牌就开了过去,结果掉进了坑里。一说稽查说的高兴,把脚伸到车前,司机看到有坑,打算刹车,一脚正好踩到稽查脚上,出了这次事故。司机助手因为稽查来了,把助手座位让出来,他坐到了车头前的保险杠上,这时车陷进坑里,保险杠把助手两条腿夹住了,稽查督着乘客抬车,车没抬起来,助手已经痛得昏了过去。下午三点多出发,折腾到天黑,救护车开来,大家又回到绵阳,找旅店住下。九点多钟,掉到坑里的车又拉出开回来了。司机助手腿也没断,因为雨后路基松软,全是泥土,石头也没一块,总算不幸中之大幸。

成都去不成了,乘客找司机讨回汽油钱,司机不干,双方大打出手,司机动了铁锤扳手之类,好在没有伤人。我没参与,但也感到悻悻然。

经与公路局交涉,即改乘另一辆去成都的车,这样,很顺当地到了成都。

在成都住了一夜,又改乘去重庆的车。这天到站——遂宁,住了一夜。第二天就回到重庆。这时,暑假已结束,即将开学了。

1945年就在胜利的欢乐与回乡复员的热潮中结束了。1946年开始,准备毕业了。

暑假（三）——1946 毕业以后

毕业考试一如既往，成绩甚差，数学仍旧不及格，最后总成绩单出来，数学总成绩仍是不及格——丁，其他各门课基本过关。

1947 年

准备回家了，这时家已到了开封，我即邀当年考高中的同学郭文灿和家在北平的同学潘道扬一起同行。郭文灿没有等到，同潘道扬一起买了两张长途汽车票，从重庆去到宝鸡，再转开封。

复员高潮中，多有走水路的，但轮船票不好买，坐木船太冒险，沉船的消息时有所闻，想下来还是走陆路，驾轻就熟也。

果然，这条川陕公路已经是走第五趟了，哪里的旅馆价钱相因，少臭虫，都很熟络了。每到傍晚停车，我往往先从车窗下去，赶紧第一个去找旅馆，一路无事，平安到达宝鸡，再坐火车去西安，经潼关到洛阳。洛阳车站显得破旧，日军攻占时墙上弹痕犹存。住了一夜，次日去换火车，人群汹涌，我施故技从窗口往上爬，前边一人堵住窗口，我把他托了上去，不料他转身挥手招呼人，把我的眼镜架子打破，我一怒之下，还了一拳，这一拳没打到人，把窗玻璃打碎了，玻璃碎片掉下来，划破了我的手，当时不管三七二十一爬了进去，趁着人不多，爬上了行李架，弯身躺下，这是三年前从洛阳到潼关坐闯关车的经验，一路无事。带着流血的手背，到了郑州。

在郑州住了一夜，打票去开封。1938年蒋介石炸开黄河，迄今缺口还未堵上。日本人修了一条铁路，从郑州北上到新乡的小冀再南下过旧黄河到开封。我们走的就是这条路。坐的搬运牲口的敞车，干草马粪犹在。我们在夕阳引导下逶迤而行。到了小冀，又换了客车去开封。

当火车行近开封时，开始爬坡，这是黄河旧道，真不愧为一条地上河。到了坡顶，也是河底，经过一道旧堤，顺坡而下，坡下就是黄沙半埋的开封城墙了。其中还有一个半沙埋的体育场，据说是抗战前开华北运动会修的。

到了开封，终日无事，正好教会学校招生，我报考了辅仁和震旦，当时与潘道扬相约，非北平的大学不考。辅仁大学在北平，随便报考了一下，我的目标是北大，辅仁考上了，震旦始终没有去考。

在开封玩了铁塔、龙亭还有相国寺、梁孝王歌吹台和繁塔。不久即坐火车去武汉报考，北大、清华、南开三校联合招生，这是最后一次，报名要择校，发榜也是各报各发的。

从开封到武汉，不再走小冀到郑州了，这时黄河已经用枕木搭成木桥，火车以极慢的速度通过，每小时五公里，桥下是汹涌的激流，车行时，木架子咯吱作响，似乎随时就会倒塌，令人提心吊胆。

郑州以下，火车上的人多极了，沿途不时看到用汽车发动机改装的小车厢，据说，这是因美军飞机屡屡轰炸，所以日军改用汽车发动机行驶，当然我们坐的已经是蒸汽机车拉的列车了。只是在郑州站上还是见到被美机击毁的火车头。据说，一发大口径机枪子弹能射透锅炉钢板，挨上一枪，机车就报废了。到了信阳以北的下花园，人们开始紧张起来，据说这是新四军中原突围过路的地方，铁路则刚修复，车行也慢，表面上看不出什么战火痕迹，过去了多少松一口气。

到了汉口，记得是住在父亲的中央社武汉分社那里，打地铺睡沙发。气候酷热，每晚两三点才能入睡。发粘的汗把褥子都湿透了，而且身上要发臭。我们白天逛街，吃干辣面，看江湖棋手摆棋局。要考试了，考试地点在武昌中华大学，我们又搬到周光发那里去住了两个晚上。考试完了，我们就回开封了。

这时等候发榜，也准备上北平去，于是父亲借到南京办事之机带我们一同走，坐铁闷子车到徐州，车行极慢，时走时停，走时车厢接头，一路响过来，从远到近，到本车厢震动一下，我们知道车要走了或要停了。那车走的极慢，真如人所说，从慢行的车上跳下小便一次再跑回去赶上车，一点也不误事。

到了徐州，父亲去拜访徐州司令部的官长据说是守过衡阳的方先觉，又去铁路局，划了三张头等卧铺票。车厢规格比陇海路的绿钢皮差多了。一夜到了浦口，坐轮渡进入南京。

未久即发榜了，潘道扬考上了清华电机系，我上了北大先修班，心中有些懊丧，到了南京无所事事，先去赵威侯家借宿一宵，他家大概很讨厌我吧，又搬到一个旅馆里，找到张昕若、狄源沧，吃了一顿毛肚火锅，自己躺在地板上看租来的武侠小说，我们很欣赏一个小说的爱情悲剧，后来才知道那是王度庐的以言情入武侠的名作，也就是电影《卧虎藏龙》的原本。

到北平或经上海坐船到天津，或坐飞机。父亲设法搞到了飞机票，届时去明故宫飞机场又要挤下一个人来，当时决定我先走，潘道扬后去，我上了飞机，那是中央航空公司用军用运输机改的民航机，两侧有两排帆布坐椅，中间一排行李，人坐在行李上，飞机起飞，从窗口看到侧面的紫金山中山陵。中午到了青岛，这是个军用机场，一些人下去，我立即占了一个位子，等我吃饭回来，那位子已被另一个乘客占了，只好两人合挤一个座位。到了北京，已是傍晚，飞机降落时俯瞰北海、颐和园，宛如人间仙境。飞机降落在西郊飞机场，坐交通车到王府井，又叫了一辆黄包车到了汤一介家里。过了一个星期，潘道扬来了，又搬到他家里。去看电影，游北海、颐和园。未久，北大先修班准备开学，我们住到了四院仁字楼 11 号宿舍，那时正好下了一场新雪，漫长的暑假结束，前后花了四个月，从此开始了我的大学生活。

(二)上课和老师

高中课程和任课老师

南开高中三年，还记得一些所学的课程和任课老师。各门课程之中，国文、英文、数学三门是必说的。每周上课各占六小时或以上。一周课表排得满满当当，一周共计五十六课时。

回忆重庆南开高中的国文课

1943 年秋，我考入重庆南开高中一年级第四组。最主要的课程是国文、英文、数学，每周各上课六节，每周一天下午国文课还有两节作文，当堂交卷。国文课本是自编教材，兰灰色封面，黄色土纸铅印。据同学说，那是一位有名的姓叶的先生编选的，但上学期他已应聘到武汉大学当副教授去了。课本到手，兴致勃勃地翻阅，似懂非懂之间颇饶兴味，亦颇为惊诧它选材之宽和多样，是以前的课本包括古文观止之类所未见者。记得有枚乘《七发》的观涛、《古诗十九首》、曹丕《典论论文》、王粲《登楼赋》、《史记·信陵君列传》《鲁仲连列传》、韦庄的《秦妇吟》、金和的《兰陵女儿行》、孔尚任的《桃花扇余韵》。大部分课文不仅从未见过，作者也是闻所未闻，时间拉得很长，从汉到清各朝都有。很久以后，才对这些课文的作者和篇章的来历有了一些较多的了解。

讲课的老师叫李平阶，湖南人，一口长沙话，据说是蓝田国立师范学院毕业，黄侃（季刚）先生的学生，章太炎先生的再传弟子。一身蓝布长衫，颇有一些迂夫子气。我们总猜他在哪些地方保留着一点章、黄二先生的风范。他教课非常认真、执著，逐篇逐课逐段逐句逐字讲解，大讲我不大懂的文章的好处，也许这就是所谓的"高头讲章"吧。常应同学之请，吟诵古文，声调摇曳而悠长，抑扬顿挫，起伏有致，就像唱歌，或者念经一样，那腔调和神情韵味想学也学不来的。

我们就在李平阶先生的刻意卖力的教诲下，兴致盎然地听讲、背书，那从未见过的课文是那么新鲜，背起来又是那么有劲，同学时常课下仿效，包括模仿戏曲中表示人物动作情态的术语，如"做上楼科""做跑步科""作撕打介""作背书介"。以致今天还记得不少课文片段，象"吾先以为君天下之贤公子也，吾今乃然后知君非天下之贤公子也"(《鲁仲连传》)，"中和癸卯春三月，洛阳城外花如雪。东西南北路人绝，绿杨悄悄香尘灭。路旁忽见如花人，独向绿杨荫下歇"，"劝君举棹东复东，咏此长歌献相公"(《秦妇吟》)，"将军既解宣州围，铙歌一路行如飞。行行东至瀨水上，乃营金屋安玉扉"。"天蜈紫凤贴地满，流苏百结垂珠玑"，(《南陵女儿行》)"山松野草带花挑，猛抬头秫陵重到。残军留废垒，瘦马卧空壕，寂寞萧条，城对着夕阳道"，"野火频烧，护墓长楸多半焦。田，羊群跑，守陵阿监几时逃。鸽翎蝠粪满堂抛，枯枝败叶当阶罩。谁祭扫，牧儿打碎龙碑帽"，"俺曾见金陵玉殿花开早，秦淮舞榭莺啼晓。哪知他容易冰消。眼看他起高楼，眼看他宴宾客，眼看他楼塌了。那青苔碧瓦堆，俺曾睡风流觉，将五十年兴亡看饱。那乌衣巷口不姓王，莫愁湖鬼夜哭，凤凰台啼枭鸟"，"赋一曲哀江南，放悲声唱到老"，"陈隋烟月恨茫茫，井带胭脂土带香，骀荡柳绵沾客鬓，叮咛莺舌恼人肠，中兴朝市繁华续，遗孽儿孙气焰张，只羡楼台追后主，不愁弓矢下残唐"(《桃花扇余韵》)。这些片段恐怕已经永远铭刻在同学们的记忆里了。前几年，看电视台专访，老同学汤一介就背了一段哀江南曲，恐怕是人同此心，心同此理吧。

李平阶先生的解释是很卖力的，我们不仅知道了韦庄的秦妇吟先以为佚去，不料自敦煌遗书中发掘出来了。金和是有名的同光体诗人，《南陵女儿行》中的将军，嘲讽的是解宣州之围的湘军勇将鲍超。瀨水何在，也有解释，可惜现在忘了。孔尚任的《桃花扇》中，李香君坚贞不屈，最后入道，侯方域晚节不卒，当了清朝的官。杨龙友人品猥琐，依违于侯李之间，借李香君自杀碰壁的血扇绘出了桃花图。以致康熙时演出《桃花扇》，剧终那些钱谦益、侯方域之类落水的官们，唏嘘不已，久久不散。当然，这些文学史上的掌故，只是零碎的，但也同课文一样，成了永久的记忆了。

李平阶先生讲课有一个缺陷，大概是太重黄侃先生的师法了吧，他很鄙视白话文，认为是"引车卖浆者之文"，而大大地推崇文言文，大讲文章里有什么"文气"。对一些同学的文言作文，往往给判高分，并在课堂上令这些同学朗诵，对那些用白话作文的同学最高也不过判七十五分。我本来对白话文言并无成见，李平阶先生的古文我也很欣赏，照背不误。可几次作文一下来，最高只得七十五分，因此产生了一种逆反心理，你赞成的，我偏要反对，故意与文言唱反调，与同学辩论，推崇白话，说从胡适倡导文学革命以来，白话已经出了不少名篇，像朱自清的《背影》《荷塘月色》《桨声灯影里的秦淮河》、鲁迅的《秋夜》，还有冰心、徐志摩，连同《老残游记》开篇，游大明湖，听黑妞说书，那不也都已经载在初中课本上而让我们背诵过的么。一到下课，文白双方辩论不已，其势汹汹。李平阶先生自然支持一方，但效果不佳，只好由他的同学级任老师周化行先生出面，在一个月白风清的春夜，组织一场文白优劣的辩论会。双方各执一词，最后周先生做总结，认为今后文体的发展方向应当像《大公报》社论那样，半文半白，不文不白，这场辩论才算平息下去。虽然双方仍有些悻悻然。

但是我的作文仍照例只得七十五分，有一次仿照他常用的口气，卖力地编了一段文言故事，把李先生欣赏的句子，改头换面全用上了，自以为有了点"文气"。不料，李平阶先生把我找去，质问我那篇东西是从哪里抄来的，我解释说是自作。可作文发下来，尽管文从字顺，鲜有改动，但还是个七十五分。我就放弃努力，随他去吧，始终成了个老七十五分的学生。从此，我感到李平阶先生对我有了成见。他好在课桌间穿行，手捧课本在念，有次我无心伸脚绊了他一下，几乎让他摔倒，从此就不再理我，到周化行先生那里反映我的劣迹，再加上我有前科（两次警告，相当于两个小过)，再加上一次自择题演讲，讲的是水的人生观，说是要像水一样无定形、无定向，随遇而安、随波逐流，遇缝即渗，逢隙必漏，全班为之愕然。又大讲数学无用论，有同学说至少可以训练思维能力。我反驳说，既可以训练思维能力，何不训练猴子学数学，使它可以进化为人，全班又为之哗然。到学期之末，我的品行只得了个丙下——近乎不及格——条件入学（留校察看，再记一小过即时开除），连同理科两门不及格，我得了个品学俱劣的污名。终高中之世，始终没有翻过身来。

当我神情沮丧，背着条件入学的枷锁升入高二时，李平阶先生不再露面了，听说到别的地方教书去了。不知是不是因为我的顽劣气得他去另谋他就，或者学校当局因我的表现而没有续聘。不久后，就传来他吐血逝世的消息，我不禁为之恻然。然那几段他教的课文和他吟诵的神情和腔调却已经永远铭刻在心了。①

高二国文改由贺昌群先生讲授。贺先生是国立中央大学历史系的名教授，据说抗战时期家境贫寒，为了多得点收入才来兼课的。贺先生面容清瘦，常着一袭浅灰色长衫，满口成都官话，嗓音清亮，掷地铿锵作金石声。南开中学自编的国文课本不用了，改用商务印书馆出的国文课本。纸是灰白色麻纸，较黄色土纸细韧。贺先生讲课似乎比较平稳，不如李平阶先生卖力，上课来下课走，跟同学接触不多。课文记得有《滕王阁序》《蜀道难》，还有《离骚》。那个离骚可苦了我们，一次中考前与同学吴增祺下半夜躲在宿舍储藏室苦背，第二天考试默写，仍是丢三落四，错漏百出。贺先生可能因为事忙吧，作文次数减少，大约改为两周一次，批改也比较简单，听说是由夫人代劳，不知确否。

新中国成立以后，贺先生担任了中国科学院图书馆馆长，开会时见过两面，由于"畏大人"的心理作怪，没敢前去向老师道契阔，只是私下读了他的论文和书。

---

① 其实李平阶先生并没有死去，仍在南开继续教书。我们毕业纪念会上，他的题词赫然在焉，可是粗心的我没有看到，铸成了我在南开高中所犯的四大错误之一。

从高二起文理开始分组，我们是高二一组（文组）。理科两门课选一，是球面三角和立体几何；文组则国文选、英文选两门课选一，我选的是国选，教师是陶光先生。

陶先生略显丰腴，长着一件月白长衫，口音是地道的京腔，陶先生清新俊逸，风雅蕴藉。他讲的是唐诗，那哪是过去国文课那样的高头讲章式的讲解，简直是在讲一部唐代的诗歌史。他先讲了唐诗分为初盛中晚四期，又介绍了前人对唐诗的评估，有杜甫的"王杨卢骆当时体，轻薄为文哂未休。尔曹身与名俱灭，不废江河万古流"，还有韩愈的"李杜文章在，光焰万丈长"，"蚍蜉撼大树，可笑不自量"，赵翼的"江山代有才人出，各领风骚数百年"。开讲的第一首诗是王梵志"梵志翻着袜，人皆道是差。乍可刺你眼，不可隐我脚"。说这是当时的白话诗，但只讲了一首作例子。然后是王绩的"东皋薄暮望，徙倚欲何依"。再往后是王杨卢骆、沈、宋、杜审言，张若虚的《春江花月夜》、陈子昂的《登幽州台》，他不讲格律、平仄、对仗，只是娓娓而谈，潇洒自然，一首诗一首诗地启发我们如何去欣赏。同学张昕若说，陶先生真是诗人，他的讲课就是诗。我们陶醉其中不觉熏然。我们反复吟诵春江花月夜"江畔何年初见月，江月何年初照人"，"不知乘月几人归，落月摇情满江树"。又反复吟诵李白赠汪伦"桃花潭水深千尺，不及汪伦送我情"。又听他介绍李白的"饭颗山前逢杜甫，头戴笠子日卓午"，还有杜甫的"清夜沉沉动春酌，灯前细雨檐花落，但觉高歌有鬼神，焉知饿死填沟壑"。那感受仿佛自己真成了一个唐朝的无名诗人了。

陶先生讲课发的是油印的诗选，白文，没有注解，字大如钱，足以保护目力。其实我们也无需再在昏暗灯光下像背离骚那样去背诵唐诗，那是随时随地随口都可以背出来的。讲到盛唐，讲到高适、岑参、李颀、王昌龄、王之涣、崔颢、王维、孟浩然、李白、杜甫，不知不觉中，一年就过去了。陶先生讲起课来很轻松，随手拈来一些趣闻，像讲完崔颢的《登黄鹤楼》诗以后，又讲到套用和尚帽子被风吹掉的诗："帽子已随大风去，此地空余和尚头。帽子一去不复返，此头千载光悠悠。"讲孟浩然诗说他在唐明皇前献诗"不才明主弃,多病故人疏"。遭到玄宗不满,不再叙用。告诉我们说,把孟诗改头换面去咏庸医:"不明财主弃,多故病人疏"。我们坐在下边痴听,陶然有出世之想。

一年过去了,唐诗没有讲完,陶先生像来时一样飘然而去了。不过并没有不知所踪,我们打听出来他到云南大学中文系当讲师去了。可能我们高中二年级听的唐诗课就同他在大学中文系上的一样吧。新中国成立以后,打听到他还在云南大学中文系,大概是当上了教授,世事几经变迁,时隔五十余年,现在可真的不知其所踪了。

升入高三,国文老师换成了有名的孟志孙先生。他教高三文组国文和国选,孟先生在学生中有很高的威望。1997年我去上海看望病中的同学沈锷,他讲起高一高三他跟我都是同班同学,他高二入的理组,升到高三,是因慕孟先生之名又转到了文组来的。

孟先生中等个,平头,眼睛有点发黄,常着一身学生制服,有时也着布长衫。大概是久居天津吧,一口天津腔,常被同学所仿效。他是中央大学英文系的学生,常念出一些字正腔圆的英文单词和句子来,例如:"烟士披里纯","真理是一个永远攻不破的球门","无所为而为的玩索"。常常提到"我的老师胡小石",还有哲学家伯格森、注淮南子的曾任安徽大学校长的刘叔雅(文典)。也常提到我们上一班的同学常正文、萧辉楷,表示很欣赏,说"萧辉楷,也是我们老同学",那当然是两位高材生了。

看来他是先做了一些调查的,第一堂课他就说,你们是文组,不要妄自菲薄,这里有的同学有些特长,理科也是很好的。像张昕若,他数学好,还会篆刻书法,还有黎先智,他懂天文学。我听了如果不是受宠若惊,那也是感到有些飘飘然的。

高三的课,讲先秦诸子,使用自编教材,蓝灰色封面,黄色土纸石印或铅印,一上来先发了几篇铅印讲义,即《史记·太史公自序》中的太史谈论六家要旨,《汉书·艺文志》叙论介绍九流十家,并且连带讲到诸子是否出于王官的学术争论,介绍了胡适的诸子不出于王官论,还有别家的说法。

这哪里是国文课，简直就是国学概论，也是学术思想史。孟先生娓娓而谈，除了"我的老师胡小石"以外，也常常推崇王念孙、王引之父子，焦循的《易籥余录》，崔适的《洙泗考信录》，张之洞的《书目答问》，还不时蹦出一些目录、版本、校勘、训诂、考证方面的知识，都是入门的东西，不过少而精，我们从一无所知终于得窥国学的门槛了。

接着是《论语》选读，然后是《孟子》选读，计有公孙丑、离娄、滕文公、告子等数篇。孟先生详细介绍了孟子的辩才，说他是词锋锐利，气势磅礴。说"予岂好辩哉，予不得已也。"其实哪是不得已，他是以辩论为乐，一直要把人逼到墙角处，讲时一步一挥拳，一拳一拳地打到墙角去，真好像把对手打得无处可逃一样。又讲到孟子与告子辩论人性善恶问题，告子主张人性无与善与不善，是中性的，孟子反驳，说人性之善犹水之就下，人无有不善，水无有不下，其实人性和水之就下是两种性质的东西，比较起来有一点不伦不类。像水和人性不免在逻辑上是置换了概念，近乎强辩，而且看不到告子是如何反驳的，不免是个弱点。另外，讲到孟子与许行弟子陈相的辩论，那倒是声势浩大，制造陷阱让人自己跳，层层剥皮，弄得陈相理屈词穷，是一大成功。

孟先生一天讲到孟子"乡愿，德之贼也，非之无举，刺之无刺"。这是最可恶的了。和光同尘，随波逐流，同流合污。心知其坏，却也挑不出半点毛病来。口气愤然却也无可奈何，似乎是心有所感吧。我们受了感染，大讲其乡愿。一天，同学张昕若突然发现有位同学礼数周到，口气谦逊，显得虚伪，"非之无举，刺之无刺"，那不就是乡愿吗。于是，背后均以乡愿称之，并且对他的言行总怀疑是不怀好意。如今已过六十多年，那位同学依然健在，一点也没有乡愿气息，同夫人一起出了一大本回忆录，而张昕若已经逝世几十年了。

记得第一学期还选了几段《老子》，但印象不深了。

考试总免不了背书，但孟先生考试别出心裁，而且用了填空的办法引出一句，默出下句，相当于唐朝科举的帖经，这确实比过去大段大段的背书要轻松多了，尤其与苦背离骚相比，真有天壤之别。

第二学期本是讲荀子、庄子、墨子、韩非子、公孙龙，但孟志孙先生认为可能有的篇章象《墨子》那样，文学价值不大吧。墨子和韩非子就不再讲了，集中力量选讲了荀子的《天论》《性恶》和《劝学》，庄子的《逍遥遊》和《齐物论》、《天论篇》，"天行有常，不为尧存、不为桀亡"，《性恶篇》"人之性本恶，其善者伪也"。孟先生特别指出，这个"伪"不是虚假之伪，而是人为的意思。逍遥游"北冥有鱼，其名为鲲，鲲之大不知其几千里也。化而为鸟，其名为鹏，鹏之背不知其几千里也。海运则将徙于南溟。南溟者，天池也"。肆肆洋洋，不可方物。我们真被那种恢弘的气势和诡奇的思想跳跃所迷惑了。尽管没有读墨子和韩非子、公孙龙，孟先生也还是对他们的学派作了一些介绍，就好像读了一本国学入门，那对以后的学习可是大有裨益的。

国选则读《楚辞》，第一学期先读《九歌》，介绍了《九歌》时代与作者是什么，各说之中有认为是民间祭神的歌舞，但与屈原不相干，如像胡适持此说。一说九歌是汉歌辞，还说是宋玉所作，又一说《九歌》是经过了屈原的改作的。又介绍了《九歌》的几个注本，有王逸的《楚辞章句》，洪兴祖的补注，朱熹的《楚辞集注》，戴震的《屈原赋注》，还有一些学者的见解如闻一多、游国恩等。孟先生认为九歌原是民间祭祀之歌，是经过了屈原的再创作，注入了他的思想感情的。连带着有一些考证，例如胡适认为春秋战国讲"河"系专指黄河，九歌的河伯是祭黄河神，而楚国国境没有到过黄河，以此证明九歌非屈原所作。而孟先生即考证楚国国境是到过黄河的，九歌并非就不是屈原所作。这里对什么是考证，怎样去考证，那是很有益处的。

第二学期讲《离骚》，这是读第二遍了，但一点也不觉重复。孟先生将《史记·屈贾列传》作了介绍，而且讲了屈原的家世和生平，不但把屈原忧国忧民、怀才不遇、有志难酬、被人诬陷的情怀发挥得淋漓尽致，而且大讲其考证，介绍各家之说，仅一个"摄提贞于孟陬兮，惟庚寅吾以降"，屈原生年问题，他就讲了两节课。他详细地讲了什么是摄提（是星座名，是岁星名还是太岁名），又详细讲了孟陬、庚寅。介绍了陈旸、刘师培、汪曰桢三家关于屈原生年的考证，孟先生提到的汪曰桢的《历代长术辑要》我借来看过，那是很厚的一叠线装书，令人不敢卒读的。篇末乱曰是"国无人莫我知兮"，"吾将从彭咸之所居"。什么叫"乱"，又是一通各家的考证，使人感到既博且精，以后上大学教大学做学问可以说是孟孙先生这一年打的底子。

孟先生的作文课也有特色，其一是命题广泛，曾有一题是分析一篇清儒考证短文，另一题是翻译一篇英文课本上有关莎士比亚的短文，还有一题曰"我"，另一篇是自由命题。这些作文的打分也有讲究，第一学期大多得乙，至多乙上，期末偶有得甲下者。第二学期判分普遍提高，甲下、甲已不再少见，到了期末，最高的连得了几个甲上，大概孟先生以作文水平的提高来激励大家吧，对同学的鼓舞作用是很明显的，到底同学作文水平是否普遍提高了，那就不得而知了。

作文的批语也有了一定套路，似乎是储备了很多，到时根据对象分别挑出写下，不然，哪里去找这些情致各别、丰富多样的孟先生特有的批语呢。记得我的一篇作文批语是"刻画入微，风致楚楚"。另一篇自编的一个故事是"此间有真意，欲辩已忘言"。我常揣摩这些批语，介乎似懂非懂之间。

1945年抗战胜利，1946年我们高中毕业了，孟志孙先生也复员到南开大学中文系去教书。一别经年，"文化大革命"中我去拜访他，客气一番彼此无话可说。他欣赏的高材生常正文成了大右派，萧辉楷跑到香港，当了《读者文摘（中文版）》的编辑，都是"另类"了，恐怕也没有什么话可讲了吧。

1946年南开高中的三年读完了，三年来始终在数理化不及格补考和条件入学之间苦苦挣扎的我，终于松了一口气。只是国文课仍旧感到有无穷的回味，觉得自己大有长进。我忘不了孟志孙先生教我们如何做学问，陶光先生教我们如何欣赏唐诗，就连促成了我一个条件入学的李平阶先生想起来脑中也升起一股温暖之感，时不时想起他的桃花扇"建帝飘零烈帝惨，英宗困顿武宗荒。哪知还有福王—，临去秋波泪数行"。再见吧，我的国文课，再见吧，我的国文老师。九歌终曲礼魂："成礼兮会鼓，传芭兮代舞，姱女倡兮容与。春兰兮秋菊，长无绝兮终古"不正是我三年国文课的写照么。

英　文

大概也是每周六节，高一老师是吴砚农，湖北人，身材不高，脸圆圆的，一口湖北腔，戴一副黑框眼镜，穿一件黑色长袍，似乎外加黑色马褂。

课本好像是商务印书馆出的，似乎选了一些名家作品，记得有雨果的《悲惨世界》里冉·阿让带柯赛特出走的那一段。老师娓娓讲来，很是动人。同学们都为柯赛特的悲惨境遇难过，又因为一个陌生人从德纳第尔夫妇那里把她搭救出来而欣慰，以致同学胡随善得了一个柯赛特的外号，那是由于那个冬天很冷，胡随善脸冻得通红，流着两挂清鼻涕，手长了冻疮，显得可怜无助的缘故。此外还读了华盛顿欧文的《Rep. Van·Vinkle》(《吕帕大梦》)，老师讲《悲惨世界》的故事。我知道冉·阿让是法文发音，他只是家里穷，饿极了，为了失业的女工偷了店里的面包，被捕入狱，出狱后又从收留他的神父家里偷了银器和一个小孩手里的铜币，好心的神父宽恕了他，他也从此一心向善，但又被一个该国的警察沙威追捕，以致逃亡，途中救出了受苦的柯赛特。当时只知道一个梗概，看到全部故事，那是悲惨世界全翻译出来以后的事了(南开图书馆藏了万有文库第二集，里面就有悲惨世界，不过当时不知道)。至于 Rep. Van·Vinkle，老师解释那是荷兰名字。此外，还念了沙氏乐府中的《暴风雨》《仲夏夜之梦》。还有一些短篇，那是要背下来的，有林肯的《盖底斯堡演说》，某人的《Give me liberty or give me Death》，还有《The Dignity of laber》。那些名篇我也勉强背过，可很快就忘了。

每周还有两节文法，是选了一本书《Tanner》全是原文。读起来不懂，也没怎么在意，干脆不念。好在考试并非考文法，也就随它去吧。

大约上两周课，有一次作文，当堂交卷。我像鬼画桃符一样地去凑数，后来发现老师教的 phrase 很有用，于是随意编造，像 So……as，As……as，So……that 等等，居然得心应手，似乎老师也没有发现我是在反复套用。总之，一年下来，英文成绩平平，大概也只有七十多分吧，对于功课压力尤其是数学压力很大的我来说，可谓是松了一口气。

到了高二，英文老师换了卢子材先生。他是南开中学的老教师，矮个子，胖胖的，像个小球，似乎一拍他的头就会跳起来。卢子材先生教课似乎并不很叫座，讲到自认为精彩处，他会自己笑一笑，自得其乐，我们也不计较了。

这时课本里有大量的文学作品选读，计有狄更斯的《大卫·科波菲尔》还有契诃夫的《The Bet》——打赌说到打赌的一方因耗不起准备去杀掉出局的另一方时，已经很不耐烦了。狄更斯的《大卫·科波菲尔》开头讲他如何出生，儿时最早的印象。还有《Ship wreck》(《沉船》)。另外就是哈姆雷特那段有名的独白"To be or not to be，This is the question"，大家都要背下来。但我的记忆力似乎只能到第一句为止。四十年后，张昕若出访德国，当即背了一段，语惊四座。我 1988 年到英国，只背了一句，外国教授接着背了下去，没几下也就卡壳了，他颇为自己的记忆力抱歉，掩盖了实际我只会一句的水平。

课本照念，作文照做，我却没怎么提高，这么混到高三结束，英文成绩大概还是在七十分上下。

到了高三，课本也同样是选一些文章，我记得有几篇散文印象颇深，一篇是一个独坐一节夜车车厢里遇见一只蚊子的感想，一篇是讲一片湖水的风景，还一篇是讲一个法国少年，作为鼓手唱着马赛曲参加从马赛进军巴黎的经历。这几篇下了一点功夫，还和潘道扬合作译了出来，发表在开封的一家报纸的副刊上，那篇有关蚊子的散文是狄源沧最欣赏的，认为很符合他的幽默风格。而今狄公已逝，不知还有谁记起这篇课文。

还有一篇短文，是讲莎士比亚故乡斯特拉福镇的，记得当国文老师孟志孙先生作文课即以此文为题作翻译。张昕若得分为乙上，而我为乙。比较原文，两篇译文似乎无甚差距，其一处，他译为"贯穿"，我译为"贯串"，为何判分不同，迄今原因不明。

从高二开始文理分组，而国选、英选，任择其一。我选的是国文选，国选、英选同时分组上课，不知英选选的是什么。到了高三，我已知和同学们的差距了，那就是英文不下工夫，只念了个半吊子，功亏一篑，没有过关。而同学的英文就像骑自行车和游泳一样，已经运用自如，随心所欲了。同班的唐贤耀已经交了一位美国朋友，每周英文书信往返，我很是羡慕。到大学后决心一定学好大一英语，结果还是不行。此后参加工作，没有机会再接触英文了，"文化大革命"中被批斗劳改靠边之余，无事可做，又看了几本英文小说，如《福尔摩斯探案》《三个火枪手》《基督山伯爵》和李约瑟的《中国科学技术史》1、3、4卷（第二卷太深，没敢看），自忖英文有点进步。"文化大革命"过去，果然一忙就放，一放就忘。不象好多同学，他们一开始似乎也没有怎么抓英语，可是后来运用自如，新中国成立后改学俄语的同学也不例外。象张昕若几十年后照背莎士比亚哈姆雷特独白，而且可以用英文写简历，而我却越来越差劲，现在已和英文文盲相差无几了。

数　学

高一的数学是平面几何和平面三角，老师是谁已经记不得了。我上课经常走神，或私下偷看小说，不怎么用心听讲。几何是要证题的，一个∴（因为）∵（所以），我就证不出来。越是证不出来，我就开始放弃，因为苦于做习题，早自习时抄同学做好的题一交了事。当时有我这样困难的同学还不在少数，他们手中常有一册厚厚的精装上海出的几何学辞典一类的书，一查，我们做的习题那些书上都有。我却无此兴趣，也无此精力，总觉得辞典上抄答案，算不得好汉，自己抄一遍别人的题，至少知道了题是如何证出来的。同学周光发说证题时可画一些辅助线会有用，有些难题，给他一画，果收奇效。但我再去画，乱七八糟，还是证不出来。这样，我的平面几何考试只落得个丁，即五道题里只有三道比较容易的题，可以勉强证出，另两道不会，而证出的三道中又不免出些小纰漏，要扣几分。总之，是达不到六十分及格的底线。再一补考，还是个丁。

至于平面三角也是一样，sin、cos、sec 似乎懂了，但也做不出来。尤其是要运用对数，课本里虽有对数表，但查起来天书一样，并没有全懂，也不知怎么还原，个别同学有计算尺，只知它同手表一样，越精密越好用的，总之，我高一一年，几何三角考试成绩之差，也就可想而知了。那时，只好用 20 世纪 30 年代中学校园的趣联"恋爱何必三角，人生哪有几何"来安慰自己了。

进入高二，学校想来是要对这些补考也不及格的同学激励一番吧，特别办了一个补习班，由伉铁健老师主讲，在忠恕图书馆楼下教室上大课，济济一堂，大约有四五十人。老师以严厉著称，同学畏之如虎。不过这种场合他倒也还客气，没有指名骂人，大约教了半年不到，进行了一次小考，好像也勉强过了关，是否列入正式成绩，就不得而知了。

进入高二，我的数学改为大代数，原先课本范氏大代数不见了，由另一本厚厚的代数教科书代替，授课老师是唐秀颖先生。

唐老师当时二十六七岁，个头不高，一口带有鼻音的发粘的上海普通话，嗓音嘹亮，声波远播几个教室，那是足以振聋发聩，震撼人心的。唐先生讲课很认真，很细致，逻辑性强，同学们都悉心听讲，没有一心二用和打瞌睡的。就连我这样的顽劣的不成材的学生，向来好在课堂上走神、一心二用或干别的，但是唐先生的课上也仍旧细心听讲，一点也不疲倦、走神。所幸讲的都能明白，也增加了我学好数学的信心。在做习题上，也做了一些努力。但外骛太多，课外时间都去干了些别的，仍然不免早自习时抄人家做的题交卷，但要紧的是自己要弄懂。唐先生隔不久就有一次小考，我得到过七十多分，居然超越了及格线。她在考卷上是激励有加，批上"Fine fair"等等，给我鼓励不小。后来我才知道，这类批语不是给成绩好的同学，只不过是"还不错""还可以""有进步"之类的意思而已。

可惜我的数学细胞太差，还不能多多理解、多多地领会她讲课的精义，每逢中考或期考，仍旧是出五六道题，其中两道是难题，要动一些脑筋的。我还是只能按容易的三四道题照猫画虎地去做，最高也就是60分吧。中间再有一些小错扣掉几分，我的最好成绩也就在56~58分之内徘徊了。她有时用一种同情而怜悯的目光看我们这几个差等生，觉得我们不争气，我们也一心想报答她的这种关切，但无奈实力不足，依旧只能来个丁——不及格，去补考，还是个丁。这个丁，一直带到我毕业的总成绩单里。

唐先生讲课兴奋了，英文名词脱口而出："A^{square} plus two a b plus B^{square} equal to zero"等都出来了。还讲了比较难一点的解一元三次方程式和一元四次方程式的特例解法，即卡登式法和费拉里式法。我们依着葫芦画瓢，也颇有收获。讲到数 n_1，n_2，n_3，…，n_n，…，n_{n+1} 这我们也懂，最后讲到了解析几何，讲到坐标 x 坐标 y，一点在两个坐标之间移动为何能列出方程式来，此时，成绩好的同学已经理解到从解析几何开始学微积分了。

数学是最令我头痛的一门课，也是我对唐秀颖老师怀念最深的一门课。

关性天先生的世界史

南开高中时历史教员，先后有过几位，有几位听说教的很糟，汤一雯、滕宗汉，最知名的是方慕韩先生，但我都没有听过他们的课。从高二起，关性天先生给我们上历史课。他的知名度逐渐超过了方慕韩，成了具有巨大吸引力的一块光芒四射的磁石。

关先生大概原来是单教历史，但1944年春季，原训导主任赵尊光先生从军了，关性天先生就兼了训导主任，仍教历史课。

关先生训导主任任上似乎政绩无可足述，因为他对学生并不严厉至少在表面上维持一个客客气气的局面。但是他在课上却有巨大的影响力。

关先生教的是世界历史，而且是世界近现代史，但仔细想来，他教的内容已经一点记不得了。他还教公民课，内容也一样地想不起来了。

同学们最有兴趣的是他的时事分析，开讲没几分钟，就放下正课开始讲起时事来。以至有同学呼吁他讲时事，他也有求必应，从不拒绝。

那真是一个风云变动的伟大时代，巨大事变层起迭出，不断以新的冲击震撼着人们的心神，从1944下半年到1946年夏天，同学们不断地卷到一个个的政治漩涡里去，那时班上订了三份报，一到近午，报送来了，同学们就把它们张贴在教室墙壁上，计有《大公报》《中央日报》和《新华日报》，大约也代表了左中右三种政治倾向吧。一到课间休息，同学们总抢上去看看，这就不免窃窃私语，乃至大肆议论，关先生也趁机大讲起来。同学们认为他的分析很透彻，因此就和高一受到李平阶先生影响，重文言轻白话，大讲"文气"一样。关先生在绝大部分同学那里起了导向作用，真正算是我们的时事导师了。

关先生的政治立场是鲜明的也是坚定的，他扬国抑共，挺美反苏。但不直说，也不骂人，也不攻讦，而是"摆事实，讲道理"，貌似客观公正，不偏不倚，侃侃而谈，启发和引导同学自己去分析，再在关键之处画龙点睛地说上一两句，于是同学们豁然开朗，恍然大悟，做出了应得的结论——原来苏联和共产党是如此阴险狡诈，说话不算数，翻云覆雨，得寸进尺，让同学们觉得他们简直是霸道已极，罪无可绾。

那些年，大事纷繁，雅尔塔协定，波兰问题，打败德国，波茨坦协定，中苏同盟条约，日本投降，外蒙"公决"独立，然后是美苏争霸，冷战。

那两年，国内大事也不少。争取民主宪政运动，国共两党谈判，抗战胜利狂欢，接受日军投降，毛泽东访问重庆，双十协定，旧政协，国共接收东北之争，张莘夫事件，遍及全国的反苏游行，停战协定，军调部和军调小组，中原突围，内战开始。我们中学毕业了，关先生的时事课也告一段落。

关先生的影响是巨大的，每当他指斥时事，画龙点睛地点出结论，同学们不禁惊叹发声，做顿开茅塞之状。好些同学课下与人谈论，也是引据关先生的论点，侃侃而谈。

同学沈锷在狄源沧主编的壁报《文组》上发表了一篇《新西游记》，描写唐僧师徒在西天取经路上遇一名叫"屎老儿"的妖魔，百般阻挠，不可理喻，而终于失败的故事，觉得很有趣，也知道那是影射苏联和斯大林。"文化大革命"后，去上海探视病中的沈锷。他笑着说，新中国成立后他曾为此饱受审查，好在年轻人能变，毕业后大多在现实教育下思想转变过来，不几年都地下地上，入团入党了。当时，听说关先生大革命时是CY（社会主义青年团），被捕变节混迹国民党阵营中。有一天上课，他颇为得意地说，杨公桥国民党区党部改选，他击败竞争对手，被选为区党部书记长云云。新中国成立后估计他会因属反动党团骨干分子而受到管制。再一打听，他已被镇压了。

虽然不清楚他还有什么更大罪行，但这结果也不算出乎预料。但不免也有几分撼然。自己虽然受过他的蛊惑，但对他的辩才、分析能力和引导能力，也不免有几分赞赏的。

军训和军训的教官

南开高中的体育课，是郤文星老师上课。他常胸前挂一个哨子，教过我们最简单的拳击术。到了高二，军训代替了体育课，每周两节课，隔周一次学科，一次术科。装备每人一根报废步枪（发给我的那枝枪栓拉不开，课上拆卸装上时，只好装模作样）。枪平日放在库里，下场操练时领出，操毕还库。再有自备黑色绑腿一副，操练时打上，打法也有讲究，从脚踝经小腿肚一路壮大下去，还要折两次，形成两个花，打绑腿时我也只好照猫画虎，上操时经常松脱，但可借机而小憩片刻了。学科在教室上课，由教官主讲，不久即知道教的是国民政府颁发的步兵操典，但教官对来处秘而不宣。术科则全年级下操场制式操练，其队列口令大致如下：——全体集合！立正！稍息！立正！向右看——齐！向前看！报数！向左转、向右转！向后转！齐步——走！一二一、一二一！正步走！便步走！跑步走！立定！齐步走！左转弯——走！右转弯——走！向左转——走！向右转——走！

枪上肩！枪放下！敬礼！礼毕！解散——杀！

队列教练费时最多，然后是射击要领，匍匐前进，散兵群，散兵半群。同学头戴黑制帽，身穿麻制服，足打黑绑腿，以散兵群的姿态冲锋，当冲到公路对面的一个小山包时，凭坡下望，全部术科即告完成，大约学完了步兵操典的三分之一。这期间曾去杨公桥西的军队靶场实弹射击一次，每人子弹三发，卧式射击，枪发如果中靶，那头挥两面旗子告知中靶环数。是日天气阴沉，我是一个近视眼，戴上眼镜，只能见靶而不能见环，居然三发两中，一个五环，一个三环，一个脱靶，成绩虽次而心殊自慰。随后到了笔试，似乎默许夹带和互抄（步兵操典），这是南开上学三年所仅见，大家殊不习惯。但成绩公布却出人意表，个人考试整整齐齐地分成三等——85、75、65分，而自度不及格的也许就得了个85分，因此传言，有同学偷窥教官阅卷，先将试卷撒到地上，然后随机摞成三叠，分别标上85、75、65分，这样才会出现这样一个别开生面的考试成绩。

军事教官一共四位，似乎都是在军中不得意而外放者。主任教官张姓上校阶级，另一位也姓张，也是上校阶级，因为面孔发红有了一个"红皮"的外号。随后来的炮兵上尉则被称为"炮兵"。"炮兵"给同学上学科，大概受过正规军事教育和训练吧，一口邵阳腔，其名言为"你们军训又（受）不了也要又（受）"，"你们不要小看我，我也是懂得让因（sin）可让因（cos）的"。最后来的是罗教官，体型肥硕而性格温和，跟同学很谈得来，得了一个"胖教官"的外号。他的名言是"你们是国家的精华，是牛奶上边的那层皮（儿）"，此语同体育郗文星老师的名言"二十五根豆芽营养相当于一个鸡蛋"并行。九一八国耻纪念，办壁报的同学向他约稿，回报以七绝数首——"将军有权能弃地，属下无力可回天。戎装脱去别乡里，回首关河意黯然"云云，诗稿传诵一时，同学们常以东北腔来朗诵，罗教官被誉为爱国儒将，声名大噪。但不久传出，此诗实为某东北人士所作，于是罗教官威信大降。事隔五十年，得知某东北人士也是录自另一人续范亭的作品，不禁感慨庄子的"吾生也有涯，而知也无涯，以有涯而逐无涯，殆矣"。

除罗教官携眷住在风雨操场南面的教师宿舍以外,其他三位教官都住在第一宿舍一楼和二楼的单身宿舍里,担负督导学生之责,其中最重要的是核查内务(铺床)。南开规定学生的床方方正正像豆腐干一样,再罩上洁白的床单。教官来后,从高二起,内务检查更严,每周六公布一次内务考绩,在同学床号表内上打上红色或蓝色的"美"字或蓝色"劣"字印记,称之为"红美""蓝美"和"劣"。一个"劣"字相当一次警告或一小过,得了九个"劣"就等于三个大过,该开除了。同学们都很用心地整理内务,还有用两片木版(称之为"内务板")夹起铺盖两侧使之有棱有角,成一洁白的扁长立方体,这样的床上是绝对不能坐上去的。我对内务并非不重视,但忙忙碌碌又不肯花太多时间去精雕细琢,被盖老是高低不平,不现棱角,以致陆续得劣达八次之多,这才猛醒,知道快要被开除了。赶紧努力,终于挣到了几个"蓝美",据说一个"红美"或三个"蓝美"可以抵销一个"劣"。然而惰性再起,又一连得了几个劣,所幸的是,高三毕业在即,教官可能认为开除也是离校,毕业也是离校,未予深究,我也总算勉强毕业。虽然总成绩单上并未公布内务考核结果,只是挂了一个三年数学总成绩是"丁"(50～59分),品行总成绩是"丙"(60～69分)。如以得劣数来计,也许我可称为南开之最。

(四)同学群像

琐忆昕若(上)

和张昕若相交垂五十年,他的功业政绩和执政能力,我不知道;他的书法、篆刻造诣,因为自己不会,也无从置喙。这里所记的只是五十年交往中的一些琐事。

1944年夏秋,重庆的天气是闷热而抑郁的,那时正值日军发动中原战役和湘桂战役,企图打通大陆交通线。抗战已经七年多,中国军队不仅不是愈战愈强,而是愈战愈弱,一触即溃。即使美军来华助战有空中支援,中国军队也还是一溃千里,丧失了大片国土。

我的心情也好不到哪里去。经过一番挣扎,我终于升入了重庆南开中学高中二年级,不过却背上了"品学俱劣"的枷锁——期考两门不及格,经过补考,通过一门,避免了留级的命运。而品行因为对学校有了逆反心理,不时捣点小乱。到了期末,品行得了个丙——条件入学,再有小过,立即开除,绝不宽贷。

开学之后,我的心情之郁闷和沮丧,可想而知。但是,终究少年心性,升了一级,换了个环境,见到一批新面孔,又选了文科,那是给有志学文或理科不好的同学准备的(我则是二者皆备)。数学课减成了一门大代数(或高等代数),比穷思苦想证题的几何好学。有一门国文选或英文选,我对英文兴趣缺乏,选了国文选。教数学的老师是唐季颖先生,她教课有方,对我这样的差劲学生也一视同仁,予以关怀。我心情愉悦,听课不再走神,而是悉心听讲。只是秉性顽劣,又多旁骛,仍懒于做习题,往往是早自习找同学做好的,一抄了之。

终究待过一年,尽管很多新面孔,慢慢地也就形成了各种类型同学的分类。

最多的是"端士",指品德笃实,一心向学的同学,约占全班人数的一半,亦私下被称为"K书匠"。

其次是"绅士",其中又可分为三小类,即洋式"gentleman"、土产"绅粮"(四川大户人家子弟),以及上海味的"小开"。再其次是"雅士",学习琴(提琴)棋(象棋围棋)书画四大类艺术之一。不过专心习书和作画者少。还有"名士",有点放浪形骸,率性而为,其中个别的即是"狂士",那就更狂放不羁了。

此外,还有"技士"(航模、体育、健身)、"艺士"(摄影、话剧)、直到"嬉士"(风流公子)、"辩士"(演讲)、"址士"(聊大天)、"政士"(小政客)、"学士"(学术),以及"军士"(军事尤其是海空军发烧友)和"愤士",不一而足,但只是少数。甚至只有个别的,人数不好统计,因为往往一人身兼数士元素。自然，应当还有"壮士""志士""国士"等，"志士"倒有几个，不清楚他们志在何处。"壮士"倒有一批，那是1944年初号召十万青年从军报名的同学，"国士"未见端倪，南开中学除了周恩来、温家宝外，也就没出过什么国家领导人，至多是几个部级干部，而"烈士"当然没有，抗美援朝参加者上百才出现那么几位吧。

我结识昕若就在1944年夏秋升入高二的时候。他一人具备端士的资质，雅士的技艺，而又有名士的风度，特别是什么东西拿起来就干，而且干得更好，而且兴之所至，举手投足之间一门专长的潜质就发挥出来了。我认为这才是天才。南开中学高中天才很多，但我认定的只有两个，那就是张昕若和胡随善。我想他也有缺陷和不足，大概一是体育，二是打仗，三是辩才，四是不下棋。其他只要一摸一碰就很好，和他接触很快就会惊异于他的成就了。他个子不高，身材瘦削，其貌不扬，行走时两脚有点外八字，近乎鹅行鸭步，略带口吃。所以不属于"辩士"，但机锋还是常有的。与他相处熏染久了，几个同学都变得有点口吃了。其中记得是杜世毅（石谷）、狄源沧，当然还有我。

南开高中课堂的座位次序大致依个子高矮排列，他属于小个子，坐在第一排最靠边的第一名，老师上课点名第一个就叫到他，依次是杜世毅、狄源沧、周允中、华之鸣。此后从高二到高三，位置一直没有变化。而我因为品学俱劣，有点自惭形秽，而又有在课堂上偷看小说的劣习，所以自动排到中间偏后的位置。好在南开中学学生不去以成绩排座次，只要有一点特色（包括体貌），就可以成为小名流。我虽然"品学俱劣"，但混在同学中倒也怡然自得。

一来二去，跟他们几个——张昕若、杜世毅、狄源沧熟了，课后课余就跑到他们那个角落去聊天，看他们干什么。最先注意到的是张昕若的书法，他临摹兰亭序，很有功力。在他影响下，杜世毅和狄源沧都练起字来，我也在其影响下练了两天，但见异思迁，干几天就丢下了，始终没有什么成果。但各种碑帖的知识像什么兰亭序、爨宝子、爨龙颜、张猛龙、崔敬

1965年，北京，左起：石谷(杜世毂)、狄源沧、宁可(黎先智)

邕、九成宫、神策军、多宝塔等，也知道了一些。那时昕若找来了一本商务版陈彬龢的《中国文字与书法》，看来大有裨益。以后的一些书法碑帖知识大概就是从那本书里学来的。

昕若又从家里拿来一部《丛书集成初编》的兰亭考之类的小本子，不仅自己讲解，还在狄源沧主编的《文组》壁报上发表了一篇兰亭序的故事，讲兰亭缘起，以及唐太宗让萧翼去辩才和尚那里骗盗其秘藏的兰亭真迹的故事，看了印象非常鲜明、深刻。

不久他又迷上了篆刻，不仅从家里拿来几本印谱，而且自己动手。先是在砚台的背面刻上"不应有恨"四字，又让我看他拿来的印谱上所拓印的秦玺汉印，甲骨、金文、封泥，以及清人、近人印章的印本。他自己也勤于治印，一把小小的雕刀不断使用，把自己刻的旧印磨平再刻，多次反复。他还从家里拿来两本甲骨文的书，一本是罗振玉编的甲文楹联，一本是南京政府时期某个人写的甲骨集古诗联，两本书每联后面都有小楷释文，这对我见识一点甲骨文也有所裨益。

南开中学那时课外多有人拉小提琴，我记得最值得注意的是刘克钧和虞锦文。他们总是拉贝多芬的一首小步舞曲和另外一首德沃夏克的练习曲，有相当水平。其他学样的还有杜世毅、何万华，也有张昕若。不过他的水平我不大清楚，只知是后上了清华大学他继续又拉下去。到湖北省委工作以后，大概已经不练了。等到1964年，他来北京见面又拉起来。而曲调和技法仍未忘掉，居然有腔有调，有板有眼，可惜"文化大革命"以后，再也不见他拉了。

至于画，他似乎没有怎么下过工夫，但偶一为之均有奇趣。他在狄源沧主编的《文组》壁报上画过一张华之鸣的漫画。华之鸣那时年纪小，个子小，神态小，口齿又不大清楚，不知是谁因其小而取外号华$\mu\mu$（希腊文字母）。又有一位同学刘启益，因为对其多方照顾而被起绰号"刘妈妈"或"妈咪刘"。昕若这幅画把华之鸣画成一个两三岁幼儿，戴上围嘴在桌旁举匙吃饭，嘴里发出含混不清的声音，颇富童趣。另一幅画是某位同学与人辩论时的速写，寥寥几笔，一个前后分足弯腰弓背抻颈举臂戟指连带唾沫横飞的形象跃然纸上，虽然面目不清，却看出他一副口出詈言心情激愤的样子。

昕若琴棋书画四艺唯缺棋，那已经不愧为名士而兼雅士之号了。

说他是"端士"的资质，那是因为他的功课成绩优异，几乎不费什么工夫就得到好成绩，而且门门优秀，数学、国文、英文都是如此。多年以后，他出访德国，居然用英语与人对话，使外国人大为惊异。其他名士大学以后几十年英语早就不用了，他还用英语写了自己的简历以备出国好用，那在我看来，也是很少有的。至于数学，他成绩好就不用说了。

除一门高等代数以外，另有两门文理分组的选修课，任选一门，文组是国选和英选，理组是球面三角和解析几何，我、昕若和狄源沧都选了国选。

授课老师是陶光先生，他略显丰腴，一件绸衫，衣袂飘飘，颇具魏晋文士风度。他讲唐诗一首一首讲，只欣赏体味，不讲章法格律，我们浸润其中，很有享受。每当念到杜甫的"清夜沈沈动春酌，灯前细雨檐花落。但觉高歌有鬼神，焉知饿死填沟壑？"仿佛我们就是那唐朝的无名诗人，坐在荒山野寺堂前，一灯如豆，伴着我们倾听檐前雨丝。昕若说陶先生不但讲诗，他就是诗人，我们也深以为然。

另外就是聊天。上天下地、古今中外，想到哪就谈到哪，这时昕若的略微口吃倒成了他的一大特色，我们也群相效仿，你一言我一语，抢着说话，忽而心领神会，会心微笑，一遇趣言，又哄堂大笑，那乐趣是局外人难以领会的。

转眼过了一年，大家升入高三，和昕若的交往更多了，友谊也深了一层。开学第一天，国文课由有名的孟志孙先生讲。他大概事先做过一点调查，一开始就说，不要因为你们是文组就觉得低人一等，那里还是有人才的。像张昕若数学很好，还会篆刻，黎先智（我的原名）懂天文学，你们不要妄自菲薄。我这个数学老不及格的品学俱劣，只能勉强升级的学生，居然受到老师的赞许，实在有点惶恐感愧，但也同昕若的友谊又深了一层。我和昕若的交往多属拿来主义，他无形之中成了一架引擎，带动我们这几个走向他的兴趣之所在。

除了练字、刻章，他曾从家里拿来一本《丛书集成》里的汉代史游《急就篇》。大家就一起翻阅。那开头几句我还记得"急就奇觚与众异，罗列诸物名姓字，分类簿居不杂厕"，三句一韵。再记得下面的一些稀罕的名物，其中姓名类有张富贵、马牛羊等，于是我们互相起别号，昕若喜欢叫公孙轙轲，多次写在纸上和刻在章上，狄源沧叫狄公望，以后很长时间我都这样叫他。我对《急就篇》的"宁可忘"很欣赏，自己的别名就叫宁可忘，以后去掉"忘"字，就单名宁可了。

到了高三，国文课是孟志孙先生教，国选也是。国选上学期读《九歌》，下学期读《离骚》。国文课是先秦诸子，先读《论语》选章，再读《孟子》，再选读一两篇《庄子》《荀子》。孟老师讲课有深度，只是常被我们发挥到不知什么地方去。像孟子"乡愿，德之贼也。非之无举，刺之无刺"。我们很赞赏，也想找出一两个"乡愿"来。一天，昕若突然发现同班的一位属于"端士"的同学恭谨有礼，客气过分，令人感到做作，我们大叫，那不就是"乡愿"么。我们本来对他无甚成见，一看之下越来越是一副"乡愿"式伪君子像。毕业以后多年未见，"文化大革命"以后再次相见，他仍是那副谦谦君子模样，可一问经历，他当过右派，受到打击。却也不改当年志趣，矢志不移，老而弥笃，不改乐观开朗的秉性，也不改谦谦君子的气度。那时昕若、源沧、世毂都已去世，我也无法再去和他们一起纠正当年的错识了。

星移斗转，高中毕业的时刻又到了。昕若的成绩当然优异，而我则带着一门不及格的数学勉强毕业了。暑假前一晚，毕业班开联欢晚会，是庆祝也是告别。那天节目相当精彩，尤以晏福民扮的半男半女装和半男半女腔的表演"Oh No John"为最。晚会结束了，我们兴奋劲还没过去，又同昕若一起步出教室夜行。十点钟从沙磁公路走汉渝公路来到嘉陵江边的石门，当时正值汛期，石门那两块大石已被淹了。我们又从那里走上松林坡，边走边聊，看着云际处出现了圆圆的月亮，不禁一同吟起李白的"明月出天山，苍茫云海间，长风几万里，飞渡玉门关"。绕着松林坡中央大学的煤渣环路走了一匝，躺下休息一会，天亮起身，走回校门一看，彼此不禁讶然而笑，白衬衣和手上都沾染了不少煤渣，我们就此告别了三年的南开高中的读书生活。我想三年里昕若是快乐闲适和轻松的，可我却是沉重地在留级和开除的边缘挣扎着，但总算有了结果了。

之前，毕业的前一年，1945年抗战胜利，大家松了一口气。不久阴云又来，国共之间的矛盾已无已时，而苏联占领的东北正传来阵阵苏军抢掠人民搬走机器的噩耗。国民党政府借此组织了一次大规模的反苏反共游行。在学校三青团的发动组织下，我们都参加了。大家热血沸腾，有声有色游行到了两路口。听说七星岗的新华书店被特务砸了。我们走过时，新华书店大门紧闭，门楣上挂贴了一张大心形纸牌，表示要问中共良心哪里去了。队伍走到林森路，学校发了一份面包酱牛肉，吃完解散回家。游行中不见昕若踪影，我怀疑昕若并没有去，似乎也是他有民主倾向的家长让他躲起来了。几十年以后，"文化大革命"中造反派外调提审，几次问及反苏游行的事，我非常肯定地说，张昕若没有去，被他家里劝阻了。再被问及，我把游行时前后左右的同学的名字都记起说了，最后肯定就是没有昕若。直到"文化大革命"结束,我和昕若再次见面,他笑谈游行时,其实他就在广播车里写稿,所以我们不见他的踪影。这和另一次"文化大革命"中造反派外调时,我十分肯定地说同学金士镐早就当做小偷被开除了的事一样,都是我记错了。其实那是另一位姓金的同学的事。别的同学告诉我,我误以为是金士镐,犯了跟对待昕若游行一样的无中生有和张冠李戴的笑话。这样,张霭蕾、张昕若、金士镐加上一个错判的"乡愿",就成了我在南开高中三年所犯的四个错误。[①]

琐忆昕若(下)

1946年高中毕业,同学们各奔东西,考上了各色各样的大学,选择了形形色色的专业。其中昕若、狄源沧、杜世毅和我选择了历史系,不过我因为数学和英文的拖累没有考上本科,而是进入了预科性质的先修班。狄源沧和我在北京大学,昕若和杜世毅在清华大学。

从重庆分别不久又在等待发榜期间,几个人在南京小聚,吃了一次重庆特产红油火锅,不久即先后去了北平。

大学生活新鲜而丰富多样。一到北平我们就迅速卷入到汹涌澎湃的学生运动中去,思想也慢慢地起了变化。这期间,昕若的转变最快,表现也最突出。1947年反饥饿、反内战运动,他照着《美国生活周刊》一张饥饿儿童的照片仿制木刻,广为传播。那照片上,孩子无助凄凉的眼神在木刻上也丝毫不差地表现出来。后来更有仿他刻画的,但神韵尽失了。不知现在出版的版画史中提到此幅木刻没有,如果没有涉及,似乎是应该提上一笔的。这样很快他立刻成了学运的积极分子。据说那年到天津去勤工俭学,他连夜为天津一些地位颇高的耆宿刻印义卖,非常热销,也因此为国民党特务所瞩目。北大清华两个学校虽然相隔几十里,讯息还是相通的。在我手头存有他和杜世毅为进步教授吴晗写的两份作业,可惜在"文化大革命"

[①] 其实还有误听传言,升入高二时认为国文老师李平阶先生死了,其实他仍在校任教,这一起算上就是我上南开时犯的五大错误了。

中遗失了。昕若的那份是讲明代特务政治的，世毂那份是讲明末农民战争。十六开纸，钢笔小字书写，每份大约有三四千字。那上面有吴晗的照清华作业规格写的英文成绩等，看不大懂。猜猜大约是好评吧。这时又听说他和一个高班女同学陈博（柏）生过从甚密，大概有点恋爱关系吧，但我没有直接问过他。

1947年暑假来了，我到了清华学生宿舍和昕若和世毂一起住了两个多星期，那是很富浪漫色彩的。清华校规严，晚上十点全校拉闸熄灯，学生只好点起蜡烛继续看书聊天。他们仍在拉小提琴，只是昕若琴技大有进步，不再是咿咿呀呀，而是形成曲调了，也就是那个暑假，我恍惚听到了北平地下党的两个组织南系和北系及其外围民主青年同盟和民主青年联盟整合在一起的消息。清华学生食堂由于有青年远征军复员回来的同学四处寻找关系能廉价得到联合国善后救济总署分来的美国米面，自办伙食。学生食堂虽然也吃窝窝头，却油水丰足，菜肴不错，同是一份公费，比北大学生食堂吃的好多了。我之所以去清华借宿，一来是为与昕若等人叙旧，另外也是清华学生食堂办得好的关系。

1947年暑假以后，学生运动高潮迭起，国民党政府大伤脑筋。1948年暑假原北平行辕主任李宗仁去南京竞选副总统，傅作义从绥远调来北平任华北剿总司令，军政大权一手在握。反动军人陈继承任北平警备司令，大肆镇压从东北南下流亡学生，并设反共的特别刑事法庭，公布了一百多个要缉捕学生的黑名单。好在这之前名单就被地下党探得，纷纷通知被缉学生离校躲避。国民党心有不甘，大批军警包围北大好几天，严查学生出入。但除个别的同学外，绝大部分被缉捕的学生都逃离并在地下党的掩护下化装进入了解放区。昕若赫然也在黑名单上，我们很替他担心。但不久就听说他已然撤走，不过去向不明，大概是到南方而非解放区了。而且多少已经知道他先就入党了。

1949年初，北平欢庆解放，我们打听昕若的消息，说是去了武汉。世事纷繁，工作紧张，1950年昕若来北京约我和赵鸿志（立生）去他家相见，那是他父亲在鼓楼东边的一所宅子。他父亲是民主人士，住着一个院子。我们畅谈了一个傍晚，在他家吃了晚饭。他仍那么健谈，讲他被通缉时如何化装逃到上海，又借地下党之力到达武汉，继续进行地下工作。主要是与他父亲的亲朋好友从事统战策反工作。他笑谈在武汉如何怕被熟人认出，出门老戴一副墨镜。其实真有欲盖弥彰之嫌。他又讲武汉解放之后他正式亮明身份，分配在湖北省委工作，当了个县团级干部。言下毫无夸耀之气，而且带点腼腆与谦逊，似乎比我们进步得快、职位比我们高，有一点不好意思。那时，县团级干部待遇服装和区委干部有点区别，例如北京县团级吃中灶和各有一套呢制服和斜纹布制服，区级干部吃大灶，穿平纹布制服。他只是说武汉新解放，干部缺，把他从北京来的地下党看得重了。我们也不以为意，依旧大谈特谈。饭后，兴尽作别，这一别就是十年。

到了1964年，一个星期天，他突然电话找到我，说是已来北京开会完了，相约到天坛聚会。我记得同去的还有一位穿干部制服的人，他介绍说是武汉部队的钟政委。我那时也没有怎样在意，以后才知道他是武汉部队政委钟汉华，开国中将。他介绍我说"那才是真正的笔杆子，在人民日报上发表过整版文章的"。我俩仍是旁若无人一边走一边侃侃而谈，完全不顾欣赏一路的风景。记得我们讨论最多的是当时郭沫若和高二适关于兰亭序真伪的争论。他似乎有几分赞同郭沫若的意见，我却似乎有点不以为然的言论，我们说得很热闹，那位钟政委只在一旁默默地随着。不知不觉，两个小时过去，他忽然想起原来和他母亲相约在前门外一家饭馆吃饭。于是拉我同去，我也坦然接受。到了前门外一家有名的饭馆，见到他母亲和小妹张娴若，吃的炸酱面。

饭后我又不知进退地随他们回到北城旧宅，继续和他大聊。他拿出年轻妻子肖显国和他的合照，有无子女已经记不起来了，好像也没问过。又拿出小提琴来专拉旧调，居然中规中矩。我们一直聊到下午三点，见到他的母亲和妹妹都有倦意，又知道当晚他就要回武汉，耽误了让他们叙叙，赶紧告罪告辞。

一别经年，又到 1965 年，他到北京开会。会议即将结束，有内部书展，他选购了两部，一部是美国的少年百科全书中译本，一部是法国天文学家弗拉马立翁的大众天文学。我都借来看了。那百科全书简明扼要，印刷精美，纸张厚实，大概是在香港印的，以后不知通过什么方式还给了他。听说他这时已是湖北省委的副秘书长，见面时也谈到他在新洲县搞农村调研的事，似乎是为对省委领导的决策提供意见和建议。我后来跟狄源沧说，昕若真能干，以后的选中央委员，非他莫属。可是，相隔一年，"文化大革命"爆发，我们连同狄源沧一起成了中小牛鬼蛇神，与昕若音讯不通，完全隔绝了。

昕若买的那两部书，前一部国内始终未见公开发行，后一部公开发行了。我如获至宝，立刻买了一部，再仔细地品味。然而在"文化大革命"中丢失了。"文化大革命"以后，20 世纪 90 年代又见到此书，我买来一看，虽是名天文学家李珩所译，仍是旧版，那已是三十年前的事了。却非重新修改的新版，纸张印刷大不如前，彩图也没了，我的遗憾可想而知。

"文化大革命"结束，历尽劫波的人们又开始重生还阳了。这时听说昕若是第一批最早结合的干部之一。此时已官复原职，仍任省委副秘书长，大家此番收拾烂摊子，不及远程联络互访。20 世纪 80 年代初我被邀去武汉讲学，这才再一次见到暌离十几年的昕若。

我们仍那么好谈，东拉西扯，谈天说地，不厌其烦，也不觉其累，一直聊到半夜两三点钟才睡下。次日一早又一起去吃武汉的名吃豆皮，此后还去过他家几次。来到新修建的黄鹤楼，那已是不知第七次还是第八次重修了。看到楼前正门额上他书写的一块匾额，"黄鹤楼"三个大字赫然在目。侧面一块他写的"气吞云梦"的匾，那"气"字写成了"气字，下边是木"字，曾有人指出那是白字。他颇为不屑地说那是在六朝碑刻上就有的别体字，让他们查去。这时知道他是武汉书法界的大佬，湖北书法协会主席，还主编了一张八开小报《书法报》，在上面不时写一些短文，如果稿缺，他立刻补上，颇有自娱自乐的味道。他的书法除真行外，已进到隶篆草各体悉备成熟老到的境地。

聊天中他告诉我,"文化大革命"中他被关押了几年,期间无书无报可读,也无纸无笔可用,只有静坐默想,居然发明一种心算法,可以将π值计算到小数点以下无数位。以他数学根底的深厚,以及聪明才智,我相信这完全是可以做到的。在这之前已有风闻,他之所以"文化大革命"后第一批放出来,是因为率先揭发王任重,此后因派性武斗而被关押,后来又放了出来。王任重再度工作,对他不待见,他的仕途受到阻碍,不大再有升迁的希望了。我心想他聪明一世也不免站错了队,"文化大革命"风云诡谲,岂是我辈书生秀才所能蠡测的?但我们言不及政治,从来没有问过谈过。有天我们正聊得高兴,一位下属厂长来访,大概是来请示什么工作,他一反常态,和蔼而不失严肃,这是我第一次领略到了大领导干部的气度和风范。人一走,他故态复萌,和我继续聊天。经过三十年的熏染、锻炼,领导干部气派也已成为他的常态,性格的一面,而跟我的交往不过是回到他的原生态罢了。他小事比较马虎,以致他母亲扬州才女写诗嘲弄他:"昕儿运笔气如虹,跨灶居然胜乃翁。缘何小事糊涂甚,丢得西来又忘东。"他的儿子张淳讲他的趣事之一是照着菜谱做烧茄子,书上写"用油一斤",他照方抓药,倒上一斤油,却老不见好,于是继续浇油,把全家每月定量的一斤半油全用上了,最后成了一锅糨糊。后来才知道,那一斤油是用于"过油"的——把油入锅烧热放下茄子,略一翻炒,及时将油滤出,或把茄子捞出重做即可。这也可见他的书生气、教条气之十足了。

此后他的儿子张淳到北京来治病——哮喘,动辄肺泡只能进气不能出气,全身肿胀,像一个打足了气的皮球,随时可以爆炸只好身上到处插上注射针头,等它慢慢把气撒掉,可怖怪异。

他和夫人肖显国也不时来京,照顾儿子(在他叔叔那里住),也不时和我家过从。听听唱片,哼哼老歌。这时他不时发表一些翻译作品,都是少年时爱看的旧书。计有《爱丽丝漫游奇境记》《宝岛》,雨果的《悲惨世界》,《基督山恩仇记》等。这时据说已经内定调到北京故宫博物院当院长,我们很替他高兴,相互说那是他备选中央委员之外的另一大际遇。这个工作对他的擅长、经历、学识最为对口,终于可以一展其才了。不料又发生变故,王任重调走,新来的陈丕显却希望他留下,继续为他从事文字工作。他感慨地对我说,你写的文章可以署名在大报大刊上发表,而且选题自由,而我写的文章却由领导选题,发表则难得署名。他给我看了一篇由他代笔陈丕显署名的文章,占有《人民日报》半版,算是大块文章了。我找来仔细看了,文章结构严谨,立论平实,通篇上下挑不出一点毛病,唯一见不到的就是昕若风格的痕迹,真是应了康有为的联句"精神到处文章老,学问深时意气平"了。

故宫博物院的工作告吹,陈丕显要调到北京来,就跟他说,让他留下过两年一定把他调到北京去。

两年之期到了,陈丕显果然实现诺言,把昕若调到北京,全家都搬到平安里中央组织部招待所暂住,不知为什么工作一直没有定下来,大概工作分配发生滞碍了吧。他们家也就一直住下去,这对他的心情很受影响,好些年的积郁不时在那里头爆发。我去见他时,大概是受省委大院部队老干部的影响,他一反平日温文尔雅的常态。又过了几个月,工作终于定下来,是去全国人大法制委员会任副秘书长,并且在崇文门内东大街分到一套房子,工作总算定了下来,这已经是20世纪80年代中后期了。

又过了没有多久,知道他在广东丛化疗养时生病,是脑垂体瘤,手术还算顺利,但无法摘除干净。回到了北京,1988年我因工作任务而去英国1年,回国后已知道他脑瘤复发住到了南城外的康复中心。我去看他,见他当时语言障碍,已经不能说话了,最后终于接到了他的噩耗。

昕若这么聪明,学识渊博,才智过人,却具有极强的书生气的人,如果是活在另一种环境下,可能会大有成就,留名后世。可他觉悟早,却又长期从事文字工作,为他人作嫁衣裳,早期一帆风顺,后来却在政治旋涡里一再蹶踬,以至虽然身居高位,却也未能充分发挥自己的才干。想起来不免多有遗憾,心情黯然。时代造就了一个官员,却销蚀了一个天才。我想昕若死后有知，也定会有同样的遗憾吧。

附同学赵立生来信——

从祎：

转去宁可一文。是否可用，请酌处。或选载。此文已校过，但不能保存。主要错处有：1.张昕若的妹妹为张娴，其同父异母长姐为张宛若。2.梁惠全的女友为聂文凤。他在河南平顶山工作。3.SK现名"杨辛"。我和宁可相交很深，他现任首都师大历史系博导。文中涉人我十之八九都认识。

立生

我怎样成为品学俱劣的坏学生

1946年春天，临近高中毕业了，一个下午我同潘道扬先去忠恕图书馆一楼下边的选课教室里，正在津津有味地偷读一本小说，我记得偷读的是《蜀山剑侠传》，有无任课老师在场，已经不记得。突然喻传鉴主任无声无息地出现，从我和潘道扬手里拿走了偷看的书，立时把我们召了去，潘道扬在那里待了很久，听喻主任的教诲，等他出来，唤我进去，没有多说一句话，把没收的书还给了我，我出门看潘道扬还在等着，几乎立刻告诉我，喻主任说，黎先智是坏学生，你不要同他来往。这事在我心里留下一条抹不去的阴影，虽然三年来品学俱劣，得了这么个封号也算是正式戴了帽子了。喻主任大概是认为我是朽木不可雕也，糟到不值得教育了吧。

话还得从1943年我入高一时说起。

1943年我从洛阳远道独行来到重庆，目标就是要考一个好的高中。当时首选是南开高中，同时也报名市立中学。发榜时我都录取了，当时很兴奋，也很高兴，觉得应当好好学习，不辜负父母的教导和苦心和期待。

南开是私立中学，我交完学费宿费膳费以后没有钱了，只好写信让家里再寄钱来。学校规定的麻布制服也没有去买，一早上早操，一群麻布制服的同学中间就突出了一个穿着绿衬衫、绿短裤的我，实在"惹眼"。当时，军训教官问我何故不穿制服，我老实答对，他记下我的班级和名字之后走了。上课时，赵尊光老师找了我去，云因上课不穿制服，受警告一次。我进行辩解，他表示同情和理解，但教官已经说了，就先这样吧，我的好心情大受打击。

当新生入学时，宣布品行成绩均为80分，如小过警告一次，扣3分，如果记到三个大过，那就等着被开除吧。我很后悔当时太老实，如果那天装病请假，岂不就逃了过去。没两天家里钱寄到了，赶紧穿上麻布制服，才算了事。

学校规定一律剃光头，我不知就里去理发室剃了一个平头，训导老师认为不合格，只好再去一次理发室，把头顶前的短发理光，原来校规是如此之严，我算领略过了。

当时住在学生宿舍，晚熄灯前有半小时空闲，可供盥洗和玩一下。但很快就响起熄灯号，灯已熄了，大家都躺下，但小青年的冲动劲没有过去，宿舍里乱成一片，于是嘘声四起，而且不知谁喊了声Kou（此话不雅驯），于是Kou此起彼伏，老师也制止不了。最后被赵尊光老师怒喝制止，只有我们不识相，叫声停息之后，我又独叫了一声，赵尊光老师大喝一声，不敢再叫了，于是万籁俱寂。我仍不甘心，与邻床的张继宁（岂之）仍在喁喁私语，原来赵老师正悄立在门柱旁到时亮起手电，照出名牌，记下了名字，又得了一次警告。

由于这两次经历，我的心情大为沮丧，逐渐形成对南开的教育有一种逆反心理，你主张的，我偏要反对，但大乱不敢犯，捣些小乱难免，再加上这时得罪了国文老师李平阶先生，他到级任老师周化行先生那里告状，认为我上课故意伸腿拌他让他几乎跌倒，真是冤哉枉也。我却欲辩无门，到了期末，我以两个警告（小过）的小记录，品行得了丙下——条件入学，即留校察看。再有犯过即开除。我沮丧之余兢兢业业，规行矩步，到了期末，虽然没有再犯任何过错，但成绩单发下，仍是一个丙下，我算是彻底绝望了，再加上两门功课不及格，一门数学（几何），一门平面三角，成绩属丁（50～60分），经过补考，总算勉强通过一门（两门丁补考再不及格，即留级，得戊者退学），只有那门数学，屡考屡败，一直到毕业成绩单公布，我的数学成绩仍然是一个丁。

这样，我就有点破罐破摔的味道了，总是不自觉地想造反。高二刚入学，学校布告，郑儒耿五位同学勒令退学。同学们传言他们思想很"左"，且有行动，但不知其详。我还有点"扯客"的味道，胡天胡地，海阔天空乱吹一气，这时正流行壁报，各级壁报从教室里发展到范孙楼前，学校特供应板条，以供张贴。我、张继宁、汤一介、吴增棋、潘道扬等共出了一个壁报"文拓"，兴犹未尽，又加了一个副刊"仙人掌"，专写讽刺文字、杂文，没两天，出了一家小壁报名曰"亨德乞夫"，意指英文"手帕"的谐音，这个壁报针对同学的事对各大壁报，如公能报、曦报等有所指摘，我们抱着唯恐天下不乱的心态对之大加挞伐，把这个小壁报起了个名叫"亨克起乎"，于是训导处出面调解，双方停刊，才算了事。

不久又到了高三，冬春之间，细雨霏霏，烟雾朦胧。壁报原规定须送检，已形同具文，不检了，这时远在兰州的张继宁寄来一篇文章，讲国民党的训导制度是法西斯制度，我们未深察照发不误，不料被训导处一位姓邓的老师发现，把我们找了去，说是事已至此，你们把那篇文章用纸贴上，亦效报纸开天窗之意，我遂用一张半透明的打字纸把张继宁那篇文章糊上，上写"此文被删，请勿再看"字样。吃午饭时观者如堵，大家按上那半透明的打字纸，争着看那篇国民党训导制度是法西斯制度的文章。那位邓老师一怒之下把壁报撕去勒令停刊，我和吴增棋去训导处大吵，当时正值旧政协开会，民主空气浓厚，我们大讲他妨碍民主，训导主任关性天出来转圜说邓已宣布壁报停刊，不好再收回成命，那么换一名字再出吧。我们一怒之下，宣布不出了，吴增棋气得甚至掉了眼泪。

再有一件事，就是宿舍的整理内务。从高二开始，军训教官特别重视内务的整理，一切要像军营一样，被子折成四四方方豆腐干状，上盖白布床单，床面要平整，床单各边要有棱有角，床下的木箱和脸盆，夏天的蚊帐也有一定规格，每日检查，在学号表上记成绩盖一个木戳。不好为劣，好为美，蓝色，最好是红戳，称红美，大家竞赛。我也做过一番努力，但床铺始终弄不平整，高高低低坑坑洼洼，每次考绩，不要多久，居然得了八个"劣"，教官宣布，一个劣相当于一个警告，三个劣等于三小过折一大过，三大过就要开除了。我惊悚不已，刻意修饰，也曾得过几个蓝美，三个蓝美大概抵一个劣吧。好了一阵，又坏了下去，一算已经接近开除边缘，好在教官戳下留情，没有再得过劣，大概是毕业在即，网开一面吧。

连续三年的两门功课不及格，和连续一年条件入学，我始终在品学俱劣、随时要被淘汰的边缘上挣扎，然而如赵尊光、关性天、喻传鉴诸老师还记得我那坏学生的桂冠已经几乎永世不得翻身了。

"文化大革命"后期，打派仗，有一位造反派搞外调去重庆，在敌档里，发现黑名单，大概是国民党或者三青团所报的吧！我的大名赫然在焉，大概也属于"思想反动""过激""很左"之列，应予注意吧。我在重庆南开折腾三年，始终以小捣乱分子的面目出现，没想到竟有如此之美称，真让我受宠若惊了。可惜，恪于形势，我没有进一步费劲去了解那黑名单是什么，给我以何种可能的罪名，也只好作为饭后，两三老同学的谈助了。

附：

南开一九四六级同学录

吴祖望撰　黎先智　民国十八年　湖南浏阳

2004年北京东岳公寓(养老院)，南开旧同学，左起(不分前后)：陈大任(黄弃疾)、失记、杨维(杨维德)、廖仲安(尹彦辉)、吴增棋、杜光(林道茂)、失记、奚瑞森、施惠之(施克胥)、宁可、赵立生(赵鸿志)

黎君先智是本班了不起的一位天才。你别看他瘦小的身材，带一副近视眼镜，相貌并不惊人，可是他跑得比兔子还快，跳远跳高亦是他拿手好戏，且通天文，酷嗜文学，是我班读书最多的一位同学，近来已著了好几篇关于天文的著作。他散义是写得最美丽的，常为本班同学传观。球艺亦甚精，尤擅长乒乓一道，为名震全校之"一一二"队队长。总之此君是一位了不得的人物。

　　　　黎先智撰　梅保华　民国十八年　陕西西安

梅保华，我想还是引一段他自己的文章来描写他吧。

"你觉得黄昏美丽吗？"溪边的小草问他。

"是"，他非常得意。

"你曾经用欢乐的心情去迎接他吗?""是"。

"为什么眼角还有未干的泪痕?"

"……"他显得很窘,最后只是一声无法的苦笑。……

还有,他爱好文艺,喜欢做滑翔机。(先智)

在北大读书和听课

1946年到1948年，正当解放战争的火焰燃遍了祖国大地的时候，我考上了北大。从先修班到大二，足足度过了整整两年时光。

两年时光不比一张纸厚，也不过在历史的浓云中撑开一条小缝隙。可就在这两年，中国历史出现了巨大的转折，我也在时代潮流的激荡推动下，从一个不解世事的懵懂少年，成长为一个开始走上自己的道路的青年，用时下流行的话说，是进入了一生的拐点。

1946年秋天，我到北平，学校还未开学，寄住在高中同学家里。我上高中时喜欢天文学，读了好些书，可数学老不及格，只好放弃学天文的志愿，改为搞天文学史。考北大我报考了历史，原因之一就在于此。大学还没有进，已经设想把毕业论文的题目定为《中国天文初期史》。乍到北平，更是如饥似渴地去书店搜罗有关的书，跑遍了琉璃厂的商务印书馆和旧书店，一无所获。倒是在东安市场旧书店发现了日本新城新藏的《东洋天文学史研究》，道林纸精装一厚册，沈璿译，中华学艺社出版。有英文本的莫尔顿的《天文初阶》(Introduction of Astronomy)，真是如获至宝。还有中国天文学家张钰哲的科普文集《宇宙丛谈》，抗战前商务印书馆出版，也是道林纸印，有彩图，真是高兴极了，价钱也不算贵，比我抗战时在重庆辛苦搜罗来的土纸本书，相去何可以道理计。

那时正是国共开始大打的时候，再加上美国驻军横行霸道，暴行迭出，北平气氛紧张得很。六部口斜对面的一栋邮电局楼里好像办有一个中外出版社，一楼卖点进步书，也是中国共产党已经被禁的《北平解放报》的馆址。

可没几天中外出版社也被特务捣毁了。西长安街一带就只剩下西单路口南面的世界日报社和再南边一些的傅作义系的平民日报社，还在那里矗立着。而南河沿路口的翠明庄，那里是军统特务接收了的励志社的所在地，又给了军调部中共代表团当宿舍。每当路过那里，总觉得来往于门里门外的人中难免有特务觊觎，心中不免惴然，紧张一番。

1947年北平，北大四院门前

这年的十二月初，北大先修班开学了。地点在宣武门内的国会街四院。那里原是北洋政府的国会众议院的会所。1928年国民党北伐结束，李石曾主管大学，学法国的模式，把北平改为大学区，统一了过去北京的几所国立大学，统称国立北平大学。国会街国会旧址成了北平大学的法学院。日伪时期，那里是伪新民会培训干部的新民学院。抗战胜利，西南联大解散，北大回到了北京，接收过来，顺理成章。沙滩红楼的一院（文法学院）、松公府的二院（理学院）、北河沿的三院（宿舍）之外，国会街的楼舍称为四院。顺国会街往西还有一个第五院，是原北洋国会参议院旧址，那时是北大印刷厂和教师宿舍。新中国成立以后，北大四院成了新华社址，老的国会会场和图书馆，还有教室楼的工字楼，宿舍的口字楼，会场后的园楼，会场东边的两座以仁义礼智四字为号的二层男生宿舍，以及学生饭厅，还保留着，只是各楼经过了装修改建，过去格局还保留着，面目尚依稀可见。

1947年6月北平，北大先修班剧艺社演出反内战话剧《凯旋》，全体工作人员及演员合影

图书馆是单独一栋房子，阅览室有一二百平方米，从房顶上两侧采光，是西方建筑的所谓伯西利卡式，里面摆了几排较宽大的阅览桌，桌面中间隆起以便搁书，还有绿色的台灯。藏书不算少，大约有几万册的样子，大多盖有北平大学的图章。有卡片柜，检索目录和借书都很方便。在久处抗战后方的我们看起来已经是一种很好的享受了。

一个初雪的晴天，我们三个原来高中的同学搬进了仁字楼十一号宿舍，六人一室，随即被新来的同学住满，从此开始了新的大学生活。

十二月初开始上课，工字楼二楼的宽敞教室里坐了四百多名先修班的新同学。冬天的阳光从大玻璃窗边懒洋洋地洒下来，可是时局却不能让人安下心来读书、听课。同学似乎也没有找到象牙之塔或世外桃源的感觉。内战风雷正在肆虐，江淮地区血战方殷，陕西胡宗南军正向延安蠢蠢欲动，中原大战来往拉锯，东北战火打打停停。国民党报纸叫嚣共产党破坏和平，一片戡乱呼声，驻华美军暴行累累，成为人们不满愤怒乃至厌弃的对象。民间也不乏反对内战的呼声。十二月二十六日，圣诞节的第二天，消息传

2006年12月30日北京友谊宾馆，中国文化书院和杜光合影

来，昨夜美军强暴了一位北大女生，而这位女生正是北大先修班的同学沈崇。一时群怨沸腾，义愤填膺，由沙滩的高班同学发起组织了抗暴大游行。同学们从沙滩红楼后的民主广场集合出发，经过东单去东交民巷示威抗议，被阻未果，就在东单练兵场集会，喊口号、演说、朗诵诗歌，用美国国歌曲调高唱美军滚出中国去，会后再游行，经过王府井的协和医院大门，那里当时是军调部所在地，游行学生向军调部请愿，递交了抗议书信，在门前高呼口号高唱歌曲，只见楼上有一些美军在窗口窥视。我们那时刚从内地到北平上大学，受国民党的宣传的影响，但从这个事件也感到美国兵太凶暴，插手中国的事，干了坏事又不认账，不讲理，而蒋介石也在胜利后的接收中贪污腐化、昏聩凶残，大失人心。这时我对蒋介石开始失望了，如此局面，要实现政协决议，成立联合政府，实现民主，又得等到何时呢？不久复课，一位同学指着教室右后侧的一张空课桌说，那就是沈崇坐的地方，我心中不仅黯然。

从此以后，我成了当时国统区历次学生运动的参加者和各种活动的追随者。每有游行罢课，必定签名参加。从1946年十二月抗暴游行到1947年五月二十日反饥饿反内战的游行，到1948年的四月九日搭救北师大被特务抓走的学生，到反美扶日游行，1948年控诉七月五日屠杀游行的东北学生，所有活动都参加了。在游行罢课的缝隙中，学校内的活动像学生自治会的选举，勤工俭学，与反动学生斗争，歌咏、话剧演出、进行社团活动，也都有我一份。

1947年北平，文拓社社员合影，前左起：潘道扬、黎先智(宁可)、汤一介、陆钦昀；后排左起第三人为刘宁(刘淮)

我们几个高中同学，原来有一个小小的社团，叫文拓社，这时也扩大了队伍，恢复了活动。主要是出壁报"文拓"，还有请教授讲演，办唱片音乐欣赏会，颇为热闹。这期间也有一些读书活动，那时每晚读书做笔记，熬夜要到一两点钟才睡，时不时要做个报告，轮流讲讲自己的读书心得。记得我那时候作的一个报告题目是《历史小说和传记文学》，正好那时在旧书店买到一部伍建光译的大仲马的《侠隐记》，反复看了多次，连带上传记作家斯特拉彻的《维多利亚女王传》，路德维奇的《俾斯麦传》，罗曼·罗兰的《贝多芬传》，心有所感，准备了一段时间就开讲了，至于讲了什么，已经全然记不得了。

那时我们几个人热衷于读文学作品，尤其是翻译的外国文学作品，看了傅雷译的罗曼·罗兰的《约翰·克利斯朵夫》，郭沫若译歌德的《浮士德》。更多的是俄国文学作品，学生里流行的普希金《上尉的女儿》，诗歌《假如生活欺骗了你》时常留在口头，尼克拉索夫《严寒，通红的鼻子》《在俄罗斯谁能快乐而自由》，托尔斯泰的《安娜·卡列尼娜》《复活》《战争与和平》；杜斯妥也夫斯基的《被辱与被损害的》《白痴》《卡那马佐夫兄弟》《死屋手记》；高尔基的《克里萨姆金的一生》，还有《希腊的神与英雄》，大仲马的《基督山恩

2003年12月20日北京友谊宾馆，与汤一介在中国文化书院举办的新年团拜会中交谈

仇记》，郑振铎翻译的《希腊神话爱情故事》。这些文学作品向我揭示了外国社会的黑暗、人情的险恶，也昭示了纯洁崇高的爱情、温暖的人性，激发了我对光明前途的憧憬和理想的追求。我们的口头禅是莎士比亚的"罪恶啊，你的名字是女人"，浮士德的"永恒的女性，引我们上升"。

但青春也有世俗的一面。有一小段时间，我们轮流看一些租来的武侠小说，有《十二金钱镖》《鹰爪王》《蜀山剑侠传》等。但那只是一阵子，不久，热情就消退了。还到旧书店里买了一套三十年代郑振铎主编的《世界文库》。这是一部杂志式的书，每月一册，一年十二册，以后就改出单行本了。我买的那套书是纸面精装，已经重新装过，黄布封面，毛笔字魏碑体书脊，看来还整齐。那些刊载的作品，古今中外无所不包，中国的有王维诗集、元杂剧、笔记小说《剪灯新话》《警世通言》《金瓶梅词话》，外国的有《简·爱》《冰岛渔夫》《死魂灵》、普卢塔克的《希腊罗马英雄传》《琐罗亚斯德如是说》等。多是闻所未闻，受用不浅。这套书存至1958年，因为缺钱，把它卖了60元，回想起来，还是依依不舍。

当时还努力地读了一些时事政局和社会科学书籍。那时很关心时局政

1964年北京，北大及南开旧同学，左起：吴增棋、宁可(黎先智)、杨辛(傅全荣)、贺恒(贺铮)、汤一介、石谷(杜世毅)

局，国民党办的报纸通篇谎言不大理会，只对上海的苏商《时代日报》有兴趣，那是一份以苏联领事馆名义办的四开小报，报道国共战局颇为详实，消息可靠，评论公正，字里行间也暗示了国共之争谁是谁非。最初是由同学在沙滩民主广场墙上以壁报形式摘录，每期一出，观者如堵，后来干脆把原报张贴在墙上，我们就成了那堵墙边的常客了。再有就是香港出的中共的刊物《群众》，当时为避邮检用字典纸印，薄薄几页，没有刊名，没有刊期，不知其所由来，只是在同学之间偷偷传阅。我很欣赏署名"乔木"的文章，后来才知道那是乔冠华的笔名，也知道还有另一个乔木，那就是解放区的胡乔木了。

哲学社会科学的书籍也看了不少，当然是一些用马克思主义观点写的书。这类书的来源有五个，第一个是在书店书摊上买，国民党禁令很严，在六部口北新华街的朝华书店里还是能买到，那是一些延安翻译的本世纪三四十年代苏联哲学著作，像米丁的《新哲学大纲》(艾思奇译)，哲学选辑(艾思奇等译)，狄慈根《辩证法的逻辑》《反杜林论》(吴黎平译)，苏联哲学论文集四册(署名高烈译，据说是秦邦宪等人)，还有王亚南、郭大力合译的《资本论》，当时没有出齐，好像只出了第一册。这些书是躲开了国民党

2004年北京宁可家，北大旧同学，左起：宁可(黎先智)、曹健(何希羽)、廖仲安(尹彦辉)、赵立生(赵鸿志)

的书报检查，以生活书店、新知书店、读书生活出版社的名义出版的。

第二个途径是在学校沙滩的传达室或者红楼的传达室和学生办的孑民图书馆里出售的书。

第三个途径是从四院图书馆借那里三十年代出的书，我借到的侯外庐、王思华合译的《资本论》第一卷第一分册，还有郭沫若译的《资本论》第一卷，以及河上肇的《政治经济学大纲》。

第四个途径是在东安市场、西单商场的旧书摊里淘，那也是三十年代的书。记得有神州国光社的中国社会史的论战文集四大本，长久摆在书架上，看来是长期滞销了。

第五个途径是同学之间的互相交流。记得的有王敬宜(宋柏)给我的一本小册子，封面是什么记不清楚了，里面是《新民主主义论》。看了一遍还给了他，没有说什么，大概有失他的期望吧，以后也不再传递给我什么了。另外一本小册子题目是《方生未死之间》，讲国共斗争形势的，这倒让我看出了中国的前途，也让我去思考自己的前途。还有本小书大概叫《山那边》吧，是介绍解放区情况的，借用了一个歌唱解放区的歌词："山那边哟好地方，一片稻田黄又黄，大家唱歌来耕地哟，收的谷子堆满仓"，那也给了我们不少憧憬。另外,《联共党史简明教程》第四章第二节《辩证唯物主义与历史唯物主义》,不知通过什么途径见到了,那是认真地读了一遍。此外,同学高元宏(现名高放)手里拿过一本斯大林的《列宁主义问题》,我要来翻一下,那是苏联莫斯科外文翻译局翻译出版的,布面精装一厚册,里面讲斯大林创造列宁主义,为反托洛茨基写砖头一样厚的大部头书。只有高放这样的同学才有兴趣有毅力去读,我是无力问津的,只留下了这个深刻的印象。耳闻目睹国民党的贪残腐败,也参加了学生运动和读了一些进步书刊,感性也理性地形成了我的世界观、人生观、价值观(那时除了马克思的劳动价值观,不知道还有什么别的价值观),逐步地引导我将要走上革命的道路。

1947年秋季,先修班结业,我进入了北大史学系一年级,上课地点仍在北大四院工字楼,宿舍也仍在仁字楼十一号,室友仍是六个,调换了几个,其中有杜翼全(后改名杜攻,已故)、林道茂(现名杜光)。

又进入一个学习的新天地,我开始热衷于历史的学习,原先喜好的天文学已经渐渐地淡化或者已边缘化了。

那时北大史学系一共四个年级,每个年级号称四十人,在文学院里可称实力雄厚。教师阵营也很整齐,名册中共十二人,计有教授八位、副教授一位、助教三位。邓广铭先生在课堂上说过:"史学系是北大的马其诺防线",我们也以此为荣。见到一些出名的高班学生像漆侠和张守常(他常在报纸上发表一些小文章,如《曹子建某诗作于建安四年非三年辩》,及《某诗作于建安五年非四年辩》之类),令我这样的"新毛头"freshman称羡不已。

那时读书主要是结合上课,以老师指定的参考书或提到的论著一本本一篇篇找来看。北大史学系那时进行了课程改革,大一不再教一年的中国通史,而是改成中国历史上两年,外国历史上一年,第二年起再选断代史和专史,教学内容丰富起来了。

第一学期上上古—先秦史,老师是张政烺先生。张先生学识渊博,几乎无所不晓,上课内容非常丰富,随口一讲,就是史学界的重要成果。我除了悉心听课，几乎逐字逐句地把他讲的内容全记下来，课下再整理或核对笔记，还到处找他提到的书籍、论文，王国维《观堂集林》中的甲骨文、金文论述，在《蔡元培先生六十五岁庆祝文集》上的董作宾的《甲骨断代释例》，和考古所集刊第一到四册的论文都看了一遍，还读了傅斯年的《夷夏东西说》，蒙文通的《古史甄微》和徐炳昶的《中国古史的传说时代》。对于中国远古的部落集团，无论是东西方的夷、夏，还是河洛、海岱、江汉三个民族集团，还是炎黄、凤偎、苗蛮集团，都有了一个清晰的记忆。又对王国维的《释史》发生了兴趣，也把《蔡元培六十五岁庆祝文集》中丁山的《释中史》读了几遍，兴致上来，也试着写了一篇"述史"，把已有著录的甲骨文金文全抄了一遍，写了万把字，连丁福保的《金文大辞典》的"史"字都用上了，真是兴致盎然。但归根到底也没有弄清楚"史"字到底是什么，收不了摊了。

第二学期是余逊先生的秦汉魏晋南北朝史。我用同张先生课一样的劲头和精力去听他的课，顾颉刚的《汉代州制考》对我印象至深。那时又在《大学》杂志上看到翦伯赞写的东晋北朝的坞屯壁垒论文，他认为那是农民起义的据点。我不以为然，认为那是地主武装，为此又起意要写篇文章。跑到北平图书馆阅览室查遍了开明版的二十五史，抄了不少材料，自然也是没有成篇，不了了之，连草稿也没有留下来。

这一年我也关注到一些当代进步学者的著作，买到了延安出的范文澜、尹达、佟冬、金灿然合写的《中国通史简编》（新中国成立后出了两个修订本），翦伯赞的《中国史纲》第一、二卷，对这两本书悉心作了批注，指出其硬伤及不妥之处，他的《中国史论集》一、二集，侯外庐的《中国古代社会史论》《中国近代思想史论》，郭沫若的《中国古代社会研究》《青铜时代》《十批判书》；吕振羽的《中国原始社会》《殷周时代的中国社会》也都找来看了，除了郭沫若之外，那些学者多半是持西周封建说的，而郭沫若关于中国古代社会分期的说法变化最多，从最早的所谓普那鲁亚家族时代，到商和西周奴隶制论，到东周封建说等，而侯外庐似乎主张秦封建论。再加上关于中国社会史论战的一些带总结性的著作,计有:侯外庐《苏联哲学诸争论问题解答》、吕振羽《中国社会史诸问题》、何干之《中国社会史论战》、翦伯赞《历史哲学教程》、吴泽《中国社会史教程》等,还有邓初民的一本题材相类的书(书名记不得了)。如此多的说法,真让人眼花缭乱,有无所适从之感。不过,有兴趣的同学课下议论起来,却也是一道话题。

再就是近代史了。首先是钱亦石的《中国怎样降到了半殖民地》、郑鹤声的《中国近百年史》和范文澜的《中国近代史》上编第一分册。此外,蒋廷黻的《中国近代外交资料辑要》、左舜生的《中国近百年史资料》初编、郭廷以的《中国近代史》及史料,也在搜罗之列。当然最使人震撼的是胡绳的《帝国主义与中国政治》,看来爱不释手,惊撼于其选材之精当与分析的透辟。还有本开明书店版署名蒲韧的《二千年间》,也是一本疏理中国历史重大问题的书。这些书归在一起,就成了我的启蒙读物,从此,加上教师教导与指点,我对历史产生了浓厚的兴趣,也开始知道一点学史与治史的门径,虽然那是零碎的、感性的。

又是一年秋风起,1948学年第一学期,我进了二年级,上课地点改在沙滩,宿舍也搬到了三院的口字楼,眼界更开阔了一些。

这个新学年,中国史继续由邓广铭先生教授唐宋史。他先介绍了隋唐制度的渊源,一共有三个因素。然后又讲影响隋唐历史至巨的关陇集团。我赶着去看陈寅恪先生的《隋唐制度渊源略论稿》和《唐代政治史述论稿》,顺便也在旧书店里买到陶希圣、鞠清远合著的《唐代经济史》和鞠清远的《唐代财政史》,还有《刘晏评传》,陶希圣主编《隋唐经济史丛辑》的《唐代土地制度》和《唐代交通》。

大二开始了世界史的讲授,由杨人楩先生主讲,一上来他就指定了参考书:罗斯托夫采夫的两部《古代东方》和《希腊罗马》;布莱斯替德(J. H. Breasted)作的《古代史》(《Acienf times: A History of The Early world》)。我立刻访求,在东安市场见到了。多是1916年的第一版,由专门影印外文原版书的龙门联合书局影印。碰巧遇上的另一部是其第二版,文字浅显，是美国大学的课本。罗斯托夫采夫的书找遍了旧书店也没有，终于在北平图书馆找到了，不能借出，只好找到下午有空去阅览室看，那书的导言真让我震惊，讲的是古代东方诸国历史形成的诸多条件，其中地理环境一节尤其让我叹服，以我有限的英语水平吃力地阅下来，从此培养了我对历史地理的兴趣。学期中举行了一次考试，两道大题任选其一，其中一道题就是这个，另一道题是关于犹太民族和宗教的，大概也是出于这书吧，我还没有读到，就选了地理环境对古代东方历史的影响这道题，我结果得最高分，终生难忘。

从二年级开始，另一件令我兴奋的事，就是从此可以选修课。面对密密麻麻的选修课表，二年级每人只限选两门，一时无从选择，最后只好选张政烺先生的两门，大概是"金石学"和"古器物铭学"吧。另外的则采取旁听的办法，尽量错开听课时间，以期多听几门课，有些实在躲不开，只好随时选听了。这样选了两门，其他的加在一起，现在回忆起来的共有十门，其印象最深的是梁思成的建筑史。

梁思成先生的建筑史 那是一个下午，教室全用黑窗帘遮起来，原来是打着幻灯演示教学，第一次两节课讲了导言，讲到了全世界建筑，条理分明，简明扼要。至今还记得那讲课时的内容。先讲什么是建筑，西方建筑是有系统建筑，东方建筑（包括中国）是无系统建筑。建筑结构有三大类型——梁柱式、法圈（拱）式、混凝式。中国建筑是梁柱式木构建筑，不同于古埃及、古希腊的梁柱式石构建筑。何以如此，与建筑材料和当地气候有关。两河流域缺乏木石料建材，只好用河流冲击土做的泥砖，结构也就成了拱式。西北欧多雨多雪，屋顶就做成很陡峭的斜坡，以便排水，防渗漏及被积雪压塌。多年以后，我照搬着去讲课，乃被同学叹为"真有学问"。

梁柱式木构建筑，墙壁无需承重，内部空间可以自由布置。从四无遮拦的亭、廊，到采光充分的大屋，再到密闭的仓库。而斗拱不单有支撑的作用，而且是建筑结构的最基本的单元，后来各类木构建筑的尺度都要以它为基准。

讲课中，梁先生不断用幻灯片演示，从古埃及、两河流域、希腊式、罗马式、罗马风式、拜占庭式、哥特式、文艺复兴式、巴洛克——洛可可式、新古典主义式一直到现代建筑，每种风格的著名建筑演示两三张幻灯片，寥寥数语，提要钩玄，精粹迭出，使听者在很短时间内掌握要领，终生受益。

梁先生还介绍了弗赖歇尔(B·Fletcher)的《建筑史》。那是一本建筑系学生必备的名著。课后立即跑到东安市场去搜寻，可是龙门联合书局的盗版翻印本质量太劣，图片和所注文字都不清楚。后来又托人到北大工学院找到了一部摘编中译本，还算差强人意。2002年到美国探亲，在社区图书馆见到一本，那已经是第20版了，因为是新版书不能借出，托人买了回来，摩挲久之，不胜感慨。听了梁先生的课以后，我虽不学建筑，也不懂建筑，更没有造过房子，但对建筑史发生了浓厚的兴趣。目前架上有关中外建筑史的书籍不下三十多种。但那些书上梁先生讲到的东西两大建筑类型已经都被放弃了。

邵循正先生的中国近代史　每周一次，没有讲稿和讲课提纲、资料卡片，只带一本翻得破破烂烂的马士原版《中华帝国对外关系史》第一卷，边翻边讲。这书始终没有亲眼见过，直到20世纪60年代才有译本。

向达先生的中印交通史　向先生的中西交通史是出了名的，选课的同学有十几位，上课前先领油印讲义，却发现向先生是照讲义念，几乎一字不改。于是同学偷巧，领到讲义就溜走了。我也如法炮制。那十几篇讲义，保留了近三十年，但在上个世纪"文化大革命"抄家浪潮中"迷失"了。

裴文中先生的考古学　讲旧石器时代，上课时会拿出一些发掘的实物来演示，可惜没有见到北京人头骨，连模型也没有。只见到几块打击的细石器和一个锯齿状的鱼叉头。

唐兰先生的文字学和周祖谟先生的文字学史　两门课时间冲突。唐先生的课听了一次就放弃了，专听周先生的课。选课的同学只有二位，都在高班，但他们循规蹈矩、尊师重道，周先生一进讲堂，立刻毕恭毕敬地起立行礼。下课亦复如是。我这个唯一的旁听生随着也行礼如仪。尽管课堂只有三人，周先生也还是一丝不苟，讲课十分认真，板书非常工整，就好像面前有几十个人听课一样。好在大学学生不多，有些课人少不足怪。听说清华新成立了人类学系，是一个"三一系"（一位教授——吴汝康、一位助教和一个学生）。毛子水先生可算"资深"，那年选课单上开列了六七门课，什么史学要籍、史料目录学、《史记》选读、《汉书》选读等。同学因他当图书馆长时花了八百万元为胡适买了半部《水经注》。而却不肯订一份《大公报》，正对他十分不满，也就不去选他的课。只有一位选了，选修课规定可以试听两周再决定选课与否，这位同学听了一次缺席了，于是毛先生的六七门课也就停开了。

韩寿萱先生的博物馆学 韩先生长期留学美国，学的就是博物馆学。他上课开始讲到博物馆的设置、馆址的选择、展室的要求、采光、通风、温湿的要求、展品的选择等等。韩先生那时是北大博物馆筹备处主任，那地址在图书馆西的一座四合院里，三间北房，中间一间陈列了一些文物，两侧是库房和办公室。有天我去那里参观，因一件青铜器上的铭文与一位高班同学略有争执。我说那字应为"旅"。正好韩先生陪陈梦家先生来博物馆，问及此事，我的释文得到陈先生的肯定，也受到韩先生的赞赏。他对我说，以后可以随便来办公室看书查书。果然我在那里找到两本劳榦的《居延汉简考释》，土纸石印本，抗战时四川李庄历史语言研究所出的，印工粗糙。前言里指出居延汉简出土后曾把照片送到香港商务印书馆，只因太平洋战争爆发，香港沦陷才未出。这里的录文是根据抢救出来的反转片录下来的。云云。

胡适的《水经注》 抗战胜利后，北大花了八百万元从天津买来了半部整理抄本。有考据癖的胡适在沙滩北楼一层大教室开了这门课。上课时果然热闹非凡，可容一百人的教室早就坐满了，连窗台上也坐着学生。据高年级同学说，抗战前胡适讲课，要到三院礼堂去讲，三百多人的礼堂挤得满满的。此时时局正紧，学生忙着搞学运，胡适也不复当年威望，讲课也不及当年盛况了。但是课还是很热闹的。胡适讲到《水经注》本的因缘。听了半天，也不清楚是全祖望抄了赵一清的，还是赵一清抄了全祖望的。这其间又插进了一个戴东原，成了三国演义。至于杨守敬，那是后话，还没有讲到，我就离校了。

大二还有一门必修课史学概论。原定是姚从吾先生讲授，可这时姚先生不知是去了美国还是台湾，所以列了十个题目，由各位教授分别主讲。第一讲是胡适，什么内容记不得了。史料目录学一题由赵万里先生主讲，他讲完后专门领我们去了北平图书馆，参观了图书馆大楼地下室收藏的文津阁四库全书，各色绫子书套，非常精美，可谓大开眼界。

这两年的读书场所，除了宿舍以外，就是图书馆。图书馆我去过三个。第一个是北大四院图书馆，地点和规模如前所述。我去这里还借到了敌伪时期上海所出的周予同论经学的书。连史纸石印精印，字小而工整。有日本人编的东洋文化史大系八册，当时算是好的。还有郑振铎抗战时在上海编印出版的《中国历史图谱》，比日本人印得要差，用大封套装着，一张八开道林纸上共印有好几张图，另各印有说明一小册，好像也还没有出全。

第二个是沙滩的北大图书馆。据说藏书达四十余万册，阅览室陈设还可以，大书架上是一些老旧的工具书和大套的百科全书。楼后二楼有一排小屋，是专辟的研究室，教授可以申请。张政烺先生带我去过，那真是个安静的所在。可惜自己不够资格，只有望室兴叹了。

第三个就是北平图书馆，阅览室宽大，可惜光线不大好，书可以借来在阅览室看，但不能对外出借。阅览室四周是一圈矮书架，摆着各种工具书和百科全书。有丁福保的《金石大辞典》，开明版《二十五史》，罗斯托夫采夫的《古代东方》就是在那里借出来看的。那时每逢有暇，尤其是暑假，都要跑到那里去看书。1948年还专门搭了一顿中饭，饭厅是阅览楼西边的一所平房，每餐饭一汤一菜，不能吃饱，但比学校的窝头食堂好点。

那时还参加了读书会，一个是腊月社，原来在西南联大时就有，1948年12月恢复，成员有哲学系的黄枬森，那时已是助教，史学系的李克珍，还有王敬直、汤一介等人，每周活动一次，讨论《反杜林论》，在汤用彤先生的家里举行，活动了两次就停止了。据说那时院子里的人反映我们有共产党地下电台活动的嫌疑，有人告诉了汤老先生，他就让汤一介把活动暂时停止了。

另一次是在 1948 年秋，北大剧艺社要学习斯坦尼斯拉夫斯基的表演理论，大家买了《论演员的自我修养》《角色的诞生》，准备自学，活动了两次，我就离开了学校，下文如何就不清楚了。

也就在 1948 年夏秋，内战日趋白热化。七月份东北逃亡学生在北京游行，遭到镇压，死伤多人，八月十九日，国民党华北剿总宣布成立特刑庭，公布黑名单，要大肆逮捕，名单上有名的同学纷纷撤退到解放区，国民党没抓到几个。到了初冬，继济南新中国成立之后，辽沈战役我军大获全胜，东北大军大举入关在即。我那时参加打杂跑腿的一个公开发行的诗刊，听到了要受到迫害的风声，心想这真回到了抗战前夕华北学联宣言："华北之大，已摆不下一张课桌"的局面。这时很多同学纷纷走向解放区，每天吃饭，饭桌上人总要少几个。于是同几位同学一起，找上地下党的关系，结伴化装投奔解放区去了。从北平经天津南下到陈官屯，越过封锁线，四天三夜到达了泊头的华北地工部，进了为训练入城干部的干部培训班，准备迎接平津解放。从此结束了两年的大学生活，揭开了生命中新的一页。

两年的大学生活，改变了我的人生走向，一是开辟了追求光明、走向革命的道路；一是为我这个大学只读了一年又半个学期的青年大学生为以后的从事历史工作打下了基础，培养了兴趣。记得在北大最后一天上课内容是，邓广铭先生在下课时写下的下节课的题目是"耶律阿保机之雄图"。杨人楩先生下课前说"希腊不是奴隶制社会"。就此一别，再也没机会听到老师们讲耶律阿保机的雄图是什么，希腊为什么不是奴隶制社会了。但我学习探究历史的愿望和兴趣却永久保留下来了。

记北大的几位老师

回忆张政烺先生

1947年秋天,我从北大先修班升入史学系一年级。虽然学了一年,但从先修班升入本科,一切还是透着新鲜。这时,原定讲授一年的中国通史课,改为两年,第一学期是上古—先秦史,张政烺先生讲授。这是第一次上本系专业课,第一次见到史学系的老师,也是第一次见到张先生。

张先生体态魁梧,头比一般人大一些,圆脸上一双大眼睛,弯曲的浓眉,使得他的脸型有点像一只大猫头鹰,令人不禁想起商代青铜器鸮尊。再加上一副黑色圆框眼镜,整个面貌就像一圈圈大大小小的圆,然而神态却是恬然和蔼的。张先生常着一袭蓝布长衫,上课有点腼腆,从不正面对人,只是侧着身子面向黑板,用粉笔写很多很小的字,操一口很重的胶东腔,声音很小,好像有点愧对黑板课堂和学生的样子。是当时史学系教课嗓音最小三位教授之一(另两位是向达先生和邵循正先生)。张先生讲课速度比较快,似乎有点急于把自己的话传授给学生,因此显得缺乏系统,杂乱无章,东一句西一句,不时出些支岔,从这个话题跳到另一个话题,好像身上装了一个话盒子,新鲜话题不断在里边躁动,随时会顶开盒盖,蹦出一两件来。他对此似乎也无法控制,却又拙于表达,往往争得满面通红,满头大汗,面带愧色,连连说:"这个问题,讲不清楚,讲不清楚。"同学开始对他这种讲法不甚满意,也抱有一丝同情和几分谅解。历时稍久,特别是到课下整理乱糟糟的笔记和他随口提到的专书论文时,就慨叹他讲课内容的丰富和涉及知识的广博。那里不仅有学科前沿的种种新成就,也有他自己独到的精辟而又新颖的见解。那老说"讲不清楚"的地方,正好是史学界争议之所在,也许就是他没有搞清楚,或者还有待去研究,难于遽下断言的地方。这样,我们在最短的时间里接受到最大量的信息,又何须在意张先生那点口才和讲课方法。没过多久发现,同学们对此已经有所领会,每到上课时都悄悄地把自己的扶臂课椅前移,对着侧身黑板的张先生围成一个半圆，好来仔细聆听他那低声而紧促的话语。我那时好在课间去教员休息室问老师问题，张先生是有问必答，而且往往是问一答十，能收举一反三之效。多年以后，20世纪80年代一次会议的间隙中，我向他请教我正在探讨的一个问题，他立刻侃侃而谈了不下十分钟，回去后凭记忆记下来的古籍和史文达二十几条之多，只可惜见面的机会太少了。听张先生的课后不久，听到高班同学讲，北大史学系1936年毕业的那一届，出了个"四大金刚"。云为"金刚"，喻其实力雄厚，张政烺先生就是其中之一（其他三位是邓广铭、傅乐焕、王崇武），好像还是最年轻的一位。1947年听他的课时，他大概是三十六七岁的样子。我跟着张先生听课，记笔记、整理笔记、寻找他提到的专书和论文。知道了安特生和仰韶文化，吴金鼎和龙山文化。也知道考古发掘发现有一处黑陶文化层压在彩陶文化层之上，说明二者时间的先后次序（以后的发现改变了这一认识）。我先后知道傅斯年在《蔡元培先生六十五岁庆祝论文集》上发表的《夷夏东西说》；蒙文通《古史甄微》中的河洛、海岱、江汉三民族说；徐炳昶《中国古史的传说时代》中的炎黄、风偃、苗蛮三集团说。我也知道殷墟发掘，读了同一本蔡元培先生六十五岁庆祝论文集里董作宾的《甲骨断代例》，读了王国维《观堂集林》里的《殷卜辞中所见先公王考》和续考，郭沫若《中国古代社会研究》和《青铜时代》，还有朱芳圃的《甲骨学商史篇》和《甲骨学文字篇》及中央研究院考古研究所抗战前出的四册考古学报；我还从张先生那里知道了甲骨文先是用笔写上，然后再由刀刻上去的，那枝发掘出来的最古老的空心毛笔管照片就赫然登在某本考古学报上。这期间，还有两次难忘的经历，一次是在1948年春天，史学系组织了一次春游，同学们乘着卡车出了西直门，到了五塔寺，踏访中张先生随口说了，佛教最早没有雕像，信徒们膜拜的是佛迹，如莲花、法轮、火焰、脚印等，后来才有佛像的雕塑。看了五塔寺以后，经阜成门折向西行，走一条现已废弃的柏油窄道，两侧杨柳垂垂，树冠夹道而立，伴以潺潺小溪，风景幽美，一直走到八里庄口。庄口是个门楼，下车走了进去直奔慈寿寺塔，也就是万历皇帝给他母亲祝寿修的那座塔。

北京俗称玲珑塔，有鼓词流传。以后翻阅14版大英百科全书《塔》那条中，慈寿寺塔的照片赫然在焉。佛寺已毁，只余几堵断墙。过午到罗道庄北大农学院去吃午饭，再去钓鱼台。草木荒疏，庭院坍圮，不复当年景象。水池子也大半干涸了，院里摆着几块用砖砌搁的大块空心砖台，有位高班同学自信地说那是琴砖，是古人抚琴用的，可收共鸣之效，说时双手拂动，作抚琴状。可张先生在旁纠正，说那是汉朝墓砖，高班的同学为之语塞，我则又长了一次见识。

再一次是领我们去参观故宫的杨宁史青铜器展览，张先生介绍说，杨宁史是德国商人，收购的青铜器质量很高，很有价值。他一边看一边给我们讲解各种器型，如鼎、鬲、角、爵、觚、壶、尊、簋、戈等，而且可以从其样式的变化中断定其年代，谈到铜器埋藏地下久久变为光泽鲜明的蓝绿色，出现泥土和织物印痕，那是一次很好的古文物课。这里特别有一件斯柷，至今印象仍深。其间张先生还谆谆教诫我们，要知道一点甲骨、青铜，最好去看容庚的《商周彝器通考》。

张先生的课照例是前松后紧，上古—先秦史还没有讲到春秋，就放寒假了。听了一个学期张先生杂乱无序东拉西扯的课，跟着读了一些有关的书、文，谈不到对这段历史有什么系统清楚的了解，却培养了我对中国历史的浓厚兴趣，似乎也领略到了一点治史的门径。

我在张先生讲课的熏陶下，对古史和甲骨文、金文产生了兴趣，除了听讲读书以外，也试着写了一些开了个头却无法收尾的小文章，作为初生之犊，胆大妄为地送去请教张先生。张先生倒也不见怪，看了以后笑着说，你摹写的那些金文有问题，有个字多了一划。你没有见过原器也没有见过好的拓片，这字大概是从丁福保的《金石大词典》描摹下来的。丁书只是把一些金石拓片上的字剪下来拼贴成书，很粗也不大可靠。你那个字多了一划，很可能拓工粗糙出了问题，更可能是铜器在土里埋藏太久而形成的土痕和锈迹，使得拓片失真。这其实只能算是三四手材料，以后再用时要注意。另外，在殷墟出土的甲骨文中，出现𦥑字，有人考释是"麟"字，也有人考释是"犀"字，文章题目就叫《获白麟解》或《获白犀解》。我问张先生，张先生说那应该是"兕"字，也就是野牛。还有一次问他，丁山认为甲骨文𢍰字是𢍰字的异形，张先生说那其实是"毕"，作𢍰或𢍰，即捕鸟雀的网子。听他娓娓而谈，那真是感到诲人不倦之风了。

张先生那时住在东厂胡同1号胡适住宅的一个偏院里，他住东房，三小间屋，几乎没有什么陈设，只是地上摆着几个还未打开的大木箱子，那是他抗战在去四川李庄的中央研究院历史语言研究所工作时的藏书，刚刚运到，还没有打开。那院子的北房住着还在养病的考古学家梁思永。环境幽静，张先生就一个人住在那里。虽然有书可看，看来也不免会感到寂寞吧。

1948年，我离开了学校。北平和平解放，我转了一圈，又回到北平工作。当了五年基层干部，一个偶然的机会，又转回到高等学校教书。正好这时《历史教学》创刊，张先生在上发表了《汉代铁官徒》，看了以后，耳目为之一新。不久就受到了翦伯赞翦老为文批评，说他那里说铁官徒是"无产阶级造反"，其实我在看时并没怎么在意过。到了1956年开始批判胡适，又看到他在会上"揭发"胡适的发言。当年胡适讲课时提到宋人话本《一枝花话》，自己没见过，问谁知道原书，堂下无人应答，只有他起立侃侃而谈，把《一枝花话》的源流、内容、版本讲得一清二楚，得到了胡适的赞许。这之后，好像又有人批评他说，借批判胡适来表现自己，我心里颇不以为然。不久后，去查找抗战胜利后的中央研究院历史语言研究所集刊，在大量的论文中发现了张先生写的《一枝花话》，心想，张先生真不愧为博闻强记多识之士，连这么荒僻的东西也讲得那么清楚。

1958年北大承反右斗争的余绪，进行整改，拔白旗树红旗，对历史系教师展开了批判。人民出版社出了北大学生的大字报选《历史科学中两条道路的斗争》。系里的学生对张先生提出了尖锐的批评。没多久张先生就离开了北大到了中国科学院历史研究所，搞他的中国历史图谱去了。其间也见过几次，只见他戴着一顶像馅饼一样的扁平的干部帽，胸前挂着一架高级相机,徜徉在东安市场的旧书摊间。可是好像再也见不到他发表的文章了。"文化大革命"以后,邓广铭先生几次谈起张先生的出处,总是说,可惜北大把张先生放走了,上古史没有人上了。

学生大字报提到张先生的资产阶级学者的道路给同学的影响,特别是提到了受他的影响的王曾瑜,干脆放下了理论,一心钻研史料,把夏代帝系表背得滚瓜烂熟。五十年后,再看这些大字报,感到在那个左的思潮的激荡下,同学的批评未免有失公平,而且有深文周纳、罗织罪状之嫌,大概是为批判而批判地去做文章吧。而受他影响的王曾瑜先生呢,至今治宋史已斐然有成,不好说这不是受了张先生熏陶的结果吧。

不久前,见到未曾谋面的低班级友周清澍先生在《文史知识》上发表的回忆张先生的文章,叙述细致,内容丰富。读后不禁感慨系之。以张先生之学、之识、之才,遇上一个较好的环境,把他脑子里大量丰富而珍贵的东西全掏出来,那是多么好的一件事啊!只可惜我这个一度受他亲炙的学生,同他相处的时间太短,又是少不更事,没有真下工夫向他请教,只好抱憾终身了。

梁思成先生

1948年秋天,也就是从大学二年级起,可以上选修课了。二年级学生每人限选二门。面对着墙上长长的选修课表,几经斟酌,除了先选二门课,其他想上的课去旁听。梁思成先生开设的中国建筑史课,就是我旁听的首选之一。

开始上课那天下午,宽敞的教室里坐满了学生,不知哪些是选课生还是旁听生,梁先生来了,一身西服,开始就把窗户用黑布帘子遮住,一边讲一边用幻灯片演示,用两节课概括地介绍了一下世界建筑史。

那印象是非常深刻的,我们都被震住了。梁先生语言清晰,条理分明,至今还记得那讲课的内容。先讲什么是建筑,西方建筑是有系统建筑,东方建筑(包括中国)则是无系统建筑,全世界建筑结构古往今来不外乎三种:

"梁柱式""法圈(拱)式""混凝式"。中国建筑是木结构梁柱式，不同于古埃及和古希腊的石结构梁柱式建筑，何以如此，与各国所产建筑材料及当地的气候有关，像埃及希腊等出石材，自然是石结构而两河流域缺少木石，故主要用泥砖的拱式。北欧多雨雪，屋顶就做成陡峻的坡形，以便排水，免除积水渗漏和方便积雪的松落，后来我讲课，这样照搬，也给了同学一点小小的震动。

中国的建筑特点是木结构，梁柱承重，在屋内隔出各种空间，也利于采光，从四无遮拦的廊、亭，到采光充分的四合院北屋，到密不进光的仓库，都可以自由布置，而且创造了分担梁柱屋顶出檐重量的斗拱。到了宋李诚的营造法式，把斗拱当成了建筑最基本的元素，一切木构尺寸均以它的比例为基准。

讲课中，梁先生用幻灯片演示，西方的所谓有系统的建筑，从古埃及、两河流域，希腊、罗马、仿罗马、拜占庭、哥特、文艺复兴、巴洛克（含罗可可），到新古典主义，一直到现代建筑，都是寥寥数语，放了好几张幻灯片，提要勾玄，精粹迭出，使听者在二节课之内浏览一遍西方建筑史。此外还介绍了两三张所谓无系统建筑如印度和伊斯兰建筑幻灯片。这两节课迄今记忆犹新，终身受益。

讲课中间，梁先生还穿插介绍了他自己设计和参与设计的建筑，一是新建成的他参与设计的纽约联合国大厦，一是他在抗战前设计建造的北大沙滩灰楼。说那原是为研究生用的，一人一间，现在改为两人一间的女生宿舍了。说时还有点得意地说，你们看那是不是像一艘船。对这两座建筑，联合国大厦只感到是一个扁扁的长方形匣子，受了20世纪结构主义建筑风格的影响，并不特别突出的印象。至于梁先生认为是得意之作，北大灰楼，我反复探查过，感到除了新颖实用之外，也不算印象很深，也看不出它为什么像一艘船。

梁先生还介绍了弗莱歇尔（F. Fletcher）的建筑史，那是一本建筑系的学生必看的名著。课后立刻去东安市场搜寻，那里有盗版渊薮的龙门联合书局影印本，可是质量太劣，文字和图片都不清楚，后来托人到北大工学院买到了一部缩编的译本，书名西方建筑史，所谓的"有系统建筑史"，还算差强人意。此书一直保留迄今。

只听得梁先生讲了一次课，我就离校了。可对建筑史的兴趣一直不减。我从没有改学建筑的念头，除了"文化大革命"中当牛鬼蛇神做过递砖和泥的小工之外也没有盖过房子。可迄今书架上仍摆放着长长一列中外建筑史的书籍，有通俗的也有专门的。其中十几种大本的书，却没有从头到尾看完。2001年到美国探亲，在社区公共图书馆里看到弗莱歇尔建筑史的第20版，因为是新出，图书馆不允出借，只能在图书馆里阅览。回国以后，托人买了一部带回，摩挲久久，感慨不已。同年青时的海军梦、天文梦、武侠热一样，我对建筑史的爱好，只能长久保留是心底了。

梁思成先生逝去已久，几次见到他的哲嗣梁从诫，从来没有想起要谈谈我对建筑史的喜好。好在梁从诫是学的历史而非建筑，他近来致力于环境保护，宣传人是自然的一部分，天人合一。我想这也是建立和谐社会的一个重要内容吧。

梁先生讲课以后未久，我就离校了，可是听了那两节课以后，我虽不学建筑，可还是对建筑史产生浓厚的兴趣，迄今书架上有着中外建筑史的书籍不下四十来册，有十几种是大部头书，也没有从头到尾看完过，只是觉得，梁先生当天讲的东方西方两大建筑类别即有系统建筑与无系统建筑，也是老版弗莱歇尔建筑史里所主张的，后来已经被放弃了。那可能是由于材料发掘多了，研究深入了的缘故吧，不过当时什么是有系统无系统的几经回想已经记不了。可能梁先生讲的欧洲建筑从埃及到后来其发展有脉络可寻，可中国印度建筑却有停滞、重复，陈陈相因的缘故吧。

杨人楩先生

1948年暑假开学，我升入了大二，开始了世界史课，杨人楩先生讲授。杨先生个子不高而且瘦削，显得很精干。常着一身浅色西服，裤子是用吊带系的。杨先生是湖南人，讲一口浏阳腔官话，据说这是最接近北京话的一种方言口音。

杨先生讲课精气神十足，嗓音高亢嘹亮，抑扬顿挫，颇具朗诵能力，他开始上课时特别嘱咐我们，当他一旦提高嗓门，放慢速度时，那就是必须要逐字记下来的地方。过了那段，语速调门放低了，平缓了，那记不记都是可以的。果然，一到时候，他头一昂，胸一挺，把两个大拇指往吊带里一插，把吊带撑起来，来回踱步，这时，讲课速度放慢，我们就立刻聚精会神，准备记录了。两节课大约要这样地听写两三段，每段大约三两百字的样子。听写过去，语气平缓了，语速也加快了，大家就好像行船过险滩一样，终于松了一口气。不知怎地，我觉得他在课堂上撑着吊带高声朗诵，总让我想起那是一只引颈高鸣、昂首阔步的雄鸡，虽然个头似有所不及。

又过了一段时间，读了陈寅恪先生的《隋唐制度渊源略论稿》，才知道，这是一种阐发佛经义理的表述方法。此外像《通鉴纲目》，钱穆的《国史大纲》也采用了这种办法，不过杨先生施之于课堂教学，是我首见。

杨先生一上来，先指定了三部参考书，两部是罗斯托夫采夫的《古代东方》和《希腊罗马史》，另一部是美国的《古代世界历史》。听到了立刻去访求，东安市场购得了一本1930年代的新版，其他大多是二十年代的老版影印本，那又是龙门联合书局的产品，除去装订以外，印刷质量颇差。得该书最新版本令我非常满意。罗斯托夫采夫的书则在旧书店遍寻不得，终于在北平图书馆找到，可是不能借出来，只好找到空余时间去阅览室读。《古代东方》的导言让我吃惊。讲的是古代东方历史形成的诸多条件，其中地理环境一节尤其让我惊叹，原来地理和历史的关系是这么紧密。我以我有限的英文水平吃力地阅读下来，从此形成了我对地理的极大的兴趣。但是时间紧迫，我的读书到此只能戛然为止。期中进行了一次考试，除了二三十道知识的名词解释外，其中两道大题任选其一，其一就是地理环境对古代东方历史的作用，另一道是关于犹太民族和犹太教的，我当然选中了头一道题，另一道也不合适，可能也出自那指定的三部参考书之一吧，可是不知写在哪里了。这样，我的考试得了高分，也培养了我对历史地理兴趣。

我那时好在课间休息时到教员休息室找老师问问题，可第一次去找杨先生却碰了钉子。杨先生严肃地拒绝说，课间教师要休息一下，学生不要去打扰。我听后略有不怿。事后一想，也就释然。心想以杨先生有限的肺活量，一节课要引吭长鸣好几次，能量的消耗一定颇有可观。利用课间十分钟喝一杯茶，抽一根烟，完全是应该的，身为学生的我虽然表现得学而不厌，却没想到先生却可能是诲人有倦的，真是有点不识时务。

从高班同学那里得知，杨先生留学法国，抗战前在苏州中学教书，每周往返于上海与苏州之间，我上小学时见过他编写的开明书店的中学课本西洋史，软精装，米黄色横典纸精印，仅从外观看，应当说那是颇有分量的。

杨先生的专长是法国革命史，对学生要求很严厉，但我们却无此感受，只觉得其严肃，而不识其严格乃至严厉。但是据高班同学说，他的法国革命史选修课考试时用法文出题，同学要求改写中文译名未允，又请改用英文出题也未允，可以想见那些选了课的同学的狼狈相了。

余逊先生

一九四八年春，北大史学系一年级的中国历史课进入了第二阶段——秦汉魏晋南北朝史，讲课的是余逊先生。

余先生个子不高，有些发胖，操一口长沙官话，口齿清晰，穿着一袭蓝布（或灰布）长衫。他讲课是很认真很敬业的，很注重教学法，不时用粉笔写下一长列史料，字迹端正清楚，属于行楷一类，颇具功力，然后逐字解释。解释时手执一根长教鞭，侧身在黑板旁指点，以免黑板字遮住学生的视线。讲得高兴了，不时踮起脚来原地动弹一下，有点像个圆圆的皮球在蹦跳。

同学对他的课都不太待见，可能觉得平淡了一些，不怎么具有"可听性"。但是仔细回想，内容还是很充实的。现在还记得，在他的课堂上，我第一次听到秦郡数从传说以六为数的三十六郡，一直增加到四十二又到四十八郡，是王国维的考证，还听到他讲到顾颉刚的汉代州制考，也是知道先有十三部刺史，再加一个司隶校尉，共十四个单位，然后才演进到习惯的称呼十三州。班上的同学对余先生倒不那么待见的原因，一是知道他是1929年北大毕业，与向达先生同届，但却没有认为他是什么"名"教授。二是听高班同学说起，他刚毕业，即受中华书局之约，编写了一部高中本国史，得了稿费2万现大洋，那可是一笔不菲的数目，而且还累得病了一场。那时史学界的风习是尊重论文而不大重视专著，尤其不怎么看得上中学教科书，因此他的身价好像也不是那么烜赫了。第三是他在敌伪时期虽然在辅仁大学教书，却兼过伪北大的课，以至胜利后有了汉奸的嫌疑。好在傅斯年来北平整肃高校队伍，最后摘掉了他的汉奸帽子，还了他的清白，才得以在北大待下去。其四是他是余嘉锡先生的哲嗣，有次高班同学去老余先生那里，正碰见老余先生隔着门帘不知为什么在痛斥小余先生，而小余先生则肃立门外低头恭敬受教。那时正好国民党政府遴选中央研究院院士，余嘉锡先生也在其列，可听说老余先生并没有出过什么大著作，只是写出一部还没有出版的《四库全书总目提要辨证》去应选。论资排辈，这也让人不免对小余先生的学术价值有了一点疑虑。

不过经过一些时间以后，我的这一点点疑虑也得到了解决，其一是关于"编书教授"的疑虑，这已经不是问题，何况余逊先生确实有很深厚的史学功底，20世纪50年代初有关于西晋占田课田制度的争论，端赖余先生在光明日报《史学周刊》发表的一篇不到五千字的论文，作了结束，成为定论。第二是"汉奸"的疑虑，后来看到老余先生于日本侵占北平时在《辅仁学誌》发表的《杨家将故事考信录》等论文和余逊先生的有关东晋时南士与北士的关系的论文，认为南士北士的关系并非如传言之势同水火或互相歧视，而是双方都以大局为重，消除隔阂，团结抗战。这篇文章立论，照我看似乎还有可议，但爱国之心溢于言表，而且也采用了抗战时习惯的"影射"手法，至少是不能同钱稻荪、周作人之流可以比拟的，至于《四库全书总目提要辩证》的学问自不待言了。

光阴荏苒，一学期很快过去，又到期末考试时候了，这次余逊先生的考法别开生面，出两组题，每组三题择二，一共要答四道题。可是我粗心大意，以为是任择一组又任选其中二题，结果第一个交卷，等同学考毕出来，才发现自己只答了一半，最高分也就是五十分了。赶紧去找余先生，他不置可否。可是等到考分出了，我的分数居然是半百加十二，62分，居然及格。与前一个学期的考分平均，总共八十分。这不但让我喜出望外，而且还救了我一次。原来那时大学原来从抗战时期的公费改自交学费，但有助学金，要去申请而非普遍发放，可领取助学金的标准，则是需要平均分数在八十分以上。这样，我总算在余先生的细致而周到的照顾下考虑下过了一关，但这究竟该不该呢，我是当事人得利者，实在无从置喙了。

新中国成立以后工作几经辗转，又回到了高校教育岗位上来了，听说是1954年思想改造运动吧，余逊先生因为心情紧张，思想负担重，得了中风半身不遂。一天我去看他，见他躺在床上，可是音容依旧，虽然又一次久违再见，他还记得我的姓名说："认得认得，你是×同学"，依旧还是在北大的一样称呼。

然而，没有多久，就听说他过世了。这是我1948年离校以后见的第一面也是最后一面。

多年以后，听到一位老师讲起，当年在北大开通史课，他和余先生同时上课，有点像打对台吧。过了一段，学生都离开了余先生去他那里来了，余先生教席门庭冷清只好停开。听后我想，余先生的课竟然差到如此没有吸引力的程度么，至少我们那班同学也还是悉心听完了的。如果有谁再打对台的话，我也许不至于就此跑掉吧。

青少年时所见的几个横死者

少年时,第一个见到的横死者是一个黄包车夫,时间在1936年初夏。那时,我八岁,在南京鼓楼小学读三年级,一天课间休息,同学们哄传外边死了人,我随众跑出去。死者是一个黄包车夫,背和头部半浮在公共厕所的尿池里,只见剃的是平头,上身穿着一件圆领汗衫,据说他是上厕所身上的铜板掉进尿池里,他去捞,失足掉下去,尿池地太滑,爬不上来,连淹带呛,就这样死掉了。在他旁边的地上还有一小堆铜板,他的黄包车也就停在公厕旁边,围观的有十几个人,分外地安静,没有出声的。我是第一次接触死亡,心中只感叹新学到的一句成语"人为财死,鸟为食亡"。他这个穷人,仅为区区几十个铜板就这样窝窝囊囊地死掉,真不值,还不如那时所学的中央大学校长罗家伦作词的一首歌:"中华男儿血,应当洒在边疆上。"但那种轰轰烈烈地死又是怎样一个场面呢,我心中颇为茫然。随着同学回到教室,又继续开始了平常的上课、下课,踢小皮球,然而,这个生平的第一印象还是已经深深地印在了我的脑中,成了磨灭不掉的回忆。

第二个见到的死者则是在1940年春夏之交,那时我11岁,已经在贵阳上初中一年级了,因为身体不好,休学在家。那时正当春末夏初,雾气散尽,正是日机肆虐的好机会,我们家那时已从城里迁到城外倒岩路山脚下的一条蜿蜒的公路旁的一座租来的小木楼里。那天,天气晴朗,警报响了,我们跑出屋外田间路上,只见十几架日机列队飞临上空,说话间炸弹就下来了,落到离我们几十米的水田内,泥水四溅,轰然巨响,母亲伏在我和弟弟身上掩护我们,有惊无险。敌机轰炸一轮就飞走了,惊魂未定中,街上嚷嚷说对面山脚下打死人了，我又随着人群去看。爬上一段约十几米的山脚，是一个躲飞机的好地方，炸弹并没有炸到那里，在草丛里躺着一个青年，他们说是枪打死的，是一个特务，借敌机投弹的机会，开枪把他打死了。一说是宪兵，当他打信号的汉奸开枪了。但不见宪兵的踪影，也不见开枪者的踪迹，看来更可能的是被特务开枪暗杀了。死者神态安详，像睡着了一样，身穿一件背心，胸前一大块血迹，颜色鲜红，似乎血出得不多，但是是朝准心脏来的，所以一枪就打死了。旁边有人说，这个青年手里拿着一本"长征两万五千里"，后来被杀人者拿走了，论者说他是共产党或者思想激进的青年，才因此遭到暗杀。我当时略微听说一点共产党，也听说过专搞暗杀的特务，但究竟是什么，脑子却一片模糊，至于长征二万五千里，可能是一本禁书。这是模模糊糊地知道了一点国共之争的政治，也感慨国民党特务手段之卑鄙。随后，我就懵懵懂懂随众回家吃饭了，对侧山坡上的枪声，似乎随着敌机炸弹响起，已经记不清了。以后又在梦里出现过一两次，但我始终没有弄清楚这是为什么，又或那个二十出头青年的名字，也没有设法打听，他是哪里来的，做什么工作，被打死又是为什么，谁要打死他。这一切都随着那儿的遍地太阳光和和煦春风消逝去了。

第三个死者是一个八九岁的小女孩。1940年初的贵阳，一个阴湿的下午，我从大南门外的市场买菜回家，走在一段小的上坡路上，一条公路横穿而过，过往的货车风驰电掣，不时溅起路上的泥水。正当眼神与公路平交时，忽然见到奔驰的车流中侧卧着一个八九岁的小女孩，浅色裤褂，头已经被车轧破，脑浆散落在地下，留下一串黄色的斑块，而一旁的车流仍不顾呼啸而过，路面上也没有什么人围观，似乎什么也没有发生过。我低头匆匆走过，不忍再看一眼，却见路旁的小屋旁一中年妇女坐在地捶腿大哭，想来那就是她的母亲了。

抗战中期，双方战线在华中地区对峙，对外交通线悉由日军封锁，唯一的通道只有滇缅公路。贵阳南门外的那条公路西通昆明，正好是西南的交通要道，从缅甸运来的物资由此络绎不绝地绕过贵阳城边，由此运入四川重庆，交通之繁忙可想而知。而公路货车之霸道也不在话下。报上时有军车、商车压死人不顾而去的报导，不想今天竟目睹了这悲惨的一幕，那压死人的汽车早已不见踪影了。

第四个横死者是一名国军士兵，时间在三年以后的1943年夏天。我已是河南洛阳省立中学的初三学生，因为抗战，原在洛阳东站的校舍，被第一战区司令长官部政治部征用，学校搬到了城西的西工。那是一座大兵营，相传是军阀吴佩孚驻守洛阳时练兵所建，省立洛中占据了一座营房，两排大房舍，高阔空旷，我们在那里住宿就读。

那个初夏雨后的早上，刚刚起床，只见一群同学蜂拥出了校门，叫嚷那边触电死了一个兵，我当然随众去观看。越过校门的土公路，进到一片稀疏的树林，经过一些积水的坑洼，果然看到不远的泥水地上直挺挺地仰卧着一个国民党的士兵，身穿灰色军服，头戴军帽，脚打绑腿，身边还落着一个菜篮子和一把收起的油纸雨伞，旁边早来的同学告诉我，这个兵大概是勤务兵一类，一早起来为长官或长官太太采买，走到路侧遇到一根被雨淋，被压得很低的电线，随手挑起想过去，不料就触电身亡了。那同学要我特别注意他的胯下，果然隆起一块，直挺挺地把裤子顶起来。我当然也是初见，颇为诡异，也有点害怕。没过多久，老师来吆喝我们回学校去，我也就跟大家一起回去了。但心中始终不能释然，一是他死的离奇，也不大值。那时抗战已经进入第六个年头，国民党的无能腐败，尤其是兵役制度的黑暗腐败已经陆续被揭露出来，但这个兵的那种死法仍旧令人难以想象。再一个就是人垂死时浑身僵硬何以那里"异军突起"，难道是盼死前但求一快么。多年以后，读了一些生理卫生书和王小波自传体的小说《黄金时代》以后才知道人在突然受到极其重大刺激或极度兴奋的时候，激素急剧分泌，生殖器极度充血勃起，久久不倒，这才算是解答了我多年未解的一个疑问。

时间又过去了几年，到了1951年，我已经不再是少年，而是进入了23岁的青年干部了，又碰到两桩涉及人头的谜案。那是在解放初在北京西北部黑龙潭疗养院养病的时候。

青少年时所见的几个横死者

1952年冬末春初，天气仍然有些寒冷，一天晚饭后，随病友到院外散步，行走在已经收割还未开耕的田陇旁，悠然自得。这时，天已经渐渐黑了下来，突然眼角的余光见到田埂头上有一条缝，由一块石板盖着，那缝里似乎藏着有什么东西，好奇心起，用撑着的树枝拨开石板一看，缝里赫然藏着一个小男孩的脑袋，看样子年约八九岁，剃的平头，大概由于过了一冬，或者放下未久，并未腐烂，面貌灰暗，面颊部分穿了个洞，头颅未见血迹，处理的还算干净，但颊部伤口已经干缩了。同行的老干部是从地方调到北京来的，似乎对这类案情有经验，他说那可能是男女奸情被小孩识破，杀了灭口。面颊上那个洞可能是用火筷子或烧火棍一类铁器打穿，好提托出来埋藏的。看埋藏的状况，似乎是从远处移到这来灭迹的。议论一阵，天已黑了下来了，三人回到疗养院，向附近村里报案，几天过去，回答未了。近来附近各村并未发现死了孩子，也没有发现孩子失踪，于是成了一桩有头无身的谜案。我们也就再也没有到发现地点的田埂去过了。

又过了没有多久，春天来了，疗养院进行大扫除，不知谁起意去淘院内那口古井，结果大出所料，出土了一批文物，其中有一个骷髅头，白花花的头骨，肌肤已经腐蚀殆尽，好事的男护士把它陈列在窗台外边。病友们分析，那可能是远行的商贾，经由此处被人谋财害命，扔落井中，时间恐怕在百年以上了吧。那座疗养院原来是皇帝的行宫别院，上有乾隆的诗碑，有"行年八十八，步武三登三"注云。那第一个三上声，注明为了押韵，故意读"上声"，那么，这个头骨，说不定还牵涉到什么宫闱秘案。那已是很难侦破，也很难猜想了。

中年以后，青少年时代我已经历过两次翻车和目睹过两次沉船，那随急速河水而下的几十颗黑色的头颅也令人终生难忘，又见过许多死者，那都是在灵堂内，追悼会间，死者大都经过整容，神态安详，周边摆满鲜花、花圈和挽联、挽词，等待向死者告别的人们三鞠躬绕柩一周，并向旁立的家属一一握手慰问，哀乐声中，死者要去火化了，但那与死者告别的场面，也许很多是沉痛地、哀伤地，但总还不如我少年时代见过的四个横死者及青年时见过的死人头颅那么具有极大的刺激性和震撼力了。

从北京到北京——参加工作以后

1946年到1948年,我在北京大学读书。当时,出于对国民党反动政府不满,我参加了学生运动。这些活动受到中共地下党及其外围组织的领导。他们一号召要游行、罢课什么的,我就积极参加。不过,我既没有参加地下党,也没有参加其外围组织。这种情况持续了两年,到1948年夏,形势紧张。国民党政府开始抓人,凡是比较活跃的学运分子都列在黑名单上,名单上有好几百人,抓了几个,大部分得到消息后都跑了。我继续留在学校,参加了一个叫《诗号角》的小刊物,算不上正式成员,也就是打打杂、跑跑腿、校对校对。

1948年冬,形势更为紧张。当时,北平面临解放,同学大批大批地去解放区,很多人化妆走了。也就在这时,我们听到风声,诗刊被国民党特务盯上了,要抓人了。于是,我们就跑了。1948年11月,我们一行6人,伪装身份,经天津和津浦线,偷越封锁线到了泊镇,这里是中共华北局城工部驻地。到了泊镇后,发现原来学校里消失的同学很多都在这儿。城工部组织我们学习,对外称城市干部训练班。一个月之后,学生们被分成两批,一批留下来准备接管平津,一批去正定华北联合大学学习。

这时解放军四野入关,北平围城,接管北平迫在眉睫。12月初的一天,我们赶紧从泊头镇出发,徒步行军到保定。然后,坐火车连夜赶往北平,半夜到了长辛店,听到北平城方向的枪声。我们很兴奋以为很快要打进城了。在长辛店住了一晚,第二天被拉回到良乡住了下来了。组织上开始分配我们的工作,一部分去了中央机关,一部分到北平市机关,还有一

1949年北京王府井金鱼胡同路口，北大旧同学，左起：
刘淮（刘宁）、郭谦（郭倩倩）、汤一介、贺恒（贺铮）

部分到各区区工委，我被分到第三区区工委。

在良乡期间，我们被组织起来整天学习，第三区区工委被组成了一个学习班。还听了还几次形势报告，彭真、叶剑英都给我们做过报告。让学习政策，怎么进行城市接管。让年轻学生告诉农村来的干部城市是怎样的，电灯怎么开，灯泡怎么上，抽水马桶怎么使用，沙发怎么坐（老干部不习惯坐沙发，他们会像蹲在地上一样地蹲在在沙发上）。如果不是和平解放而是打进去怎么办，估计那样国民党军队加上老百姓要死十万人。我们进去之后，首先要拉尸首，路线都划好了，我们第三区所在的东四，拉尸路线有两条，一条从东直门出去，一条从安定门出去。还告诉我们要征集多少民工、大车，告诉我们纪律，缴获要归公，民工想发洋财要制止，可以鸣枪警告，朝天开枪。对于清理战场管得很严，规划得很细，哪一条线，要多少辆大车。后来北平和平解放，这些准备工作没用上。

1949年1月31日，北平解放。2月5日左右，我们这一行从良乡出发

1949年北京，刘淮（刘宁）

进城了。我们先到了前门，住在前门一个旅馆，半夜又拉走了，开往将要工作的区域，到了东四。东四北边的一个胡同有处房子，是民国时期总统徐世昌的住宅，我们暂时被安置在那儿。第二天，组织上从各大学调来一批学生，中法大学的、朝阳学院的、北大的、清华的，主要是清华的，何守智就是那个时候来的。我们在徐总统的房子那儿住了几天，后来又搬到东四十一条47号，一个西式的洋房子，原是国民党一个少将的房子，人跑了，我们接收了。后来区委陆续又来了一批学生，著名作家王蒙就是那时候来的。

区工委进城之后，我们立即组成了街道工作组，进行兑换金圆券、摧毁保甲制度、抓特务、抓散兵游勇、收缴枪支武器及抓贩毒等工作。在街道工作组干了没几天，我被调到区公所（后改为区政府），安排在文教科工作。4月份，我当上文教科副科长，当时科里没有正科长，我主持科里工作。由于工作比较努力，10月我被任命为科长。1950年3月，北京市第一次城区合并，我们第三区合并了第五区的一部分。原第五区有一个老资格的文教科科长当了我们科长，叫孟昭江，他是老地下党员，我再次当副科长。两区合并的时候，文教科有10个工作人员，留用人员两个。

我们接管了一些学校，将公立小学接管了，府学胡同小学是第三区中心小学。后来接管一些私立小学，首先接管的是一些坏学校，主要是校长比较反动的，我们把他撤职了。我们文教科当时最开始的主要工作是开展社会教育。在城市贫民中，我们在全区办识字班，将街道上很多失业的、无业的、比较积极的市民组织起来学习，包括儿童识字班和成人补习夜校，儿童识字班有的是小学办的，收失学儿童。各个派出所都办，归我们文教科领导，我们整天在街道上跑。当时夜校的老师，主要来自于小学老师和失业知识分子。多数老师很辛苦，他们不计报酬，不要工资，干得很卖力气。

这些学校有的办得很好，但也有的办的跟马虎。我还写一个报导《介绍一个比较正规的成人夜校》，发表在《人民日报》上，向全国介绍我们的情况。为这事，我当时还犯了一个错误，挨了批。这篇稿子是《人民日报》记者向我约稿，我就写了，交给《人民日报》编辑部，但没有经过区委的审查，很快就发了。后来区委书记找我谈话，提出意见，说写得不错，但事前，没有经过审查，没有经过组织程序。我这才知道要经过审查。当时我们学生干部干事是想怎么干就怎么干，当时很多老干部批评我们知识分子干部，说我们自高自大，自以为是，自作主张，自由主义比较严重。我还算是好的。

我们办识字班的目的，以文化学习为招牌，进行政治教育，讲形势，讲政策。首先把群众组织起来，掌握群众，主要目的是提高群众政治觉悟，其次才是提高文化水平。

当时还有国民党特务在活动，有两个特务假冒我的名义，搞识字班，骗了一些学生和老师。他们本想借办识字班搞活动，想浑水摸鱼，他们是国民党在册的特务，后来国民党不管他们了，他们为了自谋出路，找了中法大学的学生，找小学老师，也办识字班，想先活动起来。但是他们说的和我们不一样，老师怀疑他，问他认不认识宁科长，他们说"认识，很熟的，宁科长五十多岁，搞教育四十多年，很有经验"。完全是骗人的，老师们把这种情况告诉我，我赶紧报告了公安局，把他们逮起来，当时中法大学的学生吓得直哭，害怕极了，后来没事，不关她们的事，她们也是受骗的。

当时文教科还有一个重要工作就是介绍失业人员上大学。当时北京有很多失业人员，为了解决他们的工作问题，北平各个大学如华北人民革命大学、人民大学及外地的大学进行招生，我们开始组织给失业的人员报名，推荐他们到大学去学习、受训，学习完之后，分配工作。当时每天来报名的很多，把办公室都挤满了，每天来好几十人，甚至上百人，但是我们审查并不严格，大概过一过就算了，后来肃反的时候，进行政治审查，发现好些人有很多政治、历史问题，问我们，我们也不知道，我们都不记得谁来了。

我们还办了文化馆，筹备了阅览室，组织阅报活动，我兼文化馆分馆馆长。当时我们还组织演出，向群众宣传政策。当时有一个事情很怪，我们曾一度主张撤销三轮车，宣传反对三轮车，反对拉三轮，一个拉一个，尤其在冬天，天气很冷，很不人道。听众很不满意，群众要活命，要生存，你不让他们干，他们怎么活？显然，我们的工作在这个事情上脱离了实际。我们还放电影，在小屋子放八毫米胶卷的电影，但是不是故事片而是宣传片，例如防止鼠疫的宣传片，当时东北华北鼠疫很流行，我们号召、发动群众搞卫生。

在工作的过程中，笑话多极了，年轻学生，没有经验，干事办事莽撞，有事情不请示汇报，自己就干了，干了之后，出了问题。当时年轻干部和老干部有些矛盾，有的年轻干部难受，直哭，我们有些年轻的学生受不了农村来的老干部的作风，后来有的南下了，走了，离开了，或者回学校读书去了。我和老区来的干部没有什么矛盾，搞得很好，老干部他们很坦率，在我印象中很好。此外，我们文教科，区委不管，区长也不管，都是我自己干，干了很多，有成绩，他们往上边报，要提升我，开始让我当副科长，区长告诉我，区长汇报到市委副书记刘仁那里，刘仁说你们党员里有能当科长的吗？他们说没有了，刘仁说那就他了，这样我就升了当了科长。后来并区以后，第五区科长来当了科长（反右的时候他被打成右派，"文化大革命"时被造反派打死了），我又当了副科长。他们怕我有情绪，我没事，工作需要吧，新科长是个老干部，很有经验，我没有意见。

当时的工作，上边有指示，还可以通过看报纸学习，但主要还是自己干，自己摸索，想怎么干就怎么干。当时还有很多报告，听完报告就可以向群众宣传，听一个报告就可以传达半天。

共产党政权和国民党政权最大的不同就是共产党有群众基础。

当时群众热情很高，对共产党期望很大，我们干很多事，也很得人心，如抓特务、兑换金圆券、登记散兵游勇、给失业人员找工作等。当时我们培养了很多街道积极分子，街道积极分子很积极，都义务干，不计报酬。后来有一些积极分子太穷了，我们也申请给了一些补贴，一个月给二三十斤小米。群众为什么积极呢？当时群众对国民政府反动腐败失望透顶，新中国成立后，共产党带来新鲜的气象，很多人很兴奋，认为中国有希望，对共产党抱有很大的希望，真心实意的，很多家庭妇女抱着孩子来参加工作、开会、开展活动，当时共产党一呼百应，一个号召下去，群众立即响应。例如搞清洁运动，当时北平被围城的时候，垃圾多极了，一个号召下去了，一两个星期就清理完了。此外当时群众失业率很高，也是积极分子比较多的一个重要原因。

新政权威望很高。北平当时游行多得很，当时游行，我们一个派出所组织两千人参加没有问题。我们干部从来不讲待遇，不讲报酬，干起来非常卖劲。原来国民党腐败极了。共产党干部很清廉，不讲待遇，不讲报酬。我们伙食很差，但干事情不分日夜，早上出去，晚上才回来。这种风气持续到"文化大革命"。"文化大革命"之后更不行了。我到北京师院之后，整个主楼每天亮到晚上九十点，都在工作。后来"文化大革命"开始后乱套了。办公室一到天黑灯全黑了。

我们当时政治运作还是很民主的。我们召开了区各界人民代表会议，

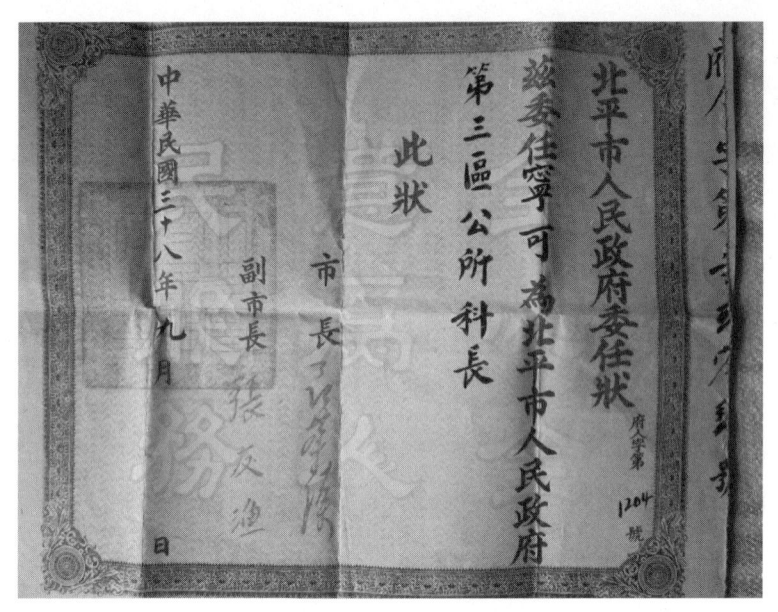

1949年，北京市人民政府科长委任状

选几十人做代表，听政府报告，提提意见与建议。提批评意见，都是小的问题，例如哪个地方公共厕所要塌了，哪个街上需要贴份报纸，哪个地方卫生不好需要改进，过不了两天，我们就改进了，就干了。他们有一阵子对我意见很强烈，在会上对我有意见，说我作风粗暴，说我很凶，后来，我在区各界人民代表会议上做了检讨，检讨我的工作，当时很民主。我当时很年轻，办事有时鲁莽，有什么事情没有考虑群众想什么就做了，想干就干。我做完检讨之后，大家很满意，事情就过去了，我也尽量改进。多年后，当时很多私立小学校长教师还找我，还叫我老科长。多年之后他们还记得我是南方人爱吃苦瓜，后来他们还送给我苦瓜，来看看我，挺好。那时候，关系不像现在这个样子。当时我们伙食很差，每天吃窝头，冬天吃白菜汤，夏天吃蒸茄子。现在谨小慎微，互相提防，一为利，二为名，搞钱，讲权，争待遇，搞报酬，那时候不讲这些。但革命时期的作风很难长期维持，因为没有特别的机制，没有体制保障，很难维持的。

1951年春节后，我在第三区（当时已改称东四区）。后来病了，在病之前，市教育局抽调我到教育局工作，区里不放，当时区政府秘书长陈立忠告诉我准备叫我当副秘书。1952年夏天我病好了，我没有回到区里工作，来到北京市教育局工作，1953年进了教师进修学院，1954年北京市成立北京师范学院，我又被安排到师院教书，一直工作到现在。

2013-06-29

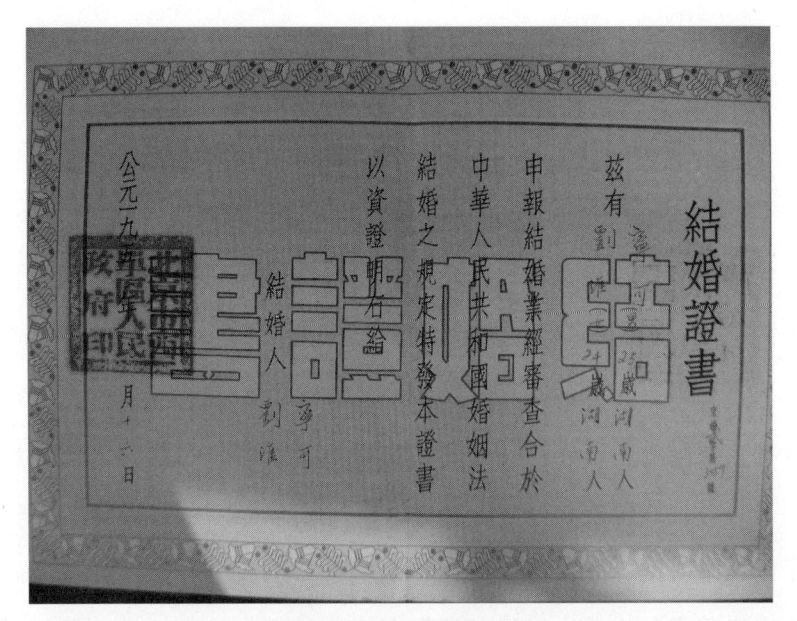

1953年1月，结婚证书

佩枪记

哪个小男孩不渴望自己有一支枪呢。我的第一枝枪是在六岁多不到七岁的1934年，那年随父母住在越南的堤岸，在商店里看到一支小孩玩的气枪，子弹是木柄橡胶头，像个吸盘，打在靶子上即竖在那里，可惜价格不菲，为母亲所拒绝。但没多久母亲带着弟弟到马来亚教书去了，慈祥的父亲则要回国，走前把我向往的一架小自行车和那支枪一起买了下来，托运回国，我很玩了一阵，没两天子弹丢光，枪也不知所终，自行车也崩坏了，就此告别了我最心爱的两件玩具。

我玩的第一支枪不是玩具枪，而是真枪了。那是在1938年春，我们同姨妈一起逃避敌机轰炸，疏散到离长沙东北边四十里的一个叫沙坪的地方，姨妈的儿子、我们的表哥陶镇藩——我们叫他的小名兴哥哥，是空军中尉，机械师之类，请假来探亲，我跟他耍，他把所配的手枪拿出来，退掉子弹，交给我玩。我拿了跑上跑下，搂进搂出，找小朋友玩，足足过了一个下午的瘾。

拥有第二支枪已是1944年上高二的时候了。那时学校军训，每人发制式步枪一支，是学步兵操典所用的，主要是由军训教官带队操练，每周两节课。我们先是去操场集合，然后去枪库领枪。分给我的那支枪，枪栓坏了扳机扣不动。教官先教我们持枪诸忌，如不许拿枪口对人，装退子弹时枪口要指向斜上方，以免走火伤人，等等。我只能装模作样，比划比划而已。至于列队持枪，那倒是很严格的——立正、稍息、枪上肩、枪放下、背枪、卸枪一套动作操练多次，动作至今还记得。最后就是打靶了。在一个阴沉的下午，我们排队到几里外的一个军队靶场，卧姿射击。每人三发子弹，射击要领事先已经交代，如靶子、准星、目光三点成一线，定好标尺，开枪前要瞄好了，先屏住呼吸再扣扳机，先将枪机轻扣下去，再把子弹打出去等等。我依样葫芦，因高度近视，靶子尤其是靶心是看不清楚的，我等于闭上眼胡乱开了三枪，第一枪五环，第二枪三环，第三枪脱靶，只听得一串串哨音和旗语，糊里糊涂爬起来——那是一次考试，但却不计成绩的。

第三次佩枪是来真的了，1948年初北平和平解放，我们随军管会进城接管，分配在北平东北方的第三区，先是到工作组，分配的任务是登记散兵游勇和特务，收缴枪支弹药和军用器材。我分到第七组，在北河沿一带，曾收缴了一批炮兵观测器材和几把日本军刀，也收缴到一支小手枪"三号撸子"，像玩具一样，枪栓力道不够，不知能不能装退子弹，而子弹就只有花生米大小，那时各路干部收获颇丰，晚上回到住所，争相拿出缴来的手枪互相把玩，互相介绍枪支性能。解放区来的干部都是玩枪的好手，热衷手枪。刚参加工作的学生干部也是手枪的发烧友，谈论非常热烈。

当时看过玩过的枪支有几十支，依老干部的说法，可以分为三类，一是"撸子"，即枪管外套枪栓，内套强力弹簧，子弹击发枪栓后退，退出弹壳，再推动弹夹内下粒子弹上膛，如此连续击发。弹夹内有子弹6～8发。

解放区来的干部把这类枪分等为一枪二马三花。最好的是枪牌撸子德国造，弹簧和枪管分开在枪栓上下，看来像有两个枪管。这种枪比较薄，据说利于隐藏在口袋里。马牌撸子枪柄上有一个马头。花牌撸子比利时造，弹簧包在枪管外枪栓内，枪口有一个刻花圆环，把枪栓枪口连住，这就是花牌撸子或花口撸子。最大号的撸子就是美国军用柯尔特枪，0.38英寸口径，打冲锋枪子弹，枪体笨重，枪机外露，类似盒子枪，似乎非弹簧而是枪柄内的弹力簧片装卸子弹。另外一种是加拿大式，比柯尔特小一点，外形很漂亮，似乎也是用簧片拉动击发。还有一支德国名枪，当时叫"张嘴等"，后来听说叫"贝瑞塔"，那是一支枪管外露枪栓靠后的做工精致的枪，大概簧片发力，子弹打完以后，枪栓后退，不再返回露出弹仓，等卸下弹夹再插新弹夹，枪栓返回，子弹自动上膛，又可以击发了，所以叫"张嘴等"。一些老干部很羡慕，我只见过一支。此外就是日本的制式军用手枪，安都十四式，似乎也是簧片拉动击发，长长的枪柄内装十四发子弹，有一个圆形的厚厚的枪套，外号"王八盒子"，但老干部们评价不高。

第二类也是解放区干部最热门的盒子枪或驳壳枪。当初枪套是一个木匣，可安上当枪托，抵肩射击。抗日战争和解放战争时期，木盒没有了，改为皮套挎在肩上，仍称匣（盒）子枪。当时游击队流行这种武器，影视作品俯拾皆是盒子枪，德国毛瑟厂造，依大小分为头把、二把、三把，解放区干部最热衷的是二把盒子，二、三把弹仓内里可装十发子弹，比撸子的子弹大一点，二把带插子（弹夹）可装二十发子弹，可以单发，也可以连发，被称为"快慢机"，老干部们对此非常羡慕，但我只见过一两支。头把盒子比较大比较笨重，佩戴使用都不方便，我只见过一支，后来听说很快上缴了。

第三类就是左轮手枪了。最流行的是美制军用左轮，枪管后有一个框子，上装有转轮，轮上有六个弹窠，一般装五颗子弹，空出一个弹窠不装子弹，以免误击走火。这种枪也是强力簧片击发的，用力扣下扳机，使得轮和枪机一同动作，即可击发。我看美国西部片，那些英雄击发左轮很利索，而我却扳不动，只有用双手使劲扳上枪机，连转轮一起转过，对准新弹窠，再扣动扳机才能击发，子弹头是铅的，杀伤力很大，打击人体成前小后大的一个洞，直接打中身体，必死无疑。还见过英国左轮，枪管长，子弹也小，只装五发。

手枪之外，也见过冲锋枪，有英国的司登式弹夹直竖，加拿大式弹夹横置，太原兵工厂仿制，质量较差，打不远，也打不准。再就是美国汤姆逊冲锋枪，枪体沉重，一个弹夹20发子弹，子弹头为紫铜皮，内灌铅，射速快，一扳扳机一刹那一撸子子弹打出去了，杀伤力很大，但准确度不高。

这些枪里面，我见过两支好枪，一支是缴自西北军老将国民党河北省政府主席鹿钟麟的宅子，那是一支柯尔特，枪身包金，上绣花纹，颇为名贵；另一支是女士用的小左轮，枪不盈握，象牙枪柄，子弹绿豆大小，据说是女士装在手袋内防身用的，来源不明。再有就是我缴的那支三号撸子，枪机很松，后坐力极小，使得打了枪后，子弹壳未必能够退下来，新子弹未必能够推上去，完全是一个样子货玩具，后来上缴，也不知所终了。

一边跟一些干部玩枪，一边想，这真是"没有枪没有炮，敌人给我们造"，蒋介石真是我们的运输大队长。进了城，一霎眼功夫什么都有了。国民党军仓库里的军用内衣裤，一人发了一套，美国兵仓库里的罐头、牛奶、花生米、土豆、猪肉、果酱，也成了会餐的美味。

缴枪玩枪纷纷扰扰了两个多月，终于有了着落，一部分枪特别是盒子枪上缴了，另一部分枪则分配给干部佩带。当时规定，城区科长以上每人佩撸子枪一支，郊区副科长也可以佩枪。进城时只是区委书记有一支盒子枪，公安局有一个武装班。一霎眼，好多干部都佩上枪了。按规定，我也应当佩一支枪。第一支是七十兵工厂（也就是日本的北支兵工厂）的华北造手枪，枪比较重，枪栓不大灵便，枪套又太小，不大好戴。没多久，又换了一支美国军用左轮，太沉，扳机扣不动，挂在腰带上沉甸甸的，皮带歪到一边。又没过几天，给我换了一支花牌撸子，枪身烤蓝闪亮，有个七八成新，外带两个弹夹，十三发子弹，一个插进枪柄，一个插进套里，枪又学老干部样子，包上一块红绸，插进套里，那实在是很神气的。佩枪之余，给我留了一箱子旧枪，大部分还能用，还有一支美国冲锋枪，每到星期天，我把箱子抱出来，在太阳下一一拆解，然后擦上油，再装好放进去，其乐也陶陶。

未久，持枪证发下来了，一张对折的小卡片上填上姓名、职务、照片和枪号，枪号是419447，记得是枪上的铭牌号，这枪我带了一年多，到了1951年，因病入院，枪被收走了，枪证还留着，一直到"文化大革命"不幸"遗失"了。

有了枪就得试枪，我们弄到枪的干部都试过，有的向井里放，有的任意一打四发，以舒郁闷。我却舍不得宝贵的子弹，一直没有试过，一直到一天开会，工商科长由建民说你怎不试一下，拿着我的枪就朝地上打了一枪，一时枪声惊动了几个勤务员，纷纷跑过来看，终于虚惊一场，子弹在水泥地上留下一个小坑，弹头跳起来变了形。

终于我也遇到了生死关头，那是走火。

我保管的大木箱子，有一支美式用冲锋枪，即所谓的汤姆逊式（Tommy Gun），还连着一条枪背带，插上几个20发的弹匣。有个星期天下午，我照常把枪取出来擦，我把枪全部卸下来，连同枪机和枪托，还用背带系着，我想试退子弹方不方便，就拿了一发子弹装上推上退下，但几次我推上又退下时，不料轰然一声，把撞针推到底火——走火了。我还没有回过味来，已经结束了。我当时坐在门廊的地上，子弹从枪口飞出，走了一个三角形，打到墙上反弹过来，打坏了一个花盆架子，再弹回去，最后嵌在花盆架上，把盆架打碎，弹头已经变形，灌的铅不知去向，只有破碎的铜皮扎在木条上，子弹从我的头边飞弹了一个三角，我是幸免于难，否则就脑浆迸裂，死于非命了。当时北京好些学生干部就是这样因枪走火死了。有一位科长就是拿着冲锋枪放在下巴上蹬着蹬着走火了，子弹从下巴往上打进脑后一枪毙命。我的一位同学陈大任，时任东四区十八街街长，也是手枪走火，枪弹穿透手掌，我见他时手掌还打着石膏，吊着吊带，后来是好了，只是未注意到他手上是否还有疤痕，如今陈大任已经逝去，口碑一直甚好。

我惊慌之余，也很惭愧，犯了纪律，当晚会上作了检讨，当时表示要交回自己的手枪，领导连批评带安慰几句，仍让我带着，此事就此结束。

走火前曾一度把宿舍搬到另一个地方，那箱子枪也带过去，几天后又把那一箱子枪搬了回来，却忘了那支冲锋枪和子弹带，没过几天，占用了那房子的北京市民盟派人捎话说他们发现一支枪是不是我们丢下的，我也就若无其事地把那把冲锋枪拿了回来。我们一位北京的学生干部，也收缴了一支手枪，自己把枪藏了起来，但没有登记，领证，直到"文化大革命"暴露（是自己交代还是别人揭发不清楚），他因此挨了革命群众的一通狠批。这是后话。

1951年春，我发病住进医院，工作也有了调动，于是上级让我把枪交回去。我遵照办理，只留下了枪证。后来到了"文化大革命"，在群众运动高潮中，我把枪证上交，后被造反派退回，那已是绉得一塌糊涂，照片也让我取下去，至今还记得枪号——419447。

我当时持枪还出了个笑话。是1949年或50年的冬天，在沙滩红楼的边上有一条河，河边的街叫北河沿。沙滩北河沿路口有一座二层小楼，楼主是个年青的少爷，被人控告他私占房屋，我去调查。我为了方便，把手枪拿出枪套，插在腰间，不料伸欠之间枪从裤子里掉了下去，一直到达膝盖。那时穿的是棉裤，裤腿上宽下窄，枪没有从裤脚掉了出来，而是卡到了膝盖处，我只好匆匆结束调查，一跛一跛地走了出来，到了街上才找到没人的地方，解开裤带把枪捞了出来。

那时，我晚上参加群众的会议，穿上上衣，系上扣子，也背上一个挎包，讲话时兴奋了，不知不觉地把扣子一颗一颗解开，又一颗一颗系上，不料有人说我故意露枪耍威风，在一次区人民代表会议上代表向我提意见，这是意见之一。我也作了检讨，认为作风粗暴，以后注意改正。事后，我没放在心上，群众也不再提起，解扣子系扣子的毛病自然也就改了。

再往后，我就没有机会佩枪了，抗美援朝，发现军队已经一律配备俄国 19 世纪末的 7.62 毫米口径的步枪，俗称水连珠，三棱刺刀。到六七十年代，部队改装，就开始见到苏联 AK47 半自动和步枪仿制 56 式以及自动步枪，及 64 式手枪。可惜正处在"文化大革命"，自己成了牛鬼蛇神，对新枪只能远看，更是无缘亲近。到了 1997 年香港回归，已经看到 58 毫米口径的无枪托自动步枪。又从军事杂志文章上见到过去流行的老枪，一枪二马三花，头把、二把、三把盒子，不禁有如遇故人的感受，成了一段青春的回忆。

关于黎澍同志和高校史学概论教材的点滴记录

《史学理论研讨》讲义（福建鹭江出版社 2005 年），其实并没有写完，而且，算不上什么"理论"，不如说是若干他人或自己治史经验的汇集，再加一些感想。说来话长，开设这门课程，已经有四十多年了。

那是在 20 世纪大跃进的年代，八方点火，四面开花，令人激动，也令人感奋。

1960 年，开始兴起了"教育革命"，随之而起的是"史学革命"。高校历史系学生纷纷投笔而起，打起背包，下乡下厂，去编写村史、厂史、社史、家史，还有被誉为"子教三娘"的学生自编的新的教材。"史学革命"提出了革命要求，那就是在教学中要求打破王朝体系，以农民战争划分历史阶段，每个时期都要以农民战争打头，还有"以论带史"。在这股浪潮冲击下，各个高等学校历史系纷纷开设"历史科学概论"这门课。然而史学革命其来也骤，其去也速，大概是一些老同志有意见提出来要纠偏和学生们干不下去了吧。不到一年，一切几乎恢复旧观，史学概论也悄然停开了。问起来，只说这门课与高校四门政治理论必修课里的哲学课历史唯物主义部分重复了，不好讲。

北京师范学院（现在的首都师范大学前身）历史系也随风而起，开了这门课。当时认为要有点自己的特色，保留了一些史学方面的热门话题，有争议的东西，像历史分期、农民战争等。在那个万马奔腾、三天一小变、五天一大变的年代，历史科学概论仍然坚持下去。不过也有点"两间余一卒，荷戟独彷徨"的寂寞之感了。

转眼到了1962年春天，中宣部和高教部联合成立了高校文科教材办公室。从高校调集了一百多人，借了中央党校一栋宿舍楼，摆脱大跃进的喧嚣，大家坐下来，安静地编起各种文科教材来。

当时，确定《历史科学概论》教材的主编是从中央政治研究室新调来的《历史研究》杂志主编、近代史研究所副所长黎澍同志。

黎澍同志在各方推荐下，1962年夏天从高校借调了三个年轻教师来编书，即吉林大学历史系的李时岳、复旦大学历史系的胡绳武和我（北京师范学院历史系的宁可）。

那时，黎澍同志刚到五十，精力充沛，谈吐风趣。我们三个背后都以"主编"称之。当时商定，每个星期去他家见一次，请求指教，并商量一些问题。同时，从近代史研究所借来一批书，记得有《马克思恩格斯全集》和《四部丛刊初编》，还有普列汉诺夫、黑格尔等，摆了五六个书架。外边有一个研究所传言，三个人借了一屋子书，在那里乱翻。那是在预期编书不会成功吧，怕是有一点嫉妒而又幸灾乐祸的心理在的。

那时黎澍编辑的《马克思主义经典作家论历史科学》1961年出版了，第一次印了23万册，这个数字现在很惊人，那时却是司空见惯。高校历史系师生几乎人手一册，我们即以此为圭臬，依照该书为骨架，编出了一个编写提纲。黎澍一看不满意，认为那是摘录而不是著作，亲自在一张卡片上写了一个简单的提纲，计分四个部分：第一部分为历史研究之成为科学，胡绳武执笔；第二部分，历史和历史科学，由我执笔；第三部分，历史研究方法，李时岳执笔；第四部分总论性质，黎澍同志准备亲自动手。

我们安心读书，每星期三下午去黎澍同志那里一次。开始，主编还给一些指点，或给一两张卡片，以后就变成聊天了。黎澍同志很关心史学界的动向，每次去他那里总问"有什么消息"。他很少臧否人物，但偶尔提到一些人和文章，他常说的话是："这个人（或某篇文章）有思想"或"没有思想"，"他对这个问题是做了研究（或没有研究）的"，给人的印象是他的规格很高。这两句话后来就成了我们的口头禅。

从1963年到1964年，编书的进行很缓慢，遇到很多困难，曾对此向黎澍同志做过汇报，担心书编不出来。他只是说："编不出也罢，有时间读点书也是好的。"

1964年春夏之交，几经努力，李时岳、胡绳武的稿子都写出来了，我的也交了两个题目，黎澍同志看了，不置可否。我们抱着忐忑不安的心情，下边私议："主编大概规格太高了，我们的恐怕都不行吧。"但究竟是没有思想还是缺乏研究呢，谁也不清楚。

1964年初夏，云南大学的谢本书给了黎澍同志一封信，请求参加工作。黎澍同志把他也借调过来。他并没有参加历史科学概论的编写，只是一篇又一篇地写文章送到黎澍同志那里。夏去秋来，中苏公开交恶，黎澍同志受命组织写批判苏修和有关中俄关系和边界问题的文章。于是宣布"历史科学概论"工作停止，李时岳和胡绳武回原校，我则一度被调到他主持的"现代史讨论会"参加写批判苏联修正主义的文章。借的书也归还了近代史研究所，其中大部分像四部丛刊初编翻也没有翻过。

北京师范学院历史系的"历史科学概论"课仍在开着，一度改为"马克思主义经典作家论历史科学"。毛泽东同志的"七三"批示引起学校很大震动，随后组织人去"四清"，并且根据北京市委指示在学校里试点，总结工作，听取意见，叫做搞"不叫四清的四清"。学校的正常工作几乎停顿了，随后全系师生又一起到十三陵去开门办学。历史科学概论虽然还列在教学计划之内，大家已经没有多少心思和精力摆弄这门课了。

1966年，史无前例的"文化大革命"开始了，像一场洪水，把一切都冲的片瓦无存，上课更是谈不上了。几乎是一眨眼的功夫，十年过去了，"文化大革命"宣布结束。再次恢复高考，忽如一夜春风来，历史科学概论就像花朵一样开遍了高校历史系的田野，各种教材、专著纷纷出版，几乎有二十种。北京师范学院的"历史科学概论"不仅成了历史系本科生的必修课也成了研究生的必修课，由我来上，改名为"史学理论研讨"，逐渐形成了六个专题，每年上一个学期，选择其中的一两个专题轮流来讲，讲得比较多的是导论、历史认识论和历史本体论。历史价值论讲过两次，不太成功，史学工作者的素养讲过一次，史学方法论另有课程，我这里没有讲过。这期间，还应出版社之约与汪征鲁同志合写了一部《史学理论与方法》。

细算起来，"文化大革命"以后，这门课程已开了二十多年，我在开课过程中只想到三点。

第一，不要离开历史。宁愿把它讲成一些史学研究的例证，而不要讲成抽象干燥的条条，应当让材料与观点相结合，让学生对历史有兴趣，形成一种"历史感"。我上这门课时感到对学生还有一点吸引力，但恐怕他们有印象的大概是一堆史学趣闻和历史故事吧。

第二，不必严守章法。我好读书，但泛而且杂，不求甚解，汗漫无所依归。有关史学理论的书却读得很少，实在没有成体系的史学思想和史学理论，既没有思想也缺乏研究，只是尽量想法讲最简单的道理结合历史而作一些发挥。本来讲课是严格照着写好的讲稿，这时因为讲课久了，有些"油"，随时做了些临场发挥，有时不免东拉西扯，但还是注意不要离题太远，而及时拉了回来。

第三，注意启发式。我很注意国外那种讨论式的教学或"习明那尔"，也曾在课堂上试验过，可是总显得死板。多数学生无话可说，或者怕说，效果不佳。原来这是要先出题目，指定参考书，事先做准备的。但又顾虑这样做法学生负担太重，冲击了其他课程，只好还是回到原来的教师讲，学生听、记的注入式教学形式去，不再成其为"研讨"了。只是还是注意到了讲课中的启发性，那就是尽量在有限的上课时间内提出问题引导学生思考，回答一个问题又引发下一个更深层次的问题，像层层剥笋一样，希望学生能跟着教师动脑筋，留下一个个"为什么"，脑子印上一道，以便日后去思考、读书解决。这样究竟做得怎样，那真是只有天知道了。

我理想的史学理论应当是从大量的历史研究成果中概括出来总结出来成为有系统的理论，而且能够具备指导历史研究的作用。我很向往梁启超的《中国历史研究法》和布洛赫的《历史学家的技艺》。然而这只是我的一个心愿，"高山仰止，景行行止，虽不能至，心向往之"，只能提供这么一本没有写完的讲义，没有写出来和写完的部分，由于老病只有待诸他日了。

其中有些人的论文（包括我自己的）为了讲课时作为证实某一种观点而随手提出来，并没有特别看得很重要，进行精选当成"经典"之作。这里作为附录，一并附在书后边。

这也算还了黎澍同志的一个待了的心愿。李时岳和胡绳武分工写作的部分，"文化大革命"以后已经分别出版了，只有我讲课四十多年，还是搞不出一部完整的教材，假如主编地下有知，可能会摇摇头说：这个宁可"没有思想"，"他是缺乏研究的"吧。

我与国家图书馆

1946年我到北平上大学，第二年有在北平图书馆工作的赵万里先生的史部目录学课。一天下午课后，他领着我们几十个学生去参观北平图书馆。

一行人从沙滩出发，经过骑河楼、神武门、景山前门、大高殿，再过三座门（新中国成立后为了拓宽路面，随同那里的花坛一起拆掉了）、北海前门、绕过团城，走过还没有拓宽的石桥——金鳌玉蝀桥（两头的牌楼，新中国成立后也拆掉了），就到了文津街北平图书馆的大门。正中门楣上竖着一块牌匾，蓝底上书白字"国立北平图书馆"。再经过一片宽敞的院子，绿琉璃瓦屋顶的宫殿式的图书馆主楼就赫然在望了。

赵万里先生领着我们楼上楼下走了一遭。楼上的大阅览室宽敞静谧，读者寥寥可数。四周和中间一列列半人高的书架上摆着许许多多的中外工具书和大部头丛书，展示着人类文化精华的底蕴。我们都目不暇接地享受着这庄严的一瞥。然后，赵万里先生领着我们走向地下室，领略那里收藏的各色绫子封面的《四库全书》，并且打开一函，让我们仔细欣赏那无可替代的文化瑰宝。

下一年，我听了杨人楩先生的世界史课，指定的参考书有罗斯托夫采夫的名著《古代东方》和《古代希腊罗马》。这几部书在东安市场的旧书店里遍寻无着，藏书四十万册的北京大学图书馆也未见收藏，但终于在北平图书馆里找到了，深蓝色硬面精装两厚册，真是如获至宝。

不过，这书不允出借，只能在馆内阅览。于是我花了近一个月的时间，每天趴在大阅览室努力阅读，连带着在图书馆食堂包了半个月的午饭。以我的有限的英文程度努力地勉强地读了《古代东方》导言和前面几章，那给了我极大的震撼和满足。尤其是导言里讲的地理环境对古埃及和两河流域历史发展的影响，使我获益尤多，启发很大，以至多年以后还念念不忘，并且在以后几十年的教学生涯中一而再地把它引入到我的讲课中来。

随后这一年多的时间里，我成了北平图书馆二楼大阅览室的常客，先后陆续阅读了抗战前南京《中央研究院历史语言所集刊》和《考古学报》一到四期，查阅了开明版缩印本二十五史中三国两晋南北朝各史和丁福保的《金石大字典》。张政烺先生因此批评我，这类书是用拓片剪辑字块拼贴印成，颇为粗糙，多有失真，用时一定要找原器物或可靠的拓片来查验印证，不宜草率引用。给我上了一堂很好很踏实的课。

不久，北平解放了，建国后改名北京，北平图书馆也随之改名为北京图书馆。我的人生经历也从大学兜了一个圈再回到大学，不过这时已经从学生变成教师了。于是，我又成了北京图书馆的常客。

这其间，印象最深的有三件事。第一件是北图的善本阅览室。20世纪五六十年代，它设在北图大楼一层的西南角，人们在那里看书查书很方便，在目录柜里找到所需的书目，写了索书条给管理员去地下室书库里找，大体都能满足需要。这样，我用了将近一个月的时间，查找了几十种明代以前的方志，有印本，有抄本，还有缩微胶卷，真是感到予取予求。但是有一条限制，只能用铅笔抄录，不能用毛笔墨水笔或圆珠笔。阅览室外西侧就是摄影室，可以把要拍照的书从阅览室调出由他们去拍照，135胶片拍照冲洗出来5分钱一张，加印大点的一张也是5分钱，不再收取任何其他费用，真是够方便，也够便宜的了。

第二件事是20世纪60年代初，单位要批判"读书做官论"，其中涉及某句流行的诗叫"万般皆下品，唯有读书高"，一时找不到出处。这时，想起北京图书馆里的一位同志来，他穿着一身旧西服，瘦瘦的个子，坐在目录室的西南角一个高台子上以备读者咨询，类似中古佛寺讲经和尚的"高座"，或者欧洲大学餐厅里供教授与学生一同吃饭讨论的 High Table。于是去请教此公。果然得遂所愿，那两句诗是出自北宋汪洙的《神童诗》。于是一边慨叹自己学识的浅薄疏略，一边也告慰于北图有这么一位活字典似的通人。不久，"文化大革命"爆发，此公不见踪影，"文化大革命"以后再去打听，说他已退休，可惜始终没有打听到他的名字。

第三件事是在"文化大革命"期间所有的图书馆都关门了，一时成了文化荒漠，苦于无书可读。1968年夏的某一天，忽见"文化大革命"小报刊载，"文化大革命"小组成员戚本禹接见红卫兵各派代表时指示，图书馆可以有条件的开放。于是骑车去探听，果然，北京图书馆和王府大街中国科学院图书馆都开放了。那时，派仗方殷，我们这些已靠边的牛鬼蛇神无所事事，正好跑去图书馆读书。我还有一张"文化大革命"前申办的借书证，于是每周假借去各单位学习大字报的机会，轮流跑到这两个图书馆去。到科学院图书馆是看它藏的敦煌文书缩微胶卷和架上的日文文史学报。到北图则是借阅新到的李约瑟的《中国科技史》。这部大书那时才到了五卷，我又捡起早已荒废的英文，从第一卷起，硬着头皮读下去。第一卷总论还可以看懂。第二卷是讲古代思想，看不懂只好略过。第三卷是中国古代数学，也略过。第四卷是天学、地学、气候学，这可看。第五卷是物理、化学，也有可看的。此外，还借到了达尔文的《物种起源》中译本，16开本一厚册，《人种起源》中译本，32开本更厚的一册，可惜那时心慌意乱，无法细读。再有就是去报刊阅览室里乱翻一些外国的科学杂志。特别是日本和美国的几种航空杂志，那里面图片很多，印象最深的是美国的高空超音速侦察机 RS71"黑鸟"和航空展览会上展示的各类旋翼机,也就是美国 V22"鱼鹰"机的前身。可惜,不到半年北图两派打得不可开交,加上戚本禹给抓了起来,于是北图宣布军管,再度封闭。我又一次失掉了钻空子看书的机会。

过了年,到 1969 年,全国进行"清理阶级队伍",随后又遵照"林副主席"一号命令,打起背包到乡下去备战,整党,走五七道路,"文化大革命"又在似乎仍要无尽无休地延续下去。

终于到了 1976 年粉碎"四人帮","英明领袖"华主席宣布"文化大革命"结束。1977 年恢复高考,图书馆又热闹起来,一大批荒废了十几年学业的年轻人如饥似渴地读书备考。北京图书馆每天一早排满了准备进馆学习功课的人群。在报上看到消息,我特地起早骑车去北图大门瞄了一眼,只见满满当当的人群曲曲折折排了长队等待开馆,队伍一直蜿蜒排到大门之外,盛况真是空前绝后。盛况过去以后,我又同图书馆打过不少交道,一直到它改名国家图书馆搬入白石桥新址。然而当时老馆大门门楣上蓝底白字的国立北平图书馆的牌匾在我记忆里始终挥之不去,北京图书馆一词也随时随地脱口而出,代替国家图书馆而成了我的习惯用语。

从季羡林先生去世想起的

时刻企盼着季羡林先生在医院里平静而顺当地跨过他的百岁门坎。可惜等不到这个大限,天心难测,季羡林先生以九十八岁的高龄故去,真可谓"生年不满百,常怀千岁忧"了。

第一次见到季羡林先生是在 1947 年的春天,中学同学、汤用彤先生的哲嗣汤一介,少怀大志,想在学术上开拓出一方天地,刚入大学的他拉着我这个也是刚入大学的新毛头四处拜访北大的著名文科教授。一天,他领着我去拜望刚从德国学成归来的季先生。汤一介说,陈寅恪先生以外,季先生是国内第二个通晓吐火罗文的学者,这是我第一次听到还有个古代死文字吐火罗文,不免带着几分虔敬而又神秘的感觉,随着汤一介到了东厂胡同一号季羡林先生的住处。

这是民国总统黎元洪的旧宅，那时是胡适的住处。汤一介领着我七弯八绕地来到一个小院，在暗淡的光线中见到了季先生。只见他身材清瘦，穿着一身大概是灰色的中山装，跟多年以后见到的形象一模一样。

没有几年，世道嬗变，我从大学出来工作，绕了一圈又回到大学，不过身份从学生变成初出茅庐的青年教师。由于专业有别，跟季先生再也没有见面机会，只是零星听到一点消息，知道他还在北京大学当东语系主任。东语系究竟学哪几种语言，我不清楚，但吐火罗文大概不在其列。那时运动一个接着一个，像一层层巨浪打得人透不过气来。只是还能从学术杂志上看到他有关中国造纸术和丝绸如何传入印度的论文。偶尔想起，季先生擅长的吐火罗文在中国恐怕真要成为绝学了。

转眼到了"文化大革命"结束，百废俱兴，冷落多年的敦煌学也开始有了生机，于是就有了成立中国敦煌吐鲁番学会的筹备，季羡林先生主持其事。教育部的某位领导知道我曾参加过丝绸之路的考察，到过敦煌。于是，提出让我来参加工作。这是我第二次见到季羡林先生，是在1983年的春天。那时，刚从运动中回过气来的我，正企图重拾荒疏已久的中国古代经济史，听到这个消息有些胆怯，于是找到季先生，想推掉这个工作。

我说：我不是搞敦煌的。

季先生说：就是要你这个不搞敦煌的，我也不是搞敦煌的，你只要偏转15度就行了。

我说：我不认识国内搞敦煌的人。

他说：就是要你这个不认识人的人来干。

我说：我也不了解国际上敦煌学的情况。

他说：就是要你这个不了解情况的人来干。

于是我无言以对，只好遵从这位口气似乎有点武断的前辈了。后来风闻一些搞敦煌学的人之间的矛盾，猜想他因此才找我这个与敦煌和敦煌学几乎毫无瓜葛的人来干吧。

略有曲折，中国敦煌吐鲁番学会于1983年在兰州成立了。在这之前不久，一位日本学者应邀到天津讲学，他在课堂上提到"敦煌在中国，敦煌学在日本"，掀起了一阵波澜。国内一些人很愤懑，言谈中大有发扬爱国主义要为中国的敦煌学争一口气的气概。其实这是有点冤的，听说这话过去在日本有人说过，但这位日本学者是在引述我国一位政治局委员见面时对他说的话。

季先生不愧是胸襟阔大的洵洵儒者，只在公开场合下简单说过一句话："敦煌在中国，敦煌学属于世界。"这话似乎没有太引人注意，但对我这个菜鸟"敦煌学者"来说，不禁耳目一新，有振聋发聩之效。也是在兰州，一天傍晚，开完会要去听汇报，正好开始下小雨了，我有点犹豫，可是季先生却一路小跑越过院子去会场。那时他已年过七十，跟着的我不禁佩服他真是老当益壮。又过了几年，到北大去开会，见他骑着一辆旧自行车从朗润园住所向勺园招待所行来，真敬服此老身心俱健。

不过，季先生的学问我几乎一无所知，只看过他的一些散文，文字一如其人，质朴醇厚，没有一点装点和花哨。有次闲谈中，听他说起，他会多，就在会上一心二用，构思文章，一个会开下来，一篇文章也就写出来了。欧阳修有云，他做文章在"三上"，即：马上、床上、厕上。我想，季先生还可以再加个"会上"。他是很勤奋的，多年如一日，每天清晨三点起床，写东西，七点早餐后去办公室或开会，下午接待访客，晚上八点以后，抓紧时间睡觉。又有一次闲谈，说到他在写《糖史》。每天上午去图书馆排查四库全书，以后熟了，一翻某书见到有"糖"字的或有关的字词，就记录下来，两年没断过，效率很高。我想，这真跟电脑扫描差不多，与全文检索不相上下了。可惜我秉性疏懒，又多旁骛，对季先生这种效率，除了赞愧，实在是虽不能至只好心向往之。至于《糖史》，听说全书八十万字，江西教育出版社收在他的文集中，但是不好找。好在现在正出他的全集，可以订购单本单价，心想等着它出来，好在那些高深的学术论文之旁而一睹为快吧。

季先生故去了，令人怃然黯然，他的道德风范我略有领会，他的文章，我很欣赏，他的学问我则不甚了了。只是感到在这个热哪个热、这个主义那个主义、这个话语那个语境的煎熬下，在浮躁喧嚣、炒作抄作伪作风云的激荡下，在头衔桂冠帽子漫天飞舞，就像旧时京剧剧场的手巾把子到处乱甩的纷扰场景，不禁想起美国作家库柏的小说《最后一个莫希干人》和苏联作家法捷耶夫的小说《最后一个乌兑格人》。

"大雅已不作，吾衰竟谁陈"。与同一天故去的任继愈先生一样，季羡林先生不敢说是后无来者，但恐怕在一段时间内，也会成为绝唱吧。

追忆邓广铭先生

隋唐五代史讲义序（中华书局）

我是邓广铭先生早期的学生之一。第一次听邓先生的课是在1948年，算起来已经是60多年前的事了。

初见邓先生还在这之前。1946年我考入北京大学先修班（类似预科）。汤用彤先生的哲嗣汤一介是先修班同学，志在学术，拉着我四处拜访北大的文科教授。大约在1947年春天，我们一起去东厂胡同一号胡适住处看望邓先生。那时邓先生是胡适的秘书，住在进大门右首过道边的三间南房里。邓先生身着当时少见的西服，书桌后边是一排玻璃书柜，摆的是一摞摞线装书，后来知道那是商务印书馆的《四部丛刊初编》。以后他虽然搬过几次家，但探访时那套书和书柜总能见到。

那两年，正值内战方殷，民怨沸腾，物价飞涨，学潮澎湃，同学们遇有什么抗争活动，常去访问教授，以求声援，其中也包括了邓先生。他支持学生运动的言论，被同学编成油印小报散发。我曾保留了一份，"文化大革命"后期还找出送给他看过，可惜后来辗转相传时"迷失"了。

转眼到了1948年暑假开学，我循序升入史学系二年级，由邓先生讲授中国通史的隋唐两宋部分。第一节课邓先生穿一袭茧绸长衫，侃侃而谈，说人说史学系是北大的马其诺防线，中国史更是史学系的马其诺防线，你们现在已经守在马其诺防线上了,那意思想来大概是大家要好自为之,不要辜负了学校和他的期望吧。我所在的年级共四十人,济济一堂,国内少见,1949年新中国成立前后,离校参加工作的占了大多数,五四时回校一看,才余下9个人。60多年过去,连我在内还在搞历史的已经不到5个人了。

我那时手里已经有了中央大学缪凤林的《中国通史》三册,另一位据说是陈寅恪先生弟子蓝文徵的《隋唐五代史》一册。但当时纷乱的情势下,干扰滋多,没有多少心情和精力去读这些书,只是把邓先生的课一堂堂仔细听下去,对他所介绍的陈寅恪先生的《隋唐制度渊源略论稿》和《唐代政治史述论稿》也找来细读一遍,以我那时的心境和水平,对这两部书尤其是第一本还看不太懂,但对于邓先生的讲课却有深刻的印象,现在还能还记起来的有:隋朝可说总北朝以来所有制度之大成,一如"汉承秦制",也是唐承隋制或略加变通。诸如三省六部、律令、科举、府兵、田赋等,而这些制度的核心部分又为宋以后的各朝所继承。还记得他在黑板上写下的标题"初唐一百四十年"和狄仁杰谏武则天的奏疏,也记得他讲的藩镇、宦官和牛李党争,还有《新唐书·食货志》所记租庸调法的矛盾和卢文(弨)的驳议(这后来被我的一位研究生写文章重新解释圆通了)。

听课之余,常在高年级同学那里听到一些有关邓先生的轶闻。民国时期,山东似乎是出史学家的地方,我知道有傅斯年、傅乐焕、傅振伦、张政烺、王毓铨、杨向奎等人,邓先生也在其列,是1936年北大史学系毕业的人称四大金刚之一(那三位是张政烺、傅乐焕、王崇武),抗战时期是重庆北碚复旦大学历史系教授,胜利后转到北大,格于北大的习惯被转聘为副教授。那时史学系真不愧是北大的"马其诺防线",全系教师共12人,计有教授7人(郑天挺、毛准、向达、余逊、杨人楩、张政烺、韩寿萱),副教授1人(邓广铭),助教4人(杨翼骧、胡钟达、王树勋、汪篯),恐怕国内是数头一份了。我那时还见过邓先生的《宋史职官志考正》,也看过在重庆胜利出版社的历史人物传记丛书广告上的目录,其中就列有他写的岳飞传,再加上受到他的亲炙,心里的敬佩自然是不待言的。

这样听了邓先生两个多月的隋唐史,1948年11月,东北全境解放,风传解放大军就要陆续入关,北平解放在望,许多同学悄悄化装进入了解放区,饭厅吃饭的人一天比一天少。正当邓先生在黑板上写下"耶律阿保机之雄图"准备开讲五代宋史的时候,我也悄然离开北平去了华北解放区,这是我听到邓先生的最后一堂课。

1949年北平和平解放,我转了一个圆圈,随着队伍回到北平,在基层政府单位工作了五年之后,又由于一个偶然的机会被调进新成立的北京教师进修学院(后来改为北京师范学院和首都师范大学)历史组(系),从一个青年学生变成了一个青年教师。分配给我的任务是从事中国古代史中的隋唐五代宋元部分的教学工作。

初登讲台,自然心怀忐忑,努力搜罗到了1952年院系调整后邓先生在北大历史系讲课编写的隋唐五代和两宋的油印讲义,作为备课的主要参考,我也重新拾起了这段时期的历史的学习,但已非是邓先生的亲授了。那两本油印讲义早已不存,现在还记得起的有唐初的宗室食实封制的改进,以及唐代新科进士的三大雅集——雁塔题名、月灯阁打毬和曲江宴。宋代的五等户,内库,官、职、差遣的分割,科税的支移、折变,以及王安石变法的一些内容。

这样讲了三四遍,到20世纪50年代后期,渐渐形成了一种看法,不用说,这是受了邓先生那两本讲义的启发和史学界热烈讨论的历史分期问题的影响,那就是唐宋之际中国封建社会内部有了变化,开始进入一个新的阶段,曾想致力于这个方面作一些研究,也发表过两三篇读书札记式的短文,但始终没有形成明确的看法,只算是敲敲边鼓,打打擦边球。此后世事多变,运动频仍,我又任务驳杂,甚多旁骛,始终没有把这个想法贯彻下去。可告慰的是,"文化大革命"以后不少史学著作都涉及到唐宋变革问题,而且颇有宏大深入之作。

"文化大革命"终于结束了,百废重兴,我又拾起了荒疏已久的中国古代史，十年过去，不但学殖缺失，体力精力也有所不逮，于是想缩短战线，舍弃两宋而保留隋唐，我把这个想法向邓先生陈述，他说，就这么把两宋给丢掉了，言下对我从"马其诺防线"上就这么撤下来似乎不无遗憾。

也还是由于兴趣驳杂，又多旁骛，隋唐五代史虽然讲过几次，但只是导论和概述，属于讲座与会议发言性质，虽然偶然也得到一些听众的好评与个别前辈学者的鼓励，我颇有自知之明，那仍然属于打外围战和擦边球，终此一生大概也无法深入下去了。我所讲的不外是：隋唐是中国历史上继秦汉以后的第二个鼎盛时期，这时封建社会臻于成熟，气势恢宏，绚烂多彩，相对开放，颇类欧洲文艺复兴时期的风格。此前的第一个鼎盛时期秦汉，宏博浑厚，但却不免有刚进入封建期的质拙，属于一种童稚之美。此后的第三个鼎盛时期的明清，又不免呈现了封建社会的烂熟与停滞，趋于程式化乃至僵化，少了隋唐那一份成熟和开阔、活泼和多样。

从纵向看，隋唐又是一个承上启下的时期，上承秦汉魏晋，下启宋元明清，任何一个时期都可说是承上启下，但隋唐的承上启下却具有分期的意义。隋唐又是一个世界性帝国，十二世纪以前，世界历史上只有罗马差可比拟。它在经济、政治、思想文化上的转型的走向已现端倪。它是继战国秦汉第一个商品经济浪潮以后掀起的第二个经济浪潮，全国经济重心开始明显地转向南方，这一转移到宋代完成。经济重心的南移也改变了历史轴心的方向，从前的关东关西一线偏移到了南北一线，与北方民族关系的走向也从北偏西（匈奴、突厥、回纥）逐渐移向了北偏东（契丹、女真、蒙古、满族），中国历史的大格局在不知不觉中已经推移转化了。

"文化大革命"以后，我同邓先生的接触多了一些，谈起学术界的人和事，感到他有坚定的看法和率直的作风，评人论事，往往相当尖锐，不留余地，但也只限于颇有微词。对涉及他的争议却能择善而从和不失幽默。对某些涉及他的学术争论例如唐代是否实行过均田制，他笑言："败军之将，何足言勇。"至于宋江是否投降过朝廷他跟他的学生争论，从天上一直打到地下，道理讲完了，终于成了史料的对决，最后学生拿出一条很偏僻又很过硬的材料,他就含笑认输了。有次我提到某位前辈学者,常好为人的工作和职称关说,几乎是来者不拒,是位好好先生,他即笑言:"那我也不是不'好好'呀。"但他对某些人和事的看法是很坚持己见的。"文化大革命"前,北大历史系一位领导同志行为过左,伤了不少的人,"文化大革命"以后,他谈起来仍有余忿,我试为解说,说那位同志人还不错,过左是认识问题,"文化大革命"受到冲击,后来已经有所认识。他却坚持那不是认识问题,而是人品问题。他曾说过,我们在好些问题上的看法多少一致,但对这位同志,他却坚持固有的看法。他还有一位同事也是我的前辈,"文化大革命"中身陷"梁效",四人帮揪出以后对他不实的流言铺天盖地,后来风波过去,事情弄清,流言止歇,但仍有人不想放手,一有机会就加以抨击,称之为"某教授",以致这位前辈教授颇为苦恼,只好自称"郊叟"(谐音教授),一忬郁积。邓先生却挺身而出,公开私下,仗义执言,为他辩诬,这也可以称作一则学林佳话吧。

学习翦老治学态度和精神

我只在几次会议上见过翦老的面,没有讲过几句话,更没有亲炙受教的机会。我对翦老的了解,只限于他的著作。但在我的心目中,他一直是一位可尊敬的、严格而又亲切的老师。

我是抗战胜利以后上大学的,在此之前,我的历史知识,主要来自旧中国的那几本中学历史教科书。进大学之后,我也同那时许多向往革命的青年学生一样,如饥似渴地学习了当时能够找到的前辈马克思主义史学家的著作。翦老的两本《中国史纲》、两本《中国史论集》和一本《历史哲学教程》,就是我爱不释手的学习历史的主要读物中的几本。它们不仅帮助我初窥史学殿堂的宏伟深邃,更重要的是在潜移默化之中,使我产生了一种愿望,那就是应当以翦老和其他的马克思主义史学前辈为榜样,学习马克思主义,并用它来分析历史的事物,为现实的斗争服务。可以毫不夸大地说,翦老的书既是学术著作,更是教育青年的革命的、马克思主义的启蒙读物。

1953年，我回到原来的专业，成了历史教师，翦老的著作更是我的必读材料。教学中遇到的一些不明白的理论问题，对当时史学领域中一些认识不到或不很清楚的倾向，往往在学习了翦老的新作之后，迎刃而解，豁然贯通。我相信，许多同志也会有同样的感受。

翦老对历史科学的贡献是多方面的。他是中国马克思主义史学的先驱之一。他的许多论断，在今天仍然具有重大的现实意义，是我们建设具有中国特色的马克思主义史学的宝贵财富。我相信，史学界的前辈和对翦老研究有素的同志，会对他在历史科学方面的贡献作出深刻的、全面的评价。在这里，我只谈谈学习翦老著作的两点个人感受，主要是在治学态度和治学方法方面，亦即学风方面的感受。

学习翦老著作的一个最鲜明强烈的感受就是，他的著作充满了强烈的革命精神和现实感。翦老的文章从不是无所为而作的，他总是把他的学术活动与中国人民的革命事业紧密地联系在一起，为中国人民的革命事业服务。他的著作或是通过对中国历史的研究以探讨中国的国情，探讨中国社会发展的规律性，总结历史的经验教训；或是通过历史的研究宣传马克思主义；或是批评资产阶级的或反动的历史观；或是针对当时史学界一些带倾向性的问题进行马克思主义的分析与批评。他在文网严密、特务横行的国民党反动派统治时期，用以古喻今的方法，为揭露国民党反动派，与国民党反动派作斗争而写的一些文章，尽管限于当时的历史条件与认识水平，有若干不足之处，但这些文章的学术价值是不容抹杀的，而政治意义则是巨大的。

研究过去的历史对认识现实与变革现实有重要的作用。现实由历史发展而来，历史的东西往往还存在于现实之中。历史和现实当然有所不同，在很多方面有本质的不同，但历史和现实之间存在有内在的联系，却也是无可讳言的事实。真正脱离现实的历史研究，从根本上来说，是没有的，想脱离开也是办不到的。问题是如何正确地认识历史、正确地认识现实、正确地认识二者之间的内在联系，自觉地使历史的研究为人民的现实斗争服务。中国史学历来有鉴古知今的传统，翦老的著作从一定意义上说，是这种传统的继承。但与这种传统的根本不同之处就在于他是站在无产阶级的立场上，运用马克思主义的基本理论和方法来研究历史，为人民服务，为革命事业服务。也就是把马克思主义的普遍真理与中国的历史实际、革命的实际结合起来，从而取得了前人未有的新成就。

要做到这一点，需要有深厚的马克思主义素养。翦老的马克思主义素养是大家公认的。他不是对马克思主义作教条式或简单化的理解，总是采取分析的说理的态度，力图通过自己的研究来阐明马克思主义的基本原理；更重要的是，他总是努力使自己的论断具有充分的历史事实依据，以历史事实作为基础和出发点，以马克思主义的基本原理和方法为指导，进行具体的科学的分析，以期得出新的结论，回答人们面临的新问题。这样的文章具有高度的科学性，也具有鲜明的革命性。自然，他的某些论断，例如西周封建论，是在讨论中的学术上有分歧的问题，人们尽管可以不同意他的观点，但却不会感到他的论证不严肃、武断或不充实。在这个方面，翦老对自己的要求是很严格的。新中国成立前，翦老写的一些以古喻今，揭露国民党反动派的文章，由于条件所限，有些不免有强加于历史的见解和不恰当的比附。当新中国成立之初，有些同志的文章也犯了这种毛病时，他在《关于历史人物评价的若干问题》一文中，就对之进行了严肃的批评，并且以自己新中国成立前某些文章的缺点为例，说明这种做法的不当。此后，翦老的著作十分重视这一点，并且反复宣传要使历史科学具有科学性和战斗性，首先的条件，就是要严格从历史实际情况出发，来分析和研究历史，切忌违反历史的实际情况来论证一个什么思想结论。这就使他的著作达到了一个新的高度，并且对人们有很大的教育作用。经过"四人帮"对史学的破坏，我们更认识到这种态度和方法的可贵。翦老的这种时刻不忘历史研究的根本任务，和在历史研究中把科学性与革命性结合起来的治学态度与方法，值得我们很好地学习，而在今天尤有强调与发扬的必要。

学习翦老著作的另一个鲜明强烈的感受，就是翦老研究范围的广博，几乎在历史科学的各个方面都有自己的贡献。

历史作为一门科学,可不可以说具有它自己的层次或结构?例如史料的收集整理,历史事实的考证,具体问题的研究,断代史、专史、国别史、地区史的研究,通史的研究,史学理论的研究等。对于历史科学的建设来说,这些方面的研究缺一不可。翦老的史学研究,有对现存史料的搜集整理,如主编近代史资料丛刊《戊戌变法》《义和团》《历代各族传记汇编》;有历史事实的考证,如《跋〈宋司马光通鉴稿〉》《为〈通鉴〉编写分工问题释疑》;有具体问题的研究;有《中国史纲要》《中国史纲》等通史、断代史的著作;也有史学理论问题的著作,其中影响最大的,是《对处理若干历史问题的初步意见》。如果说历史科学的结构像一座宝塔,那翦老就是自如地驰骋上下于这座宝塔的各个层次,从最基层的史料工作一直到历史理论。而且把这几方面有机地很好地结合起来。即把理论的研究同具体的研究结合起来,把综合的研究同局部的研究结合起来。翦老曾经宣传过这种做法。他勉励北大历史系学生说:你们学习历史,既要学会使用显微镜,又要学会使用望远镜。前者把握过细功夫,使你们认识历史事实,洞察幽微;后者训练远大眼光,使你们纵览全局,把握要害。所以两者必须结合使用,缺一不可。他还说:用显微镜观察,是研究历史的出发点;用望远镜观察,是研究历史的依归。我想翦老的这个思想,应当值得我们很好地体会、贯彻。当然,由于我们这些后学的学力、才能的不逮,也由于历史学领域的宏大广博,要想独立地、全面地探索历史科学的各个层次,并且做出重大成绩是很不容易的,我们可以采取分工合作的方法,各自有所侧重。但不管是探究哪一个层次,都应当在胸中有一个全局的观念,知道自己所从事的工作对于建设历史科学全局的意义,以及与其他各个层次的关系。或者说,侧重搞史料、考证或具体研究工作的同志,应当考虑到自己的工作在整个历史科学的建设中的意义、作用,以免流于烦琐、狭隘,甚至无用;而进行综合研究或史学理论研究的同志,也一定要把自己的研究置放在自己或他人的坚实的史料、考证、具体研究工作的成果的基础之上,以免流于空疏，甚至错误。而不管从事哪个层次研究的同志，又都必须以马克思主义的基本原理和方法为指导。我们应当看到，在史料、考证及具体问题研究工作中，运用传统的形式逻辑的、经验主义的方法，可以做出一定的成绩，过去的及当代的一些史学家，运用这种方法做出了不少贡献，甚至是相当大的贡献，但也要看到他们的局限。我们应当学习他们的成果，又应当自觉地突破这种局限，使史料、考证和具体问题的研究达到一个新的水平。这没有马克思主义的指导是做不到的。而进行综合的理论的研究的同志，也应当认真地学习马克思主义，以此作为自己研究的指导，否则我们的成果有时尽管看来很新颖，但往往难于经受时间的考验，而且不重视马克思主义的学习与运用，往往还有可能自觉或不自觉地成为西方资产阶级的史学观点、体系和方法的俘虏。西方的东西不是不可以学、用，但是必须批判地学、用。应当以它们为原料，经过改造，来丰富、发展马克思主义史学，却不能用它们来代替马克思主义史学。其实，有些西方的历史观点、体系和方法，并不是什么新东西，马克思主义早就同它们较量过，不过我们有的同志不大清楚，把它当成新东西罢了。

今天，我们面临着建设具有中国特色的马克思主义史学，开创史学工作的新局面这一重要而艰巨的任务。重新学习翦老的著作，学习他的治学态度和治学方法，学习他的学风，学习他把革命性和科学性相结合，把马克思主义普遍真理与中国历史实际、革命实际相结合；学习他把理论的研究与具体的研究相结合，把综合的研究与局部的研究相结合，对于实现上述任务，应当说是很有现实意义和很有需要的。

我所认识的何兹全先生的学术道路

岁月倏忽，何兹全先生已是 85 岁高龄了。作为后学，认识何先生也有 40 年了。读何先生的论述则还早一些，40 年代末，在上大学时就读过他在抗日战争前发表的关于魏晋南北朝的庄园经济和寺院经济的文章，50 年代初，又读过他 40 年代写的关于魏晋兵制的文章。以后何先生的论著，多数读过，有些至少也接触到。我的认识是，何先生是一位眼界开阔而又不失深邃的学者；是一位具有通贯的识见和学力，能够把历史的诸多方面融入历史的整体，而又能从整体上把握诸多方面的相互关系与相互作用并且阐发清楚的学者；是一位具有实事求是、严谨踏实的学风的学者。

历史研究是多方面的，有的着重于史料的搜集整理，有的着眼于具体历史问题的研究，这些都很重要。然而，这一切应当都服务于历史认识的最终目标，那就是阐明历史发展的全过程。这种对历史发展的全过程的认识必须建基于对各种具体问题、各个具体方面的研究，也还需要在对历史发展的全过程的科学认识前提下，对历史的诸多问题诸多方面作更深入的阐发，而又由此而对历史的全过程有着更新的、更深入的认识。这是一个复杂而艰巨的过程，不能一蹴而就，也不是个人之力所能完成的。然而也确实需要有人在这方面进行努力。我感到何先生就是循着这样的道路一步一步前进的。

何兹全先生给人以深刻印象的最先是他所持的"魏晋封建说"。

50年代中期，中国古代社会发展阶段成了中国历史研究的一个热点。其中，"魏晋封建说"引起人们很大的关注，但不久受到不公正的压制，有的学者不再提及，或者不再深入进行下去了。何先生则是始终坚持并且孜孜不倦的探寻者之一。他的研究不是从一个什么框架或模式出发，也不是像苏联学者那样用所谓的"综合年代法"，即类比的方法认定中国与欧洲同时进入封建社会，而是从中国历史的实际出发，从具体问题的探讨出发。早在30年代，他已经在魏晋南北朝的某些问题的研究中对中国封建社会始于何时有了粗略的看法，并在随后的研究的拓展和深入中概括和上升为"魏晋封建说"，并且继续深入探讨下去。何先生不是简单地从生产关系即所有制的方面论定社会的性质，而是从社会整体上以及确定这个整体的几条主线，即：由城市交换经济到农村自然经济，由自由民奴隶到部曲、客，由土地兼并到人口争夺，由民流到地著来论定社会性质的变化，从而使得他的研究具有全面、深入、丰富的特点。可以说，何先生是"魏晋封建说"的一位主要代表。

　　对历史的探索是艰巨的，是多方面、多角度的。"魏晋封建说"是中国古代社会发展阶段的诸多观点中的一种，何兹全先生的研究自然也属一家之言。检验科学理论的正确与错误的方法中，有一种是"证伪"。要对何先生的观点"证伪"，我想不是那么容易的。即使是不同意何先生观点而另持他说的学者，也不能不认真慎重地考虑何先生的意见，而促使自己的研究再深入下去。"真理是由争论确立的，历史的事实是由矛盾的陈述中清理出来的"。我想，这也是何先生的一个贡献。"对人类生活形式的思索，从而对它的科学分析，总是采取同实际发展相反的道路，这种思考是从事后开始的，就是说，是从发展过程的完成的结果开始的。"(《资本论》)何先生的研究，并没有到"魏晋封建说"为止。要弄清中国封建社会始于魏晋，不仅就魏晋谈魏晋，还必须看到秦汉社会是如何演化到魏晋的，还需要看到，中国的社会又是如何演变到秦汉魏晋的，这里涉及魏晋以前历史的全过程。这样，何先生的研究就从"发展过程的完成的结果"开始，一直上溯到中国文明的源头，再顺流而下，对这一阶段社会历史整体和其中重要的方面及其发展演化作全面系统的探索，从而对之有了一个清晰深入的通贯的看法。何先生在开始论述"魏晋封建说"的50年代，已经对中国古代社会的演变提出了自己的看法，而其结集，则是他在1991年出版的《中国古代社会》。

　　从氏族社会向阶级社会过渡，是一个长期而缓慢的过程。在这期间，新旧交杂，新旧并存，新形式下是旧内容，旧形式下却具有了新内容。中国古史分期所以出现多种意见，其中的一个原因可能是有些论者对这种社会变化的特点估计不足，只抓住某些现象或方面就得出结论，然后再用这种结论去解释其他现象，甚至忽略了某些现象与结论的扞格之处，而没有充分注意到历史的复杂性、多样性和继承性。我认为何先生是充分注意到中国历史上这个时期的特点，在自己的研究中从这样的历史实际出发，尽量把握历史的各个方面及其关系、变化，从整体上加以说明。这样，何先生就对中国古代社会提出了他的新见解。例如：商、周是不平等的部落联盟，氏族部落组织并未被打破，这时的国家是在部落的不平等结合的基础上建立起来的，从阶级分化、土地制度、劳动者身份、国家形式来看，这种国家具有强烈鲜明的氏族部落特色，它可以称之为"部落国家"，是萌芽时期的国家，何先生也称之为"早期国家"。

战国秦汉，何先生不再用"奴隶社会"这个概念，而称之为"古代社会"。这个时期，虽然奴隶广泛分布于各个生产部门，但人数比编户齐民少得多，而且主要在交换经济中起作用。这个时期突出的现象是氏族解体后小农经济的繁荣，来自公社成员具有自由民身份的小农占编户齐民的绝大多数。他们可以自由出卖土地和劳动力，可以受爵而上升为贵族，他们是国家的支柱，承担着赋役。

促成这一时期的变化的是交换经济。交换经济的发展促进了氏族制度的分化瓦解，促进了城市经济的繁荣，促进了帝国的统一。然而交换经济的进一步发展繁荣又危及小农经济的稳定，使小农破产、流亡、转化为奴隶。奴隶经济的发展又促进了交换经济的发展，农民的土地被大量兼并，小农的破产逃亡、奴隶的解放，使得人身依附关系发展起来。交换经济也因此而衰落，形成了战国秦汉的古代社会向从魏晋开始的中世纪封建社会的演变。

全面综合的研究与各方面的具体的研究相结合，从发展上来看问题，这是何先生治史的特点，可以称之为通贯的识见和方法。这种通贯的识见，需要有雄厚的学力支撑，老一辈学者中很多都兼具这种识见和能力，何先生应当是其中之一。

通贯除了纵通、横通，还有旁通。安志敏先生指出，何先生认为，中国与欧洲相比，其历史发展的脉络是有差别的，欧洲历史比较大张大合，转变时期变化比较彻底，社会阶段划分比较明显，民主比较发展。中国历史发展比较缓慢，转变不彻底，旧的遗留多、时间长，社会阶段分野也不明显，集权比较发展。这种不同，来自对原始社会的不同继承。原始社会末期，社会上存在着三种权，氏族成员权、氏族贵族权、酋长权。欧洲历史继承氏族成员权、氏族贵族民主权多,中国历史继承酋长权多。中国型历史发展下来,酋长权演化为君权、王权、皇权,出现中央集权、统一、专制,国家(皇权)占有广大土地,对社会经济干预多,中国历史特殊性比较显著之处,就在这里。何先生这个意见无疑是很富启发意义的。

历史研究,需要有理论作指导,通贯的历史研究,尤其需要理论的指导。何先生的研究,一直是以马克思主义作指导的。然而这种理论的指导,并非用某种框架或模式去剪裁历史,而是从历史的实际出发,在科学的理论指导下去深入研究历史。历史的认识是一个不会完结的过程,有了马克思主义,并不等于就有了历史的真实,而是指导我们一步一步地去接近历史的真实,阐明历史的真实。何先生的工作,就是一步一步地朝着这个方面走的。

我想,不仅是何先生的学术成就,他的治学道路和方法,也是有很多地方是值得我们借鉴、学习和效法的。

写于 1996 年 12 月 24 日

刊载于《何兹全先生八十五华诞纪念文集》,1997 年

2002 年云南,参加中国史学会会议,大理城关,左起:金冲及、林甘泉、宁可

流年碎忆

1983年兰州，参加中国敦煌吐鲁番学会会议，左起：翻译、宁可、宋家钰、土肥义和、高田时雄、沙知

附　我的女儿

我有三个女儿，大的是一对双胞胎，大名宁欣、宁静，小名和和、平平，小的比她们小两岁。

两个大的降生先后差两小时，定下了她们姐妹的排序，没有来得及起名，先称之为老大老二。

当护士告诉我这初为人父的菜鸟可以看看她们时，隔着婴儿室的隔音玻璃，护士抱起一个婴儿晃着一根指头表示那是老大，随着又抱起另一个晃着两根指头表示那是老二。兴奋而又心慌意乱的我，匆忙中没看清两个婴儿的相貌，只见她们满脸皱纹像个老人，涨红了脸，皱着没有胎发的眉头无声地号哭。

1953年1月北京，结婚照（摄于西单银星照相馆）

等到她们三四岁时，已是蹒跚着满地乱跑了。一位留学回国的教授发出了颠覆性的怪论，说在外国先出生的是妹妹，后出生的才是姐姐。这话在校园里广为流传，以致有些女老师专诚来看望到底谁是姐姐，谁是妹妹。我们自然岿然不动，那姐妹的排序是早就铁定了的。

但也出了一次事故。刚出生几天，为了区别长幼，护士在老大手上系了一根带子。洗澡时解了下来，再系时却弄倒了。

1950年，北京市人民政府副科长委任状

幸好那时我每天细细地观察她们，比较她们的相貌，找出微细的差别，这才把护士的无心错误纠正过来。多年以后，老二对此还不无疑虑，但我认为除了外形的细小差别外，最重要的一条是老大左眼皮上多了一些紫红色毛细血管，这是她们之间最根本的差别，谁要想"掉包"，那一千个办不到，一万个办不到！

她们从医院被接回家了，两人共睡一张婴儿床，也不挤。只是天寒地冻，体温不够温暖自己，加上一开始母乳不足，我们采用书本上的科学的育儿法，在牛奶里兑了一定比例的水。这样，吃下去不多一会儿就饿了，兼之又冻，两个孩子不断地接着哭，一个刚睡着，一个就冻饿醒了哭，刚抱着哄好一个睡下，那个又睡醒了哭起来，弄得我常常没法睡觉。总结经

1953年10月北京，双胞胎女儿初生，左：小和(宁欣)，右：小平(宁静)

验，舍弃"科学育儿法"，改喂不兑水的牛奶，把她们依次放进妈妈的被窝里，跟妈妈一起，果然她们不哭了，能睡熟了。还记得老大蜷伏在妈妈的怀里，享受温馨，居然打着轻微的鼾，满脸热得通红，鼻尖沁出两滴汗珠，跟她妈妈一样，一副幸福神态。

在家里待了半年，把老大送去机关的一个全托的托儿所（收半岁到两岁的幼儿），老二送到一位邻居家里寄养。两人分开，环境不同，教养也不同，性格开始发生了变化。

托儿所过着集体生活，老大变得有些傻乎乎的，说话较晚，机会少，变得口齿不清，咬字不准，而且老皱着眉头，似乎有什么不如意的事。这点一直到她重新跟老二聚首又进了小学才改了过来。至于老二呢，在寄养的邻居家里，备受宠爱，成了全家跟着转的、予取予求的"小公主"。

到了两岁，她们一起上了另一个托儿所，假日回家，两姐妹手拉着手站在廊子里看下雨，嘴上念着童谣："下雨啦，冒泡啦，王八兔崽子戴草帽啦！"老大显得呆傻，老二却精灵淘气，不禁像凿爆栗那样敲打着姐姐的顶门呼呼作响，老大若无其事，面不改色。妹妹忽然感悟问姐姐："姐姐你生气了吗？"姐姐回答："我不生气，我爱你。"她们如果分开，显得很安详听话，只要两人在一起心意相通，此呼彼应，立刻大淘其气，搅得天翻地覆，什么事也干得出来。老大口齿不清，她说的话，在托儿所学的歌只有老二才能翻译出来，还要对人解释"我姐姐说话不清楚"，像老大神气地说："不——酱——ga！""借——不——嘎——计"，你能猜出那是说的什么吗。一次星期五回到家里，老大讲托儿所老师给她们讲故事了说的是"说大话的小青蛙"，老二立刻伶牙俐齿地补充"它有一个大肚皮"，老大呼应"肚子爆炸了"，你可以猜到原来老师讲的是什么故事了。

　　星期六下午从托儿所放假回家，走到公共汽车站大概有一千米，天寒地冻，两个穿得厚厚的两岁多点的小孩走累了，争着要爸爸抱。只好牵一个抱一个，走过一截电线杆再换过来，还鼓励"勇敢的小孩要坚持住"。一回到家，我已累得有气无力，她们照旧精力旺盛，纠缠不休，有时太闹了，妈妈生气了，把报纸卷成一筒作势宣布要打屁屁，老大笑嘻嘻地说："屁屁不见了，上班了。"边说边摇摇晃晃地走开了。一天半下来到星期一一早，浑身发疼，就像挨了一顿痛打一样。

　　两人不大吵架，也不争抢东西，一切东西都是公平分配，吃饭到了最后，总要问爸爸妈妈还吃不吃了，一旦爸妈宣布不吃了，姐俩二话不说，立刻动手把桌上所有剩饭都平分成两份，拌饭一起吃掉。这种平均主义一直发展到有次坐单位班车回家，一上去，两人就平分座椅上的钉子，以至一位女同志大为吃惊，认为真是好教养，而且到处介绍。

　　分起吃的东西来，例如水果，常有大小，问她们谁要，两人总是会眼瞟着大的，手里却去拿小的，大概受到"孔融让梨"故事的教育吧。那垂涎欲滴而又自我克制的情况也是明显的。

　　七岁到了上小学了。功课不重，早早放学回来，书包一放就一起做作业。作业也不多，很快做完，开始玩了，最常玩的是"演戏"。那时家境并不充裕，玩具不多，计有既旧且脏的绒布兔子两只，剩的积木几块，两个丢了布袋只剩猴头和猫头的布袋木偶，还有一只塑料鸳鸯。她们就同几个小朋友一起自编自导的演戏，猴头和猫头都是反派角色。演得趣味盎然，演完了，几个小朋友一起跑出去玩。好在只在校园里不致出事。

到了三年级，老大头上染上了白皮癣，久治不愈，只好把头发剃掉（也拔掉一点）像个男孩子了，照了张照片寄给三姨，却没有做任何说明，三姨十分惊慌，马上来信"老大怎么不见了，那个小男孩是谁，到底出了什么事，千万别瞒我"，老大马上回信"三姨，我没有死"。

无独有偶，老二同时发现踝骨突出且平足，定做了一双矫形皮鞋，穿上走来走去，好在后来骨头长硬了，踝骨变形，总算是平安过去了。

老大老二从小爱听故事，后来喜爱看书。三年级时由我每天讲旧小说，从《西游记》讲到《水浒》，讲到《三国演义》。每天三点钟下了课做完作业，讲一段约四十分钟，讲了一年，她们听得十分专注，也充分地发挥想象力，自己也编也写。《西游记》有段讲唐僧师徒途经灭法国，师徒只好装成卖马的，老大由此演绎说爸爸是唐大官儿，妈妈是孙二官儿，我是猪三官儿，老二是沙四官儿，被冷落在一边的小妹问那我是什么，老大想了想说你是唐大官儿的白马吧，一想又说你是沙三官儿挑的行李，小妹不依不饶，引发了一场小小的争执成了一场无头官司。

再大一点，开始看小人书、童话，严文井的《唐小西和他的下次开船港》，张天翼的《大林和小林》，还有《格林童话》等。那些书都是反复看，反复琢磨，而且引申开去，老二被当成了大林和小林里的一条皮皮狗，她先意有不怿，后来就接受了，皮皮成了她的外号，又被称为"老皮儿"，又被叫成了电影"林则徐"里的英官"诸皮儿"。这些外号一直叫到现在。

小学还没有念完，"文化大革命"开始了，她们也同父母一起受累，小学毕业又上了名不符实的三年初中，实际在校一年七个月，号称毕业，两个姐姐响应伟大领袖"知识青年上山下乡"的号召去到生产建设兵团锻炼了。我在火车站送别，看着挤在车窗里的她们逐渐远去消失，不禁怆然怅然惘然茫然。在回去的路边小铺喝了一升啤酒，心想跟自己的那段历史告别了，祝愿她们能开创一段新的历史吧。那是个谁也不能掌握自己命运的时代，谁又知道她们以后的命运又是怎样呢？

我的第三个女儿宁卿比她两个双胞胎姐姐小两岁半，刚生时还没有取名字。在出生证上就填上宁小妹，这就成了她的小名，以后用了好几年。

当她刚从医院接回家时，两个姐姐兴奋不已，在她的小木床上跳上跳下，叫着"看小妹"，"摸小妹"，一直发展到要"打小妹"，这时妈妈出面干涉，伸出脚趾头来驱逐她们。她们大叫"我怕妈妈丫子"，这才把她们吓退。

1958年，三姐妹于北京宣武门内未英胡同2号北京师范学院宿舍，左起：宁静、宁卿(小妹)、宁欣

对于姐姐们的这种干扰，小妹很是淡定，一直躺在那里大睡。这种处变不惊的心态，似乎后来形成了她的坚毅的性格。

小妹出生以后就寄养在原来邻居的家里，全家三个男孩子只有一个小女孩，自然是予取予求，像小公主一样供奉。这也形成她性格上的几分娇气。

长到两岁，把她送进了全托幼儿园，集体生活对她有点不适应，一是总要拔尖，常常回家告诉我们，她有两个仇人孙燕燕和胡露露，经常打她。我们向幼儿园老师反映，她说："宁卿也不善呢。"（或者是"宁卿也够瞧的"）二是有点贪心好吃，有次到幼儿园，小朋友们大叫"宁卿偷梨啦"。她大概是被抓了"现行",羞得满脸通红,躲在人后。另一天回家睡熟,不料发现衣服口袋有好几块从幼儿园藏起来的饼干。她一到家,就叫饿了,要吃的。有时吃多了拉肚子,就坐在用作马桶的高脚痰盂上,手举长柄痰盂盖子说:"都是你们给我吃的。"(那时正值大跃进,她还坐在马桶上举着长柄盖子高唱:"我们的红旗就是战旗,高举起战旗战斗到底"……)

小妹虽然好吃,可是由于家庭环境的缘故,没吃过什么高级的东西,也没有养成吃零食的习惯。十岁左右,她宣布最好吃的就是食堂里的麻酱糖饼,还有蜜麻花。但她吃得很多,老要叫饿。小妹比姐姐们小了两岁半,但智商一点不比姐姐低,但由于小了一截,因此产生了强烈比肩心态,却又因达不到而产生了一些委屈情绪。六岁了,该上小学了,两个姐姐在暑假里像游戏一样教上课堂礼节,讲课,在衣袖上画出少先队干部的杠杠,教一年级的课本,写字、算数,游戏的成分大于教育的成分,但较真到在写每一个字都要判分的程度。新生要入学了,鉴于她的成绩,我们便跳过初小一年级,而是跳班插入二年级。一切顺遂。成绩虽只平平,但都凭空跳了一级。又上了两年,姐姐凭成绩跳了一级,进入六年级,她也随着跳了一级,进了五年级。这已是"文化大革命"前夕了。所以小妹虽然号称初中毕业,实际上小学的时间只有四年。

进入了小学,小妹也力图在各方面表现自己,学习认真,待人严格,成了全校最小的少先队员。由于大姐是少先队大队长,二姐是年级中队长,给她也安上了一个班主席,袖上的少先队标志究竟是几道杠已经记不清楚了(一道杠,因年龄小,只能当小队长,班主席是个安慰性职务)。只记得她当时律己严格,待人严肃,坚持原则,不时批评那些比她大的调皮捣蛋的男孩子。那些男生都对她不怎么在意,于是她就成了一个缺少威信的但又很尽责的小班长。

她的两个姐姐对她倒是关爱有加,但有时要求不免严格得近乎苛刻,为了加强她自律,规定每周每人只许吃一颗糖,姐姐则不吃,小妹当然嘴馋,她们又开始用话引诱她,一旦入彀,两人就群起而攻,你一句我一句,

1959年北京，三姐妹，左起：宁欣、宁卿、宁静

一致对敌，小妹简直无法抵挡，有话说不出来，只好气得大哭，面色乌黑，有时躺在地上大哭。因而在姐姐那里得了一个"小赖子"的外号。后来觉得不雅，又改为"小立子"。对于姐姐的唇枪舌剑，和她的难于应对，我有点看不下去，为求安静，就把小妹叫到我工作的里屋，叫来"谈话"（那是我批评处罚孩子的一种方式），小妹满脸泪痕地进了屋子，我关上门，问起怎么回事，她抽抽噎噎地说了几句，谁也不明白其中的是非，我随口批评了她几句，又安慰了几句，从抽屉里拿出一块糖来给她，以示安抚。两个姐姐在外屋，没有听到我大声申斥，又见她拿了一块糖出来，于是冲进屋来说我处置不力，最后是我各给她们一块糖，才算把风波平息下去。

这种从小的锻炼，培养了小妹独立自主的能力，由大人领着走路上下公交车坚持不由大人扶持，自己扶着扶手上下踏板，有时因为时间稍长而遭到那些等下车人的指责，她仍然我行我素，一如既往。

到了初中毕业了，她比姐姐只晚了一年，这时政策改变，毕业生不再上山下乡，而是分配到北京，小妹也分派到海淀区的一个区属工厂当钳工，随着一群伙伴去开辟新的天地，这时她的实足年龄是十四岁，只能算童工。

大概是就在毕业那年，奉妈妈之命，她独自一人出游了一趟，从北京到广西南宁，看望老朋友赵叔叔，回到湖南长沙看望奶奶，再由景德镇、南京返回北京，历时将近一个月，亲友们对妈妈这样大撒把放她一人到处乱跑很不以为然，但是她却很顺利地经历了从北到南、再从南到北四千多公里的行程。她回来讲述旅行经历非常兴奋，特别描述了在景德镇被小偷偷了身上的一块钱，她站在街头训斥当地社会秩序之不好，身边的听众只有一两个小孩。好在那时"全国山河一片红"，"文化大革命"进入到稳定期，国内社会秩序大致安定，她这一趟远游倒是平安回来了。（看来老爸当时很担心啊）

小妹在1970年号称初中毕业，在工厂干了近十年，1977年大学恢复招生，她和那些厂里的伙伴苦读一年，补习了高中的功课，到1978年，报考大学，以高分进入北京工业大学化学系，从此开始了她对人生的另一场历练。

人生八十才开始——献给我的父亲

宁静（为父亲八十寿诞而作）

父亲今年八十岁。

父亲在四十多岁时曾说过：我能活到六十多岁就满足了。可我亲爱的老爸今年就要八十岁了，而且患有我这个医生能想出的一切疾病：高血压、心脏病、脑血栓、糖尿病、痛风、脂肪肝、肾功能不全……但他还没退休，仍旧享受着工作，也享受着生活的乐趣。要不是我们姐妹三人提醒，他根本不记得自己说过的话了。他瞪着无辜的眼睛：怎么可能？我怎么会说那种话？幸好有我们三姐妹一起作证，否则，他是一定要翻案的。

今天，人活到八十岁的并不算少，但父亲这样长寿在我心中算是一个

2008年12月北京，左起：宁静、杨仁毅(宁欣丈夫)、宁可、宁卿、宁欣

奇迹。他从小体质瘦弱，年轻时得过肺结核，中年时经特有风暴的冲击，更是逐渐把能得的病都得了。他在这样一个战乱、动荡的社会中，几经沉浮，受到的创伤和挫折是熟知那个年代的人都可以想象和体会的。

纵浪大化中，不喜亦不惧。不管经历了多少变迁，不论发生过什么大喜大悲的事，父亲仍在人生的路上走着，"健康"，快乐地迈向他的八十岁。

我本湖南人，唱作湖南歌

我们老家是湖南。人杰地灵的湖南，有条著名的浏阳河，我爷爷就出生在浏阳河边。据考，黎姓来源于九黎的后裔，沧海桑田，有一大支便定居于湖南。爷爷曾与李立三等人同学，并和毛泽东等人共同办过杂志，是毛泽东在长沙发展的中共早期党员之一，因人忠厚又年长，毛泽东等人尊称他为"黎大哥"。在国共合作时期，爷爷在共产党和国民党中都有很多朋友。

国共合作破裂后，毛泽东亲自送爷爷上船到上海与地下党接关系。爷爷在他国民党朋友的劝说下，加上也没有为共产主义抛头颅洒热血的信念，并没有如期接关系，而是坐船到了南洋。爷爷在去南洋的船上遇见了奶奶，两人日久生情，共结连理。在南洋办学几年后回国，经国民党友人介绍，在国民党新闻界任职。父亲在战乱中随着爷爷奶奶一路奔波，一路求学，从南洋、上海、南京、桂林、重庆、南开，最后到了北京，上了北京大学。他也从贵阳、重庆、北京一路遇见了我妈妈，从陌生，甚至吵架，到相识，相知，相爱。一九四九年后，父亲多年从事教育和研究工作，教书育人到如今。

父亲从小虽然体弱，但聪明顽皮异常。他是奶奶最宠爱的孩子，爷爷在三任奶奶生的七男三女中，最宠爱后来最依靠的也是父亲。有张父亲小时候在南京戴着童子空军帽，顽皮地举手敬礼的照片，精灵可爱。

爸爸小时候并不是一般意义上的好学生。在重庆南开上学时，他很偏科，文史极佳，喜爱天文，可数理化老处于边缘状态。爸爸又很淘气，不遵守校规，干过不少违法乱纪的事，比如熄灯后在寝室里带头尖叫，并因此而被记大过。后考上北大，主攻文科，一路到今天。

爸爸一生有三件心爱的东西：书、音乐和美食。在几十年前住所并不宽敞的家里，爸爸就拥有一张巨大的墨绿色书桌，他在那张桌上看书，写字，听音乐。他的兴趣广泛，什么书都喜欢看，人物地理，天文医学，上到飞禽飞机，下到汽车枪炮，侦探武侠，无奇不有。他爱书，爱买书，看见书眼睛都会放光。经过几十年的积累，他的书，十几书架，十几书柜，泛滥成宝。

他的书多也有很多好处，我们就像有了一个家用资料库，一有疑问，他的书就是现成的参考资料。他的记忆非常好，哪类书放在哪都一清二楚。

爸爸爱音乐，他喜欢古典音乐，在他读书写字时都会放上悠扬的音乐，帮助他思考，帮助他放松。他还喜爱美食，爱吃，懂吃，遍尝各家名菜。

他的书，他的音乐，他对美食的热爱，尤其是他的性情与为人处世，让他在激烈动荡的年代中和各种疾病的磨难中，得以保持身体和心态的相对平衡，平缓悠然如水行舟。

亦师亦友的慈父

爸爸在学术上的成就自有内行人士评说，他对于我，是慈爱的父亲，更是良师和朋友。

我们家是典型的慈父严母。爸爸一向脾气非常好，又心细，我们小时候上幼儿园的家长联系本他都好好保存着，上学时的成绩册、评语和奖状他也保存了一大包。

在我一懂事时，妈妈就叫爸爸老头子了，那时他才三十多岁。我从没见过父母亲吵架，长大后才发现，如果妈妈忽然在里屋不出现了，而爸爸颠着脚，跑进跑出，一副殷勤异常的样子，不断端水，送吃的，那一定是两人有了什么矛盾，妈妈不太高兴了，爸爸在尽量扭转局势。他经常给我们讲他小时候和年轻时候的劣迹，包括他和妈妈的相识经过，是妈妈和他在南开中学办刊物时分别为男女生编辑，因意见不合，第一次见面就大吵一架，在南开由于晚寝时捣乱被记大过等。爸爸还经常以一副异常欣赏的样子对我们讲述妈妈，开头总是：哼，你们老妈儿……从十几岁中学相识，到妈妈去世，他们恩恩爱爱过了五十多年。

我们家是由妈妈制定家规的，我们很听妈妈的话，长大后我们戏称她为老佛爷。她虽然从不高声对我们说话，但我们都明白没有讨价还价的余地，拿她的话当圣旨，句句照办。爸爸就不同了，他脾气好，没什么原则，老是我们三姐妹违反家规的突破口。

我们姐妹星期天经常赖床。在床上讲故事，互相在背上画小人儿，最后多演变成枕头大战。妈妈对我们起床时间是有规定的，但如果战火起了，那就不分青红皂白，立即全体起床，分头做家务。妈妈不在时，爸爸就对我们完全失去了控制。我们可尽情地进行激战，他不时过来很温和地提醒我们一句：孩子们，该起床了。我们置之不理，继续战斗，直到我们打腻了，才握手言和，起床。

爸爸没对我们发过什么脾气，更不要说体罚了。但唯一的一次"体罚"我至今记忆犹新，那时妈妈下农村了，爸爸有时忙工作到很晚，家里只有一把钥匙，爸爸嘱咐我们睡觉前把钥匙放在门口某一块预先约定好的蜂窝煤下。

我们三人经常疯玩得忘了钥匙的事，又睡得特别死，根本听不见敲门声。可怜的爸爸狂凿门不开，只好敲开对面的门，由对门的姥姥在他腰间拴一根纸绳子，姥姥牵着，从两家相连的五楼阳台上爬过来，爸爸开始还耐心地提醒我们，但这样的事在很短的时间内一连发生了三次。奇怪的是我们虽然经常忘记放钥匙，可从没忘记过锁门。

有天我们又一如既往地锁了门睡觉，把爸爸忘在脑后。半夜突然被爸爸的叫声惊醒，原来他又腰栓纸绳子被对门姥姥牵着从阳台上爬过来了。爸爸命令我们全体起床，站成一排，他到处找，终于找到了我们上学用的一把小塑料尺，他勒令我们全伸出手来，他把小尺子高高举起，依次在我们每人手心里敲了一下,我根本不记得有疼痛的感觉。我们心怀恐惧躺在床上后,忽听砰的一声,好像是一个玻璃杯被摔碎了。从那以后,我们再也没犯过类似的错误,爸爸和对门姥姥联手演出的夜半阳台草绳惊魂记也就此告一段落。

爸爸经常不按规矩出牌。上小学时,我们三姐妹在一个学校。有次学校辅导班请爸爸去介绍教育孩子的经验,校长、家长和学生坐了一大片。爸爸上台扶了扶眼镜,说:"这教育孩子嘛,我的经验就是无为而治,也就是说什么都不管!"说完后感觉很佳。台下面面相觑,都不清楚爸爸到底要干什么。有个老师不甘心,问:"那您是怎么教育她们好好学习,尊敬师长,团结同学,热爱劳动的呢?"爸爸说:"从来没教育过她们,都是顺其自然。"主持人看爸爸实在是榨不出什么油水了,只好客气地请他下台了。爸爸以后提起这件事还洋洋得意,自我感觉极为良好。

和爸爸在一起轻松自然,当然也有尴尬的时候。上中学和大学时有时和爸爸一起骑车,爸爸的车技一流,趁没人时他会给我表演车技。他会压着路上的白线骑,还会在红灯时定住把,拐来拐去,坚持着不下车。他还可以先把车骑得飞快,然后从后面一跃而下,车顺着惯力,仍在往前走着,他再从后面飞身上车。他还会撒把骑车,把双手插在裤兜里。如果他得意忘形了,就会摇头晃脑地吹起口哨。我这时开始紧张了,惊慌地东看西瞅,生怕有人注意我们。我会小声警告爸爸:"你这样别人会以为你是流氓了!"没人还好,有人时,我只好尽量和爸爸保持一定距离,希望别人别把我当成和他一伙的。

从小爸爸就给我们讲故事。我记得刚上小学时,他给我们讲安徒生童话,讲得感情投入,我印象最深的是"海的女儿"。那美丽善良的小美人鱼,为了她深爱的王子,不肯用十二个姐姐用金发换来的刀子刺入他的心脏,用他的血让自己得救,而等待她的将是化为大海中的泡沫。我为担忧那小美人鱼的命运陷入深深的恐惧中,抱着爸爸大哭。

"文化大革命"其间,书都珍贵得像金子一样,中文书难找,爸爸弄了几本英文小说,其中有《福尔摩斯探案集》,他看一篇给我们讲一篇。我们那楼里一大帮孩子听说了都挤到我们家来听。他们听得上了瘾,每天都催我们:"你爸爸什么时候讲啊?"到我们家时,他们为制造气氛,还坚持关了所有的灯,让我们都处在黑暗中,只留一盏爸爸跟前的小台灯,让爸爸边看边讲。他们占据了我们家的一张床,谁先来谁就可以躺在床上听。后来大家就叫那床为"魔床",因不管谁躺上去,没听完就都睡着了。"血字研究""四签名"等中篇,还有好多短篇,都是那时候第一次听爸爸讲的。

爸爸诙谐有趣,顽劣之心不改,秘密给他的同事及心爱的学生们起了很多外号。这是我们家庭内部保存的秘密,从不外传。他经常说:"都是些哈巴(四川话)。"还老爱说:"狗子。"当然这都是他在家里的特殊用语,在外面他还是尽量作出很严肃的样子的。

我爱给爸爸讲笑话,他也爱听我的笑话。有个相声叫"英雄不死",我看了后大笑不已,回家给爸爸学。爸爸看得津津有味,此后便一门心思想看那个相声。有天,他告诉我:"小皮儿(我在家里的昵称),我看了那个相声了。"我兴奋地问他:"好看吧?"他垂头丧气地说:"比你演得差远了。"

家里经常来学生,有大学生有研究生。爸爸总会很严肃地跟他们谈话。看着爸爸那一本正经的样子,我总觉得很好笑,有时会故意捣乱。有次来了一个学生,那时我已经做医生了,我看着爸爸收敛了笑容和他谈话,心里就痒痒得不行。我假装很有礼貌地为客人端茶送水,乘机站在一个爸爸能看见,而那学生看不见的地方,对着爸爸做了各种鬼脸。爸爸要使谈话进行下去,又要忍住不笑,还舍不得不看我,痛苦极了,眨吧着眼睛,抿着嘴,强撑着。我见大功已告成,便心满意足地退出了。我喜欢和爸爸谈天说地,他在我眼里几乎无所不知,古今中外,天文地理,他知识渊博,记忆力又好,他虽然去的地方远不如我多,但他对每处的历史、地理、文化、现状都比我知道的详细和深入得多。

至情至亲的老父

姐姐说爸爸是一等老头,脾气好,不挑剔,对下一辈的孩子们也很宽容,始终奉行他的无为而治的方针,孩子们从最初的陌生,到喜欢,到最后被姥爷的知识和宽容征服了,我的两个孩子会围着他津津有味地听他讲世界地理图册。

爸爸也从不干涉我的家事,我要想告老公的状是没门的,老公对我的家人非常好,我父母来他都尽心尽力地照顾。有时我们俩有点小小的争执,老公感到很抱歉,会特地到我老爸那去说一声:啊,刚才我们没影响您吧?爸爸就会说:是嘛?我耳朵不好,没听见你们说什么。

人在世上,尤其是在中国那种一辈子几乎在一个单位干到退休,往往积怨甚多,再经过反右,"文化大革命"等大的政治运动,连父母儿女夫妻都常有反目的,更不要说朋友同事了。父亲始终以宽容平淡的心情看待这些特殊时期发生的恩恩怨怨,不计较曾对他有过过激行为的人,也在能力有限的范围内,尽量保护他的同事和朋友。反右期间,他牢牢顶住,他的下属单位没有一个人被划为右派。

进入老年后,爸爸对很多事情都顺其自然,不抢不争,有则享受,无也坦然,保持心态的平衡。他有很多学生,他们爱戴他,尊敬他,他像一棵树,虽然树干记录了时代的沧桑,年轮复复,但枝繁叶茂,果实累累。

亲情对一个人的心态和健康,尤其老年人的健康有着无可替代的重要作用。爸爸很重亲情。在北大求学时,奶奶就因中风去世,他没能赶上给百般宠爱他的奶奶送终。爷爷49年后还算幸运,没被镇压和劳改,而被收编进文史馆,回忆旧事,并接受教育和改造。爷爷一家用文史馆发给的生活费和爸爸每月寄的钱过着清静平淡的生活。"文化大革命"期间,爷爷两次中风,爸爸正剃了光头接受批斗和劳改,爷爷临终时也没能见上一面。父母去世均未能送终,对爸爸心灵上的创伤是不小的,但他有母亲相伴,终于度过了最艰难的时期。

母亲八年前白血病去世,爸爸晚年丧偶,对他的打击无疑是沉重的,使他的精神和健康状况一度降到低谷。我们姐妹三人只有姐姐在北京，她在母亲去世后，宁愿多跑路上班，又搬回家陪伴父亲。爸爸充分享受了亲情和关爱，有了精神上的寄慰，生活上也得到了姐姐和姐夫精心和无微不至地照料。

虽然年逾八十，爸爸仍在力所能及地工作，讲学，写书，参加会议，这也是他精神甚至身体状态的一味难得的清凉补剂。

爸爸晚年生活愉快，像个老小孩，甘心依赖地接受姐姐的照顾、保护、监督和管理。患脑血栓后，爸爸走路要用拐杖，走在路上，他会用拐杖敲打路边的树和土堆，一路说俏皮话。他有糖尿病，饮食是要严格控制的，我看见他会在晚上以为姐姐不注意的时候，轻手轻脚钻到厨房，给自己拿片面包，涂上一层厚厚的黄油和果酱，再顺便擓一大勺冰激凌，把吃的藏在身后，颠颠儿地潜回自己的房间。姐姐其实对老爸的小伎俩明察秋毫，但美食是爸爸生活的一大乐趣，对食物的热爱也是他之所以能在多种疾病的状况下，保持精神及体力旺盛的原因之一，姐姐也就放他一马。

像旧汽车一样，爸爸每年都要进医院检修，我上次回京，他就住在医院里。我陪老爸在医院里散步，他满头花发，挂着拐杖，我搀着他的胳膊，心里充满了骄傲，就像他当年牵着我的手上学，他心里充满了骄傲一样。

爹爹给我无价宝。父亲用无形的语言带给我的宽容、豁达、仁爱、乐观、幽默、博学、勤奋，我今生取之不尽，用之不竭。

我亲爱的老爸，人生八十才开始，但愿下辈子，我还做你的女儿。

写于 2008 年

《卧隐消夏录》卷二
《寒食楼菜谱种种》(附补)

旧友狄君源沧,六十年口腹知交。从中学钻校园铁丝网偷赴担担面小摊(当时专名为"走私"),直至三个月前安步去星级宾馆尝三头鲍和佛跳墙(赝品),经六十年之努力,饮食水平终于随国步由脱贫而趋小康。饕餮嘘濡,甘苦共尝,"文化大革命"那段至有不忍卒忆者。日前狄公忽患脑疾,为之编《卧隐消夏录》八卷,以供养脑休闲。遵照人类第一天性要求,各卷多涉饮食。第八卷《第二性》,存目不编。

先将第二卷《寒食楼菜谱种种》摘录若干如下。

寒食楼

红梅阁酒家改名,去掉冷度不足的阴森鬼气,取消遮面琵琶式的暗示手法,直截了当地打出祖师爷介之推的招牌,宣扬传统寒食文化。改阁为"楼",除了表示生意做大、店面扩张之外,亦蕴有苏词"但恐琼楼玉宇,高处不胜寒"的寒意。

寒食楼并非专供冷食,更多的是热卖。在佛道儒医四家的寒热交征、阴阳和合、热即是寒、寒即是热、冰炭同炉、夏虫语冰原则和最超前的统一场论的指导下,从名、色、料、味、法、声、光、电、化、核,琴诗书画,猜谜射覆,多层面、多方位地向寒食挂靠。烹饪学外,尚运用了文学、哲学、史学、心理学、美学、社会学、自然科学、技术科学、知识考古学

（或称文本话语学）、虚拟现实学、诠释学、语言文字学等多种理论和方法。策划者是刚刚假释出狱的某点子大王和一位戏说编导，一位荒诞派戏剧大师，定位为中西合璧全球化。创意很多，亦不免受时下流行的假、大、空、疏、炒、骗的文风学风商风厨风影响。至于学而后不足的错误，乃至错别字，比比皆是。策划者却认为这是他们最好的点子，进食同时挑错，岂不比到电视台表演知识竞赛更酷。既激发食客的参与意识，又或有奖或打折或得优待券，不是对生意更有利么。但只限一食一次一事，防止少数专家垄断，争取多数客人回头。

寒食楼正堂

寒食楼房间很多，分堂、厅二级。堂有正堂、大堂、二堂、三堂会审堂、三堂教子堂、浑堂、堂子堂、堂客堂、拜堂、画堂、五马黄堂、白虎节堂、满堂红堂、满堂笏堂，还有明伦堂（男女饮食，人之大伦）等（灵堂、享堂等不在内）。正堂最大，位置正中，专卖绝对不占烟火的正宗寒食。有严嵩相府的天水冰山大宴、北冰洋生蚝小宴、瑞士阿尔卑斯百种乳酪便宴、大观园清夏瓜果家宴、芝加哥西尔斯大厦顶层自助冷餐（原设纽约世贸大厦），爱斯基摩盐渍生鲑鱼，日本富士鱼生，法国拿破仑酒渍鲜蛋黄调生牛肉片（"文化大革命"大字报揭发，廖承志吃了大拉肚子），朝鲜金刚山老缸陈皮泡菜，可入吉尼斯纪录的喜马拉雅巨型冰淇淋船，等等。只有一味当家热食，即"山火余烬现烤绵山野菜"，又名"春风吹又生"，味似咖啡豆，形同碧螺春，更可亲手操作。另一味"晋文公炭烧山鸡"，因古法不传，烧烤失当，吃起来同焦炭无异，又是污染源，已经撤除。

北极厅菜谱

　　　　流火铄金防暑降温套餐

（2006人份，工薪阶层价位，通吃分点，悉随君便）

(一)四冷盘

珠穆朗玛沙拉（厨师长推荐）

以阿拉斯加冰蟹腿棒、冬瓜条、冬笋尖等堆成山峰状,缠以雪里红丝。鲜淡奶油由顶浇下至三分之一处。内藏火鸡蛋一个,顶置红樱桃一枚,外浇少量红草莓汁,作火山喷发状。樱桃顶插一小红旗,蝇头小楷书"世上无难事,只要肯登攀"。

凉拌极圈苔藓丝

货源稀缺,改用发菜,发菜禁用,改用海苔丝,海苔丝供应不足,现用海带丝,如货源再不足,拟用萝卜丝。每下愈况,但为保持特色,价不下调。

烟熏三文鱼

通常为印弟安式,此为爱斯基摩式。

俄式雪地冷酸鱼

与一般西餐馆不同的是加撒白色干酪粉。

(二)六热菜

冰糖海象扣肉

用海象五花肚腩,无色酱油烹制。但除动物园外,海象没有进口。海象肚腩是否肉分五花,需解剖实物才能判定。暂用我国最北、地处寒温带、最近极圈的黑龙江漠河大肥猪五花肉代。

水晶海豹肘子

海豹有没有肘子,看不见,实地揣摸怕也弄不清楚。何况进口只比海象多马戏团一处,亦暂以漠河大肥猪肘子代。

琵琶南极磷虾

南极磷虾即基围虾,做法同琵琶大对虾,唯个头缩水。此虾本为鲸鱼主食。自鲸族因滥捕没落,此蝦大量繁衍,充斥冰海,几成公害,终于上了人类食桌。但滥捕之下,势将绝迹,以早食先食为宜。

餐盘中树一书签,系白居易《琵琶行》二句:"幽咽流泉水下滩,冰泉冷涩弦凝绝",集唐五代敦煌写本白居易侄白行简《天地阴阳交欢大乐赋》字。后以前一句冷意似不足,改用专家考定的"幽咽流泉冰下难"。

炸圣诞响铃

炸响铃,当年与吾公在北京康乐酒家吃过。此用西洋圣诞歌曲代之,覆以白色糖浆。

烤银鳕鱼

此菜西餐多有。该鱼西名好像叫Catfish。果如是,恐怕需要去掉猫的畏寒基因才好上桌。

奶汁毛肚火锅

所谓奶汁,其实就是现今京城流行的重庆鸳鸯火锅那半盆白汤。六十年前重庆求学时,在小龙坎小店昏暗油灯光下与吾公初吃此锅。"红油陈粘汁,黑泥旧炭炉",此情此景,可待追忆,已是惘然。

炒双雪

雪鸡、雪莲。无货改为烧二冬—麦冬、天门冬,成了药膳。

(三)二汤

雪菜黄鱼羹

与吾公在北京某正宗杭州馆吃过,那是假货,此为真品。

后凋翡翠羹

翡翠羹,曾与吾公在康乐酒家与桃花泛(番茄锅巴虾仁)同食,叹为菜名佳配,其实就是菠菜蛋清汤,不过多勾芡汁,分别缓缓注入碗中,构成青白分明的太极图案。此处取"岁寒知松柏之后凋"意,改用松针。洗去珠光宝气,增添寒林清远情调。松汁坚韧、汤汁苦涩。

(四)主食

古汉水溲饼

即凉面、寻根怀旧,故用古名。

冰渣子高粱米饭

东北人夏日常食。

楚克奇抛饼

经查，确有楚克奇一族，住在俄罗斯远东东北角，人数不过千儿八百，倒是地道的北极人。街上仅见过卖印度飞饼的。此种热带食物何以由楚克奇人做出来。如果是从印度引进，那就是文明一元传播论的伟大胜利。如果是自己发明，那就倒转来成为文明多元独创论的伟大胜利了。如果按现时最时髦的人种基因比较法去检测，证明连人种都是从印度过去的，何况文明，这场争吵也许可以结束了。

朝鲜冷面

此面在二十世纪三年困难时期曾因减半收粮票而备受欢迎。其中秘密除非新困难时期到来不会公布。

(五) 四甜品

冰糖雪莲子

用银杏果（白果）做。

冰镇奶点心

清宫廷夏点。本名"水写他"，新中国成立前西单路口西南角一小店有卖。因物价飞涨，食者绝迹，专用奶牛亦断料饿毙。此店遂改卖豆浆，终于倒闭。新中国成立后拓宽马路，原房已拆除。

杏仁酪

慈禧太后御点。冰镇温度依当时当地气温变化随时上下调整，免得老佛爷不是喝了温吞水就是凉得倒了牙。

深冻赤豆粥

赤豆粥，东洋小食，"文化大革命"前东安市场北门小店有售（还有奶油炸糕）。此处为深冻，只能用槌子砸开。入口前唇舌齿颊须加防护，以免冻伤。赤豆其硬如铁，咽下伤喉，嚼之崩牙。滋味不如"文化大革命"前三分钱一根的小豆冰棍。宋朝食肆风习，客人甫入座店家即送上四色免费菜肴，但不能吃，一吃就成为笑话，谓之"看碟"。此深冻赤豆粥也可以作看碟，放在桌上散发冷雾。后来问服务小姐，果然是作此用途，但不免费。

酒水

加拿大冰酒

加拿大尼亚加拉瀑布附近葡萄园所产,用推迟至深秋初冬摘下的葡萄酿制,所以叫冰酒,酒味清泠,回味略见凛冽。

什刹海牌老窖天然冰水(前清旧藏)

清代冬季于什刹海凿冰窖藏,至夏供应宫廷之外,也供应富贵之家。民国以后,逐渐降格以供。新中国成立前汤一介家天天吃窝头,但有一老式冰箱,无电驱动,每天有人送冰一块,用以冷藏,此吾公之所见,操此业者为世家,号"冰杨",成名在豌豆黄、馄饨侯之前。其后人与我同事,肃反运动时交代历史,备述其事。坐堂小姐见告,此类冰水中最著名的是泰坦尼克牌冰水,系从撞沉泰坦尼克号的冰山上刮得,早已断档。其他名牌如斯科特牌、卓别林牌、长城站牌等均非原装。价高而质未见佳。我问她什刹海牌冰水是否真是前清老窖旧藏。她笑着说,可以点奏《清宫珍妮①溜冰华尔兹》助饮,当具实感。还有一盘紧张刺激的录音带,是泰坦尼克号撞擦冰山的音响和乘客在冰海中挣扎呼号的配乐,会让你心惊肉跳,齿颤股栗,寒毛直竖,冷汗长流。可从她那里租耳机收听。

又承明告,卫生部门夏天太忙,此牌冰水没来得及送检,她可以代买保险。②

蜡烛

备有"魔幻极光蜡烛"。小说大师大卫·科波菲尔专利产品。加价百分之三十,大号的可以数桌共享,费用均摊,亦可用摸彩或拍卖的方式,确定谁家掏钱。

---

① 疑为"珍妃"之误。
② "珍妮"不错,是容龄格格的法国名字。容龄是德龄格格的妹妹。二人同为慈禧外事公关女官,德龄著有《御香缥缈录》及《瀛台泣血记》两本畅销书,知名度比容龄大些。珍妮,法语读若"让内",与"容龄"相谐。何况她在法国留学时上过溜冰课、舞蹈课。远非土生土长、没见过世面且又遭幽禁的珍妃可比。有长篇考证,可向领班小姐索取。

音乐

有《白雪公主》《雪山飞狐》《冰山上的来客》等影视配乐和主题歌曲。有国乐《梅花三弄》《踏雪寻梅》，西乐维瓦尔第《四季·冬》、柴可夫斯基《十二月·雪橇》等数十阙。《六月雪》点击次数最多，《冬雷阵阵夏雨雪》次之。曲目单上的《阳春白雪》被人划去，批曰："不要见雪就上，须知阳春雪已化了。"又一续批："不读书，不看报，不调查，此说大谬。《哀江南赋》早云：'阳春三月，江南冰长，雪花生树，群霰乱飞。'又民谚：'八月十五云遮月，正月阳春雪打灯。'主观主义，绝对化，片面性！"并打上恢复记号。

同桌食客告知，原播放员私刻 CD 盘十余张，有《血玲珑》《血玛丽》《血色黄昏》《第一滴血》《热血歌》等，以血代雪，混入播放，被检举下岗，并拟起诉，罪名有"制假罪""盗版罪""渎职罪""妨碍公务罪""侵犯知识产权罪"等。

特菜

菜单上还有几味天价特菜，须现金预定。服务小姐悄告，这是前任厨师长耍的花头。他想拿预收的订金借备料考察之名出国旅游。款未筹足，他也告老退休了。交钱的那几个大款大老已因罪入狱，此事本已结束，但现任厨师长怕人说他蔑视传统，打击老干部，所以仍保留在菜单上，只是嘱托服务小姐向食客附耳逐个说明，免得误会他厨风不正。本来不想记述了，继而一想，吃不上天鹅肉还不敢看天鹅飞吗？还是录下。

清炒盛夏凉州大马巨肝（毒）

第一，凉州去过，大陆性气候，夏天不凉。

北朝隋唐曾有"凉州大马，横行天下"之语。北宋以后，大马行踪不明，至少是品种退化。要吃大马巨肝，只能从北朝隋唐求之。

第二，大马大肝也就是了，何以是巨肝，难道法国专门饲养做鹅肝酱的大肝鹅的方法早已传入中国了么？

第三也是最主要的，古人误传马肝有毒，食之杀人，夏日天热而毒甚，尤其不能吃。《辞源·马肝》条讲得清清楚楚。如果笃信古说，制成特菜，那是蓄意杀人，其心可诛。如果已知是古人误传，还要借此制造河豚效应，那是大大欺骗顾客，其心更可诛。

总之，此菜纯属炒作，不如去街头吃一小碗北京炒肝。

煨白熊掌

"文化大革命"之前，北京饭店熊掌十二元一客。吾公坚持要吃，我则以不符节约原则坚拒（其实是怕被揭发挨批）。吾公至今耿耿，我也若有憾焉。如今黑熊已成国家保护动物，白熊更是世界保护。菜单虽列，恐是虚招。据说熊掌即使煨得稀烂，也还是筋筋绊绊，甚有嚼头。吾公满口只剩小牙一枚，恐难承受，不吃也罢。

涮兰鲸肉

三年困难后期，人造肉、××菌发明失败，干菜叶吃腻后，努力开辟野生食物源。苍鹭、黄羊、野鸭、大雁、仙鹤、鲟鱼等纷纷走进单位食堂，私下还有高价点心，糖果，进口伊拉克蜜枣，摩洛哥沙丁鱼。① 我亦有幸买到一瓶上海产小鲸鱼肉罐头。属一次性产品，食似牛肉，但文理粗硬。兰鲸属鲸类之大者，肉恐更老更粗，过去捕鲸，只取鲸油、鲸脑油、鲸须及龙涎香，肉则弃之海中。现在鲸族濒于绝灭，鲸肉大涨其价，但肉质恐无改善。无论如何，涮在锅里，总不如口羊肥牛之鲜嫩易熟。如改为黑旋风手白抓大块鲸肉，或郑屠细剁鲸肉包子，配上《水浒传》中所载李逵花糕牛肉食法，鲁提辖细馅剁法，孙二娘人肉包子做法，卖点可能更好。

烧驯鹿尾

驯鹿尾短而小，比羊尾牛尾马尾不足，亦不足以续狗尾。如能以唐宫烧尾宴法作之，当可提高价位。

雪莲叶裹叫化企鹅

---

① 摩洛哥沙丁鱼罐头一元五角一盒（约一百克），相当大学生一个月伙食费十六元五角的十分之一弱。吾公带头先买一盒，我则等滞销过期降价为五角时跟进，也买了一盒，时极美，油特多。

纯属炒作。

装修

北极厅装修，还未上马。原唐明皇御园凉殿方案，以泰西水法引流泉自殿顶四向下注如簾，本来甚好，但经指出，史载唐明皇体质甚佳，青年时得过国际马球赛冠军。中年以后发胖，患恐暑症，造此凉殿治疗，坐得愈久效果愈好，但陪坐大臣有因此受不了而失仪冲出去拉肚子者。为免有杀风景，影响食欲，必须添置防治设施，如捷达式体检通道，纳米迷你急救站，微观气候调节仪，至少也应有便携式隐身马桶。于是将该方案下放竞标。其他竞标方案尚有龙宫方案，英伦皇家植物园水晶宫方案，巴黎卢浮宫玻璃金字塔方案，五台山清凉殿方案，泰坦尼克号豪华宴会厅倾侧注水方案，斯科特南极遇难帐篷方案，国家大剧院水煮荷包蛋冰上漂流方案，爱斯基摩半融半坍雪屋方案，卓别林风雪小木屋堕岩方案，等等，各具千秋，但也各有问题。例如卓别林小木屋曾发生过大个子伙伴饿得精神错乱，误认卓别林为大公鸡加以追捕的情节，这对食客的食欲效应是正是负，即有争议。于是先不投标，组织饮食学家，饮食心理学家，顾客行为学家，饮食社会学家，饮食美学家，饮食医学研究院，食疗研究所，饮食工程设计院，饮食成本核算院，信得过会计审计事务所，邹氏阴阳五行研究院，堪舆学会，伏羲八卦大师讲研班详议，一致认为应采各方案之长，避各方案之短，重新设计。

这样，目下北极厅只陈列了一座塑像，两枝花，三幅画，四本书。

一座塑像，是着太空行走防寒服，骑鹿拉式环保电动雪橇的拉伯兰人像，传统与现代结合，并示极地光明远景。

两枝花，是雪绒花、腊梅花（不是假花）。

三幅画。一是《007阿尔卑斯滑雪图》，蓝天湛湛，白雪皑皑，身着大红滑雪服的007一滑千里，逃避追捕的敌谍。色彩绚丽，对比鲜明，动静结合，热烈潇洒。一是隋展子虔《寒林清远图》，残缺的一角补王维的《岁寒松鹤图》。前者青绿山水，后者宋米家泼墨。还有一幅大画，占有一面墙壁，通体墨黑，只是右角有几丝朦胧隐约的五采光痕，画题为《六月二十三日午夜南极光下西非黑人捉伏地企鹅图》。

四本书是杰克伦敦《野性的呼唤》，托尔斯泰《战争与和平》中拿破仑兵败俄罗斯的章节。中国作品原为无名氏《北极风情画》，穆时英《南北极》。经人指出，此二书与南北极不相干（无名氏虽至西伯利亚一游，但绝未进过北极圈），内容早受抨击，人也颇有问题。无名氏好像是国民党特务，需外调，但时间太久，知情人多半死光了，穆时英是汉奸，如改名穆桂英也许可以蒙混过去。于是撤下，换上巴金《寒夜》和曲波《林海雪原》。又有人提出，《寒夜》固是经典，但此寒是江南之寒，也许连零度都不到。在未找到替身之前，仍暂陈列，保持一、二、三、四系列。

原来还拟放一些小件展品，如卓别林皮鞋宴中吐出来的鞋钉和南极洲毛德皇后山登山队丢弃的可乐易拉罐等。但有人指出，登山队不见经传，毫无知名度。卓别林知名度虽高，但整个酒楼使用太滥，超过边际效用底线。本厅要用，至少也要搭配上苏菲亚·罗兰和玛丽莲·梦露。又有人说苏菲亚·罗兰和卓别林一起拍过电影《香港女伯爵》，还有可说，玛丽莲·梦露同卓别林恐怕连面也没见过，弄来干吗。更重要的是，本厅假冒伪劣气息已经够重的了，何苦再弄这些破烂假货。于是全都扔掉。

玉环堂纪事本末

北极厅原附设安禄山酷暑减肥胡食专席。由安禄山站台示范。置一倒计时牌，上书"距一百五十斤还有××天"。旁置磅秤一台，体重三百斤以上者有资格入席。安禄山形象不佳，名声不好，人脉不旺，脾气暴躁，没能招来一个食客，再加上不供应马奶酒，一怒之下，掀翻台面，赶马上山打黄羊下酒去者。此专席遂告垮台。

接受教训，改为专为女性服务的"杨贵妃清夏健美服务中心"，广告词为"肥就是美"，"无须减肥，只求健美"。弄走磅秤，取消体重限制，保护女性隐私，正好杨贵妃连个体重记录也没有，改革顺理成章。又考虑到女性心态，杨贵妃不再站台作秀，只教每位食客一小段霓裳羽衣健美舞。果然食客纷至沓来。尤以"醉翁之意不在酒"相招引的北极厅其他食桌的男客更是鹜趋蝇集。于是中心搬出北极厅（只留指示箭头一个），越级成立玉环堂。不再单兵教练，改为大型歌舞，每日六场，一场晨舞，两场餐舞，两场茶舞，一场长夜未央舞。除演出全本霓裳脱衣舞外，更增红露凝香舞（或称红袖添香舞），山头群玉舞，飞天舞，反弹琵琶舞，柘枝舞，胡腾舞，胡旋舞，浑脱舞，泼寒胡戏舞，还有适合中老年妇女的大娘剑器舞。健舞软舞俱备，保留节目多达一百余个。更有 OK 卡拉，任由食客表现自我。原拟谢绝男客，在男女一致要求下很快开禁。于是男宾即看即食，女宾既食既舞，最后不食只看，不食只舞。不言减肥而成效斐然，运动量更大热量消耗更多的女宾更显。于是订桌提前十天，散客排成长龙，交通阻塞，发号入座，黄牛出没，扒手定点。玉环堂分部经理乘势提出，将寒食楼提为正局级，设总经理，他至少应该当第一副总经理。原正堂的正宗寒食搬迁，玉环堂迁入。扩展服务项目，增设玉环杯健美操大奖赛，马嵬坡电子游戏角（特别优惠女宾带来的童宾），唐妆、胡妆、吐蕃妆、堕马妆、时世妆、华清池泳妆模特表演。再进一步，寒食楼改为玉环娱乐城综合体，股票上市，扩大经营范围。玉环堂改称贵妃夜总会，再增设明皇马球俱乐部，骊山宫宾馆，长生殿情人角，太真池浴场，烂柯山棋艺馆（下唐式十七道围棋），六博双陆赌场。大唐本朝文化学术旅游，开辟明皇幸蜀线，太真东渡线，贵妃墓高科技微观考察（例如杨贵妃留下的袜子），安史行军作战复原考察，一律依照仿真学及实验考古学，虚拟现实学原理唐式原装进行。分电子模拟及实地旅游二档。原寒食楼作为玉环娱乐城综合体旗下分部，改称广寒宫五星大酒楼，既保持寒字老号传统，又可作新发展，学习玉环堂经验，增设歌舞。古典舞如九天揽月舞，玉兔捣药舞，蟾宫折桂舞，春江花月夜舞，长河落月舞，莫扎特登月小步舞；现代舞如神舟登月舞，疯妹滚月舞，哥萨克月尘奔腾舞，环形山水兵踢踏舞，红妆华服，翩翩擅场。

此案现正由母公司战略发展部研究中。

（以上素材全出自寒食楼宣传材料及采访录音，一字未改。吾公养病之暇，如尚有余兴，不妨指摘其中谬误，由我跑腿领奖，弄回几个菜来一起吃吃。由于只限一食一次一事，来去频繁，跑腿车费咱俩分摊）

〔此文送呈，吾意似乎可以发表在吾公于南开中学主编的小品幽默壁报《文组》或SK（傅全荣，今名杨辛）主编的小品漫画壁报《偶尔》上面。不过杨辛后来变得十分严肃正派，已庆八十大寿，恐怕不会再发表这类东西了〕

第二卷　寒食楼食谱种种　　补

寒食楼还有两个餐厅，因尚未营业，故未记。经了解，似有可述者。补记如下。

另类厅

专售另类寒食。如：极地探险队员标准口粮，高山滑雪运动员，高空跳伞运动员，深水潜水员中途即食食品。此类食品滋味不佳，但包装新颖，除吸管装、牙膏装外，计有点滴装、静动脉及皮下注射装、皮面压射装、鼻腔吸入装、皮膚贴片装等，甚受青年喜爱。

极地自救食品。如：白熊生肉、海豹鲜血、拉撬狗肉、企鹅蛋、冰下苔藓、鲸鱼胃中呕出的半消化小蝦、卓别林皮鞋配鞋带（鞋钉已剔出送北极厅陈列）电脑模拟获食方法，专人演示吃法及注意事项。

极限寒食。如被大章鱼缠身后如何断其一足吃掉，被鲸鱼吞入肚中如何对其内脏下口，深埋冻土下如何靠古猛玛肉求生，等等。电子模拟，自己动手，吃到有奖。

高科技摄食法。如何用有线导弹打下南极信天翁（世界最大能飞大鸟，鸵鸟只是地上跑跑而已），并用导线拖回来，用激光枪狙击企鹅以保持体形完整，用卫星全球定位系统捞取冰海浮游生物等等，也是电子模拟，有奖比赛。

超高科技摄食法。介绍有时空隧道宇宙食物链摄食法，相对论能质转换法，分子生物学基因优选法，克隆法，纳米摄食法，统一场论（或弦论）法，正反物质对决湮灭摄食法，黑洞食物勾取法，等等。专人讲解，多媒体显示。

伪科学摄食法。如气功吸引法，隔物取食法等，专人演示如何破解。

传统另类摄食法。很单薄，希腊众神闻香摄食法太陈旧，孙大圣偷蟠桃法易致误导，神仙辟谷法及摄食法无法实地做。易牙烹子法，刘太公羹法，时溥醢两脚羊法，均封存，唯十字坡黑店的孙二娘人肉包子做法已先流入北极厅，正交涉收回密藏。

报送上级，以不符合食品卫生法、野生动物保护条例、进出口岸检疫条例、人身安全保护法、环保法等，未能批准，但有众多青年上书，认为虽于法略有不合之处，但符合改革开放，摸着石头过河，及科技兴国精神，大方向正确，对培养青年一代身心健康，不无裨益，请求在修改后合法破格批准，并呼吁保险公司不要拒绝投保。现正作大幅度修改，准备再次上报。

寒山斋

专供汉传佛教斋食，喇嘛式、日式、韩式、缅泰式斋饭，以及世界素食（如印度饭），但迄今未能营业，因为筹备过程中出现困难。困难有两方面，一方面属专业技术，另一方面属于理念冲突，即如何协调佛教的清心寡欲与世人的口腹贪欲。尤以后者为难办。举其大者有以下四端。

第一是厨师难觅。曾到上海功德林、杭州居士林、北京全素斋猎头未果。杭州灵隐寺外卖斋饭水平降低，已经边缘化。市上素食多不可靠，荤油下锅，鸡精偷搁只是小焉者。寺院香积厨本来人才充斥，多能精研佛理，以佛入饭，因饭成佛，出过不少大师，禅宗六世祖烧火僧惠能，开封大相国寺菜园僧鲁智深以上的特级厨僧，不知凡几。但"文化大革命"浩劫，法侣星散，寺院不开饭，厨僧多改行。如今寺院虽然兴发，伙食却难恢复旧观，盖因外来挂单和尚忙于八方化缘，本寺常任和尚又多下海创收，都不在寺内用斋。甚至夏日安居闭寺集体坐禅苦修期间，还一群群地跑出去下馆子，斋堂开饭，只剩下一些不交伙食钱的小沙弥、香火道人和招来假充和尚的临时民工。伙食如何能够办好。此外，寺院僧斋，事故时有所闻。往昔传闻某寺超大型锅煮粥，上架木板，和尚跑来跑去以大棍搅拌。一日一个小沙弥掉了下去，顷刻溶化。是日粥味特别鲜美，而丑闻也四向流传。近日又闻某寺出了类似事故，掉入者为一来历不明的尼姑。唯该寺和尚持戒精严，口风极紧。媒体虽明察暗访，终无法像煤矿爆炸那样予以曝光。此亦增引进厨师审查之困难。

第二是食谱难定。

和尚吃饭向来分成四派。

第一可称为原教旨主义派。佛说一滴水中有四万八千小虫，肉眼不见，生机活泼，故主参饿禅。但易学难行。往往提早涅槃，以身殉教。又不如舍身饲虎、割肉喂鹰那样壮烈轰动，能在高僧传上留名。自是薪火难传，已经式微。饭店要人吃饭，他那里要人不吃饭，宗旨各异，自可毋庸置疑。其旁枝如印度瑜伽的忍饥耐渴，圣雄甘地的科学绝食，属婆罗门外道异端，自可不论。

第二是彻底解脱派，或取消派，解构派。此派创立很早，至济公和尚发扬光大。"酒肉肠中过，佛在心头坐。"本是餐饮业的极好理论。但把佛食解构了，失去本色，属后现代思潮，过于超前。其衍生出来的往生咒派，主张只要念一遍往生咒，什么都可以吃，且可助其转入轮回，早生极乐。此派比解构派退了一步，形式上保留佛食外衣，挂佛头卖狗肉，令人有虚伪之感，甚至会误认为假冒伪劣。

两个极端派之间，有广大空间，改良派、调和派、折衷派等中间派，本可大有作为。但一端受到狗肉派的猛压，一端受到饿禅派的坚拒，需不时攘外；空间广阔，又出现内部地盘之争，安内甚难。学术争论，实践斗争，迄无已时，大大影响饭店的定位。

各中间派中影响最大的是以下两派。

第三派可称为形式主义派，循名责实派，或唯名论派。此派与往生咒派正相反，主张挂狗头卖佛肉。即形式上可以向世俗口腹之欲让步，在内容上必须坚持不杀生不食生之佛戒。并藉此潜移点化，引人向佛，一如米卢的快乐足球。素鸡、素鱼、素狗肉、素火腿、素蹄膀等不仅斋食中大量上桌，而且超越斋堂，跑到市面上去与荤熏鸡、荤烤鸭、荤狗腿等并列竞争。可见这派影响之大。这派学理之争虽烈，实际上已牢牢占住地盘，饭店尚可采取实用主义态度，承认现状。

最难办的是第四派，即戒律弹性派或正宗修正主义派。佛戒杀生食生，这派认为只限于会叫的动物，对不会叫的动物可以松动。其引进儒家"闻其声不忍食其肉"的思想痕迹至为明显。过去俗家吃斋，无论常年把斋或长三月六（一年中三个月吃斋，其他各月每月吃斋六天），还是初一十五，观音娘娘诞辰，都有大荤小荤之别，斋日可食小荤，即鸡蛋、虾米、田螺、泥鳅之类，均属不会发声的动物性食品（娃娃鱼以外的鱼类是否在内，待考。至于泥鳅，那不算鱼）。和尚尼姑是否可以灵活宽松，历来有争论。近日报载少林和尚因练武需增气力，食谱中已列入鸡蛋，不知为什么牛奶尚不在内。似乎对和尚也是吃奶长大的毫不重视。这样原拟列入食谱的印度素食因其加入了大量牛奶和奶制品，连带也成了问题。佛戒杀生之外，尚忌辛辣，葱、蒜、胡椒、花椒、芥末、辣椒等禁用（韭菜、洋葱、姜等有争议，待考）。当此辣风吹遍京华食肆的年代（连方便面也难找到一包不带辣的），如何实施此戒，大费踌躇，弄不好就会像京菜那样迅速没落，弄得京城不但没有了京菜，也没有了斋菜馆。另一个大问题是酒。佛戒饮酒，但《西游记》里的唐僧屡饮素酒，史传亦不乏持戒精严的高僧饮酒的记载。要不要备酒，是否必须是素酒，素酒又是什么，有专门作法，还是也可诵一通往生咒敷衍过去，史无明文，亟待研究。只要研究，必有争论。至于喝茶，"禅茶"虽有定式，但不死板，可以随意创新，不是问题。

此外，佛食诸般禁忌哪些引进饭堂，托钵僧的百家饭如何做法，所托之钵是何形制，又是用什么手法来托，佛门捨饭的食谱如何，仪式又如何，都在专家的研究中。至于缅泰僧人每天上俗家吃饭，吃些什么，如何吃法，是三餐都去还是只吃早点，其余打包带回，抑或随街去化缘，和风韩流斋食有何特色，则已派人出国考察，尚未有回报。佛门素点，向称冒滥，也要一一清查、甄别、厘定。

为了食谱，该餐厅已请佛教协会和佛学研究所饮食生活部组织专家研究。据悉已开会多次，包括两次大规模国际学术讨论会，会上斋食遍陈，机锋迭出，梵音累唱，天花乱飞，热烈紧张，至有作当头棒喝式的肢体接触者。回报云，兹事体大，又复深邃，一时尚难有结论，连阶段性成果也出不来。各种观点论文，仅可供参考云云。

第三是仪轨难行。

寺院开斋，一似吾公在20世纪四十年代重庆南开中学的集体主义吃法，大条桌长条凳两边对列，正中上首为一法坛。开饭钟打响后，众僧排队入席，原无妇女，后因有些旁寺尼庵，比丘尼、式叉尼、沙弥尼加起来不过三五人。请求来僧寺搭伙。于是放宽尺度，允许妇女入席，但需远角另坐。饭前由开讲僧诵经一段（比基督教饭前祈祷长，不知往生咒是否在内），然后一声木鱼，钟磬齐奏，全堂举箸，饭菜一律，由执事沙弥分送。添粥、添饭、添菜、添汤、添点心、添水果，不许出声召唤，以碗筷摆置式样表示自己需求（如添饭，一碗、半碗、四分之一碗，还有吃完、不要等，均有定式），由沙弥处理。此种集体主义大锅饭式吃法甚难施之于饭馆，如何变通圆融，颇费斟酌，职业培训加难，犹是小事（已参考外餐经验，准备使用哪吒风火轮式旱冰鞋，提高送餐速度，减轻劳动强度。至于奇肱国式自动飞行送餐车方案，由于技术、成本及非佛门产品三方面原因，已取消）。

第四是服务难臻完美。

这又分两方面，一是形象，二是素质。

餐厅原定服务小姐一律做尼姑装，不落发，以僧帽覆之。形象设计时，发现问题大了。原定上戴凤冠式尼帽，外披霞帔式袈裟，内著华彩百衲尼服，下登金银丝编高跟麻鞋，再加几根飞天式飘带。被指摘这不是迷惑佛陀的摩登迦魔女形象么，也跟三陪小姐难于区别。改为一种素服，又被指摘为会影响食客心态，只敢点青菜萝卜之类的低档菜，设计师徬徨无计，提出辞呈。

至于服务员素质，应通佛学，满口佛话，能打禅语机锋，还要熟悉斋食典故，提示诸般禁忌。领班尤须具高尼风范。据说要达到佛学院研究生水平，至少也要大专。还有一些专门训练，像禅茶小姐需学繁复的舞蹈动作，特别是手势，那要上印度舞训练班才行。至于如何引导顾客进入茶禅如一境界，饭店还不敢作此要求。

还有厅堂装修，一派认为应如敦煌石窟之富丽堂皇，宝像罗列，东南西北各方极乐世界之经变壁画四布，以收与佛共食同乐之效。另派认为可采青灯黄卷式的古刹背景，以达虔心皈佛之境。这涉及到出世入世，净土禅业之争，一时难于解决。

因此，寒山斋至今仍是空荡荡的一间屋子，连桌椅也没有。只贴了两张唐诗条幅，以示寒山斋之得名。

一张是集唐人句

　　　　下堂虽各奔西东，

　　（决）不忘阇　黎开饭钟。　　　（王播）

　　　　姑苏城外寒山寺，

　　　　夜半斋香到客中。　　　（张籍）

一张是唐诗僧寒山诗二首：

　　　　我见百十狗，个个毛鬇鬡。

　　　　卧者渠自卧，行者渠自行。

　　　　投之一块骨，相与咥呲争。

食由为骨少，狗多分不平。

猪吃死人肉，人吃死猪肠。

猪不嫌人臭，人反道猪香。

猪死抛水内，人死掘土藏。

彼此莫相噉，莲花生沸汤。

一经贴出，立即有质疑。小的不计（如那个加括弧的"决"字，支持者认为非如此不足表示决心，反对者认为违反了豆付干式的美学原则，加上括弧，正是欲盖弥张；还有人怀疑张籍原诗只使用了听觉，这里怎么改成了嗅觉），大的有下面的观察。

对第一张条幅。

佛说，早餐是佛食，午餐是人食，晚餐是鬼食。因此和尚的规矩是过午不食，何况夜宵。午后只许喝水，尤需饮茶，尤需夜半饮茶，（有详细考证不录），末句"夜半斋香到客中"应是"夜半茶香到客中"。

但马上遭到反对，说这样一来，寒山斋晚上只好改成茶馆，兼卖尚无定论的印度奶饭了。好在现在规矩放宽，少林和尚就吃晚餐，吃的是带汤的面条，入乡随俗（河南人晚饭喝汤—面糊）。只是以面粉代茶叶，算是微调，完全符合戒律弹性派的观点。寒山斋晚上斋饭带上汤水，一如豫西的水席，兼送茶饮，就可以了。

反对者又谓，斋名典出唐朝，必须遵照唐朝规矩办理，否则何必以"寒山斋"为名，乃甘冒假冒伪劣之污名乎。

又有人打圆场，说唐朝和尚喝茶是连茶叶一起嚼下去的，不仅以茶代水，而且以茶代饭。有些老和尚一生不吃饭只吃茶，活到一百岁出头，秘密就在于此。茶水、茶点、面汤之外，再添些茶叶蛋（或素茶叶蛋）素龙井虾仁、茶叶包子之类，就各方面都照顾到了。

但并未平息争议，反而上升到遵古与改制，传统与现代的原则之争，愈演愈烈，无止无休。

对第二张条幅。

一致的意见是，超过济公和尚，而且太直露，简直是逼人去参饿禅。对生意不利，需改上寒山别的诗。但寒山诗同诗经一样，三百篇出头，其中涉及饮食的有一百二十四篇。换哪一首，又是议论纷纷。有人建议干脆改名，例如"全素斋"，立即又遭反对，这不变成原有的"全素斋"的分号或连锁店了么，不行不行。

　　凡此种种，让餐厅经理烦腻透顶，想把此厅干脆撤掉，改营其他寒菜。提到董事会，遭否决。但董事长已知前述的玉环堂改革方案正作战略研究，当场指示不着急，慢慢来。

　　这样，寒山斋开斋无日。

2002年8月一稿
2003年8月二稿

　　附记：旧同学狄源沧发病写此文供他休闲用。原计划写八章，除饮食外，尚有读报心得、文体、旅游、休闲、工作、胡扯等章。第八章《第二性》事涉暧昧，注明存目不录，不打算写。风格仿平日与狄源沧对话习惯，多作假话、大话、空话、套话、官话、虚话、废话、费话、胡话、语多调侃，又放手让想象跑马。为了增添情趣，再加点调料，故意植入诸多错误硬伤，以便摘出，以供一笑。不料，第一、二章送去殊无反应，于是兴尽，不再续作。偶尔拿出给老朋友看，或言我苦心钻研佛学，探究微言大义，或问《第二性》何时写出。到了这个地步，仍然不忍割弃，将这篇不三不四、不伦不类、胡言乱语、假冒伪劣的东西，作为附录，收入书末，聊供一哂。

后　记

父亲于2003年发生脑梗后，开始陆续撰写回忆性的文章，尤其是每次住院，他都抓紧时间撰写。经过十余年的积累，终于碎忆成篇。经北京师范大学出版社的促成，编辑刘松弢的努力，得以面世。2012年7月，获知罹患肺癌后，父亲多次入院，在医院仍然笔耕不辍，除了校对和修改《中国封建社会社会历史道路》书稿外，把主要精力放在撰写回忆性的文章上。《南开杂忆》《儿时记忆片段》，是从2005年开始撰写；《北大的四位老师》是2008年为北大校庆110周年而应光明日报之约撰写的；《记忆中的城市》是从2011年开始撰写的；《卧饮消夏录》写于2002年，父亲在附记中已有说明，为罹患重病的老同学、好友狄源沧而作，以诙谐的词语为老同学构筑了一个美食的天堂。

续（写于3月14日，距父亲去世已25天）。

提笔续写后记，心情已不是赶稿时的紧迫，而是斯人已逝的沉重。父亲患病住院期间，受到首师大学校、历史学院领导、老同学、老朋友、同事、学生的多方关心和照顾，在此仅能一并致以最诚挚的感谢。

搁笔之际，附上我献给父亲的一首小诗。

怀念老爸

2014年2月5日，入住空军总院近三个月的老爸被插胃管，知道自己将不久于人世，趁清醒时，他做出了和所有人告别的举动。用他的双手捧着我的手对我说"谢谢，再见"，对所有出现在他病房的医护人员说"谢谢，再见"。想到此情此景，不禁潸然，遂赋小诗一首。

当你捧着我的手对我说"谢谢，再见"时，
你知道你将离我而去；
我知道我将最终失去你。

50年代，当你抱着我和双胞胎妹妹走在通向幼儿园的路上时，我不懂说"谢谢"；

60年代，当你背着发烧的我去校医院打针时，我想不到说"谢谢"；

70年代，当你专程到黑龙江农场看我时，我不曾说"谢谢"；

80年代，当你目送我进入大学殿堂时，我没有回头说"谢谢"；

90年代，当你为我购买专业书籍、与我谈古论今时，我不觉得需要说"谢谢"；

2000年以后，当你孑然一身，却用坚强的意志和乐观的心态面对人生时，我没有说过"谢谢"；

2013年，当你已经知道身患绝症，仍然达观、幽默，抚慰着亲人痛楚的心境，我仍然没有说过"谢谢"。

如今，斯人已逝，天堂已远，把我们应该说的"谢谢"永远留在了人间。

相信你超越了五千年的时空，纵横在越万里的历史长河中，正和母亲携手前行。

天堂在天上，你在我心里。
感谢你，亲爱的老爸，天涯咫尺，正如挽联所书：我们永远爱你！

后　记

宁欣释文：耄耋已至，体衰身残，眼瞽、耳聋、声哑、牙缺、脑梗、肺疾，尚存一半功能，故自号"六半堂"。

家父罹患肺癌后，调侃诸病缠身，各项机能逐渐衰弱，主要零件基本仅存一半功能，虚拟书斋，初谓"四半堂"（眼、耳、牙、脑），继改"五半堂"（再加肺），最后定为"六半堂"。

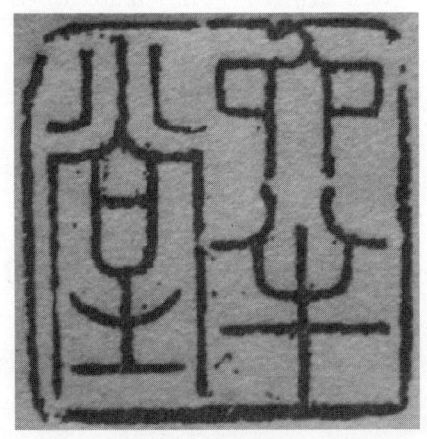

杨仁毅篆刻

图书在版编目(CIP)数据

流年碎忆／宁可著．—北京：北京师范大学出版社，2015.7
（历史记忆）
ISBN 978-7-303-18810-9

Ⅰ．①流…　Ⅱ．①宁…　Ⅲ．①宁可（1928～2014）－回忆录
Ⅳ．① K825.81

中国版本图书馆 CIP 数据核字（2015）第 072588 号

营　销　中　心　电　话　010-58805072　58807651
北师大出版社学术著作与大众读物分社　　http://xueda.bnup.com

LIUNIANSUIYI

出版发行：北京师范大学出版社 www.bnup.com
　　　　　北京市海淀区新街口外大街 19 号
　　　　　邮政编码：100875

印　　刷：北京京师印务有限公司
经　　销：全国新华书店
开　　本：787mm×1092mm　1/16
印　　张：22.25
字　　数：330 千字
版　　次：2015 年 7 月第 1 版
印　　次：2015 年 7 月第 1 次印刷
定　　价：68.00 元

策划编辑：刘松弢　　　　　责任编辑：薛　萌
美术编辑：王齐云　　　　　装帧设计：王齐云
责任校对：李　菌　　　　　责任印制：马　洁

版权所有　侵权必究

反盗版、侵权举报电话：010-58800697
北京读者服务部电话：010-58808104
外埠邮购电话：010-58808083
本书如有印装质量问题，请与印制管理部联系调换。
印制管理部电话：010-58805079